U0829798

海洋资源开发系列丛书
“双一流”高校建设“十四五”规划系列教材

深海结构与船舶设备

余建星　黄水祥　段庆昊　苏晔凡　著

天津大学出版社
TIANJIN UNIVERSITY PRESS

内 容 简 介

为了适应我国船舶与海洋工业发展的需要，本书全面介绍了船舶与海洋工程常用设备的构造、分类。内容包括船舶与海洋工程设备中的舵设备、货物装卸设备、锚泊设备、系缆设备、救生设备、推拖设备、航行设备与信号设备、货物系固设备、FLNG 新型平台、PDPSO 新型平台、海底管道及海洋立管等。本书全面反映了国内外船舶与海洋工程设备的最新应用和技术发展，内容全面丰富、新颖实用。

本书可作为船舶与海洋工程专业和航运专业本科生的教材，也可作为海洋工程、船舶工程及航运专业设计人员和技术人员的参考书。

图书在版编目（CIP）数据

深海结构与船舶设备 / 余建星等著. -- 天津 : 天津大学出版社, 2025. 5. --（海洋资源开发系列丛书）（“双一流”高校建设“十四五”规划系列教材）.

ISBN 978-7-5618-7921-4

Ⅰ. U667

中国国家版本馆CIP数据核字第20253N6Y76号

出版发行 天津大学出版社
地　　址 天津市卫津路92号天津大学内（邮编：300072）
电　　话 发行部：022-27403647
网　　址 www.tjupress.com.cn
印　　刷 北京盛通数码印刷有限公司
经　　销 全国各地新华书店
开　　本 787mm×1092mm　1/16
印　　张 15.25
字　　数 374千
版　　次 2025年5月第1版
印　　次 2025年5月第1次
定　　价 49.00元

AI智慧图书助手

凡购本书，如有缺页、倒页、脱页等质量问题，烦请与我社发行部门联系调换

版权所有　侵权必究

《深海结构与船舶设备》编委会

主　任：余建星　黄水祥

副主任：段庆昊　苏晔凡　余　杨　杨泽亮　姜为民

委　员：吴海欣　李振眠　金子航　高睿龙　刘晓伟

田韩续　丁鸿雨　马建东　曾庆泽　孙若珂

杨雨衡　张　浩　郭天照

前　　言

深海结构与船舶设备是一门多学科性的综合专业课程，其内容庞杂，涉及范围广。本书主要介绍了船舶与海洋工程设备中的舵设备、货物装卸设备、锚泊设备、系缆设备、救生设备、推拖设备、航行设备与信号设备、货物系固设备、FLNG 新型平台、FDPSO 新型平台、海底管道及海洋立管等。无论是深海结构，还是船舶与海洋工程设备，都是现代船舶与海洋工程中不可缺少的重要组成部分，它们直接关系到人员在海上的生存、工作和服务品质，影响着船舶和平台的运营与使用效能，在船舶与海洋工程设计制造、检验入级和运营管理中占有相当大的比重。

本书介绍了各种设备的新技术以及船舶与海洋工程设计时设备的设计、计算、选型、布置等内容，方便了解船舶与海洋平台上常用设备的构造、分类。熟悉各种海上平台与结构，掌握这些设备的设计方法、选型和布置，有利于培养学生船舶与海洋工程舾装设计的能力，并能为更好地理解和掌握船舶与海洋工程设计原理打下基础。

深海结构与船舶设备是一门复杂且涉及诸多领域的学科，鉴于篇幅有限，本书不可能涵盖各个方面，未涉及的其他相关问题，请参阅国内外已出版的书籍。如果本书能对我国船舶与海洋工程设备相关行业的发展有所促进或对相关专业人员的学习有所帮助的话，我们将感到无限欣慰。

本书可作为船舶与海洋工程专业和航运专业本科生的教材，也可作为海洋工程、船舶工程及航运专业的设计人员和技术人员的参考书。

由于编者水平有限且时间仓促，书中难免有缺点与错误，热诚希望广大读者批评指正。

目　录

第 1 章　舵设备……1
1.1　概述……1
1.1.1　船舶操纵性……1
1.1.2　舵设备与船舶操纵性……1
1.2　舵装置的分类与构造……3
1.2.1　舵装置的分类……3
1.2.2　舵装置的主要组成部件……4
1.2.3　舵装置的构造……6
1.3　舵装置的强度核算……7
1.3.1　核算依据……7
1.3.2　上舵杆……8
1.3.3　舵装置的其他构件……10
1.4　舵装置系统的可靠性设计……13
1.4.1　规范及理论设计方法简介……13
1.4.2　可靠性分析方法简介……13
1.4.3　舵装置主要部件安全裕度方程的建立……14
1.4.4　舵装置系统失效概率计算……15
1.5　舵设备的检查和保养……15
1.5.1　经常性检查……15
1.5.2　定期检查保养……16
第 2 章　货物装卸设备……17
2.1　概述……17
2.2　吊杆装置的形式……20
2.2.1　轻型吊杆装置……20
2.2.2　重型吊杆装置……27
2.3　吊杆装置的设计……29
2.3.1　吊杆的配置……29
2.3.2　绞车的配置……32
2.3.3　吊杆装置几何参数的确定……33
2.4　吊杆装置的受力计算……35
2.4.1　滑车组受力计算……35
2.4.2　轻型吊杆单杆作业……37
2.4.3　轻型吊杆固定双杆联合作业……40
2.4.4　重型吊杆单杆作业……42

2.5 起重吊杆及其附件的结构与强度 ……45
2.5.1 吊杆……45
2.5.2 吊杆承座和转轴、顶牵索和稳索眼板 ……48
2.5.3 索具……50
2.6 桅及起重柱的结构与强度 ……50
2.6.1 桅及起重柱的形式与结构……50
2.6.2 桅(起重柱)的强度 ……52
2.6.3 信号桅的结构强度……57
2.7 甲板起重机 ……59
2.7.1 甲板起重机的种类和结构……59
2.7.2 起重机操作主令及操作注意事项……61
2.7.3 甲板起重机的安全装置……62
2.8 垂直装卸货物通道——货舱盖装置 ……62
2.8.1 货舱舱盖的类型……63
2.8.2 舱口盖的密封、压紧与提升装置 ……63
2.8.3 各类机械舱盖的特征……65
2.9 横向装卸货物设备——滚装设备 ……69
2.9.1 跳板……69
2.9.2 内部坡道及升降机……76
2.9.3 水密门……78
第3章 锚泊设备……82
3.1 概述……82
3.1.1 抛锚停泊的主要方式……82
3.1.2 锚泊设备的组成……83
3.2 锚 ……88
3.2.1 有杆锚……88
3.2.2 无杆锚……90
3.2.3 大抓力锚……93
3.2.4 特种锚……97
3.3 锚链 ……98
3.4 锚泊设备的配备与布置 ……100
3.4.1 锚与锚链的配备……100
3.4.2 锚泊设备的布置……101
第4章 系缆设备……106
4.1 概述……106
4.2 系缆停泊时的外力及计算 ……108
4.3 系缆 ……109
4.3.1 船用系缆绳……109
4.3.2 系缆的配备……110

4.4 系缆具与系缆机械 …… 111
4.4.1 带缆桩 …… 111
4.4.2 导缆器 …… 113
4.4.3 绞缆机和系缆卷车 …… 114
第 5 章 救生设备 …… 117
5.1 救生设备的组成及其要求 …… 117
5.1.1 救生设备的组成与配备 …… 117
5.1.2 救生设备的要求 …… 117
5.2 救生艇和救助艇 …… 118
5.2.1 救生艇 …… 118
5.2.2 救助艇 …… 121
5.3 救生筏和个人救生设备 …… 122
5.3.1 救生筏 …… 122
5.3.2 个人救生设备 …… 124
第 6 章 推拖设备 …… 127
6.1 挂拖 …… 127
6.2 绑拖 …… 127
6.3 顶推 …… 128
第 7 章 航行设备与信号设备 …… 130
7.1 航行设备 …… 130
7.1.1 磁罗经 …… 130
7.1.2 电罗经 …… 131
7.1.3 雷达 …… 133
7.1.4 测深设备 …… 135
7.1.5 双筒望远镜 …… 137
7.2 信号设备 …… 137
7.2.1 号灯 …… 137
7.2.2 通信闪光灯 …… 138
7.2.3 号型 …… 138
7.2.4 音响信号器具 …… 138
7.2.5 旗号 …… 138
第 8 章 货物系固设备 …… 140
8.1 概述 …… 140
8.1.1 货物单元 …… 140
8.1.2 货物系固设备分类 …… 140
8.1.3 系固设备的强度 …… 141
8.1.4 货物系固手册及其主要内容 …… 141
8.2 常用货物系固设备 …… 142
8.2.1 标准货系固设备 …… 142

8.2.2 半标准货系固设备 …… 152
8.2.3 非标准货系固设备 …… 155
8.3 集装箱的堆装与系固 …… 155
8.3.1 一般要求 …… 155
8.3.2 集装箱在露天甲板上的堆装和系固 …… 155
8.3.3 集装箱在舱内的堆装和系固 …… 157
8.3.4 20 ft 与 40 ft 集装箱的混合堆装 …… 158
第 9 章 FLNG 新型平台 …… 159
9.1 FLNG 综述 …… 159
9.1.1 FLNG 技术发展的背景 …… 159
9.1.2 FLNG 技术发展的历史 …… 161
9.1.3 FLNG 的优点与适用范围 …… 163
9.2 FLNG 的主要构成与关键技术 …… 164
9.2.1 上部甲板模块 …… 165
9.2.2 平台主体 …… 166
9.2.3 系泊系统 …… 168
9.2.4 外输系统 …… 169
第 10 章 FDPSO 新型平台 …… 171
10.1 传统海上油气开发钻井平台 …… 171
10.1.1 钻井船 …… 171
10.1.2 张力腿平台 …… 172
10.1.3 半潜式钻井平台 …… 173
10.1.4 Spar 平台 …… 174
10.1.5 FPSO …… 175
10.2 两种经典的深海油气开发模式与 FDPSO 的诞生 …… 177
10.2.1 “美国模式”和“巴西模式” …… 177
10.2.2 “南海模式” …… 177
10.2.3 FDPSO 技术的发展历史 …… 177
10.3 FDPSO 的关键技术 …… 179
10.3.1 FDPSO 钻采系统的升沉补偿 …… 179
10.3.2 FDPSO 的立管系统 …… 180
10.3.3 FDPSO 的系泊系统 …… 181
第 11 章 海底管道 …… 182
11.1 概述 …… 182
11.1.1 定义 …… 182
11.1.2 用途与分类 …… 182
11.1.3 工程应用情况 …… 183
11.2 主体结构 …… 185
11.2.1 行业规范 …… 185

11.2.2 设计分析 …… 186
11.2.3 制造工艺 …… 196
11.2.4 铺设 …… 200
11.3 配套设备 …… 207
11.3.1 工艺设施 …… 207
11.3.2 防腐措施 …… 215
第 12 章　海洋立管 …… 219
12.1 概述 …… 219
12.1.1 定义 …… 219
12.1.2 用途与分类 …… 219
12.2 海洋立管载荷 …… 220
12.2.1 压力载荷 …… 220
12.2.2 功能载荷 …… 220
12.2.3 环境载荷 …… 220
12.2.4 偶然载荷 …… 220
12.3 海洋立管疲劳理论 …… 220
12.3.1 Miner 线性累积损伤准则 …… 221
12.3.2 疲劳裂纹扩展理论 …… 222
12.4 海洋立管疲劳理论 …… 223
12.4.1 反力架 …… 224
12.4.2 内水压加载装置 …… 224
12.4.3 四点弯双向加载伺服系统 …… 225
12.4.4 扭矩加载机构 …… 226
12.4.5 轴向加载机构 …… 226
12.4.6 激振加载装置 …… 226
参考文献 …… 227

第1章 舵 设 备

1.1 概述

1.1.1 船舶操纵性

船舶操纵性,从广义上讲指驾驶者对船舶操纵的反应能力。从使用的角度而言,驾驶者对船舶的操纵所包括的内容是相当繁多的,例如对船舶的启动、加速、减速、停止、倒退以及直线航行、转向,以至系带浮筒、拖带船舶等操作。但在“船舶原理”中,船舶操纵性通常是指船舶受驾驶者的操纵而保持或改变航向的性能,即包括稳定性和机动性两个互相制约的方面。稳定性是指船舶保持航向的性能,机动性是指船舶改变航向的性能。

由于受到船体制造、安装不对称性等人为因素的影响以及在航行时又无时不受着风、浪、水流等自然因素的干扰,因此船舶是不可能按理想的直线航线运动的。航向稳定性好的船舶,经过很少的操纵便可维持航向,航迹也较接近于所要求的直线。航向稳定性不好的船舶则相反,因而可能使航迹的长度和航行时间有所增加,主机与操纵装置所消耗的功率也随之增加。机动性好的船舶,易于绕过障碍物,避免与其他船舶相碰或触礁,在狭窄航道或港口航行时,亦便于转弯或调头。据统计,每艘船一年内可能出现大小事故的平均次数约为4次,而造成这些事故的重要原因之一,就是船舶的操纵性不好。由此可见,船舶操纵性对于船舶使用的经济性及安全性都是极为重要的。

作战舰艇的操纵性,对于提高武器命中率、迅速占据有利阵位和规避敌舰的攻击等更是有重要意义,是重要的战术技术性能之一。

总之,操纵性是船舶重要的航海性能之一,近年来日益受到人们广泛的重视,并对其进行深入研究。保证船舶操纵性的设备很多,其中舵设备因其结构简单、工作可靠而成为目前使用最为广泛的操纵设备,本章将对此作详细讨论。

1.1.2 舵设备与船舶操纵性

利用转动舵叶来改变船舶航向时,有着一系列水动力作用的过程,如图1-1所示。一艘左右舷形状对称的船舶,若不受到风、浪、水流等因素的干扰,当舵叶位于中间位置(舵角为0°)时,由于流动的对称性,则船舶不受到侧向力作用,而得以沿着直线航行,如图1-1(a)所示。当舵叶偏转一个δ角,并保持这一舵角时,由于水流相对于舵叶的对称性被破坏,故在舵叶上产生一个侧向力P_L和绕重心G的回转力矩$M_G = P_L \cdot L_P$,如图1-1(b)所示。在这一回转力矩作用下,船体产生一个绕重心回转的角速度r,使船体相对于水流发生偏转,船体舯纵剖面与水流的来流速度方向形成一个夹角,称为漂角β。这一回转力矩破坏了来流相对于船体的对称性,此时船体本身相当于一个短翼(船高相当于翼展),因而在船体上也产生一个侧间力P_s和绕重心的力矩M_s,如图1-1(c)所示。当作用于船体上的诸项水

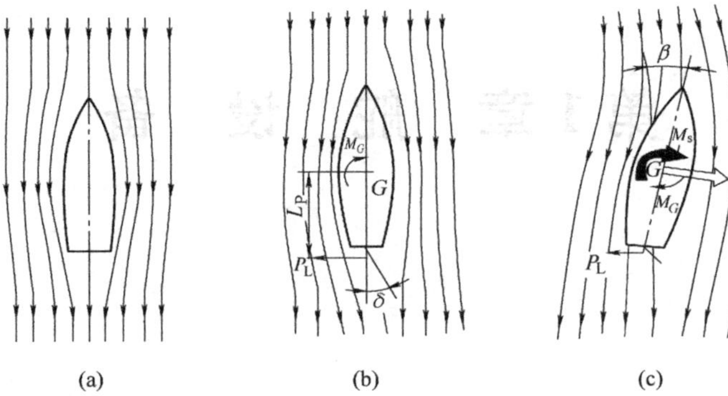

图 1-1　舵-船系统的水动力作用情况

(a)舵角为0°　(b)舵角为δ　(c)漂角为β

动力和力矩达到平衡时,船将以一定的角度进入定常回转,其重心的轨迹呈圆形(称为回转圈)。图1-2表示了将舵叶偏转一个δ角,并保持在这一舵角上,船体逐渐进入定常回转的过程。

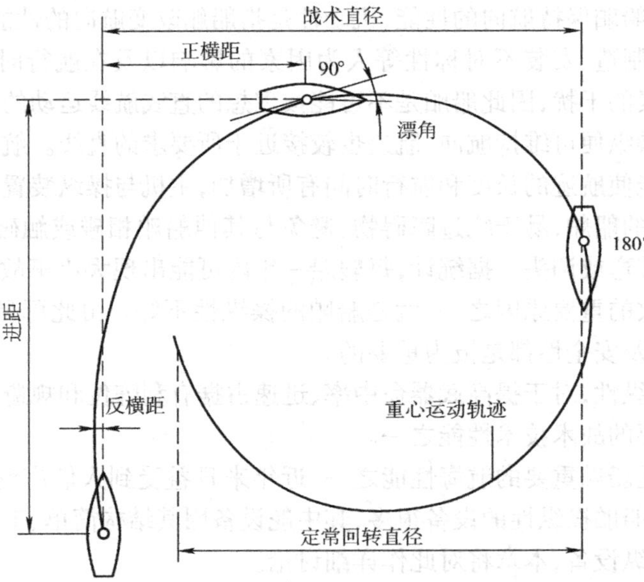

图 1-2　船舶回转运动轨迹及其特征

由以上分析可见,虽然转动舵叶是引起船舶转向的起因,但是由于船体的尺度比舵叶大得多,P_s和M_s要比P_L和M_G大得多,故在整个转向过程中起决定作用的是船体本身所受的水动力和力矩。换言之,船舶的操纵性与船体的形状有密切关系。为了使船舶具有良好的操纵性,不仅应正确设计舵设备(或选用其他操纵设备),而且在船体设计时还应对船体的主尺度和线型作正确的选择。

从船体受力的角度来看,船舶运动的稳定性与机动性对船体形状的要求是矛盾的。若仅考虑有利于保持航向稳定的因素,则使船体不易回转、机动性变差;反之亦然。因此,设计时要视不同船舶对操纵性的不同要求分别对待。例如,沿海或远洋运输船应以航向稳定性为主;交通船和渡船等应以机动性为主;川江急流中的船及战斗舰艇,对航向稳定性和机动性均有较高的要求，故在选择船体形状时要两者兼顾。

舵叶安装在船艉相当于船体的呆木，从而提高了船体的航向稳定性。船一旦偏离了原来的航向，可利用转动舵叶产生的回转力矩，把船纠正到原来的航向上来，以保证航向稳定。

对于机动性而言，舵叶作为呆木，不利于船体的回转，但一旦转动舵叶，它又能产生侧向力使船舶改变航向，并将船舶稳定在新的航向上。

由以上分析可见，舵设备对于船舶操纵性所包含的两个互相制约的方面——稳定性与机动性都能起积极的作用，这一独特的效能，使它迄今仍不失为船舶最主要的操纵设备。

利用舵设备来操纵船舶时，船舷的操纵性可分为以下三个方面。

①小舵角时的航向稳定性（航向保持性）。当发现航向偏离，利用转动舵叶来保持航向时，其转舵角一般较小，常在5°以内。通常采用平均操舵频率和平均转舵角两个指标来衡量航向稳定性。根据航行中的实践经验，为了保持航向稳定性，平均操舵频率不大于4～6次/min，平均转舵角不超过3°～5°。

②中舵角的航向机动性。利用转动舵叶来改变航向时，其转舵角常为10°～15°。

③大舵角的回转性（紧急规避性）。遇到紧急避让时则需操满舵。在最大转舵角下，船舶重心定常回转直径——最小回转直径（图1－2）是表征船舶回转性的重要指标，大多数运输船舶的定常回转直径通常为船长的4～6倍。

舵设备的设计，应在一定的船体线型条件下，保证船舶在以上三个方面都具有满意的操纵性能。

1.2 舵装置的分类与构造

舵设备由舵装置和操舵装置两大部分组成。舵装置是指舵叶及其支承、限位部件，操舵装置包括操舵系统、舵机和转舵装置。

1.2.1 舵装置的分类

按不同的分类依据，舵装置有不同的分类方法，习惯上有以下三种。

①按舵叶的剖面形状来分，有平板舵和复板舵（又称流线型舵，图1－3(a)）。平板舵结构简单、造价低廉，但对推进效率不能起有利的作用，故目前仅用于驳船或内河小船。复板舵则广泛应用于各种船舶。

②按舵杆轴线的位置来分，有不平衡舵（图1－3(b)）、平衡舵（图1－3(c)、(d)）和半平衡舵。在舵杆轴线前后整个高度上都分布有舵叶面积者，称为平衡舵。由于这种舵在舵杆轴线前后的舵叶面积上产生的水压力，对舵杆轴线形成的扭转力矩方向相反，因而在一定舵角下两者会达到平衡，即总的扭转力矩为零，因此称之为平衡舵。舵杆轴线前面的舵叶面积仅分布在下半部者，称为半平衡舵。舵叶面积全部分布在舵杆轴线后部者，称为不平衡舵。

③按舵叶的支承方式来分，有半悬挂舵（图1－3(e)、(f)）、悬挂舵（图1－3(g)）、双支承舵（图1－3(c)）、单支承舵（图1－3(d)）、多支承舵（图1－3(b)）。仅在船体内部设有支承点者，称为悬挂舵。悬挂舵多为平衡舵，常见于双桨双舵舱上，或艉部较平坦的舰艇及

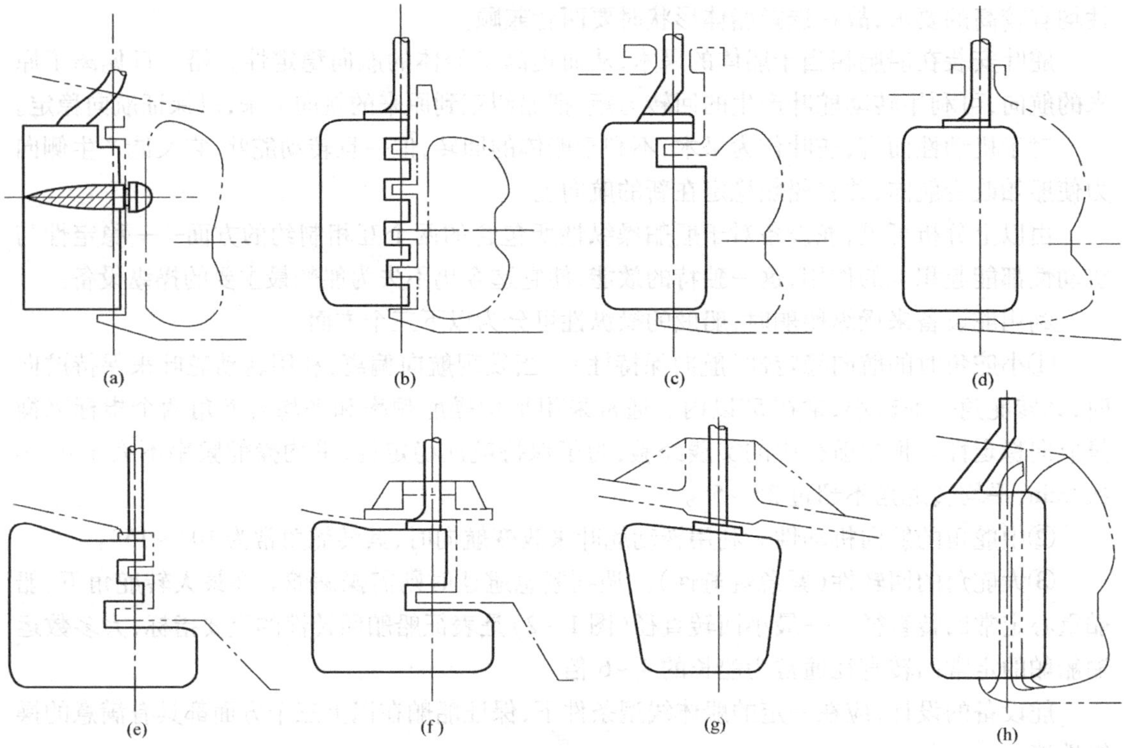

图 1-3　舵装置的类型

(a)复板舵　(b)多支承不平衡舵　(c)双支承式平衡舵　(d)单支承式平衡舵
(e)半悬挂舵(双舵销)　(f)半悬挂舵(单舵销)　(g)悬挂舵　(h)舵轴舵

内河小船上。半悬挂舵就是半平衡舵,其舵叶的上部支承于舵柱或挂舵臂的舵钮上,下部呈悬挂状,多用于双桨船或多桨船,近年来大型运输船上也广泛采用。在舵叶的下端设有支承部件的舵,称为单支承舵;在舵叶的上、下端均设有支承部件的舵,称为单或双支承舵。单支承舵和双支承舵一般皆为平衡舵,常用于具有艉柱的海船。舵叶具有三个以上支承部件的舵,称为多支承舵,这种舵一般为不平衡舵,目前较少采用。还有一种舵轴舵(图 1-3(h)),其舵叶支承在舵轴上,此种形式能减小作用在舵叶上的载荷,故近年来在大型海船上获得较为普遍的应用。

1.2.2　舵装置的主要组成部件

1. 舵叶

舵叶是产生舵压力的构件。平板舵的舵叶由木材或钢板制成,通常用舵臂加强,如图1-4所示。流线型复板舵的舵叶一般为密封的钢质空心结构,其内部设有垂直隔板和水平隔板组成的构架,上、下封以顶板、底板,四周封以舵(傍)板、导边板及舵叶尾材,如图 1-5 所示。

2. 舵杆

舵杆是舵的转轴。舵杆通常为一变截面的圆柱(图 1-4),其下端与舵叶连接,上端(称为舵头)与舵柄或舵机连接,其作用是传递舵机的转舵力矩,以转动舵叶。其伸入舵叶的部分称为下舵杆,相当于舵叶的组成部分,其作用在于保证舵叶的强度与刚度。

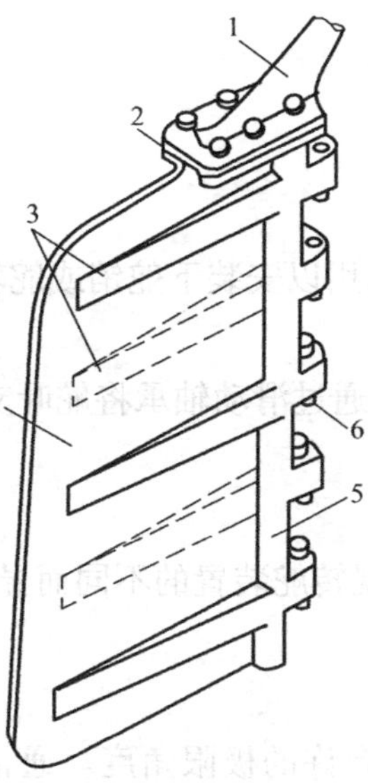

图1-4　平板舵

1—舵杆;2—舵杆接头;3—舵臂;4—舵板;
5—下舵杆;6—舵销

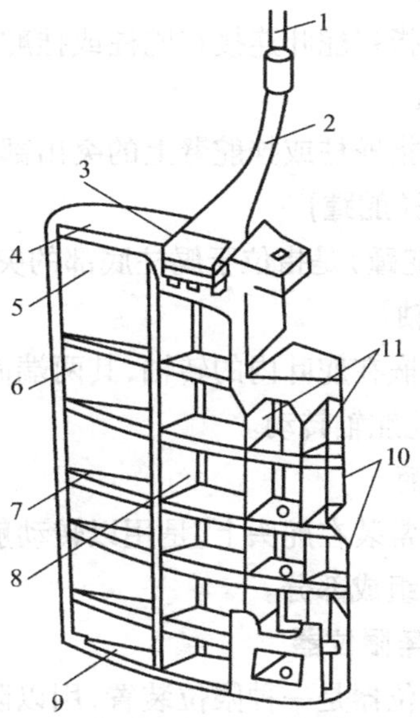

图1-5　复板舵

1—舵头;2—舵杆;3—舵杆接头;4—舵叶顶板;5—舵叶尾材;
6—舵板;7—水平隔板;8—垂直隔板;9—舵叶底板;
10—舵叶导边板;11—代替下舵杆的垂直隔板

3. 舵(支)承

舵(支)承是固定在船体上,用以支承舵杆的轴承装置。按其安装的位置可分为上舵承和下舵承。上舵承通常位于舵头附近,在操舵机械所在的甲板或平台上,一般为止推轴承。下舵承通常位于舵杆穿出船体外板处,或舵杆套筒出口处,一般为滑动轴承,常制成水密的,以防舷外水侵入船体。设置舵杆套筒的(半)悬挂舵,也有将上舵承同时做成水密的。

4. 舵杆接头

舵杆接头是指舵杆与舵叶间的接头。目前,应用最普遍的舵杆接头是水平法兰接头,如图1-4和图1-5所示。悬挂舵大多采用插入接头,如图1-6所示。

5. 舵柱

舵柱是船体艉柱的一部分,用以支承不平衡舵的柱状部件。有时将其剖面形状设计成与舵叶剖面相配合,使两者形成组合流线型剖面(图1-3(a)),以期提高舵效。

6. 挂舵臂

挂舵臂是附连于船体艉部的臂状构件,用以支承半悬挂舵。一般也将其剖面设计成与舵叶相配合的流线型。

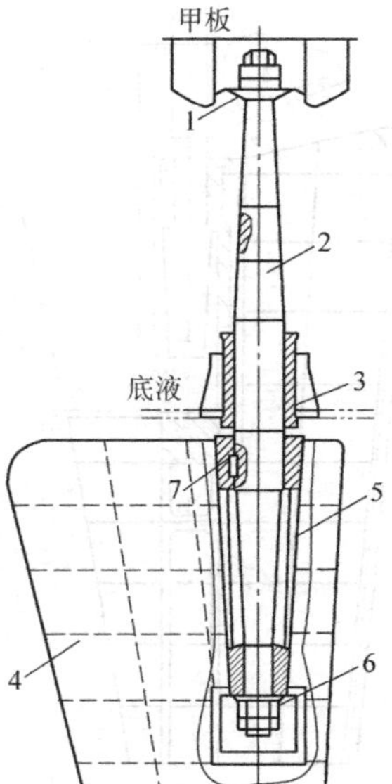

图1-6　悬挂舵的结构

1—上舵承;2—下舵承;3—舵杆;
4—舵叶;5—舵杆座;6—螺母;7—键

7. 舵销

舵销是指将舵叶连接在舵柱或挂舵臂上的销轴。

8. 舵钮

舵钮是指舵柱或挂舵臂上的突出部分,以供舵销贯穿。

9. 舵托(舵踵)

舵托(舵踵)是指位于艉柱底部的突出部分,也称底承座,用以安装下舵销或舵轴。

10. 舵轴

舵轴是嵌在舵叶内的转轴,其两端固接或铰接在舵柱上,通过滑动轴承将舵叶支承在舵轴上,并绕此舵轴转动。

11. 舵柄

舵柄通常装在舵头上,是用以转动舵杆的构件。其形状视转舵装置的不同而异,有时可作为舵机的组成部分。

12. 舵角限位器

舵角限位器是一种限位装置,用以防止舵叶转角超过所允许的极限角度。通常将其分别设置在舵机操舵装置所在的甲板(或平台)和舵叶上。

1.2.3 舵装置的构造

各种不同支承方式的舵装置,其典型的结构示于图1-6至图1-9中。

图1-6为悬挂舵的结构。通过上、下舵承1、2将舵杆3支承在船体内,舵叶4则完全悬挂在船体外。舵叶与舵杆座5焊成一体,舵杆的下端插入舵杆座(插入接头),并用螺母6和键7紧固。舵杆上端通过键与舵柄或舵机相连而使舵转动。

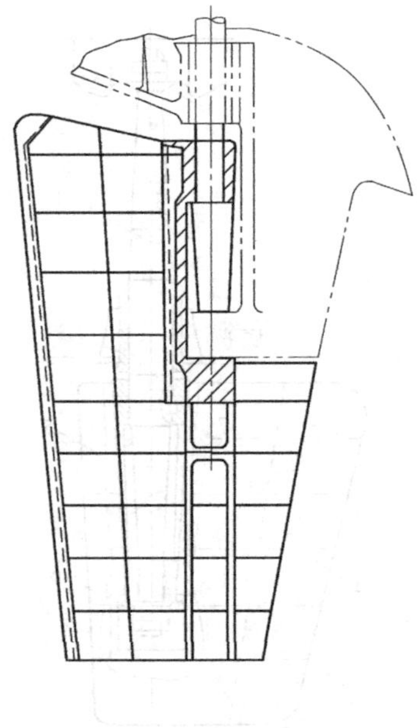

图1-7 半悬挂舵的结构

图1-7为半悬挂舵的结构。其下舵杆的下端以圆锥体伸入舵叶内构件(舵杆座),并用螺母和键与舵叶相连接。船艉的挂舵臂上设一个舵钮,伸入舵叶中用舵销和螺母与舵叶相连接,以支承舵叶。舵杆和舵叶的重量可由舵杆顶端的嵌环经舵柄传给挂舵臂或艉柱,其下舵承常做成水密的。

图1-8为舵轴舵的结构。其舵叶与舵杆是用水平法兰连接的,整个舵叶的重量由上舵承承受。舵轴穿过舵叶,上端用法兰与船体连接,下端插入艉柱内,舵叶上、下端与舵轴间设有滑动轴承,舵叶可绕舵轴转动。由于舵叶上、下端受到良好的支承,上舵杆基本上不受弯矩而只受扭矩作用,因此可大大减小舵杆直径。

图1-9为单支承平衡舵的结构。除了以设置在船体内的舵承来支承舵杆外,在舵叶下端还设有下舵销结构。下舵销5的上端做成锥形,与舵

叶下端的锥面相配合，下舵销装入舵叶后，用螺母3紧固。舵叶内部不设置下舵杆，而以两块垂直隔板与舵叶外板组成的箱形结构4来代替。舵叶顶端设有水平法兰盘，借助连接螺栓1和键2与舵杆连接。舵叶下端与艉柱（舵托）间装有止推环6，以此将舵的重量传给艉柱。为了便于装卸舵，舵叶都开有可拆小门。

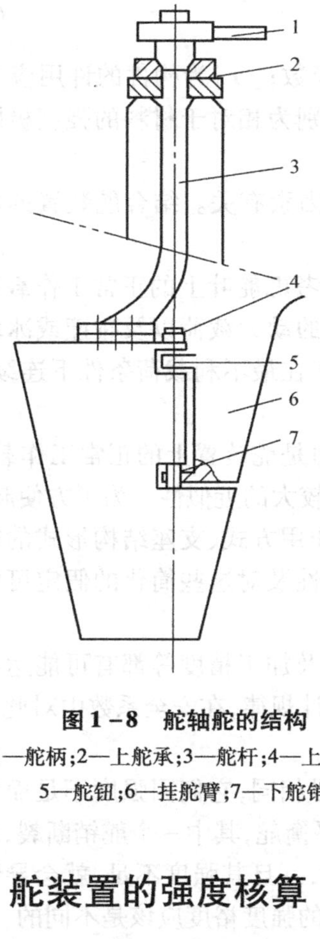

图1-8 舵轴舵的结构

1—舵柄；2—上舵承；3—舵杆；4—上舵销；5—舵钮；6—挂舵臂；7—下舵销

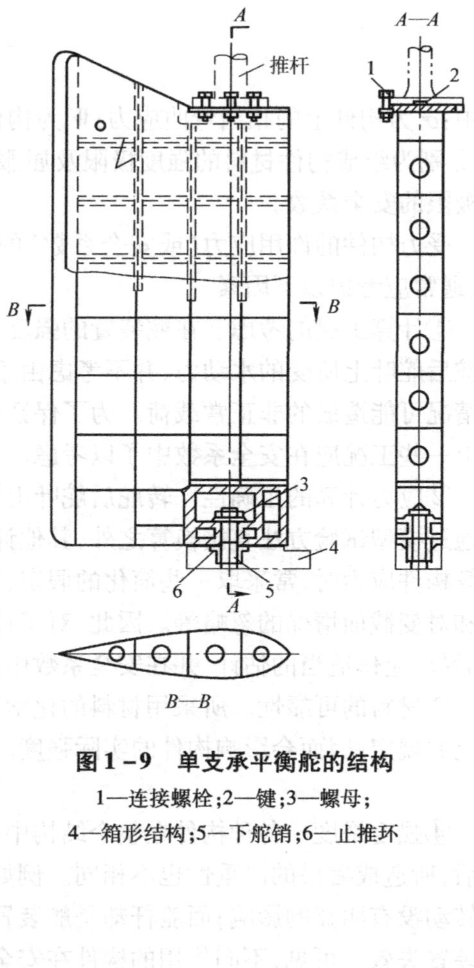

图1-9 单支承平衡舵的结构

1—连接螺栓；2—键；3—螺母；4—箱形结构；5—下舵销；6—止推环

1.3 舵装置的强度核算

1.3.1 核算依据

舵装置的强度核算通常是指对舵杆、舵叶、舵轴、舵柄及舵销等主要部件的核算。核算方法有两种，一种是根据有关的船舶建造规范进行，另一种是按力学理论计算。本书以介绍后者为主。

舵杆等构件若同时受到扭矩和弯矩的作用，可以用最大切应力理论来计算其相当弯矩M_0，即

$$M_0 = \sqrt{M_b^2 + M_t^2} \quad (1-1)$$

式中：M_b、M_t 分别为作用在构件上的弯矩和扭矩。

根据强度条件

$$\sigma = \frac{M_0}{W} < [\sigma] \tag{1-2}$$

$$[\sigma] = \frac{\sigma_b}{n_b}$$

或

$$[\sigma] = \frac{\sigma_s}{n_s} \tag{1-3}$$

式中:σ 为构件上的相当弯曲应力;W 为构件的抗弯剖面模数;$[\sigma]$ 为构件的许用应力;σ_b、σ_s 分别为组成构件材料的强度极限及屈服极限;n_b、n_s 分别为相对于材料的强度极限及屈服极限的安全系数。

受力构件的许用应力(或安全系数)的确定与一系列因素有关。结合舵装置的具体情况,通常应考虑以下因素。

①计算工况的考虑。在舵装置的强度计算中,通常只考虑舵叶上的正常工作载荷——转舵后舵叶上所受的水动力,并不考虑由于波浪冲击造成的动力载荷以及碰撞或冰块挤压等情况可能造成的非正常载荷。为了保证舵装置各部件能在最不利载荷条件下连续工作,以上一些工况应在安全系数中予以考虑。

②应力计算的正确性。转舵后舵叶上所受到的水动力是舵装置上的正常工作载荷,除了通过模型试验方法直接换算之外,其他计算方法都带有较大的近似性。为了方便起见,在计算构件应力时,常采取一些简化的假定,例如对载荷的作用方式、支座结构形式的简化假定和对变截面情况的忽略等。因此,对于计算载荷的近似性及对这些简化的假定可能引起的后果,应作适当的估计,并在安全系数中加以考虑。

③材料的可靠性。所采用材料的化学成分、力学性能及加工精度等都有可能达不到名义上的规定,因而会影响构件的实际强度。一般可以按统计规律,在安全系数中对此加以考虑。

④强度裕度。各种构件在整个结构中所起的作用不尽相同,它们因强度不足而导致破坏后,所造成后果的严重性也不相同。例如,多支承式不平衡舵,其中一个舵销断裂,对舵叶的转动没有明显的影响;而舵杆却是舵装置中的重要构件,一旦其强度不足,就会导致整个舵装置失效。可见,不同作用的构件在安全系数中所考虑的强度裕度应该是不同的。

通过大量统计分析及长期积累的使用经验,对以上诸方面加以恰当的考虑后,可确定舵装置主要构件的强度安全系数。在各国船级社所制定的船舶建造规范中,这一安全系数都以不明显的方式包含在规范的近似计算公式中。由于各自计算条件不同,表现在安全系数上的差异也很大。例如,苏联规范中取 $n_s = 2.8$,而在挪威规范中取 $n_s = 4$,这可能是由于苏联规范把舵杆与舵叶组成的连续梁假定为等截面(等于上舵杆的截面),而挪威规范是按舵叶与舵杆的惯性矩之比为5:1来计算的。在我国的钢质海船建造规范(1983年)中取 $n_b = 4 \sim 5$,在长江钢船建造规范中取 $n_b = 3.5$,在强度核算时可作参考。

1.3.2 上舵杆

上舵杆是舵装置中的重要受力构件。可按照上舵杆各部位受力不同的特点,分别对其在舵柄处、上舵承处的直径进行核算。

1. 上舵杆在舵柄处的直径 d_0

上舵杆在舵柄处只承受扭矩作用。舵头处的扭矩 M_t，在舵机已选定的情况下，可按在极限舵角下舵机可能发出的公称扭矩进行校核。在初步估算时

$$M_t = M_k + M_f \tag{1-4}$$

式中：M_k 为上舵杆的计算扭矩；M_f 为各支承处摩擦力矩之和。

M_f 可按下式计算：

$$M_f = \sum f_i F_i \frac{d_i}{2} \tag{1-5}$$

式中：F_i 为各支承处的反力；d_i 为各支承处舵杆的直径；f_i 为轴承摩擦系数，滚珠轴承可取 0.015，滚柱轴承可取 0.030，滑动轴承可取 0.06 ~ 0.10（钢—铜在油中摩擦）或 0.10 ~ 0.15（钢—铜在水中摩擦）。

为简化起见，在舵杆强度核算中，各支承处的摩擦力矩常不予考虑，或将上舵杆的计算扭矩 M_k 乘一个大于 1 的系数 k，即 $M_t = kM_k$，k 值取决于支承情况，对悬挂舵可取 $k = 1.10 \sim 1.20$，对支承舵可取 $k = 1.05 \sim 1.10$。

舵柄处上舵杆的直径 d_0 可按扭转的强度条件决定：

$$\tau = \frac{M_t}{W_p} < [\tau] \tag{1-6}$$

式中：W_p 为舵柄处舵杆的抗扭剖面模数。对于圆截面，$W_p = \pi d_0^3/16$，则可得

$$d_0 = \sqrt[3]{\frac{16M_t}{\pi[\tau]}} \tag{1-7}$$

通常取扭转许用剪应力 $[\tau] = \frac{[\sigma]}{1.3}$。

2. 上舵杆在上舵承处的直径 d_u

在上舵承处，上舵杆除了受到扭矩 M_t 的作用外，还可能受到转舵时加在舵柄（或舵扇）上的作用力所造成的弯矩的作用，这个弯矩

$$M_b = Th_t \tag{1-8}$$

而

$$T = \frac{M_k}{R}$$

式中：h_t 为上舵承中点到舵柄轴线的距离；T 为舵柄的作用力；M_k 为上舵杆的计算扭矩；R 为舵柄半径，如图 1 - 10 所示。

按最大切应力理论，式（1 - 1）可用来确定该处的相当弯矩 M_0。若已知材料的 σ_b 或 σ_s，则可参考上述的安全系数来核算该处的舵杆直径，有

$$\sigma = \frac{M_0}{W} < [\sigma] \tag{1-9}$$

式中：W 为舵杆的抗弯剖面模数。对于圆截面，$W = \pi d_u^3/32$，则可得

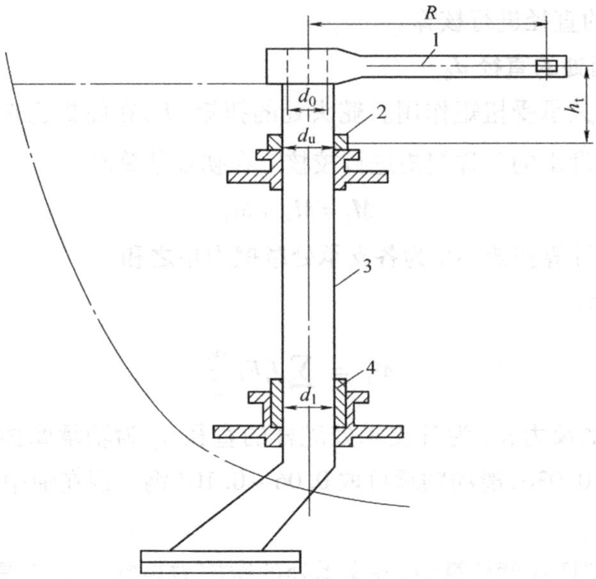

图 1-10 上舵杆与舵柄

1—舵柄;2—上舵承;3—舵杆;4—下舵承

$$d_u = \sqrt[3]{\frac{32M_0}{\pi[\sigma]}} \qquad (1-10)$$

1.3.3 舵装置的其他构件

1. 舵叶壳板

舵叶壳板承受静水压力,其大小沿舵的浸水深度而变化,但计算时其值可取舵叶下缘处的静水压力,或船吃水深度 D 处的压力。此外,舵叶壳板还承受舵压力 P_n,若假定 P_n 是均布的,则舵叶壳板上的载荷

$$p = |D| + \left|\frac{P_n}{A_r}\right| \quad (\text{N/cm}^2) \qquad (1-11)$$

式中:D 为船舶吃水深度(m);P_n 为舵法向力(N);A_r 为舵面积(cm^2)。此式为示意式,不考虑单位。

复板舵的壳板可视为由垂直隔板和水平隔板支持的板格构成。板格可视为四周自由支持的刚性板,其最大弯曲应力

$$\sigma = \frac{6M}{t_1^2} = \frac{6\beta p a^2}{t_1^2} \leqslant [\sigma] \qquad (1-12)$$

式中:a 为板格的短边长度(cm);t_1 为舵叶壳板的计算厚度(cm);$[\sigma]$为许用弯曲应力(N/cm^2),可取 $n_0=2$,则$[\sigma]=\frac{\sigma_s}{2}$;$\beta$ 为系数,与 b/a 有关(b 为板格的长边长度(cm)),按表 1-1 确定。

表 1-1 β 值

b/a	1.1	1.2	1.3	1.4	1.6	1.8	2.0	3.0	4.0	5.0
β	0.047 8	0.062 6	0.075 3	0.086 2	0.094 8	0.101 7	0.118 9	0.123 5	0.124 6	0.125 0

考虑到舵叶长期浸在水中要受到腐蚀，依据使用经验须将按式(1－12)确定的舵叶壳板计算厚度 t_1 增加0.1～0.2 cm，故壳板的实际厚度

$$t_0 = 2.45a\sqrt{\frac{\beta}{[\sigma]}\left(D+\frac{P_n}{A_r}\right)} + (0.1 \sim 0.2) \quad (1-13)$$

式中，各符号的意义及单位同前。

2. 代替下舵杆的连接构件

复板舵中常用由一两根垂直隔板与舵叶壳板组成的箱形结构来代替下舵杆。若将下舵杆或代替它的连接构件视为两支点自由支承的梁，则可按此梁上最大弯矩 M_b 来确定这一连接构件所需的剖面模数 W。剖面模数

$$W \geqslant \frac{M_b}{[\sigma]} = \frac{P_n h}{8[\sigma]} \quad (1-14)$$

式中：P_n 定义同前；$[\sigma] = \frac{\sigma_s}{2}$；$h$ 为该梁的计算跨度，如图1－11所示。

如图1－11所示，连接构件的带板宽度可取为50倍舵叶壳板厚度或0.18h。

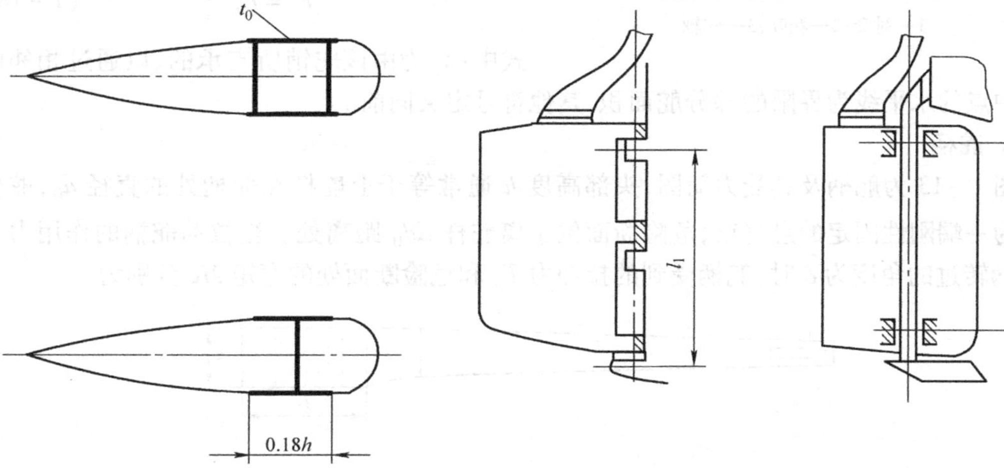

图1－11 代替下舵杆的连接构件

3. 舵轴

舵轴的下端固定在艉柱(舵托)的舵承座上，上端通过法兰同船体连接。舵叶用滑动轴承支承在舵轴上。为了确定舵轴的直径，可以把它当做两端刚性固定的梁计算，这个梁承受两个集中载荷，每个载荷为 $P_n/2$，如图1－12所示。

轴承处的支座弯矩

$$M_b = \frac{1}{2}P_n\frac{c(l-c)}{l} \quad (1-15)$$

则轴承处舵轴直径应满足

$$d_c = \sqrt{\frac{16P_n}{\pi[\sigma]} \cdot g\frac{c(l-c)}{l}} \quad (1-16)$$

式中：$c = \frac{a+b}{2}$，a、b、l 见图1－12；$[\sigma]$可取用舵杆的$[\sigma]$值。

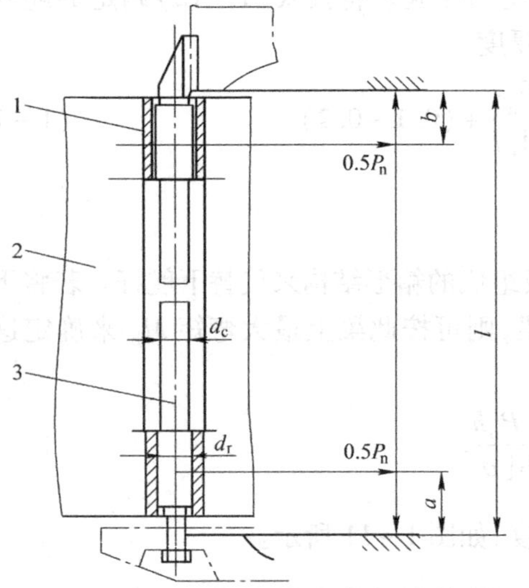

图 1-12　舵轴及其计算图

1—衬套;2—舵叶;3—舵轴

为保证结构强度,轴承处的舵轴直径可取为 $1.1d_c$,舵轴中部直径可取为 $0.9d_c$。

4. 舵销

校核舵销在舵叶支点反力作用下的强度时,假设舵销为悬臂梁,则舵销的直径 d_{pi} 可由下式计算:

$$d_{pi}=2.76\sqrt{\frac{F_i}{[\sigma]}} \tag{1-17}$$

式中:$[\sigma]$ 为许用应力,可取为 0.4σ,σ 是舵销材料的屈服极限;F_i 为舵叶支点反力,视舵叶的支承形式而定。

对于带有若干个舵钮的不平衡舵,各舵销上的作用力 F_i 可按下式决定:

$$F_i=P_n\frac{A_{ri}}{A_r} \tag{1-18}$$

式中:A_{ri} 为由该舵销所支承的、以通过相邻两舵钮中点的水平线为界限的部分舵面积;其他符号定义同前。

5. 舵柄

图 1-13 为舵柄及其受力简图,头部高度 h 通常等于上舵杆在舵柄处的直径 d_0,舵柄可视为一端刚性固定的悬臂梁,危险断面位于离舵杆 Kd_0 距离处。当拉动舵柄的作用力为 T,舵柄转过的角度为 δ 时,舵柄受到的拉伸力 T_p 和危险断面处的弯矩 M_b 分别为

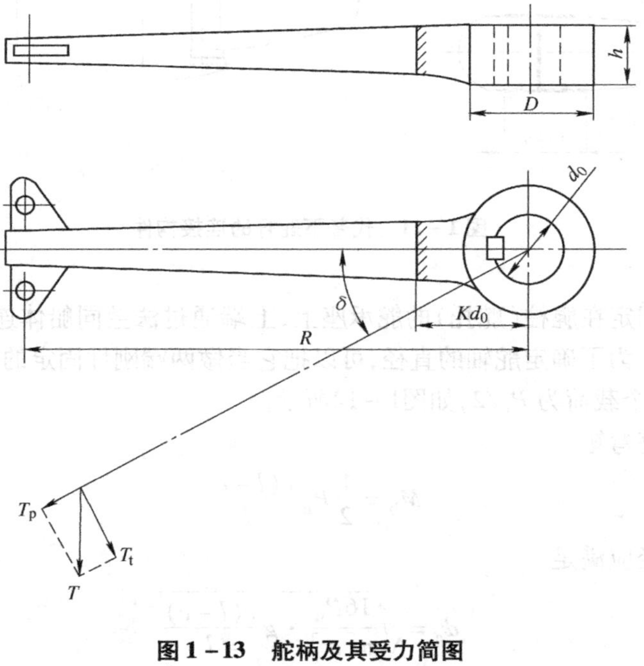

图 1-13　舵柄及其受力简图

$$\left.\begin{aligned}T_p &= T\sin\delta \\ M_b &= T\cos\delta(R - Kd_0)\end{aligned}\right\} \tag{1-19}$$

则合成应力

$$\sigma = \frac{M_b}{W} + \frac{T_p}{A} \leqslant [\sigma] \tag{1-20}$$

式中:K 为系数,海船取 $K=2$,内河船取 $K=1.5$;A 为危险断面的横剖面面积;W 为危险断面的剖面模数;$[\sigma]$ 为材料的许用应力,可取 $[\sigma]=0.25\sigma_s$;δ 为最大转舵角,通常为 35°。

1.4 舵装置系统的可靠性设计

随着造船理论的发展,可靠性设计在造船界正被逐渐重视,成为船舶设计的新课题。舵装置的可靠性是指在规定的时间、规定的条件下,舵装置完成规定的功能的能力。

舵装置是保证船舶操纵性的重要装置,它在船舶航行中频繁地更换各种工作状态,所受的外载荷是变化的。舵装置尤其是单桨船的舵装置,一旦损坏就很可能发生海损事故。用现行规范进行舵装置设计,所有设计变量都是确定的,其安全程度是用安全系数来描述的。而实际上结构的尺度、材料的力学性质,特别是外载荷,都具有不确定性因素,故上述半经验半理论的确定性设计显然不够理想,因此有必要对舵装置进行可靠性设计。

可靠性设计的意义是把建立在概率统计理论上的可靠性设计方法引入结构系统的设计分析,可使系统更加科学、合理,避免事故的发生,产生更好的经济效益。

1.4.1 规范及理论设计方法简介

目前的相关设计方法有两种:根据有关船舶建造规范设计和根据理论设计。规范设计是根据长期实践得出的经验公式进行设计,这些公式中的有关尺度、材料性能、外载荷等均取确定值。理论设计的依据是在载荷作用下,结构或构件某截面的应力小于许用应力,即

$$\sigma = \frac{M_0}{W} \leqslant [\sigma]$$

式中:M_0 是用最大切应力理论得到的相当弯矩;W 为截面剖面模数。根据舵装置的具体情况,可得到舵装置的主要部件设计式。

上述方法实际上对所有变量的不确定性用安全系数来处理,显然不能给舵装置系统的安全性以定量的评价。

1.4.2 可靠性分析方法简介

结构的可靠性是指结构在规定的时间和规定的条件下,完成规定功能的能力。目前,常用的方法有 JC 法(或改进一次二阶矩法)、蒙特卡洛法和林德等定义的可靠性指标 β(标准正态坐标系中由原点到失效界面的最短距离)值法。经过对上述方法进行评价比较,结果是蒙特卡洛法最费机时,林德等定义的求 β 值法其次,JC 法最省机时,但 JC 法不稳定。蒙特卡洛法所费的机时是林德等定义的求 β 值法的 16 ~ 20 倍,因此这里介绍林德等定义的求 β 值法。其基本思想如下。

①确定随机变量 $X_1, X_2, \cdots, X_n$,建立安全裕度方程

$$Z=g(X_1,X_2,\cdots,X_n) \tag{1-21}$$

②将非正态分布当量做正态化处理，即

$$\left.\begin{aligned}\mu_{X1}&=X^*-\Phi^{-1}(F_X(X))\\ \sigma_{X1}&=\Psi[\Phi^{-1}(F_X(X))]/f_X(X)\end{aligned}\right\} \tag{1-22}$$

式中：μ_{X1}为当量正态化后的均值；σ_{X1}为当量正态化后的标准差；$f_X(X)$为原来实际分布的概率密度函数；$F_X(X)$为原来实际分布的概率分布函数；$\Phi(\cdot)$为标准正态分布的概率分布函数；$\Psi(\cdot)$为标准正态分布的概率密度函数。

③将式(1-22)标准正态化。

④求可靠性指标β：

目标函数

$$\beta=[\sum_{i=1}^{n}y_i^2]^{1/2}\to\min \tag{1-23a}$$

约束条件

$$Z\geqslant 0 \tag{1-23b}$$

1.4.3 舵装置主要部件安全裕度方程的建立

要对舵装置进行可靠性分析，首先应建立安全裕度方程

$$Z=g(S,R)=R-S \tag{1-24}$$

式中：R为结构所能提供的最大抗力；S为根据舵系设计得到的该构件的最大载荷效应。

根据具体情况，舵装置的安全裕度方程可分别描述如下。

1. 上舵杆

①舵柄处的上舵杆的极限状态方程为

$$Z=\frac{\pi\sigma_s d_0^3}{20.8}-M_k-M_f \tag{1-25}$$

式中：σ_s为材料的屈服极限；M_k为计算扭矩；M_f为摩擦扭矩之和；d_0为舵杆在舵柄处的直径。

②上舵承处的上舵杆的极限状态方程为

$$Z=\frac{\pi\sigma_s}{32}-d_u^3-M_{eu} \tag{1-26}$$

式中：d_u为上舵承处的上舵杆直径；M_{eu}为此处所受的相当弯矩。

③下舵承处的上舵杆的极限状态方程为

$$Z=\frac{\pi\sigma_s}{32}-d_1^3-M_{el} \tag{1-27}$$

式中：d_1为下舵承处的上舵杆直径；M_{el}为该处的相当弯矩。

2. 舵叶壳板

舵叶壳板厚度

$$t_0=2.45a\sqrt{\frac{\beta}{\sigma_s}\left(D+\frac{P_n}{A_r}\right)}+\varepsilon\quad(\varepsilon=0.2\ \text{cm})$$

故舵叶壳板所受的最大法向应力

$$P_n = \left[\frac{\sigma_s}{\beta}\left(\frac{t_0 - \varepsilon}{2.45a}\right)^2 - D\right]A_r$$

因此,安全裕度方程为

$$Z = \left[\frac{\sigma_s}{\beta}\left(\frac{t_0 - \varepsilon}{2.45a}\right)^2 - D\right]A_r - P_{nr} \tag{1-28}$$

式中:a 为壳板内板格的短边长度(cm);β 为与 a/b 有关的系数,其中 b 为板格的长边长度(cm);D 为船舶吃水深度;A_r 为舵叶面积(cm^2);P_{nr}为壳板所受的法向力最大值。

3. 代替下舵杆的连接构件

代替下舵杆的连接构件可简化为两点支持、受分布载荷作用的梁,其剖面模数为 W。它承受的最大弯矩$M_0 = \sigma_s W$,故其安全裕度方程为

$$Z = \frac{8\sigma_s W}{h} - P_{nr} \tag{1-29}$$

式中:h 为梁的计算跨度。

4. 舵销

舵销的直径 $d_{pi} = 2.76 \times \sqrt{F_i/\sigma_s}$,所以可得 $F_i = (d_{pi}/2.76)^2\sigma_s$。故舵销的极限状态方程为

$$Z = (d_{pi}/2.76)^2\sigma_s - F_{ir} \tag{1-30}$$

式中:F_{ir}为舵销受到的最大舵叶支点反力。

1.4.4 舵装置系统失效概率计算

由于舵装置的任一个组成部件失效均将导致该系统失效,所以它是一个串联系统,其失效概率

$$p_{fM} = 1 - \prod_{i=1}^{n}(1 - p_{fi}) \tag{1-31}$$

式中:p_{fi}为组成舵装置的各个部件的失效概率。

1.5 舵设备的检查和保养

1.5.1 经常性检查

每次开航前,驾驶员应会同轮机长和电机员试验舵机,查看转舵装置是否运转正常,并与驾驶室核对各种舵角和舵角指示器的误差情况。舵机室不准堆放杂物,要保持清洁、干燥,切勿使电机受潮。舵机的活动部分要加油润滑。试舵前要派人查看舵叶周围有无障碍物。

于停靠码头空载时,查看舵叶、舵杆及其连接法兰的情况。尤其经大风浪或冰区航行、脱浅或其他海事后,应特别仔细地检查。

航行中,值班驾驶员应经常检查油压、电源和操舵情况。遇大风浪时,检查舵机室内可移动物体是否绑扎固定妥当。停泊后要关闭电源。

1.5.2 定期检查保养

每三个月应对舵设备进行一次全面的检查保养，具体内容如下。

①查看舵杆、舵叶各部分磨损及损坏情况，做好记录。舵杆（销）一般在下舵承处（或舵销处）的轴径应大于非工作部分的轴径，否则应修理或换新。

②检查电动操舵装置的绝缘和触电情况，用不带毛头的细布擦拭干净。检查自动舵部分的灵敏度。检查液压管路是否泄漏及液压油的质量等。

③检查转舵装置运转损耗及泄漏情况，做好记录或及时修复。

④每半年应检查应急操舵装置的活络部位，除锈、涂油，加以润滑，并做转换操作试验，使之保持性能良好，处于随时可用状态。

⑤液压操舵系统每年或检修时应将整个系统彻底清洗一次，以免影响使用。

⑥结合坞内检验，将舵轴或舵销原地顶高或把舵杆拆下，检查舵轴、舵销及舵承的磨损、腐蚀情况；测量舵承间隙及舵的下沉量；检查舵杆、舵轴法兰盘及连接螺栓与螺母；检查舵销螺母的止动装置。

⑦对舵叶进行外部检验，必要时充气或油、水进行密性试验，除锈、涂油以及更换锌块等。

第2章 货物装卸设备

2.1 概述

货物装卸设备，亦称起货设备，是船上保证装卸货物作业的装置和机械的总称。

船舶的使用时间是由航行时间和停泊时间两部分组成的，前者主要取决于船舶的航程与航速，而后者对货船而言主要取决于载货量及装卸货物的效率。有些内河和沿海货船，装卸货的时间占整个使用时间的1/3～2/3，可见加快货物装卸速度、缩短停港时间，对提高货船的运转能力及其经济性均具有重要的意义。近年来，随着货船排水量与航速的不断增大，进一步提高装卸货物的效率就显得更为迫切了。

货船的装卸效率取决于多方面的因素，而其中货物的装卸方式在很大程度上决定了船舶的装卸效率。货船所载运的货物种类不同，其装卸方式也各异。货物的种类主要有如下几类：

①液体货，如石油、淡水、氨水、油脂等；

②粉状或颗粒状货，如煤、盐、糖、矿砂、谷物等；

③干杂货，如棉花、卷烟、日用百货、五金、钢材等；

④大件货，如机车、车辆、坦克、成套机械装置等。

液体货物通常是利用船上或岸上的输送泵和管路来装卸的。粉状或颗粒状货常采用带式或链斗式等运动机构以连续的方式进行装卸，其运输效率较高，称为传送装卸。近年来发展了效率更高、输送距离较长的管道装卸。采用管道装卸时，颗粒状货送到管道中，与管道内高速气流组成悬浮状的混合物，流到卸料地点，再从分离器中卸出。干杂货以往都是采用传统的吊装装卸方式。较重的大件货物整体进行吊装，对于一般的干杂货，须先将干杂货以箱、袋、桶、捆等方式包装好，然后再按吊装设备的能力（最大起货量）及货舱口的尺寸将它们组合成一件，以此组合件（非标准组装单元）为装卸单元进行吊装。吊装装卸方式是将货物经由货舱口吊进、吊出船舶，所以按装卸的方向，吊装装卸方式又被称为垂向装卸方式。船上通用的吊装设备主要有吊杆装置与甲板起重机两种。吊杆装置是一般货船传统上的货物装卸设备，其结构简单可靠、成本低廉、维修方便、起重范围大，目前仍是干货船上使用最广泛的一种货物装卸设备，将在本章中对其作重点介绍。甲板起重机结构紧凑、操作方便，具有良好的定点着放能力，20世纪60年代以后在货船上得到广泛的应用。

前已述及，在传统方式上干杂货都是采用组合件为装卸单元，这不仅使包装费用高、易于货损，而且由于组合件大小形状不一，不便于堆放，使之成为提高货物装卸速度的最大障碍。在20世纪50年代末期，开始发展了组装化的包装方式，即将零散的货物组成一个较大的标准化的装卸单元，在开始主要是集装箱和货盘两种形式，后来又发展出了驳船。由于组装化了的货物是集中装在标准的单元内整体运输，不仅减少了装卸的件数，提高了装卸的速度，便于堆放，减少货损，而且还能使国际运输成为一个整体系统，有利于降低运输成本和实现“门对门”运输。载驳运输还特别适用于江海联运。随着货物组装化形式的发展,出现了一些专用的吊装设备,如集装箱船上的集装箱吊车、载驳船上的吊驳起重机等。

以驳船为装卸单元的货物还可以采用浮装装卸方式。这是利用浮船坞的原理,让载货的驳船“浮进”“浮出”母船(载驳船)的一种装卸方式。装载货物的母船两舷侧压载水舱注水后下沉,驳船由推轮推入货舱定位,母船排水后上浮;母船驶至目的港后再下沉,然后将驳船拖出母船,从而完成货物的装卸与运输。

在20世纪60年代后期,又发展了滚装装卸方式。这种方式是将标准组装单元的货物置于轮式运货车上,成为“带轮的货物”,直接在船与码头之间“滚上”“滚下”的装卸方式。按货物装卸的方向,滚装装卸方式又称为横向装卸方式。这种方式大大缩短了货物出入船舶的时间。显然,滚装船的舱容损失将比集装箱船更大,它们都是以牺牲舱容来换取装卸速度的提高,但由于航次的增加,仍能获得更好的经济收益。

表2-1总结了不同包装方式的货物所采用的装卸方式。

表2-1　船上货物装卸方式

物态	装卸单元的特征(包装方式)			装卸方法							
				输送泵	传送带	气力输送(管道)	吊带		滚装	浮装	升降机
							通用装置	专用装置			
液态				√							
固态	1	散装(粉状、颗粒状)			√	√	√⊖				
	2	组合件装(箱、袋、桶、捆等)			√		√				
	3	标准组装单元	集装箱、货盘					√			
			驳船					√		√	
	4	滚装(带轮的标准组装单元)							√		√

吊装装卸方式的效率除了与吊杆装置和甲板起重机本身的形式、性能有关外,还与货舱口的大小、位置、舱口盖的形式和船内理货的机械化程度等因素有关。滚装装卸方式的效率很大程度上取决于滚装装卸设备(例如艏门、艉门、跳板和升降机等)的设计,因而引起了研究设计单位对这些设备的重视,并进行了大量的研制工作,使其发展成船舶设备中的一个重要门类——货物通道设备。

近年来,由于货物通道设备获得成功改进,大大减少了操作这些设备所需的时间,减轻了劳动强度,从而进一步提高了货物装卸速度。在本章中也将对这些货物通道设备予以介绍。

以往,货物装卸设备是货船上必须设置的设备,而航运事业的发展也促使货物装卸设备获得迅速的发展。但是,港口设备和装卸机械的不断完善以及定点对口运输业的发展,则又促使船上货物装卸设备不断地简化甚至消失。目前,在一些专用大型散装货船和全集装箱船上不设置货物装卸设备(图2-1),而在航程不太长的航线上又趋向于采用自卸(散货)船,其目的都是为了获得较好的经济效果。集装箱运输的高经济效益主要体现在以下几方面。

图2-1　集装箱船码头卸货

①简化包装，大大节约包装费用。为避免货物在运输途中受到损坏，货物必须有坚固的包装，而集装箱具有坚固、密封的特点，其本身就是一种极好的包装。使用集装箱可以简化包装，有的甚至无须包装，实现杂货无包装运输，可大大节约包装费用。

②减少货损、货差，提高货运质量。由于集装箱是一个坚固、密封的箱体，集装箱本身就是一种极好的包装。货物装箱并铅封后，途中无须拆箱倒载，即使经过长途运输或多次换装，也不易损坏箱内货物。集装箱运输可减少被盗、潮湿、污损等引起的货损和货差，深受货主和船舶公司的欢迎。此外，由于货损货差率的降低，减少了社会财富的浪费，因此集装箱运输也具有很大的社会效益。

③减少营运费用，降低运输成本。由于集装箱的装卸基本上不受恶劣气候的影响，使船舶非生产性停泊时间缩短。又由于其装卸效率高，使装卸时间缩短，对船舶公司而言，提高航行效率，可降低船舶运输成本；对港口而言，可以提高泊位通过能力，从而提高吞吐量、增加收入。

根据集装箱装卸方法的不同，港口集装箱装卸作业方式可分为吊装式作业方式和滚装式作业方式。其中，最常用的作业方式为吊装式作业方式。吊装式作业方式是采用岸边集装箱起重机、门座起重机或船舶吊机进行集装箱的吊上、吊下作业，故这种方式又称为垂直作业方式。

2.2 吊杆装置的形式

吊杆装置根据起重量不同可分为轻型和重型两种。安全工作负荷 $W_s \leqslant 10 \times 9.8$ kN 的吊杆称为轻型吊杆,安全工作负荷 $W_s > 10 \times 9.8$ kN 的吊杆称为重型吊杆。所谓安全工作负荷 W_s,是指吊货钩所能承受的最大许用负荷,其中包括货物、吊货工具(吊梁、抓具、起货电磁铁等)和索具所产生的重力。通常,在装卸货物时,都采用一定的吊货工具,因此安全工作负荷 $W_s = 10 \times 9.8$ kN 的吊杆,其允许吊起的最大货物重力往往小于 10×9.8 kN。

2.2.1 轻型吊杆装置

1. 轻型吊杆装置的主要组成部件

图 2-2 示出了轻型吊杆装置的典型结构。轻型吊杆装置主要由 6 个部件组成,即起重柱、吊杆、千斤索索具、牵索索具、吊货索索具以及绞车。

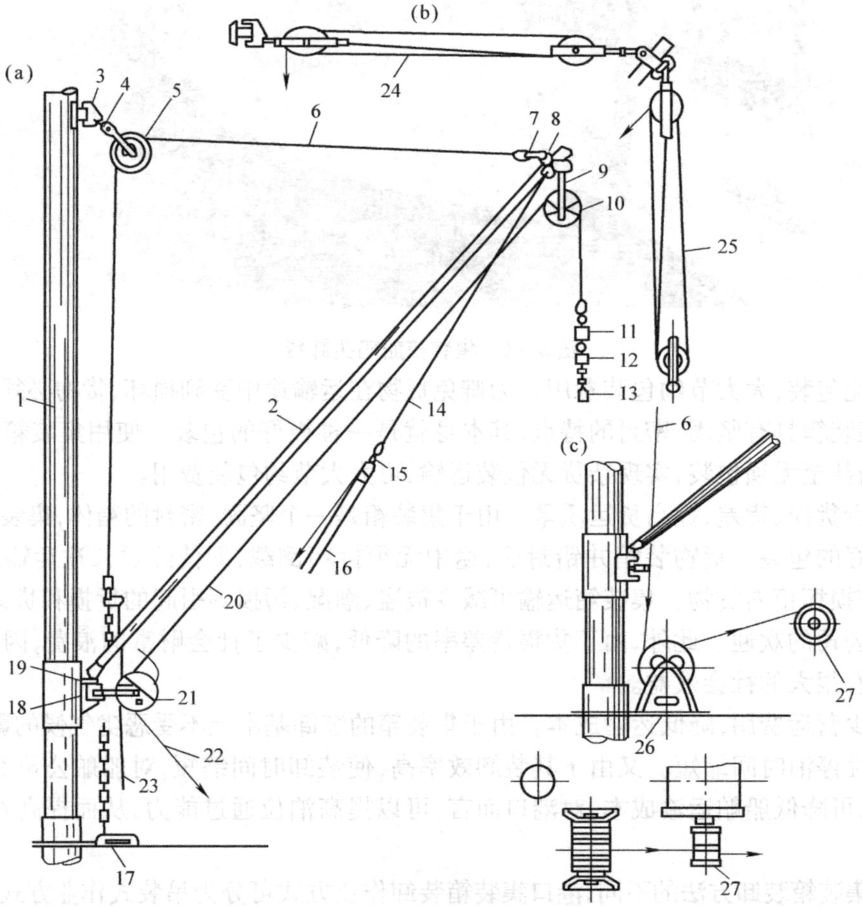

图 2-2 轻型吊杆装置典型结构

(a)带有单根吊货索和单根千斤索的吊货杆 (b)带有吊货滑车组的吊货杆 (c)带有千斤索卷车的吊货杆

1—起重柱或桅杆;2—吊杆;3—千斤索眼板;4、7、9、15—索具卸扣;5—千斤索滑车;6—千斤索;8—吊货眼板;10—吊货滑车;11—吊货索压重;12—转环;13—吊货钩;14—吊杆牵索;16—吊杆牵索滑车组;17—千斤索甲板眼板;18—吊杆座;19—支承转轴;20—吊货索;21—导向滑车;22—循向绞车的绳端;23—通向开口滑车的绳端;24—千斤索滑车组;25—吊货滑车组;26—千斤索卷车;27—绞车的系缆滚筒

(1)起重柱

起重柱是用以固定吊杆、系挂吊货索和千斤索滑车的强力构件,通常为钢板焊制的空心圆柱体,将在本章2.6节中作较详细的介绍。

(2)吊杆

吊杆通常都是钢质的,只有当安全工作负荷在10 kN以下、长度不超过10 m时才可以考虑采用木质的。吊杆的结构尺寸可按其所承受的轴向压力和长度从有关标准中选取。

吊杆头部设有吊杆箍或焊有眼板,用以连接千斤索、吊货索及牵索,如图2－3所示。

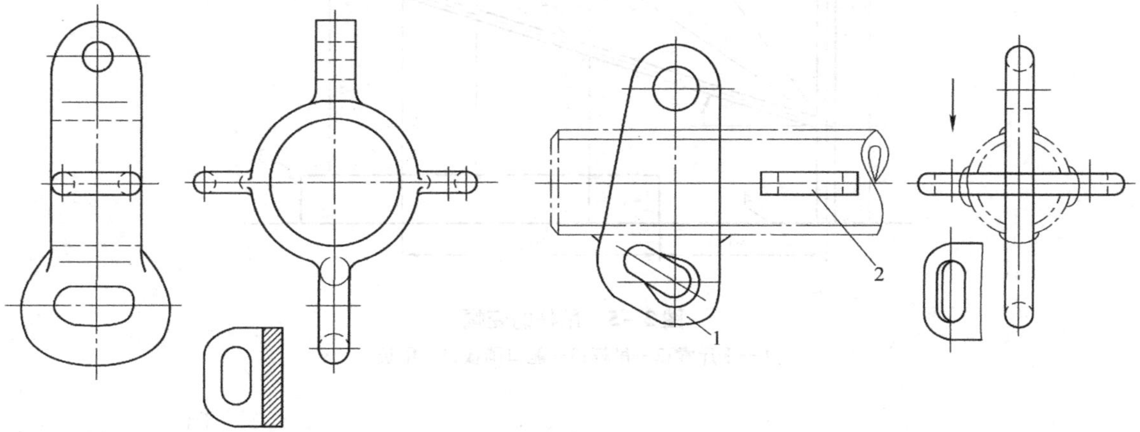

图2－3　吊杆头部装置

(a)吊杆箍　(b)吊货眼板

1—吊货眼板;2—牵索眼板

吊杆根部以叉头状眼板与固定在起重柱上的吊杆承座连接,承座中有一吊杆转枢(垂直轴),叉头横销将吊杆叉头与吊杆转枢连接起来,吊杆既可绕水平轴转动,又可绕吊杆转枢摆动。吊杆转枢下部设有导向滑车的眼板,吊杆座装置如图2－4所示。

在起重柱的上部设有千斤索眼板座和眼板,用以悬挂千斤索滑车。

(3)千斤索索具

千斤索(又名顶牵索)的主要功用是调节吊杆仰角θ(吊杆轴线与水平面的夹角),使吊杆变幅,如图2－5所示。吊杆吊货时,千斤索将吊杆固定在某一仰角上,并承受张力。千斤索一端与吊杆头部相固接,另一端(自由端)穿过千斤索滑车后与船体连接。图2－6(a)是设有千斤索卷车的情况,此时千斤索自由端直接绕在卷车上,千斤索卷车通常由起货绞车的系缆滚筒通过钢索来带动;图2－6(b)是用千斤链将千斤索与船体相连接的情况。图2－7是千斤索滑车组悬挂装置的不同形式。

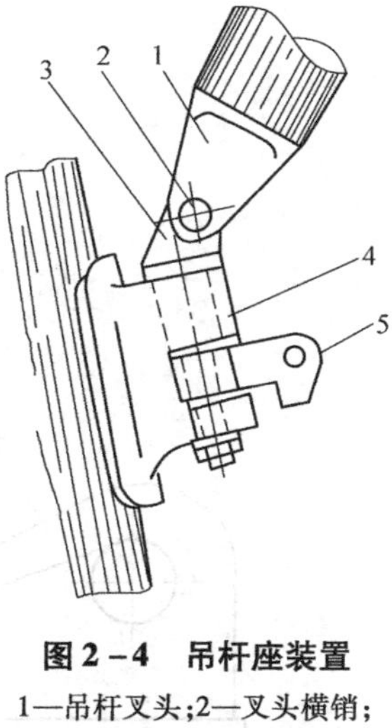

图2－4　吊杆座装置

1—吊杆叉头;2—叉头横销;3—吊杆转枢;4—转枢座;5—吊杆座滑车眼板

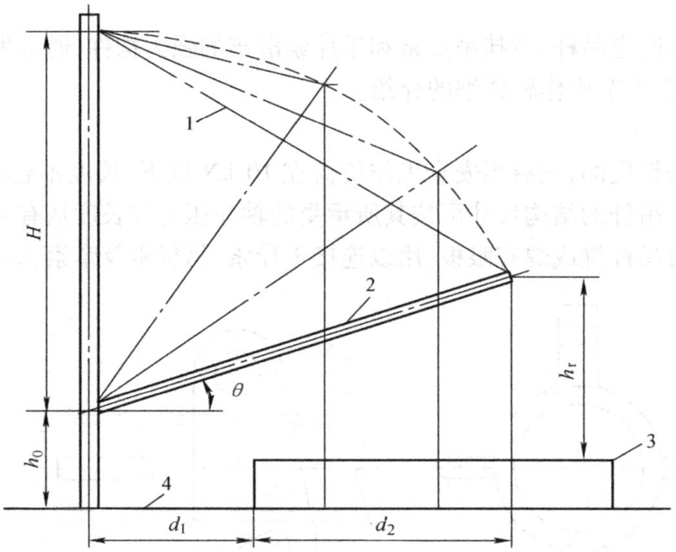

图 2-5　吊杆的变幅

1—千斤索;2—吊杆;3—舱口围板;4—甲板

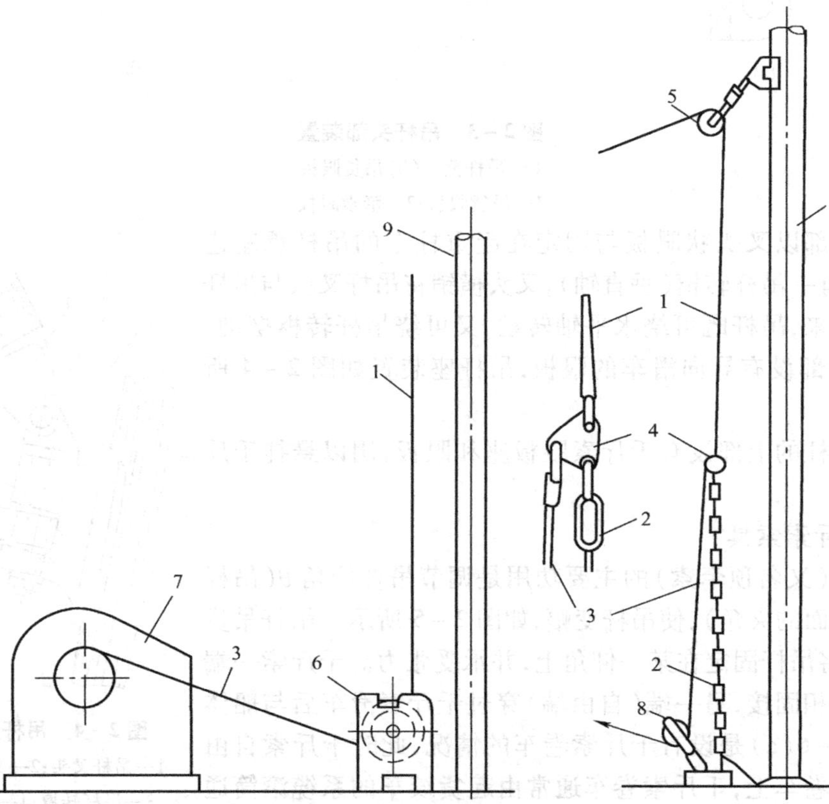

图 2-6　千斤索索具

(a)设千斤索卷车　(b)设千斤链

1—千斤索;2—千斤链;3—千斤调整索;4—三角眼板;5—上千斤索滑车;

6—千斤索卷车;7—起货绞车;8—导向滑车;9—起重柱

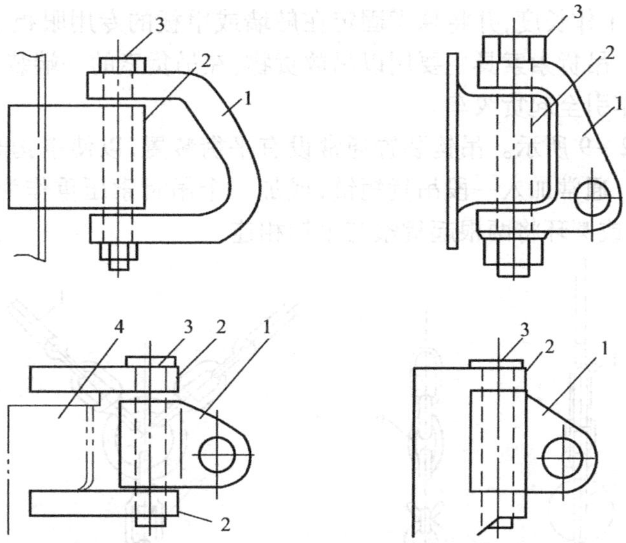

图2－7　千斤索滑车组悬挂装置的不同形式

1—千斤索眼板;2—千斤索眼板座;3—销轴;4—桅肩

(4)牵索索具

牵索索具主要用以牵拉吊杆,以调整吊杆偏角α(吊杆在水平面投影与船体舯纵剖面的夹角)。牵索,又称摆动稳索,通常左右成对布置在吊杆的两侧,左、右牵索一收一放即可使吊杆回转,如图2－8所示。以往牵索常用人力牵拉,现代吊杆装置常设双卷筒动力牵索绞车,用来带动吊杆回转。

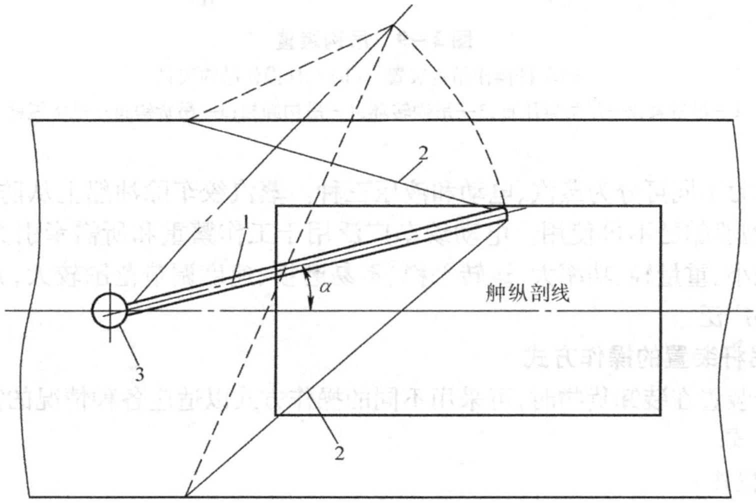

图2－8　吊杆的回转

1—吊杆;2—牵索;3—起重柱

(5)吊货索索具

为了定位双杆操作的吊杆,除需装有两根摆动牵索外,在每一根吊杆的外侧还装有一根稳索,用以固定工作中吊杆的位置,并承受较大的张力。稳索上端为较粗钢索,下端为稳索链或有节稳索。用卸扣与稳索链的任一链环连接,或用叉头夹住有节稳索上任一柱形金属节,便能调整稳索的工作长度,并将稳索固定在舷墙或甲板的专用眼板上,这样有利于用绞车来调整稳索长度。吊货索索具主要用以吊放货物,在吊货索的一端装有吊钩装置,另一端经吊杆头部导向滑车引至起货绞车。

吊钩装置如图2-9所示。吊钩装置通常设有平衡装置,以使空钩时吊钩易于下降,不使吊货索互相纠缠。通常加入一段吊货短链,或加一个吊货索压重作为平衡装置。定位双杆操作时,用三角板或圆环将两根起货索与吊钩相连。

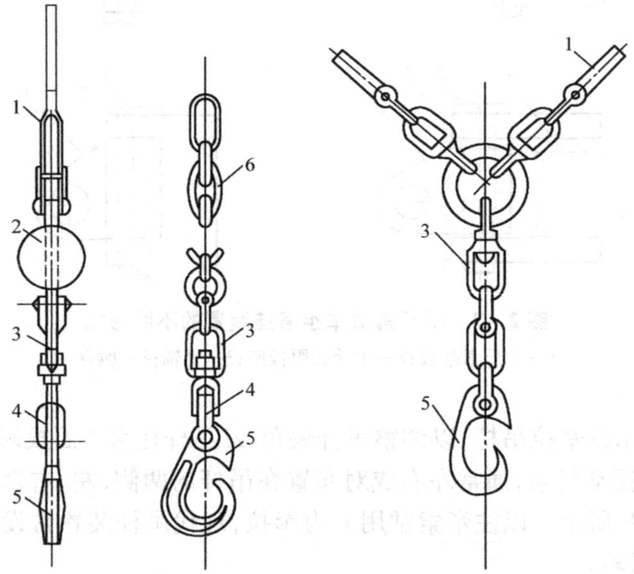

图2-9　吊钩装置

(a)单杆操作吊钩装置　(b)双杆操作吊钩装置

1—吊货索;2—吊货索压重;3—吊钩转环;4—吊钩卸扣;5—吊货钩;6—吊货短链

(6)绞车

绞车按动力不同可分为蒸汽、电动和液压三种。蒸汽绞车除油船上从防火要求角度选用外,其他类型船舶已不再使用。电动绞车广泛用于工作繁重和所需牵引力较大的场所。液压绞车体积小、重量轻、功率大、运转平稳、不易磨损、速度调节范围较大,并可无级调速,所以使用日趋广泛。

2. 轻型吊杆装置的操作方式

轻型吊杆装置在装卸货物时,可采用不同的操作方式以适应各种情况的需要,现介绍其主要的操作方式。

(1)单杆操作

单杆操作是用一根吊杆来进行货物的装卸,是轻型吊杆装置最基本的操作方式。以卸货为例,其操作程序是:当吊杆从货舱中吊起货物并上升到舱口上空后,用人力或绞车牵拉一舷的牵索,同时放松另一舷的牵索使货物随吊杆一起摆至舷外,然后放下货物,收上空钩,再将吊杆摆回舱口上空,准备再次起吊。装货的操作程序与之相反。

采用单杆操作方式,需要来回牵拉吊杆,费时费力,装卸速度较慢。

(2)定位双杆操作

定位双杆操作是用一对吊杆联合装卸货物的方法。图2-10为定位双杆操作的示意图。

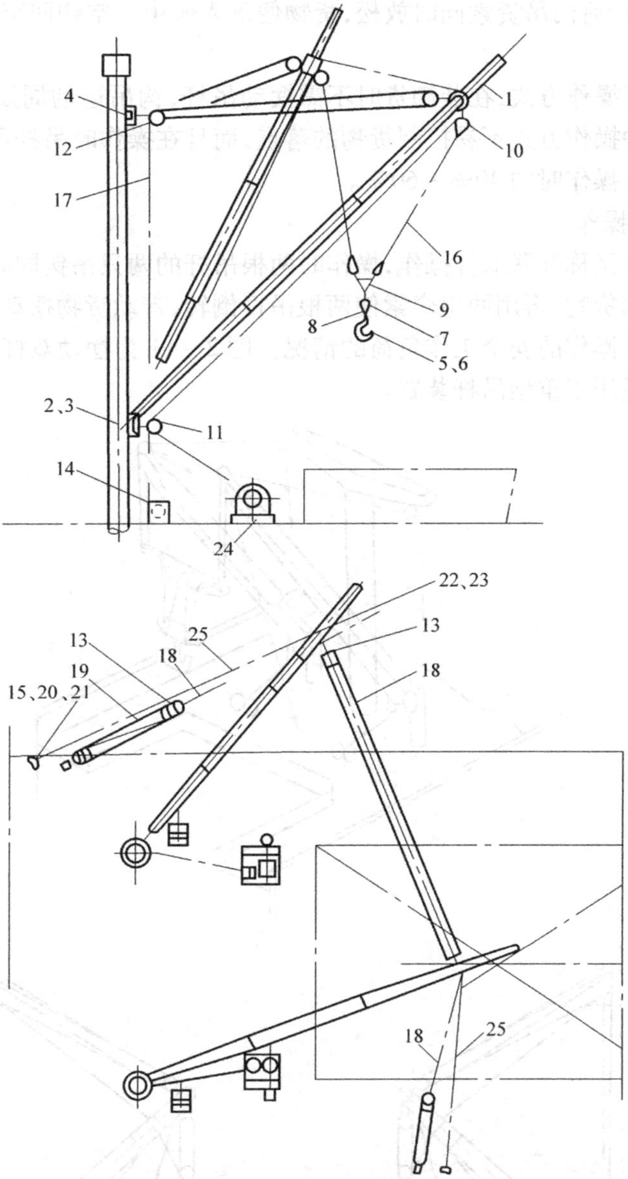

图2-10　定位双杆操作的示意图

1—吊杆;2—吊杆承座;3—导向滑车叉头;4—千斤索眼板;5—滑钩;6—吊钩卸扣;7—吊钩转环;8—吊货短链;9—三角眼板;10—吊货滑车;11—导向滑车;12—千斤索滑车;13—麻索滑车;14—千斤索绞车;15—索具眼板;16—吊货索;17—千斤索;18—牵索;19—麻索;20—钢索卸扣;21—钢索嵌环;22—索具卸扣;23—索具套环;24—起货车;25—稳索

定位双杆操作是指一根吊杆位于舱口上空(称为舱口吊杆),另一根吊杆伸出舷外(称为舷外吊杆),两根吊杆用内侧牵索互相连接,外侧稳索把吊杆固定在一定的工作位置上,在装卸货物的过程中保持其位置不变,两根吊杆的吊货索连在同一吊钩上。以装货为例,定位双杆操作的程序是:当吊钩在码头上钩住货物后,先收紧舷外吊杆的吊货索,待货物上升至一定高度后再收紧舱口吊杆的吊货索,同时相应地放松舷外吊杆的吊货索,这样货物就由舷外平移到舱口上空,最后两吊货索同时放松,货物便落入舱中。空钩回至舷外的操作程序与上述程序相反。

采用定位双杆操作方式,在装卸货时不需摆动吊杆,钩吊运动周期短,克服了单杆操作的缺点。但是这种操作方式不易控制货物的落点,而且在操作时吊杆和稳索受力大,其安全工作负荷仅为单杆操作时的40% ~60%。

(3)摆动双杆操作

摆动双杆操作又称并联双杆操作,操作时两根吊杆的两只吊钩同时钩住货物或吊梁,两根吊货索同时吊起货物,再用两组牵索使两根吊杆倒转,带动货物摆动。这种操作方式适用于起重力超过单杆操作的安全工作负荷的情况。图2-11为摆动双杆操作的两种情况。摆动双杆操作同样适用于重型吊杆装置。

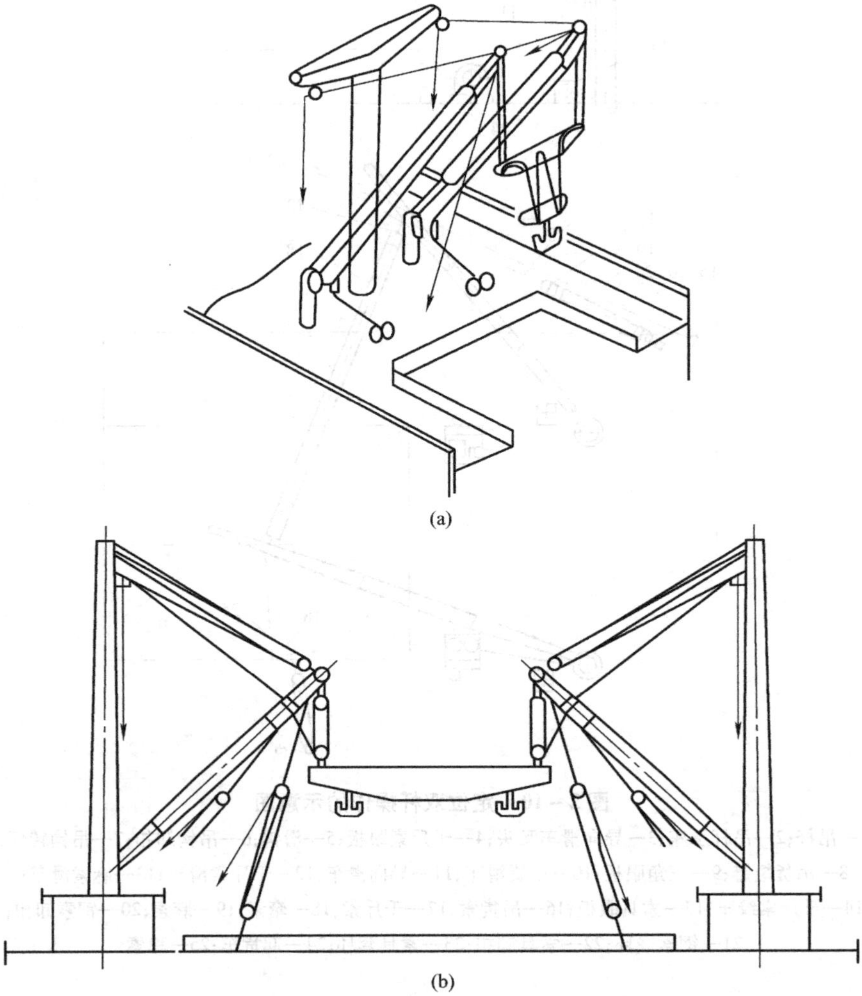

图2-11 摆动双杆操作的示意图

(a)两吊杆在舱口同一端 (b)两吊杆分别在舱口两端

(4)随回单杆操作

随回单杆操作实际上是一种双杆联合的操作方式。其一根吊杆固定于舱口上方不动

(称为舱口吊杆),另一根吊杆可回转于舱口与舷外之间(称为回转吊杆),两吊杆间牵索通过舱口吊杆端部后在下端系结坠锤。卸货时,舱口吊杆的吊货索提升货物,然后由另一台绞车收紧牵索,货物随舷外吊杆一起转至舷外,此时坠锤上升,吊钩卸去货物后,由于坠锤的自重,吊杆间牵索将舷外吊杆拉回舷内。与定位双杆操作相比,随回单杆操作的运动作业钩吊周期较长,但安全工作负荷较大。

2.2.2　重型吊杆装置

图2－12为重型吊杆装置简图。与轻型吊杆装置相比,其主要在吊杆头部、根部和吊货索三个方面有区别。重型吊杆的头部不用吊杆箍,其头部装置如图2－13所示。在大多数情况下,吊杆座直接布置在甲板或平台上,如图2－14所示。吊货索不与吊杆平行,吊货索通过吊杆头部的嵌入滑轮和起重柱上方的导向滑车后,再转引至起货绞车,这样就减小了吊杆的轴向压力。

上述重型吊杆装置主要用于中小型船舶。目前,在较大型船舶上,起重量较大的重型吊杆常采用翻转型重吊,即在两根呈V形的起重柱之间布置一根重型吊杆,配置左右两套千斤索索具和适用于前后两舱的吊货索索具,以简化装置、节省设备。翻转型重吊的头部装有轴承套管及千斤索转环,使千斤索滑车能灵活旋转。翻转型重吊不设桅支索、吊杆牵索和稳索,操作方便安全,而且简化了使用前的准备工作。

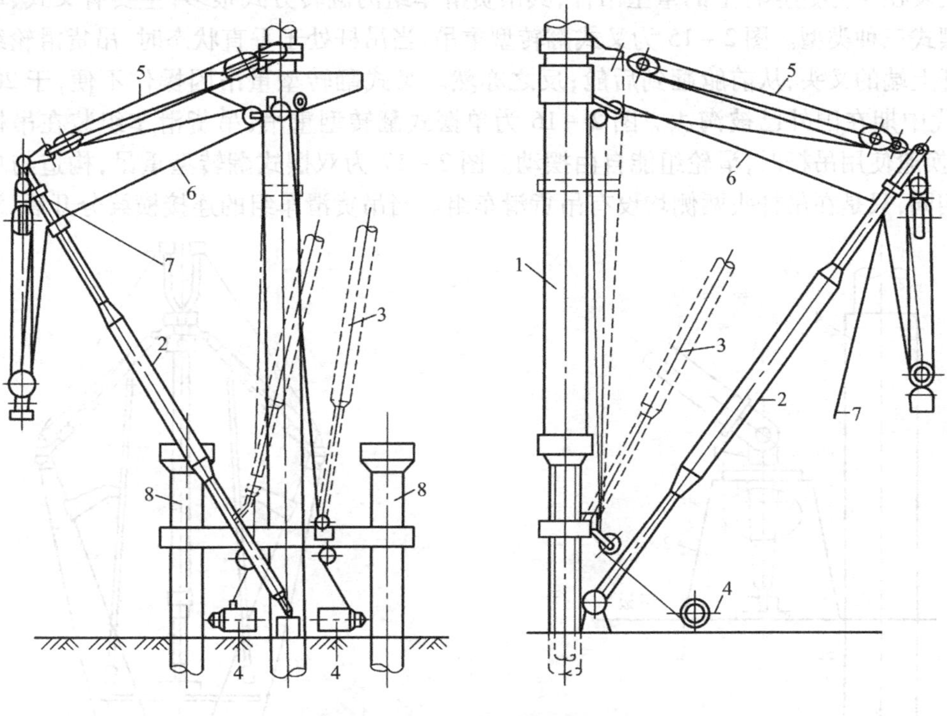

图2－12　重型吊杆装置简图

1—起重柱;2—重型吊杆;3—轻型吊杆;4—起货绞车;5—千斤索索具;6—吊货索;7—牵索;8—通气筒柱及横档

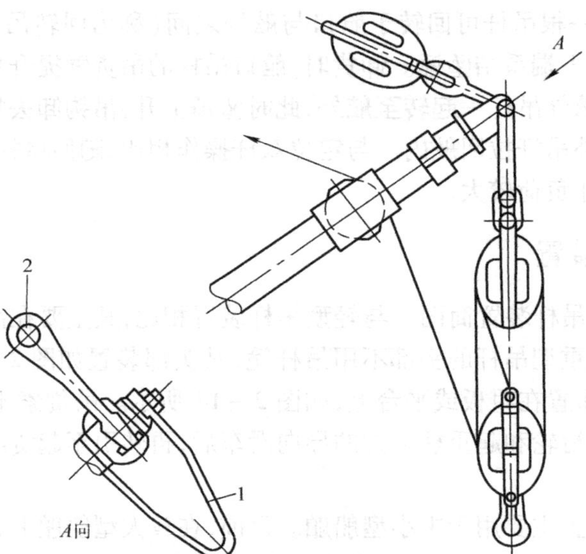

图 2-13 重型吊杆头部装置

1—吊货索滑车;2—千斤索滑车

安装在 V 形起重柱上的重型吊杆,其吊货滑车组的翻转方式很多,主要有叉式、单摆式与双摆式三种类型。图 2-15 为叉式翻转型重吊,当吊杆处于垂直状态时,吊货滑轮组可翻过吊杆上端的叉头,从前舱翻到后舱;反之亦然。叉式翻转型重吊因操作不便,于 20 世纪 60 年代中期在国外已被淘汰。图 2-16 为单摆式翻转型重吊,吊货滑车组装在吊杆的一侧,当换舱使用吊杆时,滑轮组能自由摆动。图 2-17 为双摆式翻转型重吊,构造与单摆式基本相同,只是在吊杆头两侧均设有吊货滑车组。当吊货滑车组的连接横梁分开后,滑车组

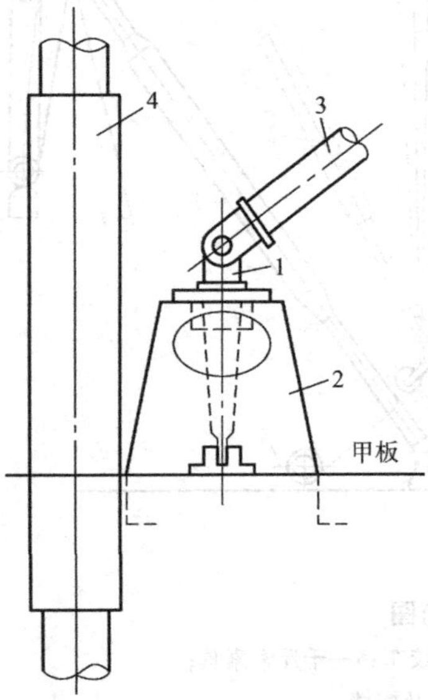

图 2-14 重型吊杆根部装置

1—垂直转轴;2—吊杆座;3—吊杆;4—桅杆

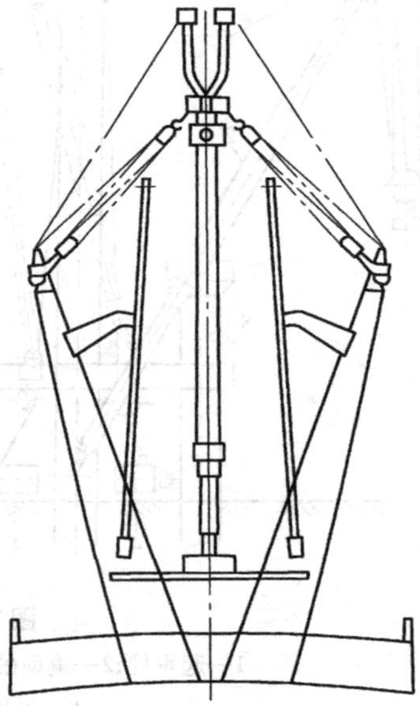

图 2-15 叉式翻转型重吊

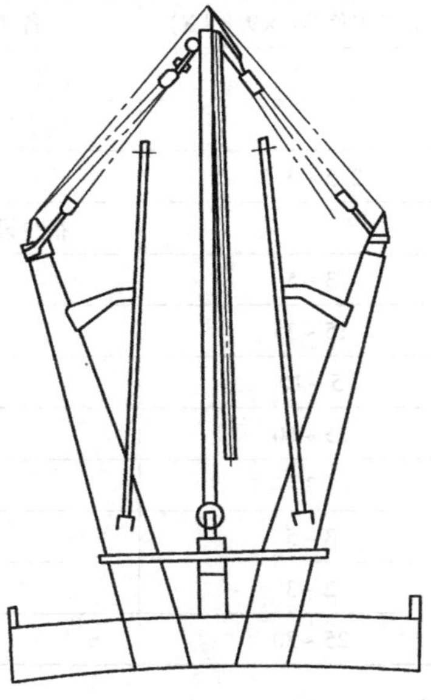

图 2－16　单摆式翻转型重吊

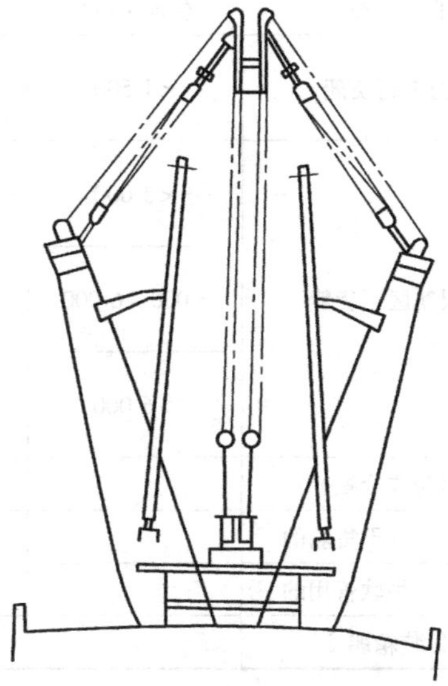

图 2－17　双摆式翻转型重吊

与单摆式一样，可向前、后舱摆动。滑车组也可以只使用一侧，把另一侧固定起来，此时由于负荷减半，吊钩速度可增加一倍。

2.3　吊杆装置的设计

吊杆装置设计的主要内容包括：吊杆的配置，绞车的配置，吊杆装置几何参数的确定（吊杆装置的布置），吊杆结构尺寸、零部件及索具的选取。在本节中依次对前三项内容进行讨论。吊杆结构尺寸、零部件及索具的选取，一般都根据所承受负荷的大小从相应标准中查得，必要时再作强度验算。

2.3.1　吊杆的配置

吊杆的配置取决于船舶的类型、任务与尺度，诸如船舶的结构、所载运货物的种类、包装货物的重量和体积特征、船舶的排水量和载重量、货舱的数量与容积、舱口的大小及舱内理货条件等。合理的吊杆配置，应使各舱所需的装卸时间大致相等。除此之外，吊杆的配置还要考虑到航线及码头的设施情况、使用习惯等。表 2－2 所列的吊杆装置的安全工作负荷是根据国外统计资料编制的，可供参考。

起重量大于 60 t 的重吊，通常只设置在万吨级以上具有大舱口的船上。若需要载运大件重型货物如机床、机车、小型船舶等时，重吊（或专用起重机）的起重量可参考大件货物或组装化货物的单件重量选定。在现代大型船舶上，起重量达 500 t 的重吊已投入使用。在某些重型起重船上，吊杆装置的起重量可达 1 000 t 以上。

在载重量不大的货船上，每一货舱口上只设置 1 根吊杆。在中型货船（一般指载重量 5 000～7 500 t 的货船）上，通常在每一货舱口上设置 2 根吊杆，并成对地布置在舯纵剖面的

表2-2　吊杆装置起重参考量

船　类	载重量(t)	吊杆装置类型	安全工作负荷(×9.8 kN)	备注
沿海航行货船	<1 500	轻吊(起货机)	<3	常用1~1.5
		重吊		很少设置
无限航区干货船	<3 000	轻吊(起货机)	2.5~3.5	
		重吊		很少设置
	3 000~6 000	轻吊	3~5	
		重吊	15~35	
	>6 000	轻吊	5~10	
		重吊	25~60	
运木船或冷藏船		轻吊(起重机)	3	
油船　有干货舱的		轻吊	3~5	
油船　吊软管用的		轻吊	2~3	
集装箱船		专用起重机	25~30	

的两侧。这样,在采用单杆操作方式时,便于两舷同时装卸货物,且易于保证足够的舷外跨度。但是,在大多数情况下,它们都是采用定位双杆操作的方法进行装卸。在巨型的干货船上,通常在一个货舱口上设置4根轻型吊杆,它们可布置在舱口的一端或两端。

如果采用改良型轻型吊杆装置(或起重机),在舱口的一端成对布置。此时,为了不使吊杆太长,其舷外跨度显然会受到一定的限制。

在不是专门运输重物的普通货船上,当载重量在5 000 t左右时,一般设置1根重吊;当载重量超过5 000 t时,可考虑设置2~3根重吊。它们通常布置在靠近船中部较大的货舱口旁。通常在一个货舱口只设置1根重吊。而翻转型重吊装置可供相邻两舱共用,可在两个货舱口间只设置1根重吊。

图2-18是不同吨位货船上吊杆配置的情况。

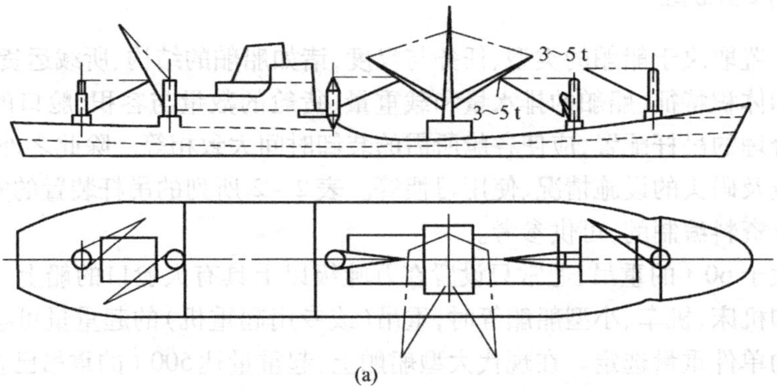

(a)

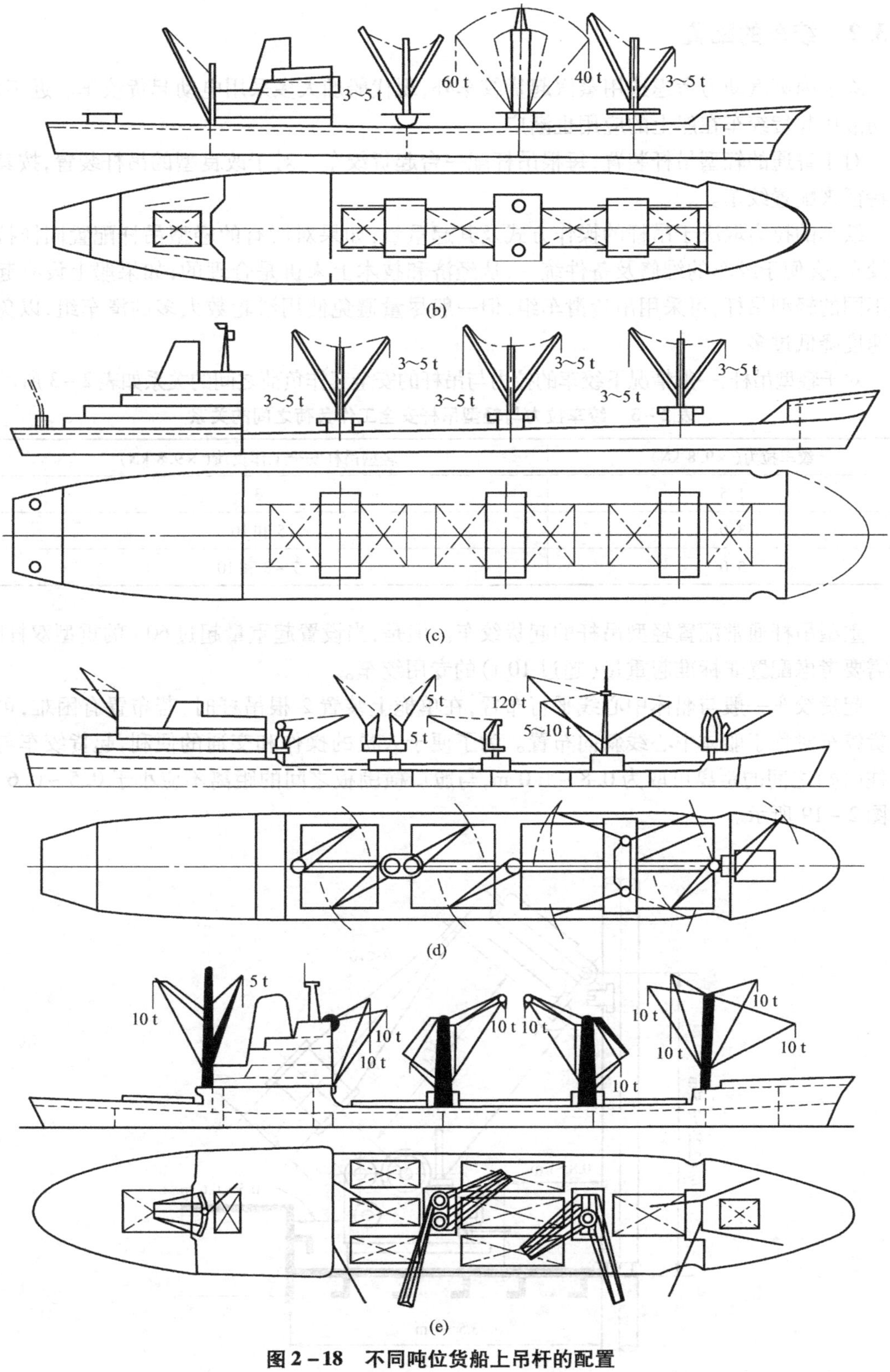

图 2－18　不同吨位货船上吊杆的配置

(a)6 000 吨级货船　(b)万吨级货船　(c)2.5 万吨散装船　(d)(e)大型货船

2.3.2 绞车的配置

除了因蒸汽动力考虑选用蒸汽起货绞车外，现代船舶大多采用电动起货绞车。近年来，电动液压起货绞车在船上的应用也渐广。

对于普通的轻型吊杆装置，每根吊杆配一台起货绞车。对于改良型的吊杆装置，按其形式特征来配置绞车。

绞车的拉力取决于吊杆的操作方式及其起重量：如果对所有的轻型吊杆配置同样拉力的绞车，会便于绞车的维修及备件统一，从经济和技术上来讲是合理的；如果船上设有起重量不同的轻型吊杆，可采用吊货滑车组，但一般尽量避免使用滑轮数太多的滑车组，以免吊货速度降低过多。

对于轻型吊杆，一般情况下绞车的拉力与吊杆的安全工作负荷之间的关系如表 2-3 所示。

表 2-3 绞车拉力与轻型吊杆安全工作负荷之间的关系

绞车拉力(×9.8 kN)	轻型吊杆安全工作负荷(×9.8 kN)
1.5	3
3.0	5 和 10
5.0	7~8 和 10

重型吊杆通常配置轻型吊杆的起货绞车。但是，当设置起重量超过 60 t 的重型双杆时，则需要考虑配置非标准起重量(超过 10 t)的专用绞车。

起货绞车一般与船体中心线平行布置，在单桅上装置 2 根吊杆时，若布置有困难，可将起货绞车对称于船体中心线斜向布置。为了便于人员的操作和交通的便利，起货绞车与起重柱(桅)之间的距离可取为 0.8~1.0 m，与舱口横围板之间的距离不应小于 0.5~0.6 m，如图 2-19 所示。

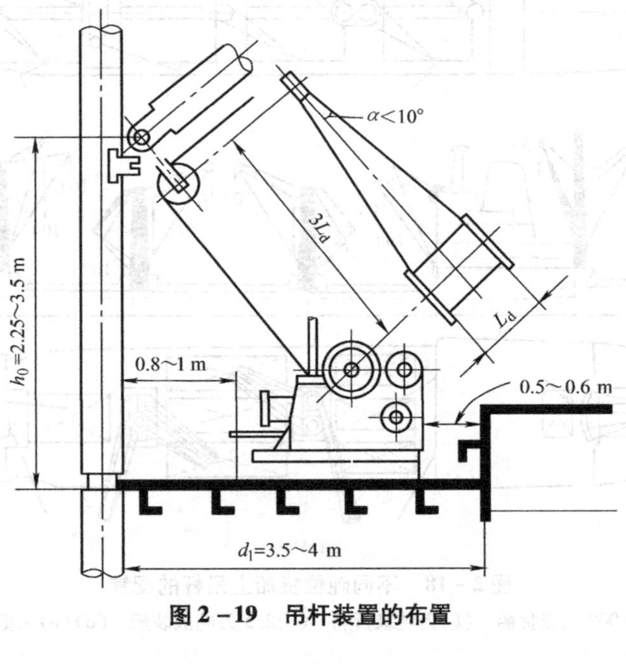

图 2-19 吊杆装置的布置

在较大的船舶上，需考虑滚动式钢质舱口盖、鼓风机及绞车控制箱等存放所需的位置以及更有效地利用甲板面积，通常将起货绞车布置在起货平台上。这样还能使操纵者对舱口具有良好的视线，同时提高了吊杆座的高度 h_0，进而也提高了货物的最大吊举高度。

在装置重型吊杆处，最好能有起货平台，起货平台下的甲板室可贮存重型起货零件。在平台上开孔，可利用起重柱上的吊杆将所需零件通过该孔直接由甲板室内取出。

2.3.3　吊杆装置几何参数的确定

在进行吊杆装置受力计算之前，必须确定吊杆装置的几何参数，包括吊杆座的位置（以 d_1、r、h_0 三个坐标值表示）、吊杆的长度 L、千斤索眼板距吊杆的高度（支悬高度）h，如图 2－20所示。

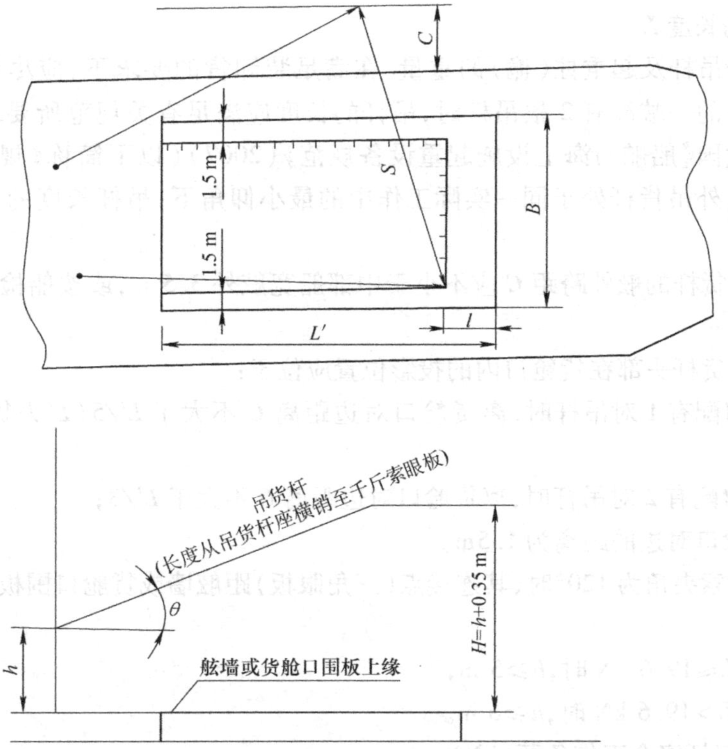

图 2－20　双杆操作工作范围

θ—吊杆仰角，双杆相等；S—吊货杆头的水平投影距离（m）；B—货舱口宽度（m）；
C—舷外跨距（m）；L′—货舱口长度（m）；h—吊货索连接点距舷墙或货舱口围板上缘的高度（m）；
l—吊杆的水平投影长度（m）

1. 吊杆座的位置

轻型吊杆座通常直接支持在起重柱（桅）上（图 2－2）或装在它们的横档上（图 2－12）。起重柱到舱口横围板的距离 d_1（图 2－19）需要考虑到起货绞车的尺度及布置等要求，通常要求 $d_1 = 3.5 \sim 4$ m。但是起重柱是一强力构件，从受力的观点出发，要求起重柱支持在船体纵横结构的交叉点上，也有将起重柱支持在货舱壁上的，支持处的船体结构要作局部加强。因此,常在结构设计中作全面的考虑后选定 d_1。

吊杆座距船体舯纵剖面的横向距离 r,从结构上来看应与甲板纵桁的间距一致,这样有利于对起重柱的支持和局部加强。从增加吊杆的舷外跨距 C(图 2 - 20)或从减小吊杆的长度出发,则要求将 r 取得偏大些。但在单桅结构的情况下,则受到桅肩长度及安装吊杆座的横档长度的限制,通常 $2r$ 不应超过 4.5 ~ 5.0 m。在船宽较大的船上,可考虑采用门形桅或一对单根型起重柱,$2r$ 可达 6 ~ 8 m。

吊杆座离开设置起货绞车的甲板的安装高度 h_0,应能保证人们在吊杆根部附近操纵绞车方便,而且使吊货索经过吊杆座的下导向滑车后能顺利地绕在绞车的卷筒上。通常要求吊货索与下导向滑车和卷筒长度中点连线的夹角 $\alpha < 10°$(图 2 - 19)。因此,下导向滑车到卷筒的距离,至少为卷筒长度 L_d 的 3 倍。考虑到以上这些因素,吊杆座的安装高度 h_0 应为 2.25 ~ 3.5 m。

2. 吊杆的长度 L

为了减轻吊杆及起重柱(桅)的重量,在满足装卸货的要求下,应尽量缩短吊杆的长度。在货舱口的一端配有 2 根吊杆时,吊杆的长度应满足有关规范所要求的双杆操作的工作范围。我国《船舶与海上设施起重设备规范》(2007)(以下简称《规范》)要求,对双杆操作,舷内、外吊货杆处于同一实际工作中的最小仰角下,吊杆长度的工作范围与长度如下。

①舷外吊货杆的舷外跨距 C 应不小于中部船宽舷外 3.5 m,或按船检部门所要求的舷外跨距。

②舷内吊货杆头部在货舱口内的投影位置应位于:

a. 货舱口配有 1 对吊杆时,离货舱口对边距离 C 不大于 $L'/5$(L' 为货舱口长度,见图 2 - 20);

b. 货舱口配有 2 对吊杆时,离货舱口对边距离 C 不大于 $L'/3$;

c. 离货舱口对边的距离为 1.5m。

③在起货索夹角为 120°时,其连接点(三角眼板)距舷墙或货舱口围板上缘的高度 h 规定如下:

a. 当 $SWL \leqslant 19.6$ kN 时,$h \geqslant 5$ m;

b. 当 $SWL > 19.6$ kN 时,$h \geqslant 6$ m。

其中:SWL 为双杆安全工作负荷(kN)。

在某些情况下,如上述高度 h 尚不能满足使用情况,应适当增加。

3. 千斤索眼板距吊杆座的支悬高度 H

千斤索眼板距吊杆座的支悬高度 H(图 2 - 20)与吊杆长度 L 之比 H/L 是吊杆装置零部件受力分配的基准数。起重柱(桅)所受的弯矩与支悬高度 H 有关,减小 H,即减小 H/L,可减小起重柱的受力(从而可缩小起重柱的结构尺寸),但与此同时,吊杆的压力和千斤索的张力都要增加(见本章 2.4 节)。常用的 H/L 范围如下:

①当吊杆安装在桅杆上时,$H/L = 0.8 \sim 1.2$;

②当吊杆安装在起重柱上时,$H/L = 0.4 \sim 0.8$;

③当设置重吊时,$H/L = 0.9 \sim 1.2$。

2.4　吊杆装置的受力计算

2.4.1　滑车组受力计算

在货物装卸设备及船舶设备的其他索具装置中，常采用滑车组。当绳索每通过一个滑轮时，绳索进端张力 S_1 与绳索出端张力 S_2 之间的关系为

$$S_2 = S_1 + \mu S_1 = (1 + \mu) S_1 = \varepsilon S_1$$

或

$$S_1 = \frac{S_2}{\varepsilon}$$

式中：μ 为绳索绕过一个滑轮时的摩擦损失；ε 为滑轮的摩擦系数，$\varepsilon = 1 + \mu$。对于钢索滑轮，采用滑动轴承时，μ 可取 0.05；采用滚动轴承时，μ 可取 0.02 ~ 0.03。对于植物纤维索滑轮，μ 可取 0.1。

在起货时，系挂货物的一端为进端，而绳索的末端（自由端）为出端，若货物的重力为 Q，绳索出端上的张力 Q' 应为（图 2-21(a)）

$$Q' = \varepsilon Q$$

在卸货时，绳索的末端（自由端）为进端，系挂货物的一端为出端，则有

$$Q' = \frac{Q}{\varepsilon}$$

若经过 m 个（导向）滑轮，则绳索末端的张力

$$\left.\begin{aligned} Q' &= \varepsilon^m Q\text{（起货时）} \\ Q' &= \frac{Q}{\varepsilon^m}\text{（卸货时）} \end{aligned}\right\} \tag{2-1}$$

由定滑轮与动滑轮组成的省力滑车组，按滑车组绳索末端的引出方式，可分成两类。

1. 绳索末端由定滑轮引出

绳索末端由定滑轮引出，如图 2-21(b)、(c) 所示。若载荷为 Q，滑轮数为 m，则可导出绳索末端张力 Q' 及滑车组悬挂处受力 Q'' 与载荷 Q 之间的关系式。

在这种情况下，载荷 Q 将由 m 段绳索来分担，若以 $S_1, S_2, \cdots, S_m$ 分别表示各绳索所受张力，于是

$$Q = S_m + S_{m-1} + \cdots + S_2 + S_1 \tag{2-2}$$

当起货时，S_2 为进端的张力，S_{i+1} 为出端的张力，于是各段绳索张力之间的关系为

$$\varepsilon = \frac{S_{i+1}}{S_i} = \frac{Q'}{S_m} \tag{2-3}$$

联立解以上两式，得

$$Q = \frac{Q'}{\varepsilon} + \frac{Q'}{\varepsilon^2} + \cdots + \frac{Q'}{\varepsilon^m}$$

$$Q = \frac{\varepsilon^m - 1}{\varepsilon^m (\varepsilon - 1)} Q'$$

所以

$$Q' = \frac{\varepsilon^m(\varepsilon - 1)}{\varepsilon^m - 1}Q \tag{2-4}$$

由于 $Q'' = Q' + Q$，故有

$$Q'' = \frac{\varepsilon^{m+1} - 1}{\varepsilon^m - 1}Q \tag{2-5}$$

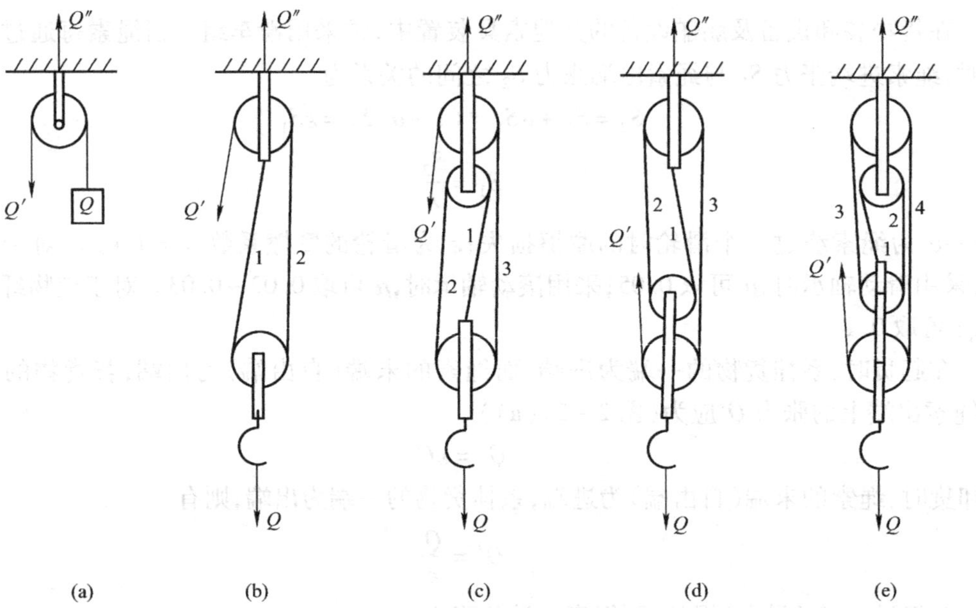

图 2-21　单滑轮及滑车组

(a)单滑轮　(b)(c)绳索末端由定滑轮引出　(d)(e)绳索末端由动滑轮引出

当卸货时，S_1 为出端的张力，S_{i+1} 为进端的张力，于是各段绳索张力之间的关系为

$$\varepsilon = \frac{S_i}{S_{i+1}} = \frac{S_m}{Q'} \tag{2-6}$$

于是可按同样方法解得

$$Q' = \frac{(\varepsilon - 1)}{\varepsilon(\varepsilon^m - 1)}Q \tag{2-7}$$

$$Q'' = \frac{\varepsilon^{m+1} - 1}{\varepsilon(\varepsilon^m - 1)}Q \tag{2-8}$$

2. 绳索末端由动滑轮引出

绳索末端由动滑轮引出，如图 2-21(d)、(e)所示。在这种情况下，滑车组的载荷 Q 将由 $m+1$ 段绳索来分担，即滑车组末端为分担载荷 Q 的第 $m+1$ 段绳索，于是可用上面相同的方法求解。

起货时

$$Q = Q' + S_m + S_{m-1} + \cdots + S_2 + S_1$$

$$\varepsilon = \frac{S_{i+1}}{S_i} = \frac{Q'}{S_m}$$

$$Q = Q' + \frac{Q'}{\varepsilon} + \frac{Q'}{\varepsilon^2} + \cdots + \frac{Q'}{\varepsilon^{m-1}} + \frac{Q'}{\varepsilon^m}$$

$$Q' = \frac{\varepsilon^m(\varepsilon - 1)}{\varepsilon^{m+1} - 1}Q \tag{2-9}$$

$$Q'' = Q - Q' = \frac{\varepsilon^m - 1}{\varepsilon^{m+1} - 1}Q \tag{2-10}$$

卸货时

$$Q = Q' + S_m + S_{m-1} + \cdots + S_2 + S_1$$

$$Q = Q' + \varepsilon Q' + \varepsilon^2 Q' + \cdots + \varepsilon^m Q'$$

$$Q' = \frac{\varepsilon - 1}{\varepsilon^{m+1} - 1}Q \tag{2-11}$$

$$Q'' = Q - Q' = \frac{\varepsilon(\varepsilon^m - 1)}{\varepsilon^{m+1} - 1}Q \tag{2-12}$$

2.4.2　轻型吊杆单杆作业

1. 基本形式

将吊杆式起货设备简化成图2-22所示的平面力系。已知外载荷是吊杆的起重量 Q（安全工作负荷），当吊杆自重等于或大于其起重量的20%时，应将吊杆的自重 P 视为分别作用于吊杆两端的已知作用力，该作用力由顶牵索和吊杆承座承担，初估时可根据吊杆的长度 L 近似取

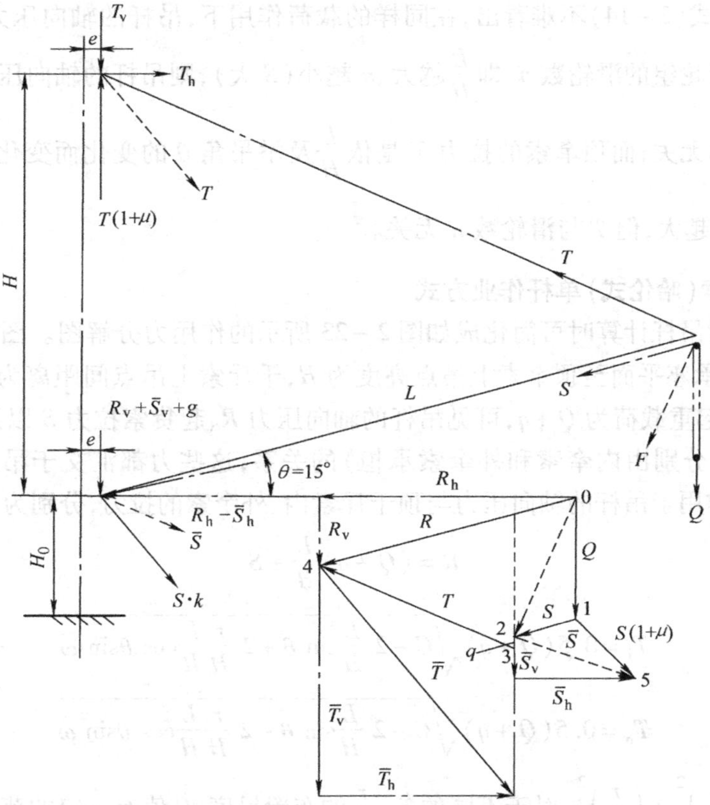

图2-22　轻型吊杆单杆作业图解

$$\frac{P}{2}=q=14\times\sqrt[3]{Q}(3.4L-16)\times 9.8$$

因此,由 Q、q 引发出顶牵索(千斤索)上的拉力 T、起货索的拉力 S 以及吊杆轴向压力 R,且诸力汇交于吊杆头部,组成平面汇交力系。根据平衡力系多边形封闭的原理,可采用图解方法确定力系中诸力大小。为了达到工程精度,要求用图解法时,注意作图的比例选择,应能正确确定出 1.0 kN 的读数。

由图可见,除 Q、g 为垂直向下的作用力外,顶牵索拉力 T、起货索拉力 S 以及吊杆轴向压力 R 等,它们的作用方向与各自的布置方向一致,其大小由封闭多边形确定。如图中实线所示的力多边形(0—1—2—3—4—0),$\overline{01}=Q$,$\overline{12}=S=Q\dfrac{k^n(k-1)}{k^{n+1}-1}$,$\overline{23}=\dfrac{P}{2}=q$,$\overline{34}=T$,$\overline{04}=R$。另根据余弦定理,由图不难导出吊杆的轴向压力与顶索的拉力

$$R=\frac{L}{H}(Q+q)+S \tag{2-13}$$

$$T=(Q+q)\sqrt{1+(\frac{L}{H})^2-2\frac{L}{H}\sin\theta} \tag{2-14}$$

当 $\theta=15°$时,

$$T=(Q+q)\sqrt{1+(\frac{L}{H})^2-0.52\frac{L}{H}} \tag{2-15}$$

由式(2-13)和式(2-14)不难看出,在同样的载荷作用下,吊杆的轴向压力 R 的大小取决于$\dfrac{L}{H}$及起货索滑轮组的滑轮数 n,即$\dfrac{L}{H}$越大、n 越小(S 大),则吊杆的轴向压力 R 越大,但与举吊角 θ 的大小无关;而顶牵索的拉力 T 是依$\dfrac{L}{H}$及举吊角 θ 的变化而变化的,即举吊角越小,$\dfrac{L}{H}$越大,T 也越大,但 T 与滑轮数 n 无关。

2. 双千斤索(哈伦式)单杆作业方式

哈伦式起货吊杆计算时可简化成如图 2-23 所示的作用力分解图。图中吊杆长度为 L ($\overline{OB}=L$),吊杆承座平面至顶牵索上吊点高度为 H,千斤索上吊点间距离为 $2r$,吊杆摆角为 ω,举吊角为 θ,起重载荷为 $Q+q$,可见吊杆的轴向压力 R、起货索拉力 S 以及千斤索的拉力 M(视摆动方向,分别由内牵索和外牵索承担)的关系,这些力都汇交于吊杆的头部 B 点。由此可以导出作用于吊杆的轴向压力与顶千斤索内、外牵索的拉力,分别为

$$R=(Q+q)\frac{L}{H}+S \tag{2-16}$$

$$T_i=0.5(Q+q)\sqrt{C-2\frac{L}{H}\sin\theta+2\frac{r}{H}\frac{L}{H}\cos\theta\sin\omega} \tag{2-17}$$

$$T_o=0.5(Q+q)\sqrt{C-2\frac{L}{H}\sin\theta-2\frac{r}{H}\frac{L}{H}\cos\theta\sin\omega} \tag{2-18}$$

式中:$C=1+\left(\dfrac{L}{H}\right)^2+\left(\dfrac{r}{H}\right)^2$,对于不同的$\dfrac{L}{H}$、$\dfrac{r}{H}$的布置尺度,$C$ 值有一定的范围。

当举吊角 $\theta=15°$时,内、外顶牵索的拉力分别为

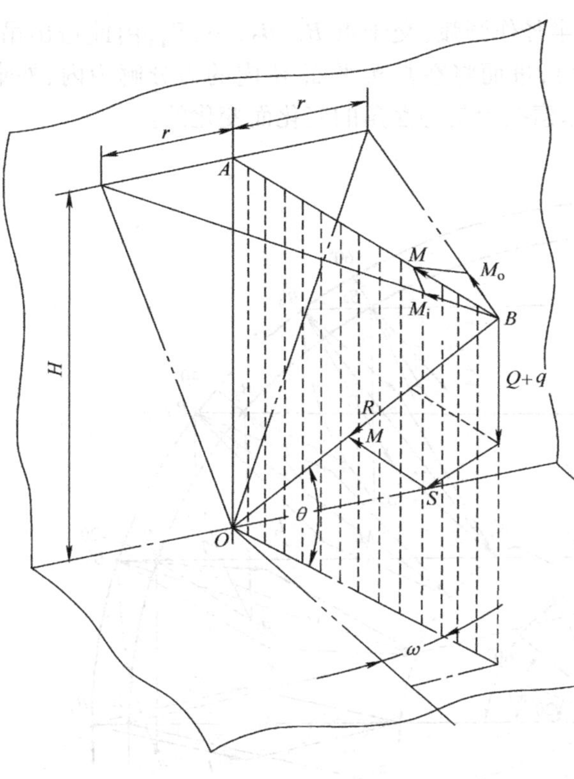

图 2-23　双千斤索单杆作用力分解图

$$T_i = 0.5(Q+q)\sqrt{C - 0.52\frac{L}{H} + 1.93\frac{r}{H}\frac{L}{H}\sin\omega} \tag{2-19}$$

$$T_o = 0.5(Q+q)\sqrt{C - 0.52\frac{L}{H} - 1.93\frac{r}{H}\frac{L}{H}\sin\omega} \tag{2-20}$$

可见当吊杆摆动时，内顶牵索的拉力 T_i 随摆动角的加大而增大；而外顶牵索的拉力 T_o 则相反，只有 $\omega = 0°$ 时为最大，即处于中线面位置时外顶牵索的拉力最大。

如果 $(Q+q) = 1.0$，即为单位载荷时，可以分析内、外顶牵索拉力的最大值与布置尺度的关系。不难看出，r/H 对外顶牵索最大拉力 $T_{o,max}$ 影响不大，对应于每一 L/H 值，相差只有 2% ~8%；而内顶牵索的最大拉力 $T_{i,max}$ 变化为 10% ~18%。也就是说，顶牵索的两个上吊点间距离对作用力影响不大，这对布置设计是非常有利的。

以上如果用图解方法进行分析，应首先通过吊杆轴线的垂直平面，如图中用虚线表示的部分，绘出力多边形的第一个平面。而经过两根顶牵索、吊杆端部以及顶牵索在桅肩上的固定点的斜平面是确定计算负荷的第二个平面。两个平面的交线在 AB 线上。

在垂直平面上进行力的多边形图解，方法如前述。其区别只是以位于 AB 线上的假定中间力 M 代替 T。这里的中间力应该由每根顶牵索分担，并且对于每一个转角 ω，每根顶牵索的拉力是不同的。

如图 2-24 所示，通过吊杆对应系列转角的杆头水平投影点 $B_1, B_2, \cdots, B_n$，加上对应的垂直线段 $B_1a_1, B_2a_2, \cdots, B_na_n$，垂直线段等于对应转角及倾角时吊杆头部到经过顶牵索在桅肩固定点连线的垂直距离；再作出水平线 $B_1A_1, B_2A_2, \cdots, B_nA_n$，并以 $A_1, A_2, \cdots, A_n$ 为圆心，以 A_1a_1，A_2a_2，…，A_na_n 为半径作圆弧，交于点 B_1'，B_2'，…，B_n'，由此得出吊杆头部顶牵索实长构成的真实平面（斜平面），进而将在真实平面 M 内的力分解为内、外牵索的拉力 T_i、T_o。由图可以看出，内、外顶牵索拉力是随摆角的变化而变化的。

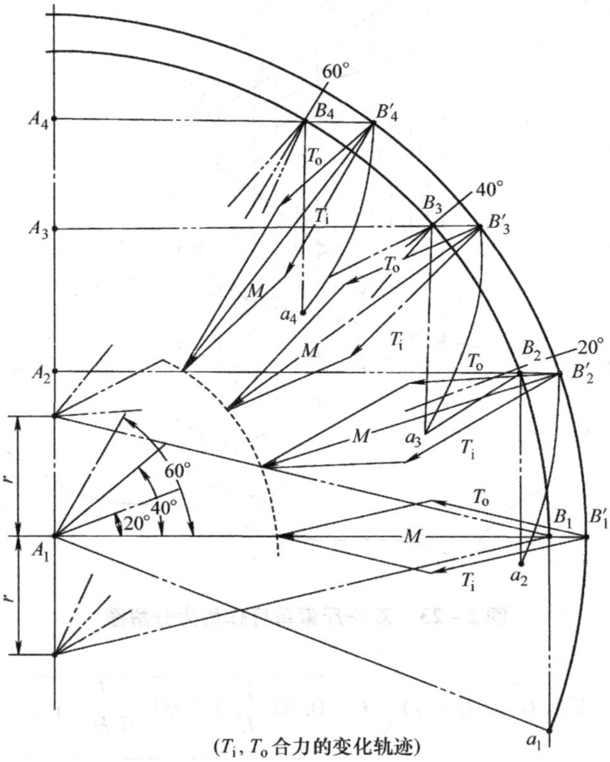

（T_i，T_o 合力的变化轨迹）

图 2－24　双顶牵索单杆图解方法

如果作业时吊杆举吊角不变，则图解只需以 A_1 为圆心、以 A_1a_1 为半径作弧线，并由杆头各投影点引出与中线面平行的平行线，在弧线上交于 B'_1，B'_2，…，B'_n 点，随后按上述方法分析计算即可。

2.4.3　轻型吊杆固定双杆联合作业

在定位双杆联合作业时，吊杆装置中各构件受力情况与单杆作业时有很大的差别。首先，被举吊的货物重量将由两个吊杆共同分担，各吊杆所分担的重量又随货物的移动位置而相互增减；在单杆作业时，这种载荷的大小与方向几乎都是不变的。其次，由于吊货索上所受的拉力不是与吊杆处在同一垂直平面内，吊杆受到一个水平分力的作用，这种分力要使杆头靠拢必须有稳索平衡。因此，稳索的布置不仅影响其本身的受力情况，而且影响吊货索及顶牵索的受力。而在单杆作业时，稳索与上述各构件受力情况又几乎是无关的。

在起重量 Q 不变的条件下，起货索中的拉力 S_1 是随着 φ_1 及 φ_2 变化的，也就是随着货物升起的高度而发生变化。当 φ 角增加或吊钩的位置增高时，吊货索上的拉力 S 也随着增大，如图 2－25(b) 所示。为了使拉力 S 不致过大，就不得不对 φ 角或吊钩的提升高度加以限制。

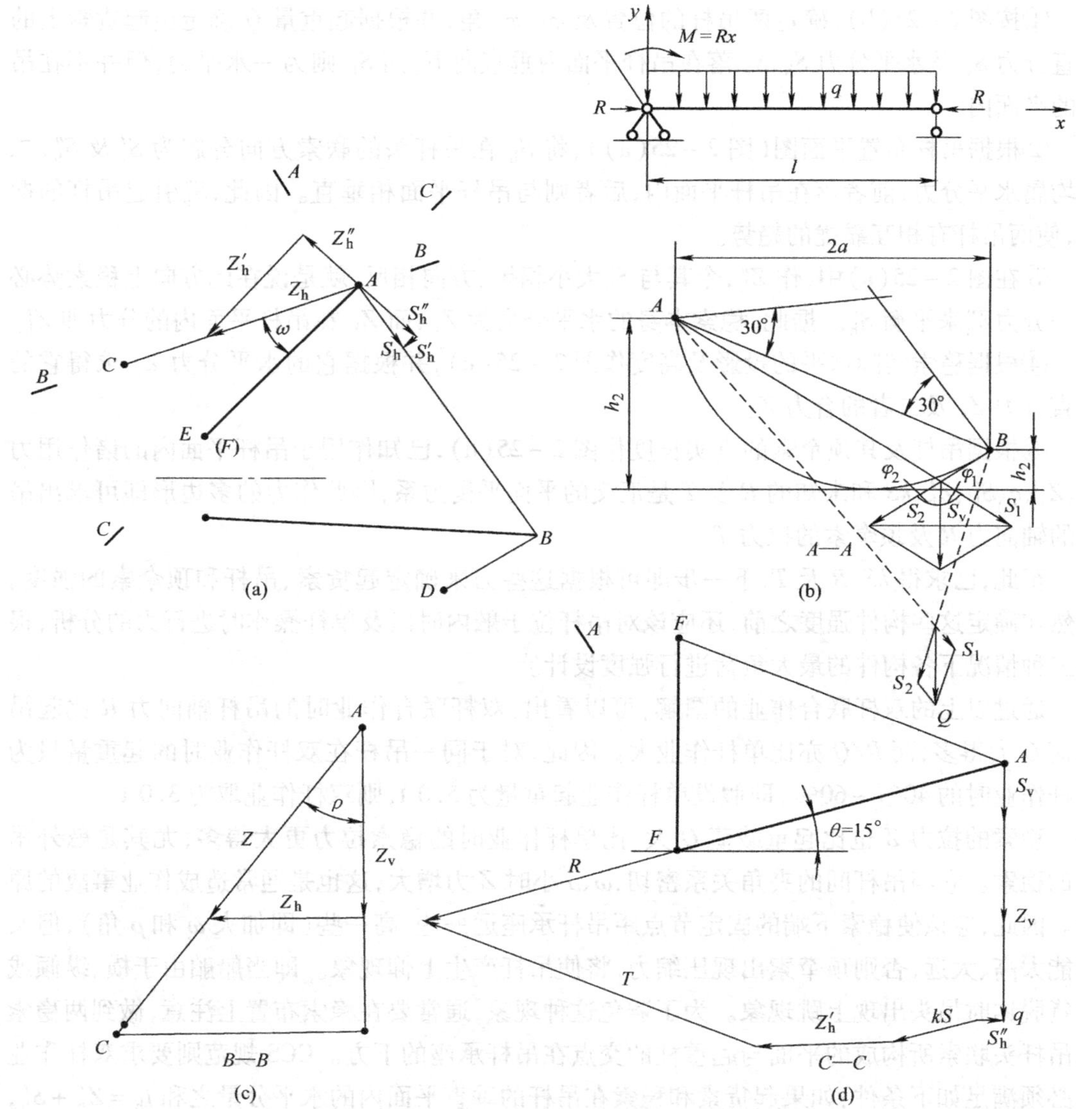

图 2－25　定位双杆作业计算分析图

(a)俯视图　(b)两起货索所在垂直面　(c)稳索所在垂直平面　(d)吊杆千斤索所在平面

可以证明，通常在作双杆联合作业的作用力分析时，需取 $\varphi_1=\varphi_2=60°$，$S_1=S_2=Q$。

由于 S 是吊杆装置上唯一的外载荷，如果 S_1 及 S_2 为已知，则各个吊杆及其索具所受的力即可求。在工程计算时多采用图解法，因为图解法不仅比解析法简便，而且不易引起差错，如果比例尺选取适当，精度也是令人满意的。

计算的目的是求出吊杆的轴向力 R、顶牵索的拉力 T、稳索的拉力 Z 以及吊货索的拉力 S。在使用图解法时，为了便于说明，把 R、T、Z、S 视为汇交于吊杆头部的一个空间汇交力系，并简化成吊杆平面（吊杆与顶牵索构成的平面，图 2－25（d））内的平面力系。现以舷外吊杆为例，计算步骤及方法如下。

①按图 2－25（b），确定两吊杆的位置及 φ_1、φ_2 角，并根据起重量 Q 确定出起货索上的垂直分力 S_v 及水平分力 S_h，S_v 落在吊杆平面内垂直向下，而 S_h 则为一水平力，但并不在吊杆的平面内。

②根据吊杆布置平面图（图 2－25（a）），将 S_h 在吊杆头的联索方向分解为 S'_h 及 S''_h，二者均属水平分力，前者落在吊杆平面内，后者则与吊杆平面相垂直。因此，S''_h 引起吊杆的摆动，使两吊杆有相互靠拢的趋势。

③在图 2－25（a）中，作 Z''_h，令其与 S''_h 大小相等、方向相反，就是说在此方向上稳索势必有一分力 Z''_h 来平衡 S''_h。据此，稳索本身的水平分力为 Z_h，而 Z_h 在吊杆平面内的分力即 Z'_h。

④根据稳索实际水平的投影及高度作图 2－25（c），并根据它的水平分力 Z_h 求得它的垂直分力 Z_v 及二者的合力 Z。

⑤根据吊杆及其顶牵索的真实长度作图 2－25（d），已知作用于吊杆平面内的诸作用力 S_v、Z_v、q、S''_h、Z'_h、kS 和未知的 R 及 T 是汇交的平面平衡力系，因此作力的多边形即可求出吊杆的轴向力 R 及顶牵索的拉力 T。

至此，已求得 kS、R 及 T，下一步即可根据这些力来确定起货索、吊杆和顶牵索的强度。当然在确定这些构件强度之前，还应该对吊杆位于舷内时以及单杆操作时进行力的分析，根据三种情况下各构件的最大负荷进行强度设计。

通过以上的双杆联合作业的图解，可以看出：双杆联合作业时的吊杆轴向力 R 比起吊载荷 Q 大得多，而 R/Q 亦比单杆作业大。因此，对于同一吊杆在双杆作业时的起重量只为单杆作业时的 40%～60%，即假设单杆作业起重量为 5.0 t，则双杆作业取为 3.0 t。

稳索的拉力 Z 也比起重载荷 Q 大，比单杆作业时的稳索拉力更大得多，尤其是舷外吊杆的稳索。它与吊杆间的夹角关系密切，ω、ρ 小时 Z 力增大，这也是通常造成作业事故的原因。因此，应该使稳索下端的固定节点距吊杆承座远一些、高一些（即加大 ω 和 ρ 角），但又不能太高、太远，否则顶牵索出现压缩力，将使吊杆产生上仰现象。即当船舶由于横、纵倾或卸货脱钩时吊头出现上跳现象。为了避免这种现象，通常要在稳索布置上注意，做到两稳索和吊杆头联索所构成的平面与起重柱的交点在吊杆承座的下方。CCS 规范则要求双杆作业时必须满足如下条件：如果起货索和稳索在吊杆的垂直平面内的水平分量之和 $f_h = Z'_h + S'_h$，垂向分量之和 $f_v = Z_v + S_v$ 时，则 $f_h \tan\theta < f_v$。

2.4.4 重型吊杆单杆作业

重型吊杆通常都是单杆作业，因此受力分析应以单杆为主。它与轻型吊杆单杆作业的区别是重型吊杆各索具都采用滑轮组，起货索方向不是顺吊杆轴线方向，吊杆承座不在桅上而是在专设的平台上。在确定重型吊杆的负荷时，也与轻型吊杆有区别，重型吊杆要考虑带负荷的情况下，吊杆转向舷外时引起的船舶横、纵倾角，但一般横倾角不大于 5°，纵倾角不大于 2°时可不予考虑。分析重型吊杆受力时，举吊角取为 25°；当作业条件要求这个角度更大时，其角度可取为实际工作角度的最小举吊角。

在确定吊货杆的起货索滑轮和嵌入滑轮受力时，吊杆的仰角应取实际工作的最大仰角，并且不小于70°。在无纵横倾时，重型吊杆的作用力图解如图2－26所示。当起货索经过吊杆上的导向滑轮时，因包角一般很小（为40°～60°）通常不计摩擦，则导向滑轮上所受的力 $F=2Q'\cos\frac{\varphi_1}{2}$；若起货索的拆角 $\varphi_2=120°\sim140°$，则 $\cos\frac{\varphi_2}{2}\approx0.5$，取 $F\approx Q'$。

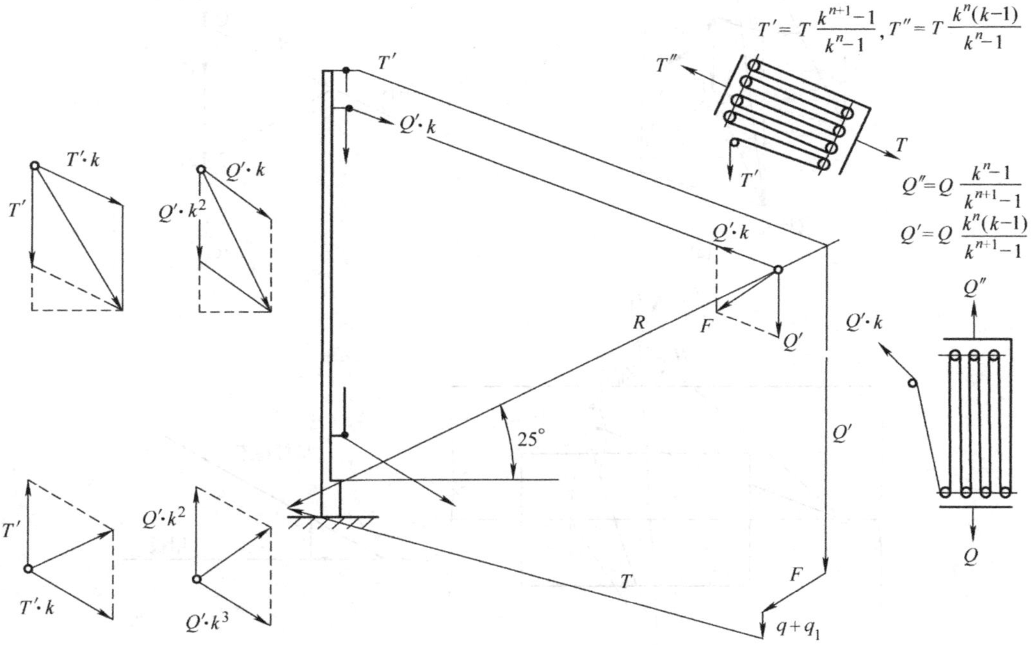

图2－26　重型吊杆作用力图解

因此，吊杆的轴向压力 R 及顶牵索的作用力 T 分别为

$$R=(Q''+q+q_1)\frac{L}{H}+F \tag{2-21}$$

$$T=(Q''+q+q_1)\sqrt{1+\left(\frac{L}{H}\right)^2-0.85\frac{L}{H}} \tag{2-22}$$

以上通过对比轻型吊杆与重型吊杆 R、T 的关系式，如式（2－13）、式（2－14）、式（2－21）和式（2－22）可见，在同样载荷情况下，因为 $Q>Q''$，并且采用滑轮组及 $S\approx F$，重型吊杆可改善吊杆的轴向压力及顶牵索的拉力。

当考虑横纵倾时，作用在吊杆头上的负荷已经不是垂直的，如图2－27（a）所示。当相对于横向平面上的垂线夹角为 α（即相对的横倾角），相对于纵向平面内的垂线夹角为 φ（即相对的纵倾角）时，在重型吊杆上产生附加作用力 T_h 和 Z_h，亦即在具有横纵倾情况下工作时，荷重 $Q+q$ 将在杆头产生一个水平分力 H 和垂向分力 V。

垂向分力 V 在吊杆及其装置中引起的力，可用图解方法求解，方法与不计横纵倾时相似；水平分力 H 的影响，与轻型吊杆联合作业时的方法一样，可通过图解求得。

为此，在水平投影图即图2－27（b）中画出吊杆头部的位置、顶牵索滑车组、不进行装卸

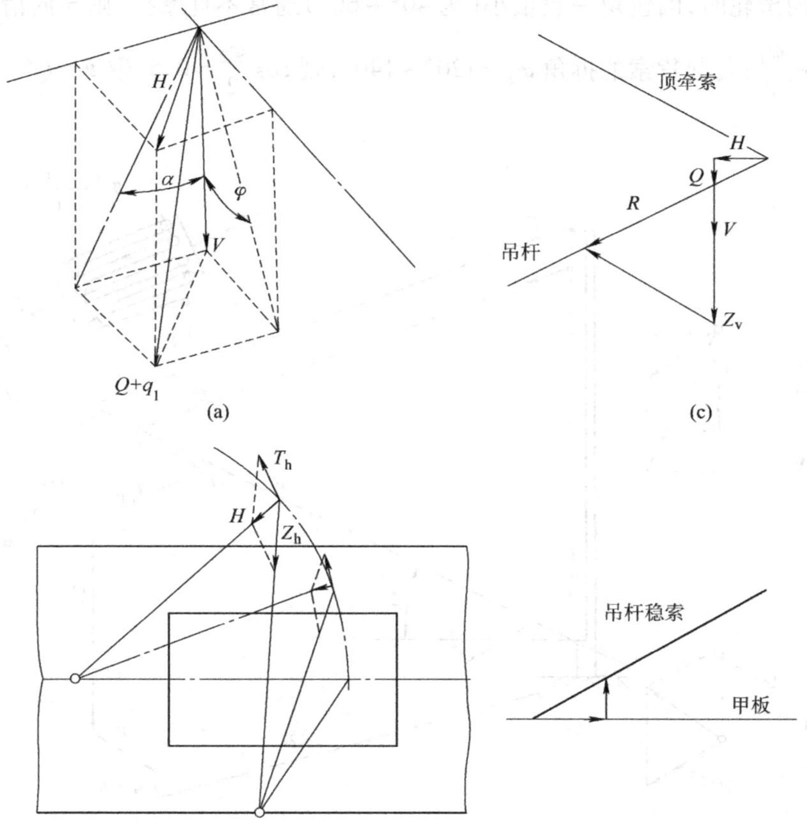

图 2－27　考虑纵横倾时重型吊杆作用力分析图

(a)力的分解　(b)吊杆头部的附加力　(c)吊杆和顶牵索　(d)吊杆稳索

作业时的一路杆头摆动稳索以及水平分力 H;再根据顶牵索及摆动稳索的方向将 H 分解为顶牵索上的水平分力 T_h 及摆动稳索的水平分力 Z_h,可见摆动稳索在甲板上的位置将改变 T_h 的作用方向,影响顶牵索作用力的大小。

按摆动稳索的真实位置,由 Z_h 经图解确定出吊杆摆动稳索的拉力 Z 及其垂直分力 Z_v,Z_v 即成为吊杆头部的附加负荷,使吊杆头的作用力发生变化。

如果将吊杆从舱口位置开始至完全转出舷外位置的各中间过程的一系列转角分别作图,可以得到横纵倾对重型吊杆及其各牵索受力的全部影响图。但应注意船舶的横倾角 α 是随着吊杆的转动过程而变化的,可近似地表示如下:

$$\tan\alpha = \frac{Ql\cos\theta\sin\omega}{Dh_0 - Qz}$$

式中:ω 为吊杆回转角;D 为船舶装载时的排水量;h_0 为船舶的初稳性高度;z 为吊杆头部到船舶基线的垂直坐标。

2.5　起重吊杆及其附件的结构与强度

2.5.1　吊杆

起重吊杆有钢质和木质两种。现代起重吊杆几乎都采用钢质的。钢质吊杆常用无缝钢管套装或用钢板滚卷后焊接而成。无缝钢管套装的吊货杆,因材料尺寸必须相互配合,一般由专业工厂制造,而钢板滚卷焊接的吊杆,各造船厂都可利用现有设备制造。

钢质吊杆为了保持等强度,其两端的直径为中央部分直径的2/3~3/4,钢板的厚度约为其直径的1/40。CCS规范要求钢质吊杆的壁厚不小于4.0 mm;中间部分的外径应不小于其壁厚的30倍,亦不大于50倍;且吊杆中部的直径应至少在其长度的1/3范围内不变,而两端直径可减小至中部直径的65%。

吊杆下端设有叉头,用螺栓与垂直转轴连接,在摆动吊杆时,垂直转轴在吊杆座中转动。吊杆上端设有挂吊起货索滑轮、稳索及顶牵索的箍环,这些零件由锻钢或铸钢制成。我国已有这些零件的国家标准,如轻型吊货杆及其固定零部件、承座、叉头、顶牵索眼板和活动零部件等。图2-28是一种焊制轻型吊货杆结构图。对于其直径和零部件的结构尺寸,标准中都有规定,按吊货杆的轴向力及吊货杆的长度选取。只有超出标准规定的吊杆装置,才有必要进行强度计算或检验计算。

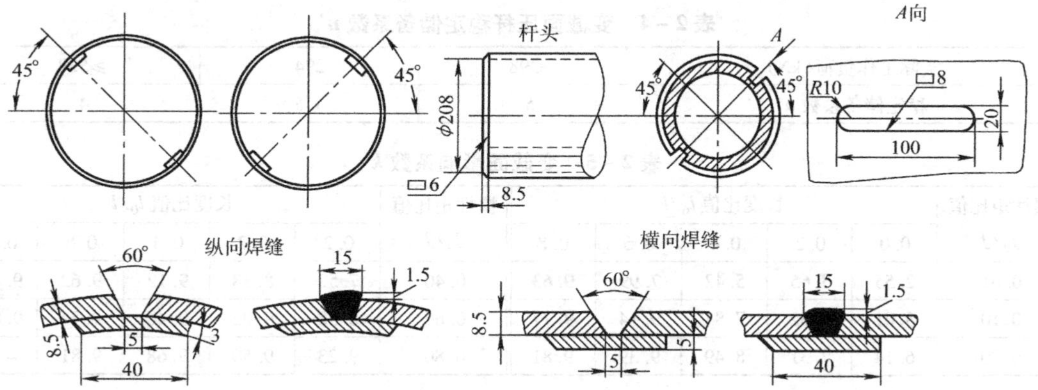

图2-28　焊制轻型吊货杆结构图

根据作业情况,吊货杆主要承受轴向压力,因此对于细长的压杆应校核其稳定性。按欧拉公式,等截面压杆的临界载荷(critical load)为

$$R_{cr} = \frac{\pi^2 EJ}{l^2} \tag{2-23}$$

如果许用载荷 $P_{cr} = R_{cr}/n$(其中 n 为稳定储备系数),则等截面压杆实际可承受的载荷为

$$P_{cr} = \frac{\pi^2 EJ}{nl^2} \tag{2-24}$$

在受实际载荷 R 时,吊杆所需要的断面惯性矩

$$J=\frac{nl^2R}{\pi^2E}$$

如果压杆沿长度方向的截面是变化的,那么可根据弹性体的稳定性理论,得其临界荷重

$$P'_{cr}=k\frac{EJ}{l^2} \qquad (2-25)$$

则变截面压杆的中央剖面惯性矩

$$J=\frac{n'l^2R}{kE}$$

对比式(2-23)至式(2-25),可得

$$n=\frac{\pi^2}{k}n'$$

式中:n 为等截面压杆的稳定储备系数;J 为吊杆中央截面的惯性矩(cm^4 或 m^4);E 为吊杆材料的弹性模量,钢质取 $E=2\times10^7\ N/cm^2$ 或 $2\times10^5\ MN/m^2$,木质取 $E=1\times10^3\ MN/m^2$;l 为吊杆的长度(cm 或 m);P_{cr}、P'_{cr} 为吊杆的临界荷重(欧拉力)(N 或 kN);R 为吊杆的实际载荷(轴向力)(N 或 kN);n' 为变截面压杆的稳定储备系数,一般钢质取 4~5,木质取 6~8,如按 CCS 规范,当吊杆的长细比(即吊杆长度与中央截面惯性半径的比值)大于 145 时,该系数取值如表 2-4 所示;k 为计入吊杆沿长度方向变化的修正系数,其值取决于吊杆端部的惯性矩 J_0 与中央截面的惯性矩 J 之比以及中央截面的杆段长度 l_0 与吊杆的长度 l 之比,k 值如表 2-5 所示。

表 2-4　变截面压杆稳定储备系数 n'

实际工作负荷(kN)	≤98	294	≥588
稳定储备系数 n'	5	4.5	4

表 2-5　变截面影响系数 k

惯性矩比值	长度比值 l_0/l					惯性矩比值	长度比值 l_0/l				
J_0/J	0.0	0.2	0.4	0.6	0.8	J_0/J	0.2	0.2	0.4	0.6	0.8
0.01	2.55	3.65	5.42	7.99	9.63	0.40	7.52	8.38	9.12	9.62	9.84
0.10	5.01	6.32	7.84	9.14	9.77	0.60	8.50	9.02	9.46	9.74	9.86
0.30	6.14	7.31	8.49	9.39	9.81	0.80	9.23	9.50	9.68	9.81	$\sim\pi^2$

表 2-5 中计算显然还比较粗糙,更确切的方法尚应考虑许多因素,如吊杆自身的初始挠度、吊杆的自重,而吊杆上的作用负荷由于顶牵索、起货索都是作用在吊杆的箍环上,不是作用在吊杆的轴线上,加之吊杆可能存在初始挠度,故吊货杆上作用的是一种偏心弯矩。又由于吊杆的弯矩与挠度都是中间大、两端小,近似一抛物线状,所以根据强度的要求,吊货杆亦应中间粗、两端细,惯性矩 J 不是一个常数。

通常因吊货杆的自重及偏心载荷作用(图 2-29),吊杆上的最大应力

$$\sigma_{max}=\frac{R}{A}\pm\frac{m}{W}+\frac{M}{W}\left(1+\frac{R}{P_{cr}-R}\right) \qquad (2-26)$$

式中:R 为吊杆的轴向作用力(N);A 为吊货杆的中央截面面积(cm^2);m 为偏心弯矩,$m=Re$,其中 e 为偏心距(图 2-29);M 为吊杆自重弯矩,$M=\frac{ql^2}{8}$,其中 q 为单位长度重量(初次

近似取 $q = 14 \times \sqrt[3]{Q}\left(3.4 - \frac{16}{L}\right) \times 9.8$，单位为 N/m，且 Q 为起重量(t)，L 为吊杆长度(m))；W 为吊货杆横剖面模数(cm^3)；P_{cr}为临界荷重(欧拉荷重)(N)。

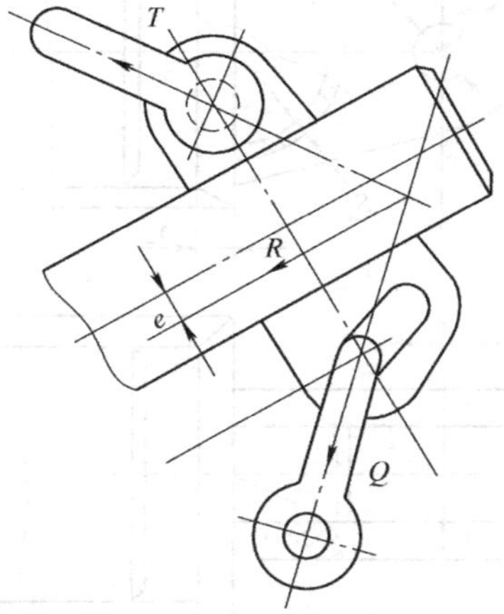

图 2-29　吊货杆的自重与偏心载荷作用示意图

根据许用应力标准，如一般钢材屈服极限与强度极限的关系 $\sigma_s \leqslant 0.7\sigma_b$，则许用应力

$$[\sigma] = \frac{\sigma_s}{n} = \frac{\sigma_s}{k_1 \cdot k_2 \cdot k_3} \geqslant \sigma_{max}$$

式中：k_1 为考虑材料性质及结构形式的重要程度系数，一般取 1.4～1.5；k_2 为已知载荷及计算模型的不确定程度系数，一般取 1.10～1.15；k_3 为考虑动力负荷的系数，对于轻型吊货杆取 1.10～1.25，对于重型吊货杆取 1.00～1.05。

这样，在现行规范中，对于受偏心力作用的压杆，即按弹性稳定理论计算，其稳定储备系数 n 的取值：当安全工作负荷≤98 kN 时，$n = 2.5$；当安全工作负荷≥588 kN 时，$n = 2.0$。

吊杆根部叉头的基本尺寸，也取决于吊杆的轴向压力。一般吊杆叉头只校核其承受的由吊杆轴向力对眼板的挤压。叉头上每个眼板的挤压应力

$$\sigma = \frac{R_0}{2sd_0}$$

式中：s 为叉头眼板的厚度(mm)；d_0 为叉头眼板与承座转轴的连接螺栓直径(mm)；R_0 为吊货杆的轴向力(N)。

焊接吊杆叉头还要校核其焊缝的强度，图 2-30 所示是焊接轻型吊杆叉头的基本形式。

吊杆上端的四耳箍环的各眼板，用于固定起货索滑轮、顶牵索和稳索卸扣等，其结构形式如图 2-31 所示。在连接顶牵索的上眼板 A—A 截面处，拉伸应力 σ_+ 及压缩应力 σ_- 分别为

$$\sigma_+ = \frac{T}{s(2R-d)} \quad (N/mm^2)$$

$$\sigma_- = \frac{T}{sd_0} \quad (N/mm^2)$$

式中：T 为吊货杆顶牵索拉力(N)；s 为眼板的厚度(mm)；d 为上眼板孔的直径(mm)；d_0 为顶牵索和眼板的卸扣横销的直径(mm)。

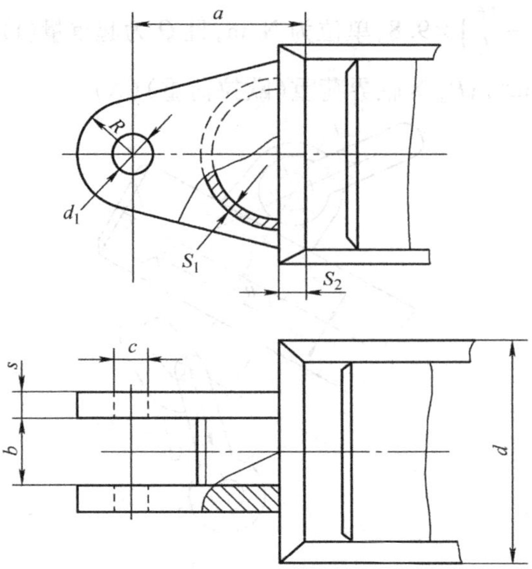

图 2－30　轻型吊杆叉头

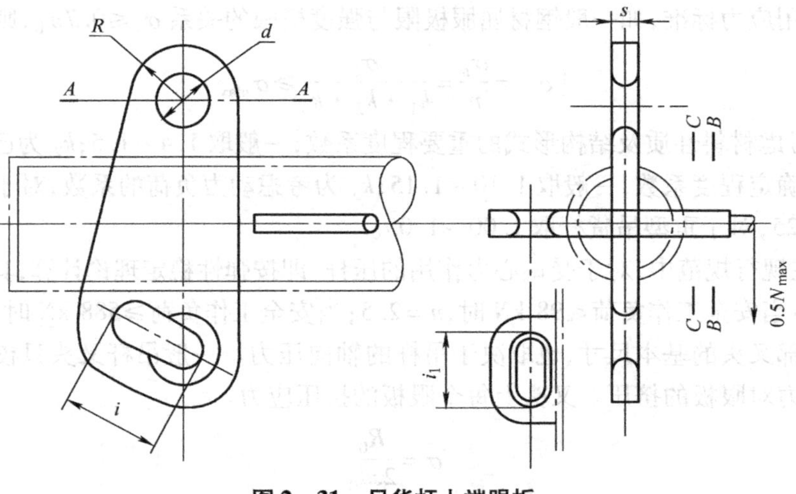

图 2－31　吊货杆上端眼板

上眼板的局部最大应力，可按列梅公式计算：

$$\sigma_{max}=\frac{R^2+0.25d^2}{R^2-0.25d^2}$$

而用于连接稳索或杆头联索的两列眼板，通常按 $B—B$，$C—C$ 截面校核弯曲应力。

装在船上的吊杆经初步检验和试验合格后，应在吊杆上距其根部 50 cm 处打上钢印标记。标记包括：安全工作负荷 SWL、试验日期、试验时吊杆与水平所成的仰角、试验部门等，并用色漆写出，例如 SWL98 kN(30°)、SWL(U)49 kN。

2.5.2　吊杆承座和转轴、顶牵索和稳索眼板

作用在轻型吊杆承座上的力为吊杆的轴向压力 R，其水平分力 R_h 和垂直分力 R_v 使转

轴产生弯曲和压缩；导向滑轮眼板的作用力 S' 一般近于水平，可以简化成如图 2－32 所示的简支梁进行计算。由此不难求出其最大弯矩 M_{max} 及转轴的总压力 Q，则转轴的最大正应力

$$\sigma_{max}=\frac{M_{max}}{W}+\frac{Q_{max}}{F}\approx\frac{M_{max}}{0.1d^3}+\frac{Q_{max}}{0.785d^2}$$

式中：W 为转轴的剖面模数（mm^3）；F 为转轴的横剖面面积（mm^2）；d 为转轴的直径（mm）。

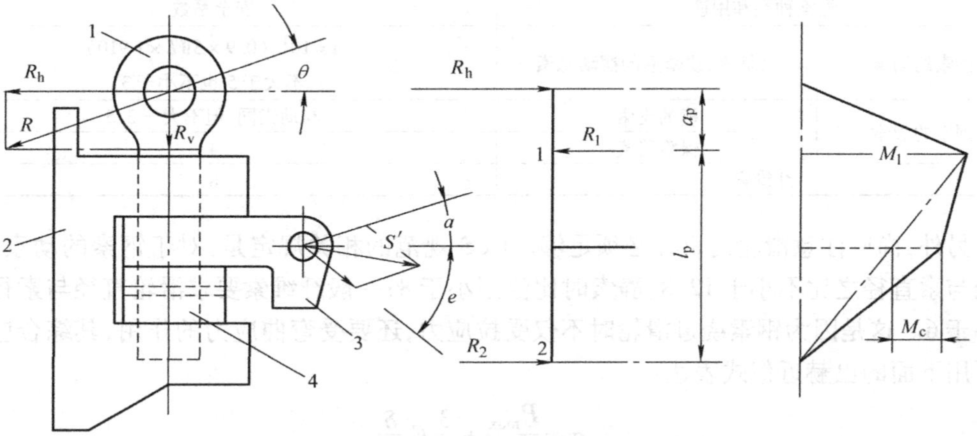

图 2－32　承座计算简图

1—转轴；2—承座；3—导向滑轮眼板；4—止推环

而转轴转动时的切应力

$$\tau=\frac{M_f}{0.2d^3}$$

式中：M_f 为转轴的摩擦扭矩（N・m）。M_f 可近似表示成

$$M_f=\frac{1}{2}\mu d(N_1+N_2)+\frac{1}{3}\mu dR_2$$

式中：N_1、N_2 分别为水平作用力的支点反力（N）；R_2 为轴向的反作用力（N）；μ 为吊杆承座眼板的摩擦系数，取 $\mu=0.10$；d 为转轴的直径（mm）。

吊杆承座的转轴销，按作用力及结构状态可简化成图 2－33 所示情况。其最大弯矩可按下式计算：

$$M_{max}=\frac{Rl_p}{4}\left(1-0.5\frac{l}{l_p}\right)$$

式中：R 为吊货杆的轴向压力（N）；l_p 为吊杆的叉头板中心距（m）；l 为吊杆承座转轴在横销处的厚度（m）。

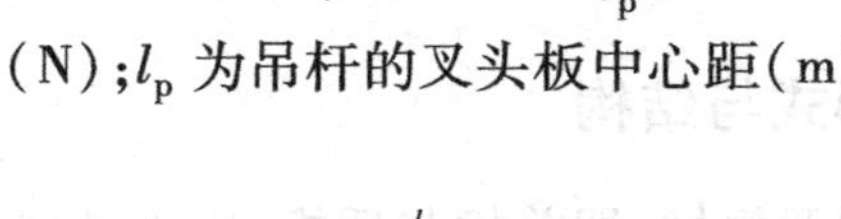

图 2－33　吊杆转轴销作用力简图

顶牵索的眼板、摆动稳索的眼板等，其强度的验算与转轴相似。

2.5.3 索具

起货索、顶牵索、摆动稳索等作业的最大拉力,应满足相关规范的规定,如 CCS 规范的许用拉力要求,相对于钢索和纤维索破断负荷的安全系数 n 应满足表 2-6 的要求。

表 2-6 不同索具对应的安全系数

绳索种类和用途		安全系数
钢索的动索	吊货索、顶牵索的摆动稳索	$n=10^4/(0.9\times SWL\times 1\,910)$ 不大于 5 也不小于 3
钢索的静索	桅的支索	与动索同,但不大于 3.5
	保险稳索	4
纤维索		8

另外,尚应注意滑轮的直径必须足够。CCS 规范的相关规定是:对于钢索的动索,滑轮直径与索直径之比不小于 12.8,静索时比值不小于 8;一般纤维索要求滑轮直径与索径之比不小于 6。这是因为钢索绕过滑轮时不仅受拉应力,还要受弯曲应力的作用,其综合应力一般可用下面的巴赫近似式表达:

$$\sigma=\frac{P_{\max}}{F}+\frac{3}{8}E\frac{\delta}{D}$$

式中:$P_{\max}$ 为钢索的最大拉力(N);F 为钢索中所有钢丝截面面积的总和(mm^2);δ 为钢索中钢丝直径(mm);E 为索中钢丝材料的弹性模量(N/mm^2),通常钢索的弹性模量 $E'\approx\frac{3}{8}E$;D 为滑轮或卷筒的直径(mm),可见增加滑轮的直径可减小弯曲应力。

对摆动稳索的工作负荷,CCS 规范的规定如表 2-7 所示。

表 2-7 吊杆及其摆动稳索的工作负荷

吊杆的安全工作负荷(kN)	摆动稳索的工作负荷(kN)
$SWL\leqslant 49$	$0.5SWL+4.9$
$49<SWL\leqslant 157$	$0.1SWL+24.5$
$157<SWL\leqslant 588$	$0.25SWL$
$SWL\geqslant 735$	$0.20SWL$

2.6 桅及起重柱的结构与强度

2.6.1 桅及起重柱的形式与结构

运输船舶通常都要设置两根桅,即前桅与后桅,用于悬挂信号、灯号(如前桅灯和后桅灯)、旗帜等。它们的高度和前后距离要满足《国际海上防止冲突公约》(1973 年)避碰规则的规定。桅的设置要兼顾吊杆装置的需要,或在其前后加设起重杆,专供装设吊杆等用。桅及起重柱各类船舶多不相同,同为货船也不尽一样,通常按起货设备的要求和货舱口的布置情况而定。因此,桅及起重柱的形式很多,最常见的是单桅、门字桅、人字桅、V 形桅以及特殊桅(如三脚桅、塔式桅)等。重型吊杆总是布置在船舶的舯纵线上,要具有充分的舷外跨距,必然使吊杆长度很长,同时使用的机会很少,且要求直立存放,因此需要有较大的桅高与之配合。加之顶牵索的悬挂点以及重型吊杆都布置在较大舱口的上方,这也将影响桅的布置位置和形式。轻型吊杆一般都是采用双杆联合作业,要求吊杆成对设置,不论是吊杆承座还是顶牵索悬挂点都应与之适应,亦即对桅的形式与结构也都有要求。

常见的单桅(图2-34(a)),一般都设在船体中心线上,并设有上、下平台。上平台亦称桅肩,用以装设顶牵索眼板;下平台用以支承吊杆承座。单桅可以是支张的或非支张的。支张桅在桅的前后左右拉有桅索,用以分担一部分桅的负荷,减小桅的变形,从而减轻桅的重量和桅顶振动时的振幅。但支张索的存在将影响吊杆的作业、驾驶的视线和船舶整体的美观。为了不设支张索而又便于设置两根吊货杆,出现了人字桅,如图2-34(b)所示。由于它的剖面是椭圆形的,从而提高了纵向强度,同时有了两只脚也加强了横向强度,致使结构紧凑、重量较轻,但对驾驶视线有一定的影响。而门字桅是为了缩短吊杆的长度,要求吊杆承座(也是顶牵索的上悬点)距船体中线较远而采用的一种桅的形式,如图2-34(c)所示。它是在一对起重柱上端连一横桁,而在横桁上设置顶桅以便装设桅灯和天线等。顶桅可以倒下,以适用于内河船和船宽较大的船舶,不过门字桅的结构重量较大。V形桅是一对倾斜的起重柱(图2-34(d)),除前后各设一副轻型吊杆外,还可设置前后两舱共用的一根重型吊杆。这种重型吊杆近来采用较多。

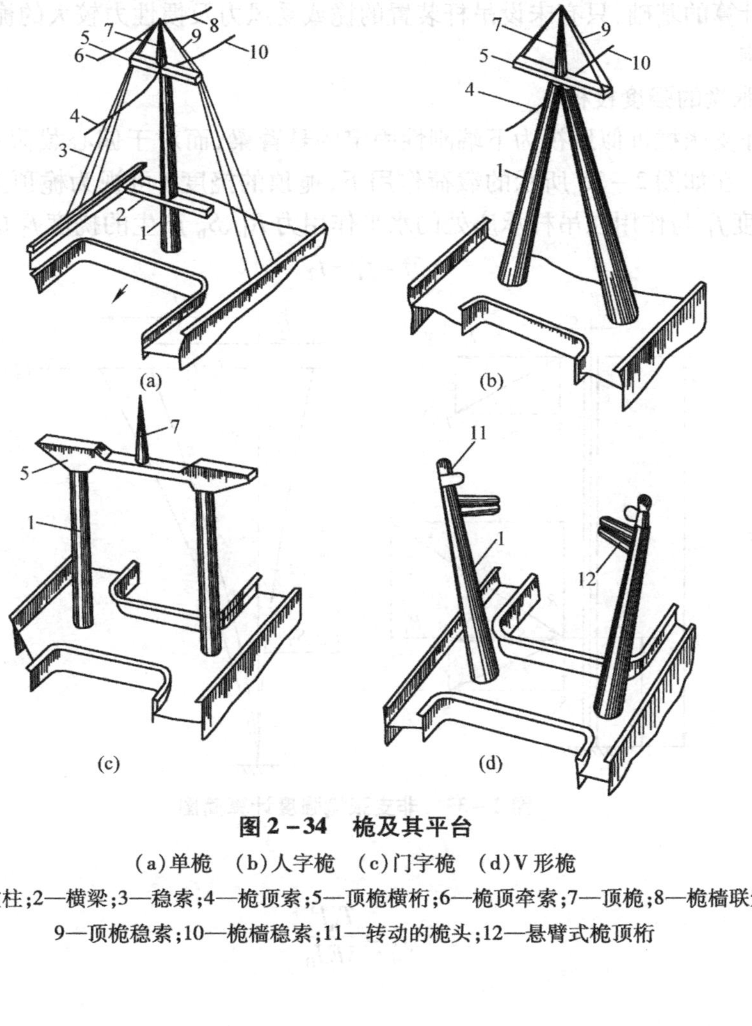

图2-34　桅及其平台

(a)单桅　(b)人字桅　(c)门字桅　(d)V形桅

1—起重柱;2—横梁;3—稳索;4—桅顶索;5—顶桅横桁;6—桅顶牵索;7—顶桅;8—桅樯联索;9—顶桅稳索;10—桅樯稳索;11—转动的桅头;12—悬臂式桅顶桁

在很早以前,造船界全凭经验选定桅的尺寸,直到1952年才开始进行桅的强度计算。我国是1957年开始在设计中使用计算方法的。CCS现行规范有关桅及起重柱的结构尺寸的规定,仍然有很浓的经验成分,例如:

①装有轻型吊杆的桅及起重柱,应至少有两个牢固的支点,如具有足够强度的上层建筑或甲板室可作为其中的一个支点,支点处的甲板应补强;

②桅及起重柱的外径 D,当桅的壁厚 $t=15$ mm时,$D=1\,000/(25-t)$(mm),当 $t>15$ mm时,$D=100t$(mm);

③桅或起重柱的最小壁厚应为6.0 mm,如果兼做通风筒应为7.0 mm;

④顶牵索眼板处的外径不小于根部外径的85%。

2.6.2 桅(起重柱)的强度

船舶在使用的过程中,作用在桅上的载荷主要有风力、船舶摇摆时的惯性力以及装卸作业时吊杆装置的作用力。桅上的这三种载荷,通常并不是同时发生的,前两者多发生在航行期间,后者仅发生在停泊时装卸货物的作业过程中。除了帆船外,运输船舶作用在桅上的载荷,一般以吊杆装置的作用力最大。因此,在决定桅及其索具的强度尺寸时,均以吊杆作业时的载荷为计算的基础,只有未设吊杆装置的桅或受风力及惯性力较大的桅,才考虑另外两种载荷的影响。

1. 非支张桅的强度校核

通常将非支张桅近似地视为下端刚性固定的悬臂梁,而对于偏心载荷引起的弯矩及扭矩忽略不计。在如图2-35所示的载荷作用下,桅顶的挠度 f 可视为桅顶上的水平作用力 T_h 产生的挠度 f_1 与作用在吊杆承座处的水平作用力 R_h、S_h 产生的挠度 f_2 的叠加,即

$$f=f_1-f_2$$

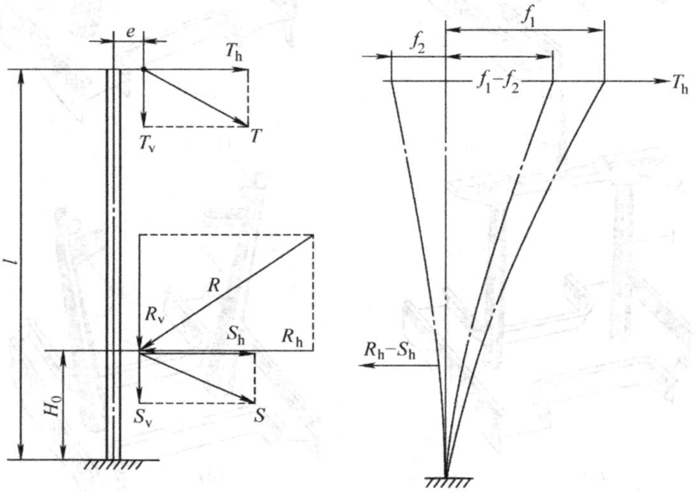

图2-35 非支张桅强度计算简图

对于等直杆

$$f_1=\frac{T_h l^3}{3EJ_0} \tag{2-27}$$

式中：l 为桅的高度(cm)；E 为桅材料的弹性模量，钢质取 $E=2\times10^7\ \mathrm{N/cm^2}$；$J_0$ 为桅在甲板处的断面惯性矩($\mathrm{cm^4}$)。

如果桅的断面是变化的，则桅顶作用力产生的挠度

$$f_1=\frac{T_h l^3}{3EJ_0}\varphi$$

其中：φ 为断面系数。用辛氏法进行近似积分，当桅较短断面变化小时，取 5 个截面；当桅较长断面变化大时，取 7 个截面，可分别导得

$$\varphi=\frac{1}{16}\left[4+9\frac{J_0}{J_{l/4}}+2\frac{J_0}{J_{l/2}}+\frac{J_0}{J_{3l/4}}\right] \tag{2-28}$$

$$\varphi=\frac{1}{54}\left[9+25\frac{J_0}{J_{l/6}}+8\frac{J_0}{J_{2l/6}}+9\frac{J_0}{J_{3l/6}}+2\frac{J_0}{J_{4l/6}}+\frac{J_0}{J_{5l/6}}\right] \tag{2-29}$$

同理，对于吊杆承座处的作用力，从偏于安全的角度考虑可取为 R_h-S_h，则其在桅顶产生的挠度

$$f_2=\frac{R_h-S_h}{3EJ_0}H_0^3\chi \tag{2-30}$$

或

$$f_2=\frac{R_h-S_h}{3EJ_0}H_0^3\left(\frac{3l}{2H_0}-\frac{1}{2}\right) \tag{2-31}$$

令 $\chi=\frac{3l}{2H_0}-\frac{1}{2}$，则桅的刚度条件要求桅顶的总挠度不应大于桅高的 1/170，即

$$f=f_1-f_2=\frac{T_h l^3}{3EJ_0}\varphi-\frac{R_h-S_h}{3EJ_0}H_0^3\chi \tag{2-32}$$

对于桅的强度条件，要求校核吊杆承座处和甲板处的应力。为此，要确定这两处的弯矩与压力以及扭曲作用力矩，即按第四强度理论校核综合应力是否满足强度标准。

如在吊杆承座处的弯矩及压力：

$$M_A=T_h(l-H_0)+T_v(f+e) \tag{2-33}$$

$$V_A=T_v+G_0 \tag{2-34}$$

在甲板支承处的弯矩及压力：

$$M_0=T_h l-H_0(R_h-S_h)+T_v(f+e)+(R_v+S_v)(e+f) \tag{2-35}$$

$$V_0=T_v+R_v+S_v+G_0 \tag{2-36}$$

当钢材的屈服强度 σ_s 大于抗拉强度 σ_b 的 70% 时，应除以 β 进行修正。σ_s、σ_b 与 β 的对应关系如表 2-8 所示。

表 2-8　σ_s、σ_b 与 β 的对应关系

σ_s/σ_b	≤0.7	0.75	0.80	0.85
β	1.0	1.045	1.084	1.120

桅和起重柱的复合应力 σ_e 计算：

$$\sigma_e=\sqrt{(\sigma_b+\sigma_c)^2+3\tau^2}$$

式中：σ_b 为弯曲应力($\mathrm{N/mm^2}$)；σ_c 为压缩应力($\mathrm{N/mm^2}$)；τ 为由扭矩引起的剪应力($\mathrm{N/mm^2}$)。

2. 支张桅的强度校核

计算支张桅时，一般近似地认为桅的下端在上甲板处为刚性固定，而在桅顶为弹性支承的超静定体系。在船舶工程中有许多计算这种超静定桅的方法，包括图解法、分析法和矢量分析法等。由于外力作用方向是变化的，都需要进行图解。现先以重型吊杆为例，说明作用力的关系，取其顶牵索作用的拉力 T 为作用载荷，可见拉力 T 的水平分力 T_h 使桅弯曲，而垂直分力 T_v 使桅压缩。设桅的轴向压缩变形可以不计，而 T_h 之中的一部分沿 T'_h 由桅承受，另一部分 T''_h 由各桅索承受，即

$$T_h = T'_h + T''_h \tag{2-37}$$

当桅顶向任一方向的挠度为 f 时，凡是承受拉力的桅索亦将随桅顶产生相应的伸长量，至于伸长量的大小则视桅索的特性及布置情况而定。如令第 i 根桅索的长度为 l_i，其与桅轴的夹角为 α_i，与桅挠曲平面的夹角为 γ_i（图 2-36），则当桅顶挠度为 f 时，该桅索的伸长量

$$\Delta l_{Bi} = f\sin\alpha_i\cos\gamma_i \tag{2-38}$$

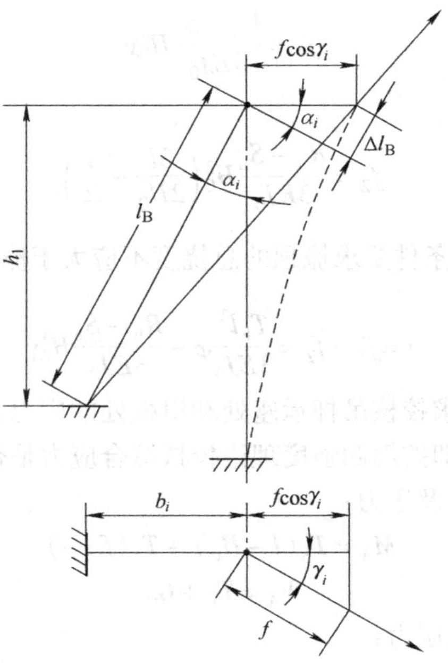

图 2-36　支张桅强度计算简图

桅索弹性变形的胡克定律

$$\Delta l_{Bi} = \frac{Z_{Bi} l_{Bi}}{E_{Bi} F_{Bi}} \tag{2-39}$$

式中：Z_{Bi} 为桅索的拉力；F_{Bi} 为桅索钢丝索断面面积；E_{Bi} 为钢丝索的弹性模量。

则第 i 根桅索的拉力

$$Z_{Bi} = \frac{E_{Bi} F_{Bi}}{l_{Bi}} f\sin\alpha_i\cos\gamma_i \tag{2-40}$$

其水平分力

$$Z'_{Bi} = Z_{Bi}\sin\alpha_i = \frac{E_{Bi}F_{Bi}}{l_{Bi}}f\sin^2\alpha_i\cos\gamma_i \tag{2-41}$$

所有桅索的拉力水平分力之和

$$T''_h = \sum \frac{E_{Bi}F_{Bi}}{l_{Bi}}f\sin^2\alpha_i\cos\gamma_i \tag{2-42}$$

在前述的非支张桅中，由于 $f=\frac{T'_h l^3}{3EJ_0}\varphi$，则可得

$$T'_h = \frac{3EJ_0}{l^3\varphi}f \tag{2-43}$$

将式(2－42)和式(2－43)代入式(2－37)中，解得

$$f = \frac{T_h}{\frac{3EJ_0}{l^3\varphi} + \sum \frac{E_{Bi}F_{Bi}}{l_{Bi}}f\sin^2\alpha_i\cos\gamma_i} \tag{2-44}$$

$$T'_h = \frac{T_h}{1 + \frac{l^3\varphi}{3EJ_0} + \sum \frac{E_{Bi}F_{Bi}}{l_{Bi}}f\sin^2\alpha_i\cos\gamma_i} \tag{2-45}$$

$$T''_h = \frac{T_h}{1 + \frac{3EJ_0}{l^3\varphi} + \sum \frac{l_{Bi}}{E_{Bi}F_{Bi}f\sin^2\alpha_i\cos\gamma_i}} \tag{2-46}$$

根据式(2－45)和式(2－46)，可得出如下的基本认识：

①由式(2－45)可见，分母恒大于 1，因此支张桅所受的力和弯矩比非支张桅小，小多少视支索的布置及性质而定；

②桅索与桅的夹角 α_i 越大，则桅索对桅的支持越有效；

③桅索的弹性模量 E_{Bi}越大越有效，一般用柔性小的钢索(少麻芯)或钢条；

④当桅索的长度 l_{Bi}增加时，桅索的支持效果降低；

⑤增加桅的断面惯性矩，不能显著地降低桅的应力，因为在增加 J_0 的同时，相应的T''_h增大，又使桅承担的弯矩增大；

⑥增加桅的长度，可减小桅的应力，但增加长度的同时又使桅与桅索夹角 α_i 减小，桅索在整个桅系统中的作用降低，又有可能使桅的应力增大。

以上几点对支张桅的设计与布置具有重要的意义。

由于上述解析式是矢量方程，若求解采用表格法，计算既烦琐又易出错，实用上多采用图解方式。下面介绍一种弹性力系数法。

定义构件在指定的方向发生单位变形所需的作用力，称为弹性力系数。为此，将式(2－37)两边除以挠度f，则有

$$\frac{T_h}{f} = \frac{T'_h}{f} + \frac{T''_h}{f} \tag{2-47}$$

并与式(2－42)、式(2－43)、式(2－44)加以比较，得

$$\frac{T_h}{f} = \frac{3EJ_0}{l^3\varphi} + \sum \frac{E_{Bi}F_{Bi}}{l_{Bi}}\sin^2\alpha_i\cos\gamma_i$$

亦即得出桅系统的弹性力系数

$$C = \frac{T_h}{f} = C_M + \sum C_{Bi} \tag{2-48}$$

桅的弹性力系数

$$C_M = \frac{T'_h}{f} = \frac{3EJ_0}{l^3\varphi} \tag{2-49}$$

桅索的弹性力系数

$$C_{Bi} = \frac{T''_h}{f} = \frac{E_{Bi}F_{Bi}}{l_{Bi}}\sin^2\alpha_i\cos\gamma_i = \frac{E'_{Bi}F_{Bi}}{b_{Bi}}\sin^3\alpha_i\cos\gamma_i \tag{2-50}$$

桅索的最大弹性力系数(或称极限弹性力系数)是当桅的挠曲方向与桅索在同一平面,即 $\gamma_i = 0$ 时的系数,其值为

$$C^0_{Bi} = \frac{E_{Bi}F_{Bi}}{l_{Bi}}\sin^2\alpha_i = \frac{E'_{Bi}F_{Bi}}{b_{Bi}}\sin^3\alpha_i \tag{2-51}$$

则桅索在挠曲方向的弹性力系数

$$C_{Bi} = C^0_{Bi}\cos\gamma_i \tag{2-52}$$

因此,当桅向某一指定方向挠曲时,第 i 根桅索上的弹性力系数是该桅索的最大弹性力系数 C^0_{Bi}在该方向上的投影,如在作图时取 C^0_{Bi}为直径作圆,则与直径成 γ_i 角的割线长度即为该桅索的弹性力系数 C_{Bi}。而剖面为圆形的桅,则不论其挠曲的方向如何,其弹性力系数恒为式(2-49)所示。

总之,弹性力系数是一个矢量,整个桅系统在任一指定方向上的弹性力系数 C 是桅的弹性力系数 C_M 以及各桅索在指定方向的弹性力系数 C_{Bi}的矢量和,因此计算时采用图解法很方便,具体步骤如下(图 2-37)。

①以桅轴为中心、C_M 为半径作桅的弹性力系数圆。

②沿各个桅索的布置方向,截出各桅索的极限弹性力系数,如 C^0_{B1}、C^0_{B2}、C^0_{B3} 等,并以它们为直径作圆。

③指定任一挠曲方向作直线,该直线在挠曲反方向与诸圆割切的线段,如图中的$\overline{OA}$、$\overline{OB}$,即相当于该桅索在指定挠曲方向的该桅索的弹性力系数 C_{B1}、C_{B4}。

④将各桅索的弹性力系数与桅的弹性力系数按矢量叠加得桅系统的弹性力系数 C。

⑤按几个假定的挠曲方向经图解后,可得到桅系统的弹性力系数包络线。不难求出桅系统的最小弹力系数 C_{min},据此可以求得桅顶最大挠度 f_{max} 或可能承受的桅顶的最大水平作用力 $T_{h,max}$。

进一步可按确定的挠度值验算桅及桅索的强度。对于桅来说,可能有两种情况:其一是按重型吊杆受力情况,吊杆承座不在桅上;其二是按轻型吊杆承座在桅上的受力情况。如果桅系统桅杆上承受的仍然是 T_h(顶牵索水平分力),则重型吊杆的桅所分担的水平力

$$T'_h = C_M f = \frac{3EJ}{l^3}f = \frac{3EJ_0}{l^3\varphi}f \tag{2-53}$$

式中:符号意义同前。这样就可以按非支张桅的方法校核桅的强度与刚度。

如果属于后者,即轻型吊杆的承座设在桅上,则桅系统桅顶所承受的水平力可按下式计算:

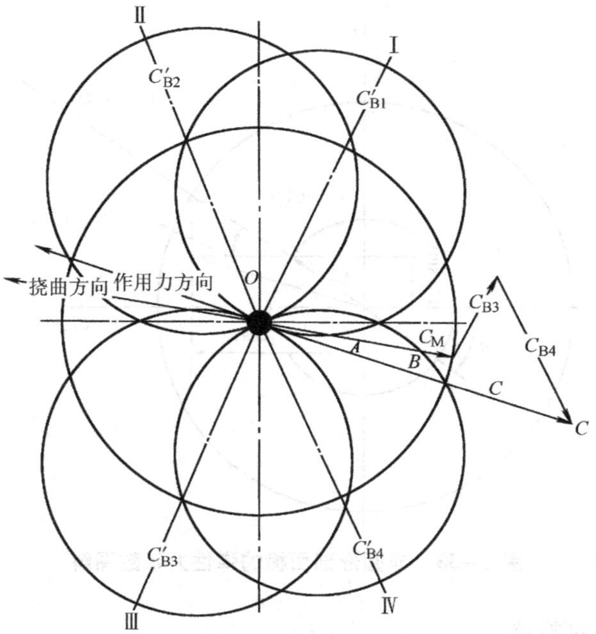

图2－37　弹性力系数圆

$$T'_h \approx T_h - (R_h - S_h)\frac{H_0^3 \chi}{l^3 \varphi} \tag{2-54}$$

关于桅索强度的验算，也需先确定各桅索的拉力。就桅的某一挠曲方向而言，第 i 根桅索所受的拉力

$$Z_i = f\frac{C_{hi}}{\sin \alpha_i} = \frac{T_h}{C}\frac{C_{Bi}}{\sin \alpha_{Bi}} \tag{2-55}$$

因而，最大拉力发生在$\frac{\overline{CB}}{C}$为最大值时。如桅系统的弹性力系数为一常数，则桅索的最大力

$$Z_{i\max} = f\frac{C_{Bi}^0}{\sin \alpha_i} \tag{2-56}$$

据此，可验算桅索的强度，不过桅索的安全系数按 CCS 规范应取为1.76～2.2。

最后要补充说明的是，非圆形断面的桅或起重柱的弹性力系数，只有在其对称轴线上的挠曲，弹性力系数方向与挠曲方向才是一致的，其他挠曲方向与弹性力系数方向不可能一致，而且在各个挠曲方向上弹性力系数也不可能保持有一个常数，亦即在极坐标图上不是一个圆，而是一个曲线。为了省去逐步地求出每一挠曲方向的弹性力系数的麻烦，通常假定起重柱只受对称轴方向的弯矩，则可按上述的方法求出对称轴方向的弹性力系数，其他方向的弹性力系数可认为是两个主方向（对称轴方向）的弹性力系数（C''_M，C'_M）的矢量和，具体图解如图2－38所示。

2.6.3　信号桅的结构强度

信号桅是船舶上应用最多的一种桅，用于悬挂信号设备（航行灯、白昼信号及天线等）。其位置、高度及信号设备在桅上的布置等，应满足相关规范的要求。其结构与兼做起重柱的桅在作用力方面有差别，我国现行规范中还没有明确的规定，这里引用苏联规范中的相关规

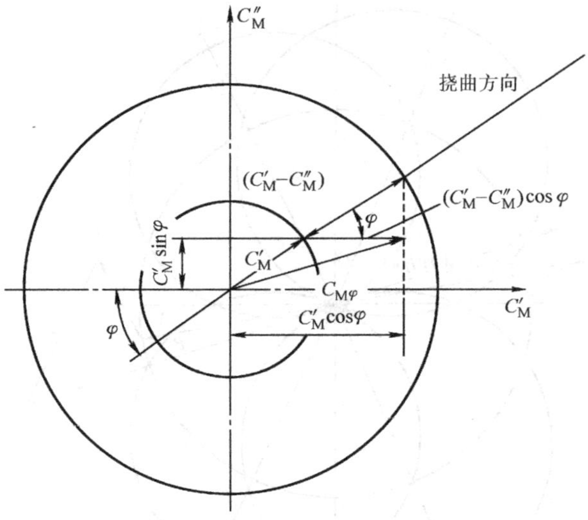

图2-38　非圆形剖面桅的弹性力系数图解

定说明其对强度尺寸的要求。

1. 采用稳索固定的支张桅

如果钢质桅根部材料的屈服强度 $\sigma_s = 215 \sim 255$ MPa，且每舷有两根桅索固定时，其外径与壁厚分别为

$$d \geqslant 22L$$

$$t \geqslant 0.2L + 3$$

式中：L 为从桅根至支索固定处桅的长度(m)。若沿长度方向桅的壁厚不变，则桅的直径向上可以逐渐减小，在支索固定处直径可为 $0.75d$，但从支索的固定处至桅顶的长度不大于 $L/3$。

用支张索固定的桅应满足以下的条件：

①通过桅上支索固定点的横剖面至支索下端固定点的水平距离 a，不小于桅上支索固定点在其下固定点以上的高度 h 的3/20，即 $a \geqslant 0.15h$；

②通过桅上支索固定点的纵剖面至支索下端固定点的水平距离 b，不小于桅上支索固定点在其下固定点以上的高度 h 的3/10，即 $b \geqslant 0.3h$；

③距离 a 不应大于 b，即 $a \leqslant b$；

④固定支索的破断拉力 $F = 0.49(L^2 + 10L + 25)$；

⑤支索的活动部件(如卸扣、松紧螺旋扣等)许用负荷不小于钢丝破断强度的1/4。

2. 无支索固定的桅

当桅根部材料强度 $\sigma_s = 215 \sim 255$ MPa 时，根部外径及壁厚分别为

$$d = 3l^3(0.674l + a + 13)\left[1 + \sqrt{\frac{51.5 \times 10^4}{l^2(0.674l + a + 13)^2}}\right] \times 10^{-2} \tag{2-57}$$

$$t = \frac{1}{70}d \tag{2-58}$$

式中：l 为从桅根至桅顶的长度(m)；a 为桅根部在船舶重心以上的高度(m)。

桅的外径由下向上可逐渐减小，在距桅根 $0.75l$ 处其直径可减至 $0.5d$。任何情况下，桅

的壁厚都不应小于 4.0 mm，桅根在任何方向都必须是刚性固定的。

3. 特殊结构的桅

若桅是由高强度钢、轻合金、玻璃钢或木料制成，除桅桁、航行灯及白昼信号外，桅上还有很重的设备（如雷达天线及维护平台、瞭望塔等），或采用人字桅、三角桅或其他类似的桅时，应进行详细的强度计算。计算时设定桅的任何部件都承受水平作用力，有

$$F_1 = \left[m_i \frac{4\pi^2}{T^2}(Z_i\theta + r\sin\theta) + m_i g\sin\theta + pA_i\cos\theta \right] \times 10^{-3} \qquad (2-59)$$

式中：m_i 为每个部件的质量（kg）；Z_i 为每个部件的重心在船舶重心以上的高度（m）；A_i 为每个部件的受风面积（m^2）；T 为船舶自摇周期（s）；θ 为船舶横摇摆幅（rad）；r 为半波高（m），通常取 $L/40$（其中 L 为船长）；g 为重力加速度；p 为风压，$p = 1\ 960$ Pa。

针对船舶横、纵摇两种情况进行计算，横摇时摆幅取 0.698 rad（40°），纵摇时摆幅取 0.087 3 rad（5°）。金属桅的结构部件的工作压力应不大于其所用材料的上屈服应力的 7/10。对于木质桅应不大于 12 MPa。在此情况下，桅索的安全系数不小于 3。

2.7　甲板起重机

甲板起重机又称克令吊（crane）。它与吊杆装置（双杆作业）相比，具有起升、变幅、回转等功能。其能在起吊货物之后随意改变吊货钩着落点的位置，准确地把货物放到舱内各处；其所占甲板位置小，结构紧凑合理，操作灵活，且可为两个舱口服务。新建造的货船，尤其是散货船，大多配备甲板起重机。

2.7.1　甲板起重机的种类和结构

1. 种类

甲板起重机按其动力源可分为液压式起重机（图 2－39）和电动式起重机（图 2－40）两大类；按其结构和使用方式可分为固定式、移动式及悬臂式起重机三种。目前，海船上普遍使用的还是电动式起重机。随着液压技术的不断完善，液压式起重机已逐渐在船舶上得到应用。

2. 结构与工作原理

（1）固定式甲板起重机

固定式甲板起重机如图 2－41 所示。吊臂 1 伸至舱口上方，将货物从舱内吊至舱口上适当高度，然后转动机身，把货物吊至码头；装货作业顺序与上述相反。利用变幅绞车 4 绞紧或松出千斤索 18，可控制吊臂 1 的仰角，调整其幅度。利用起货绞车 2 绞紧或松出吊货索 9，可将货物升高或降低。旋转机构 6 包括马达及变速机构等，通过小齿轮 7 带动大齿轮 8，使机身绕定柱 3 旋转。上、下支承 12、13 设有轴承，可使机身灵活旋转 360°。

（2）移动式及悬臂式起重机

图 2－42（a）所示是前后移动式起重机，图 2－42（b）所示是悬臂式起重机。它们均利用可伸出（或转出）舷外的水平悬臂和可在悬臂上行走的滑车组（图 2－42（c））来起吊和移动货物。

图 2－39　液压式起重机

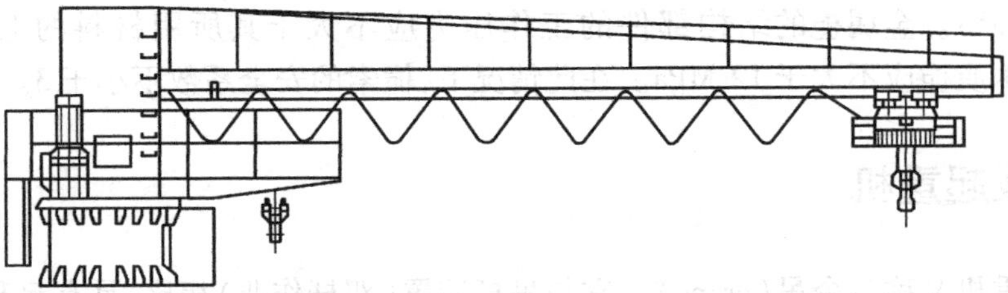

图 2－40　电动悬臂式起重机

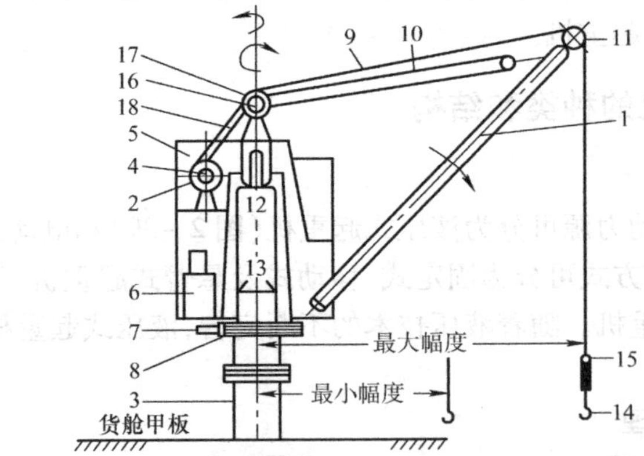

图 2－41　固定式甲板起重机

1—吊臂;2—起货绞车;3—定柱;4—变幅绞车;5—机房;6—旋转机构;7—小齿轮;8—大齿轮;9—吊货索;10—千斤索滑车组;11—吊货索导向滑车;12—上支承;13—下支承;14—吊货钩;15—转环;16—吊货索导向滑车;17—千斤索导向滑车;18—千斤索

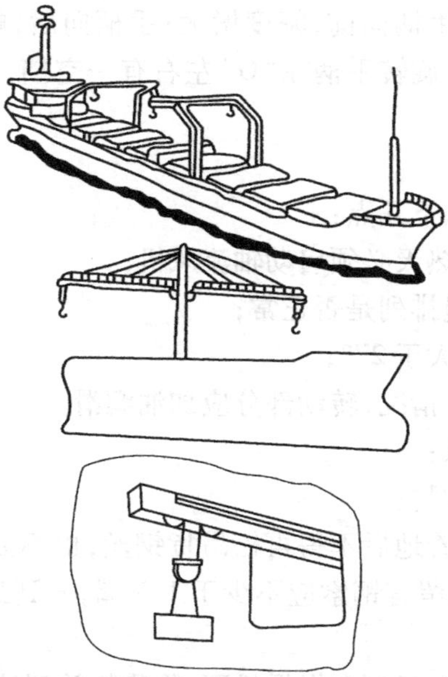

图2-42　移动式及悬臂式起重机
(a)前后移动式起重机　(b)悬臂式起重机　(c)水平悬臂及滑车组

(3)组合式起重机

组合式起重机如图2-43所示。两部旋转式起重机安装在同一座架上,可分别为前后两个货舱同时装卸货,也可在同一舱口上组合进行装卸作业。新型船舶已开始使用微型计算机来控制多用途组合起重机,实现三个自由度上的同步作业,而只需一个人在控制室内操作,也可实现遥控操作。

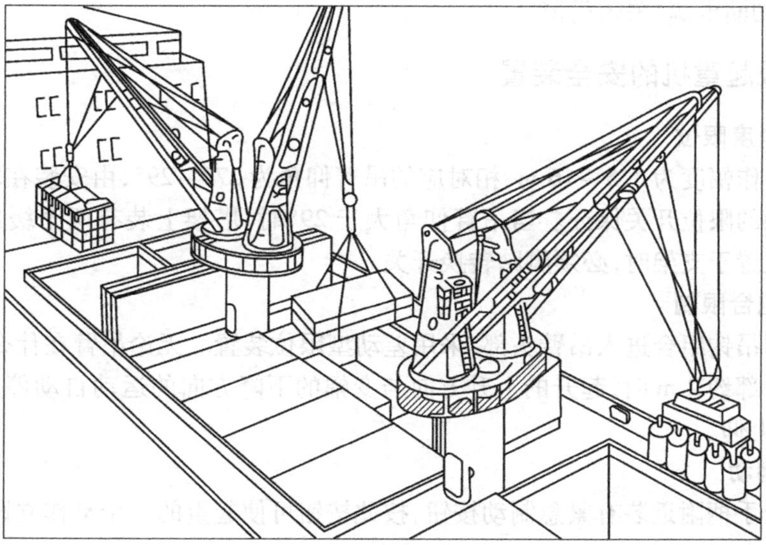

图2-43　组合式起重机

2.7.2　起重机操作主令及操作注意事项

1. 操作主令

升降货物为单主令:手柄向前,吊钩下降;手柄向后,吊钩上升。

旋转与变幅为双主令:手柄向前,幅度增大;手柄向后,幅度减小;手柄向左,起重机左转;手柄向右,起重机右转。旋转手柄在“0”左右有一空挡,即刹车松开,定子断电,电机转子为自由状态。

2. 操作注意事项

起重机使用前应注意以下几点:

①打开水密门窗通风,热天必须启动轴流风机;

②检查卷筒上的钢丝绳排列是否正常;

③将吊臂升起,仰角应大于27°;

④检查安全装置和刹车情况,转动部分应加油润滑。

运转中应注意以下几点:

①绝对不许横向斜拉货物;

②注意钩子位置,钩子着地后不得再松吊货钢丝,也不能在地上拖钩子,吊钩放到最低位置(碰舱底板)时,卷筒上留有钢索应不少于1.5圈,升到最高位置时,卷筒上留有空槽约1圈;

③当传动失灵时,可将电机刹车慢慢松开,将货物放到地上并将吊臂放下;

④紧急情况发生时,按下紧急按钮,使各种动作停止;

⑤吊货钢丝要加强检查,切忌在舱口摩擦;

⑥在船舶倾角较大(接近5°)和风力较大时,避免作最大幅度旋转;

⑦货物吊在空中时,操作者不得离开操作室;

⑧放置时先将吊臂转到支架上方,再把旋转手柄放在空挡上,然后脚踏转换开关,将吊臂落在支架上,再将旋转手柄回到零位,切忌变幅钢丝很紧或过松,以免钢丝在卷筒上松脱或乱绕,最后切断电源、关闭门窗。

2.7.3 甲板起重机的安全装置

1. 吊臂角度限位

起重机工作幅度为3.5~16 m,相对应的吊臂仰角为27°~29°,由安装在塔架转台侧面与吊臂脚接触的限位开关保证。当吊臂仰角大于29°时,塔架上装有两个缓冲器拉住吊臂横档。吊臂放置于支架时,必须脚踏转换开关。

2. 吊钩组合限制

为了限制吊钩组合进入吊臂头部,采用差动型限位装置。无论吊臂在什么位置,当吊钩组合距吊臂头部约2 m时,起升的上升方向与变幅的下降方向的运动自动停止。但吊钩能放下,吊臂能上仰。

3. 紧急制动

在双主令手柄附近装有紧急制动按钮,按此按钮可使起重的三个动作立即停止。

2.8 垂直装卸货物通道——货舱盖装置

货物通道设备是船上供货物通过的开闭部件及其控制、传动机械与附件的总称,是现代运输船上的重要船体设备之一。通常在船舶设计时,根据船舶的特点、使用要求、货物特征以及码头装备等，力求在提高货物装卸效率的情况下选配。

对货物通道设备的一般要求是：开闭迅速、作业可靠、操作简单、制造容易、维修方便、经济性好，并能简化货物的装卸过程。此外，还要求货物通道设备有一定的强度和密闭性，以保证船舶的安全性。

在传统的运输船上多采用垂直装卸方式，即货物是从货舱口吊进、吊出的。这种船舶的货物通道，主要是货舱的舱口盖装置。而滚装船等采用的是横向装卸方式，即货物主要是通过跳板并借助轮载机械滚上、滚下的。为此，出现了两种不同的通道形式。

2.8.1 货舱舱盖的类型

货舱舱盖的主要作用是保证舱中的货物不被雨水或海水浸湿。对于露天甲板和下层甲板上的舱盖，还应承担装载货物的重量。因此，舱盖必须具有一定的水密性和坚固性。为了缩短船舶在港口的停泊时间，要求舱盖的开闭操作迅速而简便。

早期使用的木质舱盖如今已很少使用，现在更多采用的是金属舱盖，并用机械启闭。金属舱盖是用钢板及型钢组合而成的，为了减轻重量亦可采用轻型金属。舱盖式样繁多，从启闭的形态看可分为折叠式、滚动式（滚翻、滚移、滚卷）、提升式、移动式等，如表2－9所示。

表2－9 机械舱盖的主要形式及其特征

启闭方式		名称	通常使用的船舶	可采用的甲板	装置比例	驱动方式	压紧方式
滚动式	滚翻	滚翻式	除集装箱船外	露天甲板	41	液压、绞车	螺旋、速闭、自动
	滚移	侧移式	所有船舶	露天甲板	4	电力或液压	螺旋、速闭、自动
		背载式	所有船舶	露天甲板、中间甲板	2	电力或液压	螺旋、速闭、自动
		伸缩式	驳船和内河船	露天甲板	—	人力	无
	滚卷	滚卷式	除集装箱船外	露天甲板	2	电力或液压	自动
折叠式或铰链式		液压驱动式	除集装箱船外	露天甲板、中间甲板	25	液压	螺旋、速闭、自动
		钢缆驱动式	除集装箱船外	露天甲板、中间甲板	10	绞车	螺旋、速闭
		直接拉动式	起货装置船	露天甲板	3	起重机吊杆	自动
提升式		箱形盖板式	集装箱船	露天甲板、中间甲板	11	起重机	螺旋、速闭、自动
移动式		套叠式	多层甲板货船	中间甲板、汽车甲板	2	电力	无

2.8.2 舱口盖的密封、压紧与提升装置

所有舱口盖在各块盖板之间及盖板与舱口围板之间都设有密封接头，以保证其水密性。密封接头的结构形式如图2－44所示，其中图2－44(a)、(b)是用于舱口周边的密封部件，而图2－44(c)是每块舱盖板之间的密封接头。为了保证舱盖间的水密性，应装设供压紧用的弹性橡胶填料2及承压条1。承压条通常是厚度为25 mm的扁钢或直径为25～30 mm的圆钢条，采用圆形截面的承压条能适应舱口的变形，有较好的密封性。最复杂的舱盖密封部件是盖板四角处的角型接头(图2－44(d))，它由盖板间承压条3、舱口围板上的承压条7、角式橡胶填料衬垫5以及三面贴有金属结构的短矮衬垫4及衬垫6组成。橡胶填料的压缩量δ(图2－44(a))，一般取为8±2 mm，对于角型轴衬和短矮衬垫，不小于5±1 mm，相对变形为20%～25%。此相对变形的压缩量不超过橡胶填料残余变形的8%～10%。盖板上设

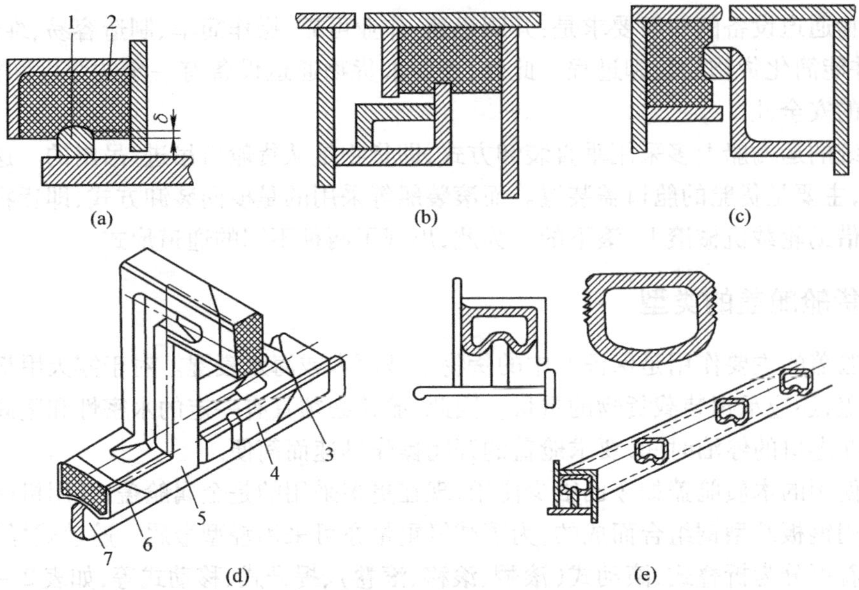

图 2-44　舱口的密封节点

(a)(b)舱口周边的密封　(c)密封接头　(d)角型接头　(e)圆钢型承压条

1—承压条；2—弹性橡胶填料；3—盖板间承压条；4—短矮衬垫；
5—角式橡胶填料衬垫；6—衬垫；7—舱口围板上的承压条

置手动或机动的压紧机构，可压紧盖板四周的填料。图 2-45(a)所示是最简单的螺面螺旋把手，其主要构件有 T 形连接螺杆 2、滑动盘(弹簧)3 和螺母 4。螺旋把手布置在每块盖板上，压紧盖板时只要将 T 形连接螺杆钩挂在舱口围板的钩子 1 上，借助螺母 4 控制螺杆行程并使盖板产生紧密性。图 2-45(b)所示是凸轮式螺杆，其主要构件有偏心凸轮 6，通过拆卸杆 7 可与焊在盖板上的撑架 5 啮合，压紧弹性填料 8 产生必要的压紧力，连接螺杆布置在舱口转板上。

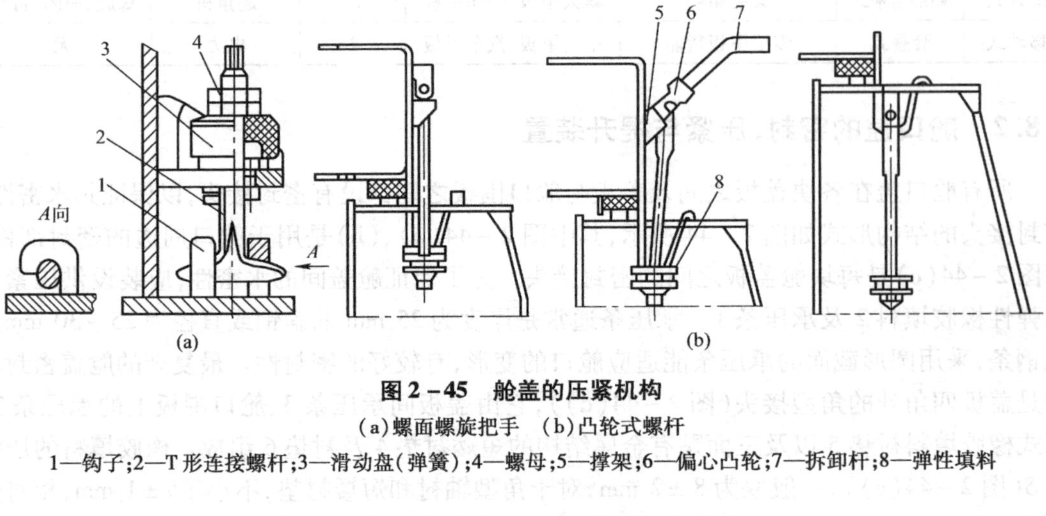

图 2-45　舱盖的压紧机构

(a)螺面螺旋把手　(b)凸轮式螺杆

1—钩子；2—T 形连接螺杆；3—滑动盘(弹簧)；4—螺母；5—撑架；6—偏心凸轮；7—拆卸杆；8—弹性填料

2.8.3 各类机械舱盖的特征

1. 滚翻式舱盖

滚翻式舱盖由若干块窄的盖板组成。这些盖板横跨在舱口上并用链条连接,每一块盖板上都有一对行走滚轮,可沿舱口围板两边的面板行走;还有一个平衡轮,它不设置在板宽的中点处,因此当它与位于舱口端的收藏坡道相啮合时,在重力作用下盖板便翻转成直立状态而存放。若舱口较长,则可将全部盖板分成两半,开启后分别存放在舱口的两端。滚翻式舱盖装置如图2-46所示。

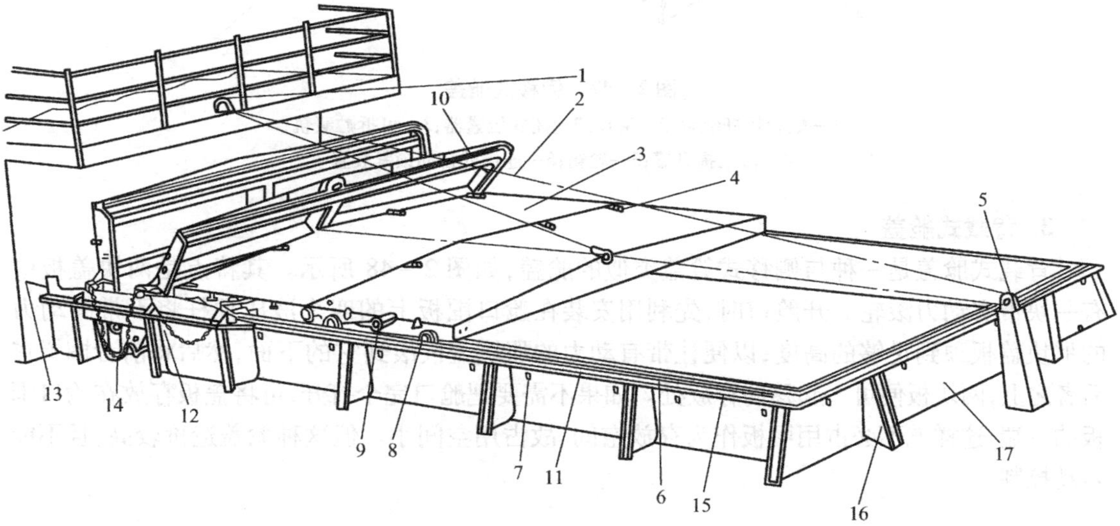

图2-46 滚翻式舱盖装置

1—钢索(至绞车或吊钩);2—拖索;3—顶板;4—连接处压紧器;5—滑轮(关闭舱口索具);6—承压条;7—螺旋扣;8—偏心轮;9—平衡轮;10—橡胶填料;11—轮轨;12—下落轨(在舱口围板后面);13—上升轨;14—板边链;15—舱口围板面板;16—舱口围板防挠材;17—舱口围板

滚翻式舱盖的最大优点是结构比较简单,相对于其他类型的机械舱盖,它价格便宜,便于(分块)维修,在尺度、布置和用途上限制较少,因而在各种类型的船上获得最为广泛的应用(见表2-9)。它的不足之处是所需的存放空间较大,提升及压紧作业所需的时间也较长,不能自动控制。

2. 侧移式舱盖

侧移式舱盖如图2-47所示。它通常由两块盖板组成(舱口较小时也有制成一块的),盖板的四角都装有行走滚轮。开启时盖板分别向舱口两侧或两端平移,并存放在那里,存放轨道常做成可拆的。这种舱盖不需翻转,也不需折叠,从结构及操作方面来讲,它是最简单的一种,且便于保养。但是,由于它所需要的存放空间较大,因而对舱口尺度有所限制。盖板存放在两舷时,舱口宽度不得超过船宽一半;盖板存放在舱口两端时,舱口长度更受到限制,故通常多采用侧置式。它主要用于大型散装货船或油矿两用船上,其盖板的尺度都比较庞大,故其提升装置常采用液压式。该结构启动快,便于自动控制,造价低。

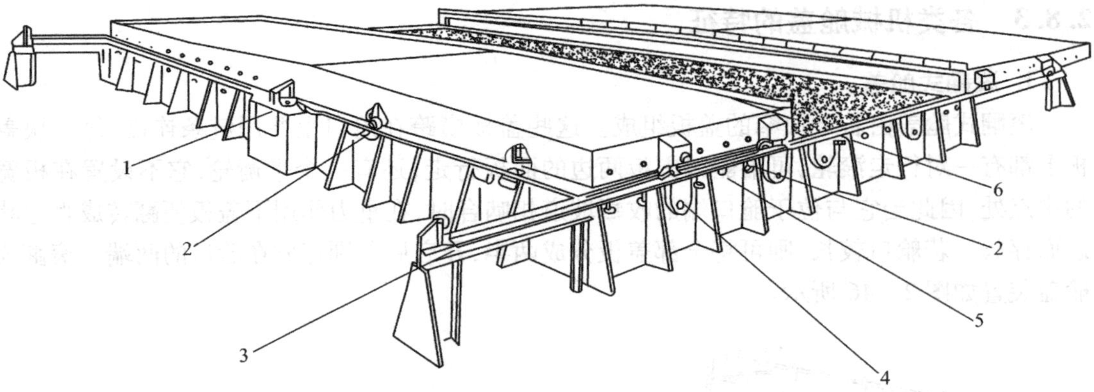

图 2－47　侧移式舱盖

1—蜗轮蜗杆装置;2—液压或速闭式压紧器;3—可拆贮藏轨;
4—液压提升罐;5—轮箱;6—连接处自动锁紧装置

3. 背载式舱盖

背载式舱盖是一种与侧移式舱盖类似的舱盖,如图 2－48 所示。其特点是两块盖板中有一块带有动力滚轮。开舱口时,先利用安装在舱口围板上的四个液压顶杆将不带有动力的那块盖板顶到足够的高度,以便让带有动力的那块盖板滚到它的下面,然后将前者搁置在后者之上,两块板便可一起移向存放处。如果不需要把舱口完全打开,可将盖板存放在舱口围板的一端,这样就不必占用甲板作为存放空间,故占用空间小。但这种舱盖造价较高,且不能自动控制。

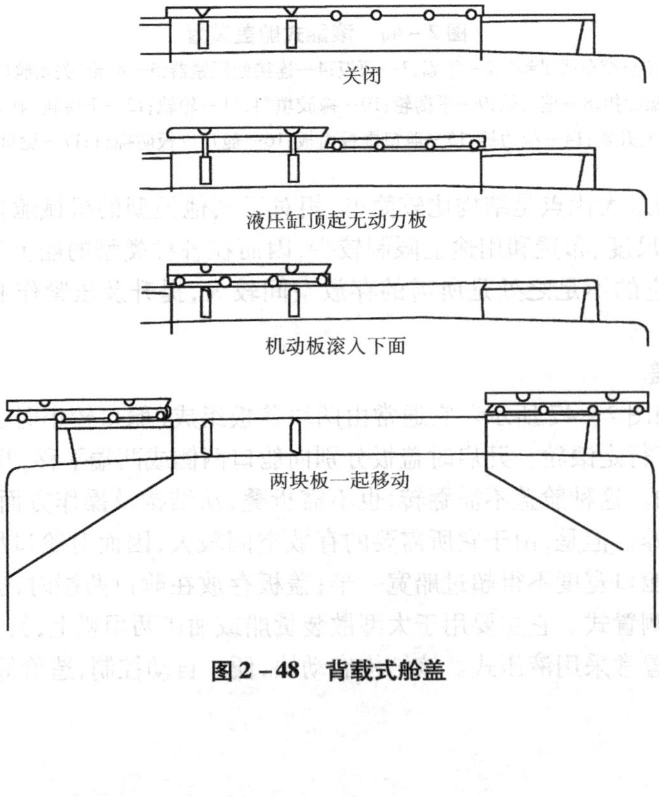

图 2－48　背载式舱盖

4. 伸缩式舱盖

伸缩式舱盖是一种轻型的舱盖。它的盖板通常采用铝合金或玻璃钢，并带有纵横骨架，两边装有滚轮，可用手推动。通常由2～3块舱盖板制成大小相等的一组，开启时依次套合层叠后搁置在舱口上，故也不需要专用的存放空间。套合层数越多，则能敞开的舱口面积越大，通常敞开面积达65%左右。盖板间连接及周边均采用搭接的方式以防止雨水浸入。其结构轻巧，仅允许人在其上行走，而不允许堆货。

5. 滚卷式舱盖

滚卷式舱盖利用专设的盖板卷筒来卷收或展开盖板，如图2－49所示。沿着纵向将它分成多块，互相铰接，并分成几组盖板副，每一组盖板副都比先卷入的那一组略长些。

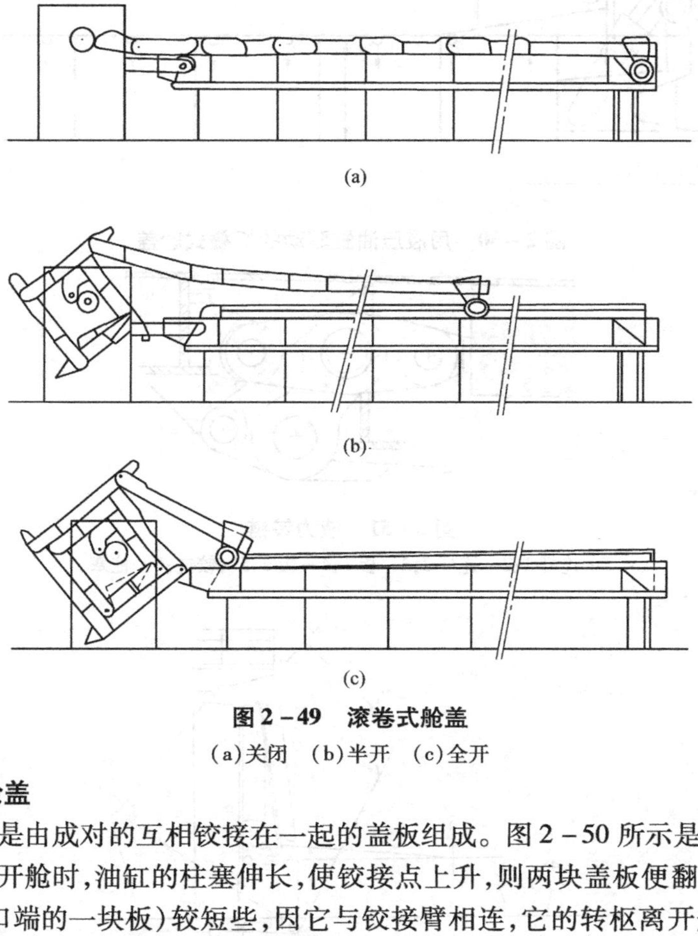

(a)

(b)

(c)

图2－49　滚卷式舱盖

(a)关闭　(b)半开　(c)全开

6. 折叠式舱盖

折叠式舱盖是由成对的互相铰接在一起的盖板组成。图2－50所示是用液压油缸驱动的折叠式舱盖。开舱时，油缸的柱塞伸长，使铰接点上升，则两块盖板便翻转折合起来。其中端板（靠近舱口端的一块板）较短些，因它与铰接臂相连，它的转枢离开舱口有一定的距离。舱口较长时，可分成两端收存，或采用多块折叠式。液压折叠式舱盖也可用一种自带动力的液力铰链来启闭，如图2－51所示。

图2－52所示是用钢缆拖曳来启闭的折叠式舱盖。在操作时，其相应构件的动作与液压式完全相似。但由于穿导钢缆比较麻烦（尤其是多块折叠时），因而启闭舱口所需的时间较长。

与滚翻式舱盖相比，折叠式舱盖所需的存放空间的长度较小，但高度较大；而液压折叠式舱盖便于采用液压自动压紧器，故操作简便，是现代船舶上采用较多的一种舱盖（仅次于滚翻式，见表2－9）。

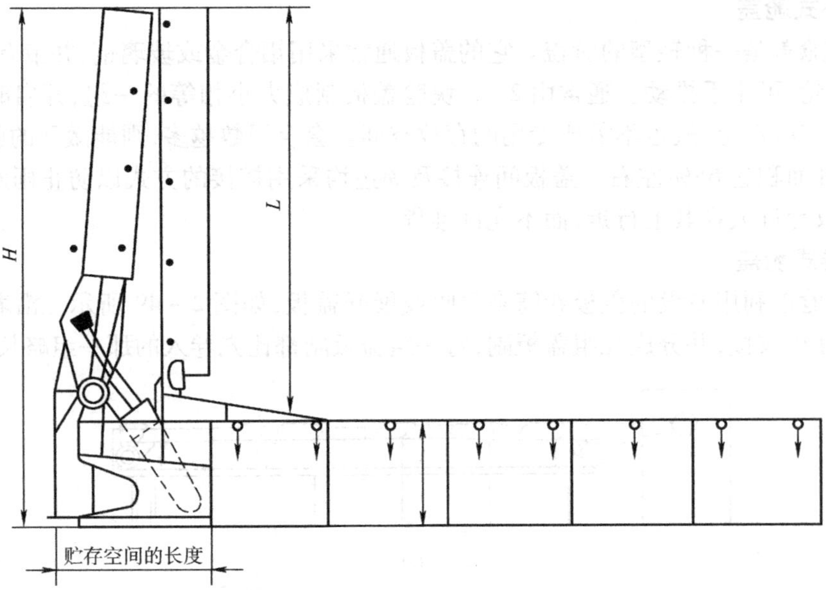

图 2－50　用液压油缸驱动的折叠式舱盖

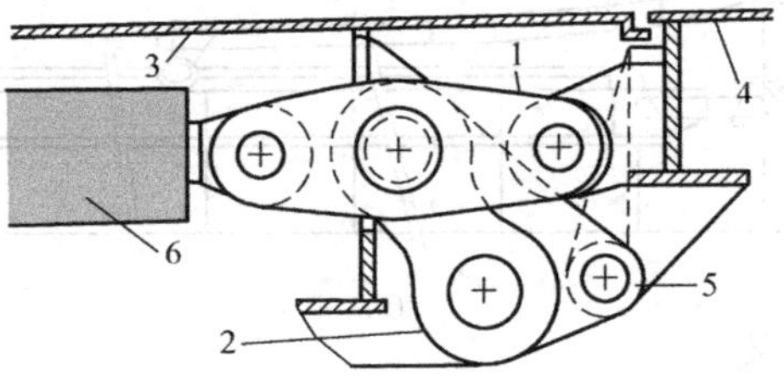

图 2－51　液力铰链

1—连杆 1;2—连杆 2;3—板 1;4—板 2;5—铰链;6—柱塞

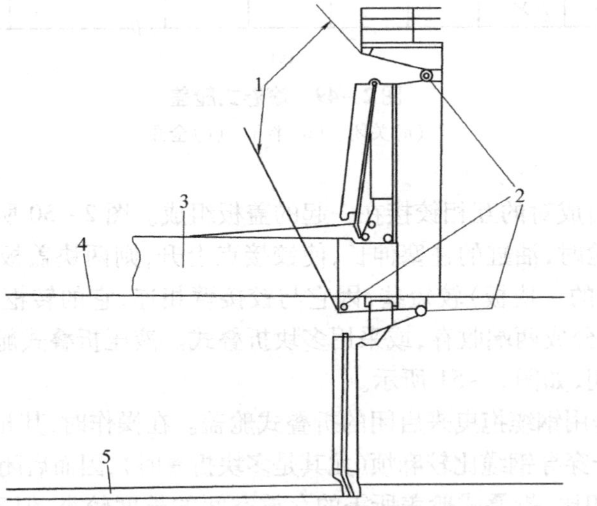

图 2－52　用钢索拖曳的折叠式舱盖

1—钢索(引导起重机或吊杆绞车);2—钢索导轮;3—舱口围板;4—露天甲板;5—中间甲板

7. 直接拉动式舱盖

直接拉动式舱盖是一种由三块铰接的盖板组成的折叠式舱盖，如图 2－53 所示。它利用船上的起货机械将盖板收藏于舱口端部，钢缆穿过铰接于端板上的滑车，再与中间盖板相连接，拉紧（或放松）钢缆便可启（闭）舱盖。其中，铰接滑车、拖曳眼板置于板宽的中点，其余构件成对地安装在左盖板的两边。

直接拉动式舱盖便于采用自动压紧装置，使压紧的操作与关闭舱口的过程同时进行，因而与滚翻式舱盖相比操作更为简捷，而与液压折叠式舱盖相比价格又较便宜，但是它需要船上的吊杆（或起重机）相配合，故其使用受到限制。

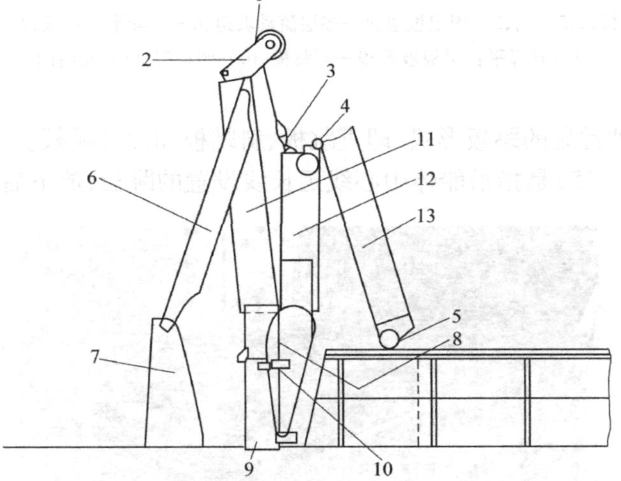

图 2－53　直接拉动式舱盖

1—钢索（引向起重机或吊杆）；2—铰接滑车；3—拖曳眼板；4—铰链；5—轮；6—存放臂；
7—存放臂支座；8—关闭臂；9—关闭臂导轨；10—安全阀；11—板 1；12—板 2；13—板 3

8. 箱形舱盖

箱形舱盖是一种拼装形式的舱盖，通常用金属或玻璃钢制成箱形剖面。箱形舱盖本身不带专门的驱动机构，由船上或港口的起货机械来吊移。开舱时可将舱盖板堆放在甲板上、码头边或浮在船边水域中。箱形拼装舱口盖的结构及操作都十分简便，而且可获得最大的甲板开口面积，因而最适宜于在集装箱船上车顶的轨迹采用。箱形舱盖的尺度一般都比较大，设计时应注意使箱形舱盖的重量不超过吊装设备的起重能力。

2.9　横向装卸货物设备——滚装设备

近年来获得迅速发展的滚装船及货盘船（通过舷门传递货物），采用横向装卸方式。图 2－54 所示是一艘滚装船的滚装设备装卸作业示意图，图中显示了横向装卸船上的各种货物通道、设备及其位置。

2.9.1　跳板

跳板是连接滚装船与码头的桥梁，是供带轮货物通过的板状组合部件。它直接关系到货物的装卸性能，是滚装设备的主要组成部分。

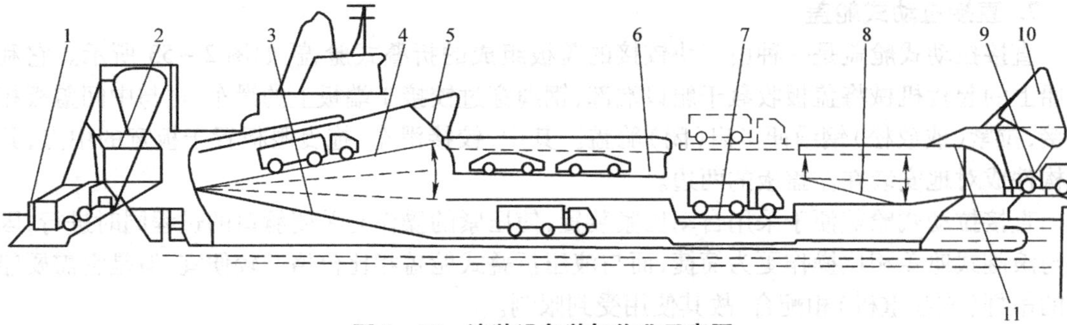

图2-54　滚装设备装卸作业示意图

1—艉跳板；2、5—门；3—固定坡道；4—多层流动坡道；6—升降平台甲板；7—升降机；8—升降平台甲板坡道；9—艏跳板；10—艏斗门；11—艏内门

1. 跳板的形式

滚装船上有三种常见的跳板形式，即直跳板、斜跳板和回转跳板。

①直跳板（图2-55）是指沿船体中心线延长线设置的跳板，放下后搁置在码头上犹如

图2-55　直跳板

1—折叠式翼板；2—跳板；3—密封橡胶衬垫；4—滑轮组；5—限位撑垫；6—绞车；7—尾桁架；8—螺旋扣；9—液力压杆；10—孔眼

上船车辆甲板的延长，使车辆等带轮的货物无须拐弯，便可从舱内直驶码头。它是最简单的一种跳板形式，但是它要求在遮蔽的水域中以艉部靠码头，或停泊在L形泊位上，故其使用受到限制。图2－56所示为直跳板的几种使用情况。

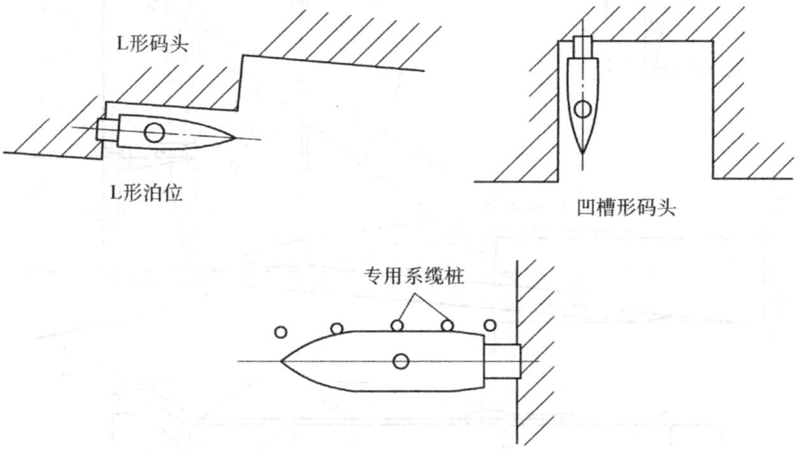

图2－56　直跳板的使用情况

②斜跳板是指与船体中心线成一定角度设置的跳板，其间的夹角一般为33°～45°，在大多数情况下用做艉跳板。斜跳板的使用比直跳板灵活，适应潮水的能力强，装卸货物时能以船体与码头相平行的方式停靠在普通码头上，如图2－57所示。为了改善稳定性（降低重心，减小受风面积）和艉部视野，多将斜跳板折叠后收藏，收藏时略带内倾，如图2－58所示。

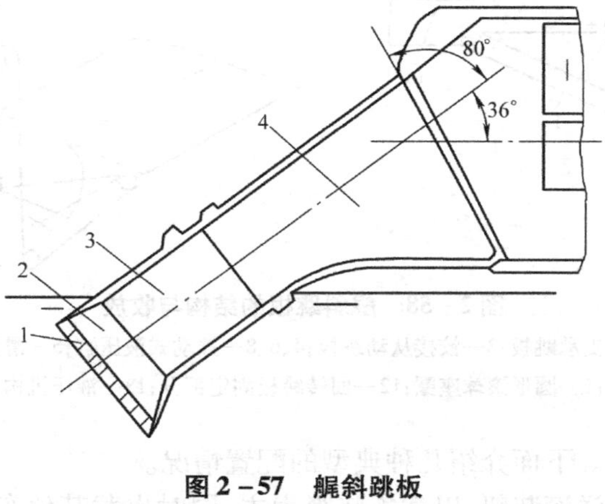

图2－57　艉斜跳板

1—多块翼板；2—中间跳板；3—副跳板；4—主跳板

③回转跳板设有回转机构，可向任意一侧停靠（斜跳板只能固定向某一侧停靠），如图2－59所示。其偏离船体中心线的最大转角为30°～46°。回转跳板在使用上最为灵活，但机构复杂、重量大、造价高，而且货物入口处较斜跳板狭窄，在船舶内部还需提供车辆回转的空间，设计较为复杂，故目前采用不多。还有一种只能向一舷偏转的半回转跳板，是回转跳板中比较简单的一种形式。

2. 跳板的配置

跳板的形式、数目及位置须依据船舶的大小、载货种类、航程、码头情况及船主的要求等

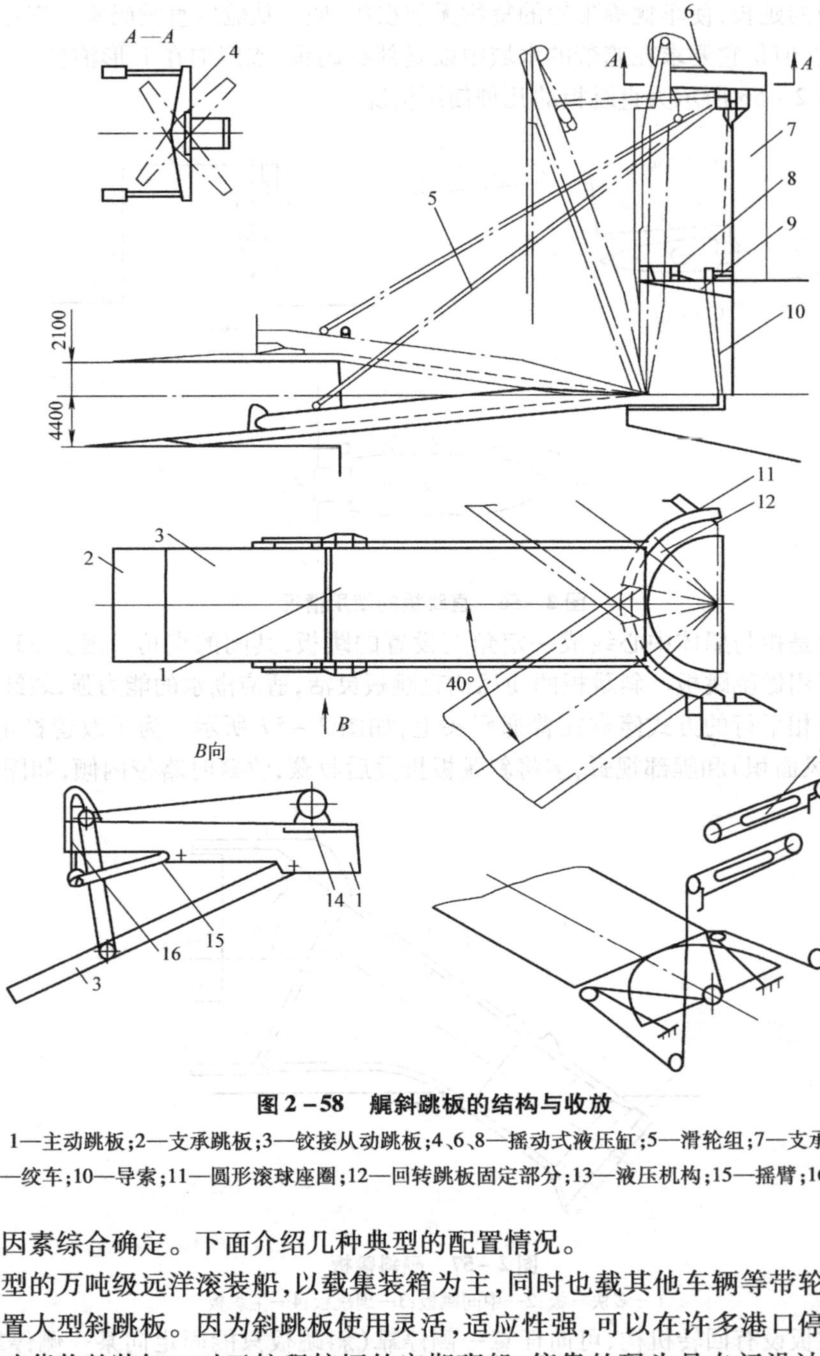

图 2－58　艉斜跳板的结构与收放

1—主动跳板；2—支承跳板；3—铰接从动跳板；4、6、8—摇动式液压缸；5—滑轮组；7—支承梁；9、14—绞车；10—导索；11—圆形滚球座圈；12—回转跳板固定部分；13—液压机构；15—摇臂；16—液压缸

各方面的因素综合确定。下面介绍几种典型的配置情况。

①大型的万吨级远洋滚装船，以载集装箱为主，同时也载其他车辆等带轮货物，一般都在艉部设置大型斜跳板。因为斜跳板使用灵活，适应性强，可以在许多港口停靠，改变航线也不会影响货物的装卸。对于航程较短的定期班船，停靠的码头是专门设计的，有 L 形泊位、突台或浮桥等专门设施，船上可设直跳板。这样，不但设计与安装均较简易，而且便于将跳板做得宽些，有时为了提高装卸效率而采用双线（即两道直跳板）进行装卸。

②短途的滚装船，往往是连货带载运车一起运输的（即全部是带轮货）。它们航程短，对装卸速度要求高，因而不仅在船艉设有跳板，而且在艏部或舷侧也设有跳板（通常为直跳板），形成单流向的装卸方式，这样车辆出入船舶时不需调头（艏进艉出或相反）。来往于海峡间的汽车渡轮常用这一布置形式。

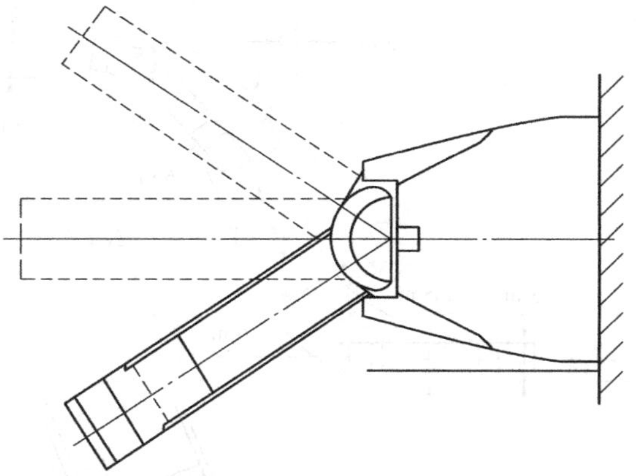

图 2-59　回转跳板

③停港频繁、需要在各港口上下货物的滚装船，除了艉部设跳板外，还设置舷侧跳板。有时候舷侧跳板不搁置在码头上，而是做成一块平台，码头上的叉车和舱内叉车在此平台上传递货物，即所谓货盘装卸方式。这种装卸方式不受码头水位及船舶吃水变化的影响。

④单设置艏跳板的方案较少采用，只有在特殊情况下才加以考虑。

3. 跳板的结构与尺度的确定

跳板是由板材及纵横构件组成的平面板架，构件尺寸应保证跳板具有足够的强度与一定的刚度。通常斜跳板和回转跳板是由三节互相铰接的板组成的，与船体相连接的一块称为主板，与码头平面相贴合的一块称为端板，主板与端板之间的一块过渡板称为副板。主板与副板之间有辅助的伸缩装置，可调节两板之间的夹角。在端板前有时还有一块长约 1 m 的翼板，它在横向分成多块很薄的楔形板，端板与翼板可算作一块板。从图 2-59 中可见斜跳板的结构。短的直跳板（约在 12 m 以下）常由主板与端板两节组成。

跳板的长度与宽度对其使用性能有很大的影响。通常供一般载货车辆及载集装箱的拖车单线行驶的跳板，最小宽度应为 5 m；如果用叉车运送 20 ft[①] 集装箱，则宽度至少需 7 m；为了便于拖车装载 40 ft 集装箱且能转弯，则希望跳板宽度为 8 m。目前，可以成组运输集装箱的车辆 LUF 在北欧使用较为普遍，若允许此种车辆通过，则要求跳板宽度为 12 m。

斜跳板的宽度应考虑到车辆转弯所需增加的宽度，图 2-60 示出了载 20 ft 集装箱的叉车在改变方向时，车的边缘线轨迹。为此，在艉跳板上常采用梯形主板，以利于车辆转弯。

跳板的长度主要取决于码头的设施，如果码头上有吊桥、（半）浮桥等过渡设备，则对跳板的长度没有严格的要求。在这些情况下，有的船就把大开口的水密门兼作（直）跳板，与码头设备相衔接；有的船干脆不设跳板，只在艉部设一个向上翻起的水密门。

如果码头上没有专用的设施，就要求船上设置的跳板有合适的长度，以保证船舶停靠时能顺利地进行货物装卸。但是，在满足使用要求的前提下，应尽量缩短跳板的长度，否则会使跳板的结构重量、机构尺寸及驱动机械的容量都相应增加，这显然是不经济的。

跳板的长度与船舶的吃水、港内潮汐的变化有关。在最大允许的跳板坡度下，跳板的长度应能适应码头平面与车辆甲板平面（严格地说应是跳板与船体的铰接点）之间可能出现的最大高度差 H（图 2-61），H 应为

①对于集装箱，目前国际上以"ft"作为计量单位，1ft = 0.304 8 m。

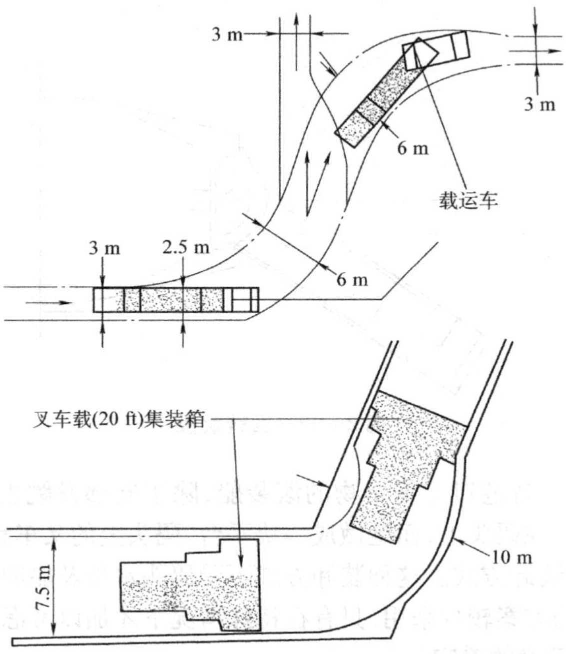

图 2-60　考虑到车辆转弯的通道宽度

$$H = t - T \quad (\mathrm{m})$$

式中：t 为水面至码头平面的高度(m)；T 为水面至车辆甲板(或铰接点)的高度(m)。

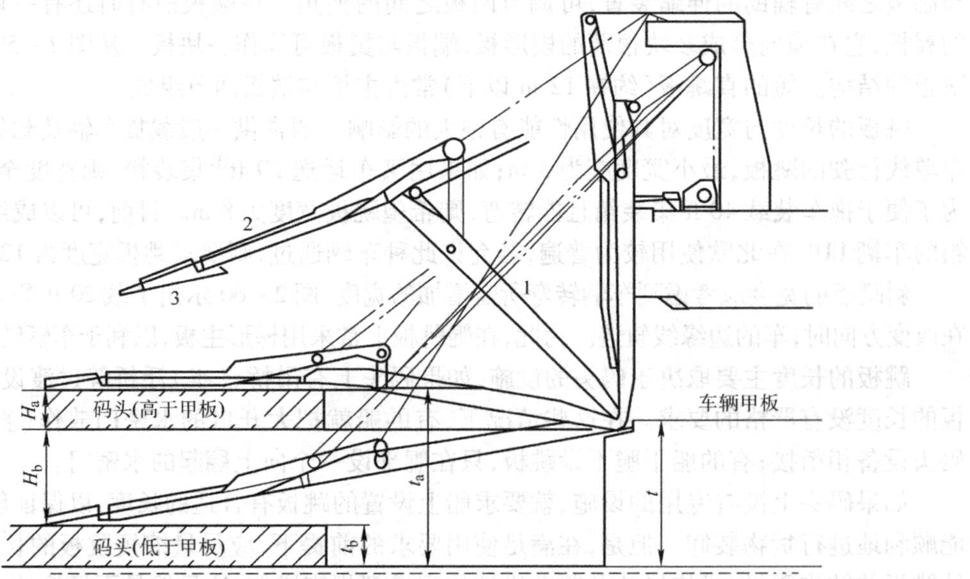

图 2-61　艉斜跳板的结构与收放

1—主板；2—副板；3—翼板

H 为正值时记作 H_a，表示码头高于车辆甲板。H 为负值时记作 H_b，表示码头低于车辆甲板。车辆甲板处的水位 T 值，应考虑船舶在不同装载状态下可能出现的吃水变化以及船舶纵横倾的影响。码头处的水位 t 值,应考虑船舶所停泊的港口可能出现的最大潮汐变化。但有些低水位在一年之中出现的次数很少,每次持续时间也不长,那就要在增加跳板长度所造成的经济损失与耽误停泊所造成的经济损失两者之间进行权衡。换言之,设计时应合理选择高低潮的水位值。

通常情况下,低水位时码头高出车辆甲板的距离 H_a 为 1 ~2 m;高水位时码头低于车辆甲板的距离 H_b 为 4 ~6 m。

斜跳板的主板最小长度 l_1,可按水位最低而船舶吃水最深时的高度差 H_a 及最大的允许坡度角 α(将在后面讨论)来确定,即

$$l_1 = (H_a + 0.2)\cos\alpha + 1 \quad (\text{m}) \tag{2-60}$$

式中:0.2 为主板与码头平面的间隙;1 为裕度。

斜跳板的副板长度应能满足与主板间形成适当的角度而躺在码头上。端板则完全搁置在码头上,使它与地面有良好的接触,即使在船舶横倾时也不会翘起。端板的宽度一般与主、副板相同,也有做成喇叭形的以向外扩出。它的长度需考虑到其与码头接触面积的大小,应能保证传递到码头上的负荷不超过码头的最大允许负荷。

跳板的工作坡度角对其装卸性能有很大的影响。跳板工作坡度角取得小些,车辆驾驶速度可快些,装卸速度也就高些。从前面关于跳板长度的讨论中又可知,坡度角取得大些,则可缩短跳板长度,使整个装置的重量减轻。例如,升距为 5 m 时,工作坡度若取为 1/14(此值为跳板上升的垂直距离与所经过的水平距离之比),则跳板的长度为 70 m;若取工作坡度为1/7,则只需 35 m。但与此同时,车辆速度几乎要减小一半,估计总的装卸时间大约增加 15%,而且坡度增加后,车轴的牵引力必然要增加,这样会造成过度的排气而给舱内通风增加困难。因此,在决定跳板的最大工作坡度时,应考虑船舶对装卸速度的要求、运输车辆牵引力的大小及相应的排气程度。一般情况下,工作坡度角可取为 8°,最大不超过 9.5°,要求装卸较快时,可取 6° ~7°。显然,最大允许的工作坡度角取得小些,跳板就具有较大的灵活性。

值得注意的是,选取跳板工作坡度时,跳板与甲板(或跳板之间)的夹角 θ 不能过大,以防止车辆尾部搁地或拖头与拖车之间脱钩,如图 2 - 62 所示。表 2 - 10 给出了防止搁地所允许的最大角度 θ。

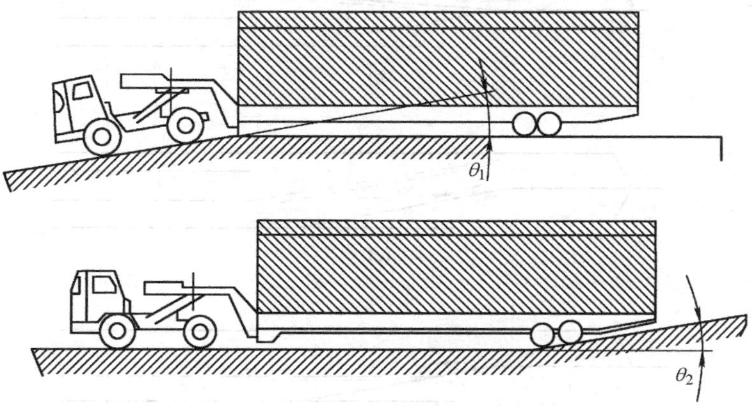

图 2 - 62 避免大型车辆搁地的通道坡道

表 2-10　跳板与甲板允许的最大夹角

车辆	(跳板—甲板)θ_1(凸形)	(跳板—甲板)θ_2(凹形)
12.2 m 船用拖车	10.5°	6.5°
12.2 m 陆用拖车	13°	10°

2.9.2　内部坡道及升降机

滚装船内各层甲板之间的联系通道有内部坡道及升降机两种方式。

1. 内部坡道

内部坡道可分为固定坡道与活动坡道(可拆的)两种。两端固定焊在两层甲板之间的坡道称为固定坡道。若固定坡道通往干舷甲板以下的空间,则干舷甲板上的开口应设置水密舱盖(有时制成气密的,可起隔火作用)。如果只容许重型车辆在主车辆甲板上,则内部坡度可取得陡些。为了具有一定的灵活性,一般固定坡道的工作坡度角取为 5° ~7°。内部坡道的升距为甲板间高,如果舱内只堆放一层集装箱,则甲板间高为 4.2 ~4.5 m,此时坡道长为 30 ~40 m;如果舱内堆两层集装箱,则甲板间高为 6.2 ~6.4 m,坡道长就要达 50 ~60 m。可见固定坡道在甲板的上下层间占去了相当大的舱容,故一般只在大型船舶或舱底较瘦削装货有困难时,才考虑采用固定坡道。为了充分利用空间,可采用端部铰接的多用途坡道。图 2-63 所示是一艘多层车辆甲板船上多用途内部坡道的布置情况。从艉跳板进出的车辆可以通过它分别到达四层甲板,当它处在收藏位置时,可兼作舱盖,并可提供甲板载货面积。这种多用途坡道多见于小型滚装船,因这类船很少同时在几层甲板上装载,故采用这种形式既经济又便于利用紧靠着坡道的空间。

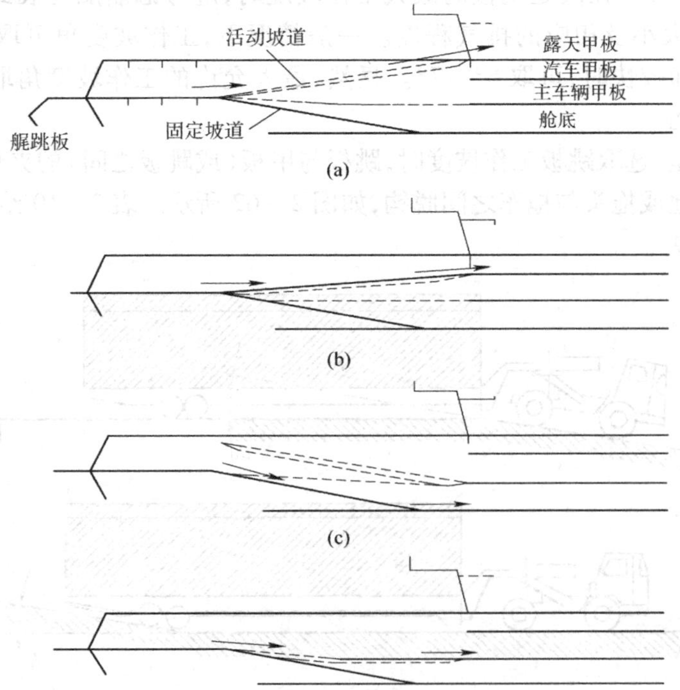

图 2-63　多用途内部坡道的布置

活动坡道常常用做通向汽车甲板的通道，如图2－64所示。当汽车甲板满载时，可将剩下的汽车停在坡道上，而后再将它提升到汽车甲板同一平面上。若不用时，可收藏在天花板下面，不致妨碍下层空间的使用。

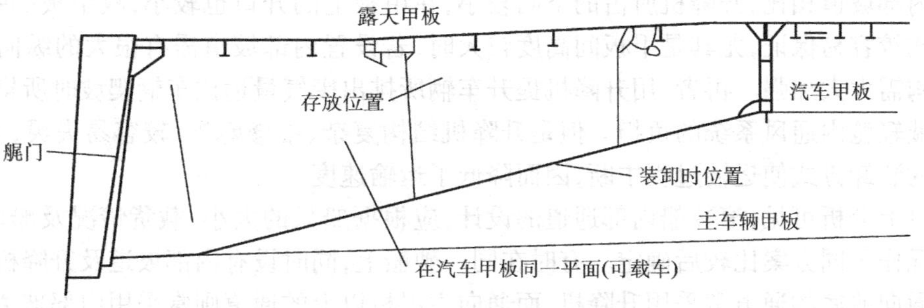

图2－64　S形活动坡道（通向汽车甲板）

2. 升降机

滚装船的升降机有U形、L形和剪式三种。

U形升降机是指四角起吊的升降平台，它的四角或两角设有导轨控制平台，利用链条（或钢缆）收放，如图2－65所示。有时导轨制成可拆的，以免妨碍交通。若U形升降机的平台收藏在它的行程下端位置，则上甲板开口需设置舱盖；也可以将它收存在上端位置上，则平台本身兼作舱盖，这样平台下部甲板就损失了载货面积。有一种形式的升降机将平台搁置在甲板之上，车辆通过平台两端的过渡板直接开到平台上，因此当它收藏在上甲板开口中时可载放车辆，则上下两层甲板均不损失载货面积。

L形升降机的提升机构在一侧，它三面敞开，即可从平台的两端或一侧装载货物，如同叉车的叉子加上一块平板一样。

剪式升降机平台下面是用交叉的构架支承，上下不需要导轨，通常用做主甲板向下层甲板的通道，收藏时可嵌进下层甲板（与该层甲板面平齐），上部开口处另设舱口盖，这种平台不损失舱容，如图2－66所示。

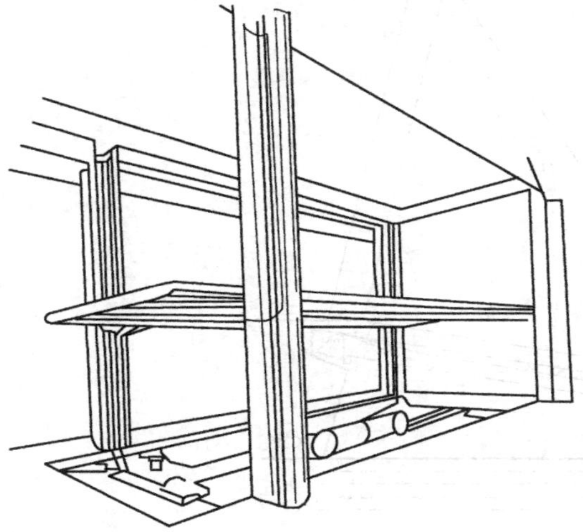

图2－65　通向上甲板的U形升降机

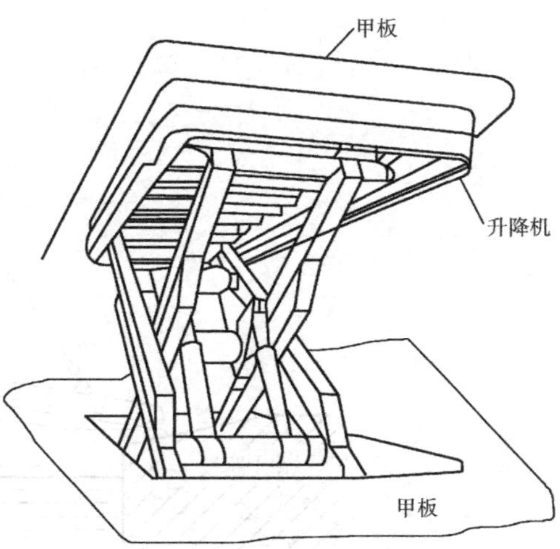

图2－66　剪式升降机

升降机的行程应由甲板间高度决定,有时升降机设计成可通向两层甲板的形式,以提高利用率。平台的尺寸及其载重能力应与船舶所载的货物或车辆相配合。

与内部坡道相比,升降机所占的空间较小,在甲板上的开口也较小,故甲板的强度及水密性都比较容易保证,尤其是甲板间高度较大时,若设置内部坡道需有很大的纵向开口,故局部结构需大大加强。再者,用升降机提升车辆所排出废气量远比车辆爬坡时所排出的少,因而可减轻舱内通风系统的负担。但是升降机结构复杂、维修麻烦、较容易失灵,而且采用升降机的装卸方式使运输过程中断,因而降低了运输速度。

由以上分析可见,滚装船内部通道的设计,应根据船只的大小、载货情况及船内布置等具体情况作不同方案比较后确定。有时在同一艘船上,同时设有内部坡道及升降机,此时从主甲板通向舱底的通道常采用升降机,而通向主甲板以上的通道则常采用内部坡道。

2.9.3 水密门

在滚装船上供车辆通过的水密门的尺度一般比较大,而且不能设置门槛,以免妨碍车辆畅通。水密门上保证水密性的填料装置和压紧装置与前面舱盖装置中所述相似,故此处不再赘述。

1. 外部水密门

外部水密门是指设置在船体外壳上的水密门。外部水密门的位置通常就是设置跳板的位置,故在船艉及舷侧处的跳板有时可兼作水密门,一些较短的艉直跳板常常是这种情况,如图 2－67 所示。较长的艉直跳板也可将它拆叠收藏后兼作艉门,大型三节铰接式艉跳板也有把第一节跳板兼作水密门的,如图 2－61 所示。

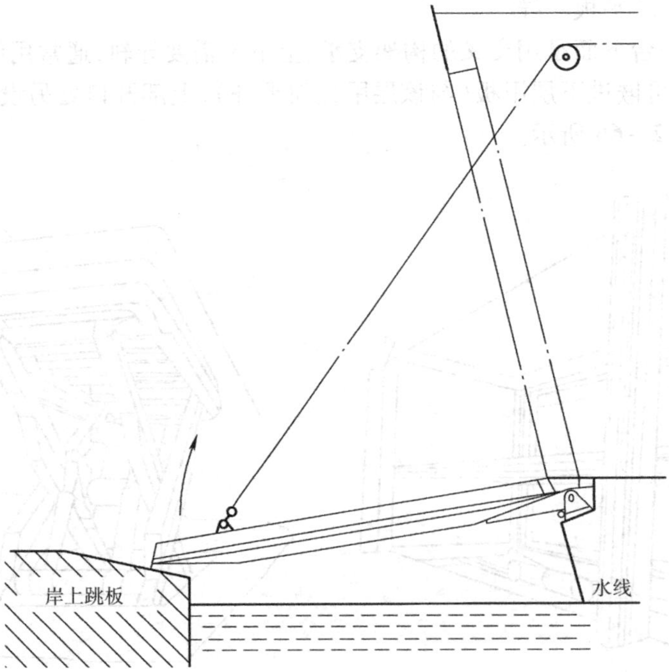

图 2－67　艉直跳板兼作艉门

若采用较长的整块式艉直跳板，则需另外专门设置一艉门（图2－68），其中艉门为向上翻板式，而兼作跳板用的艉门则常采用向下翻板式。

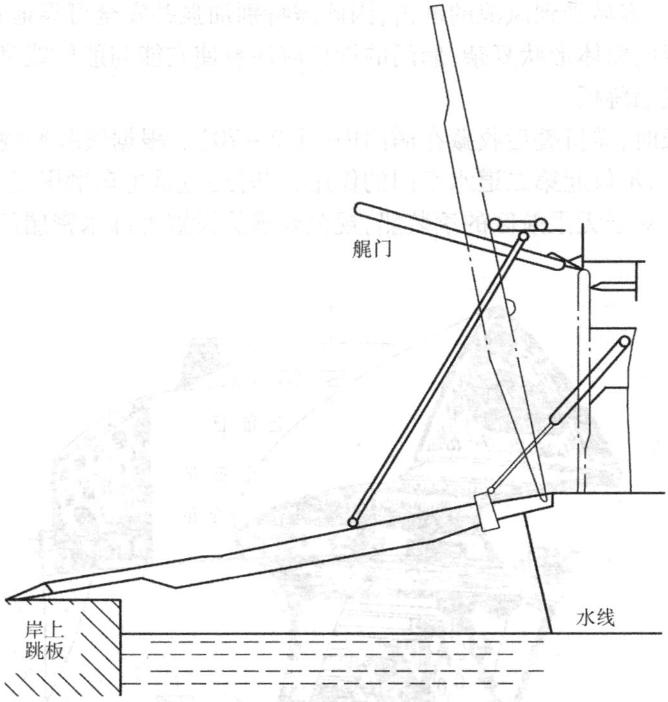

图2－68　长的艉直跳板与艉门

舷门是货盘船（即采用前述叉车对叉车装卸方式的船舶）上货物的主要通道。货盘的尺寸尚未标准化，通常为1 m×1.2 m，但其载货高度可达1.8 m，因此这种舷门的最小尺度应是2 m×2.5 m。有时滚装船上设置舷门是为了与艉门相结合，形成单流向交通，此种舷门的尺度应允许各种车辆通过。由于舷门开口尺寸较大，大开口须避开船体舷部应力较高的区域，所以舷门常设于离船艏1/3船长附近处。这种布置方案适用于吃水变化不大的船及潮汐水位变化不大的航线，否则舷门的装置就比较复杂。图2－69所示是滚装船上用的跳板式舷门，跳板由三节板铰接而成，折叠收藏后兼作水密舷门。

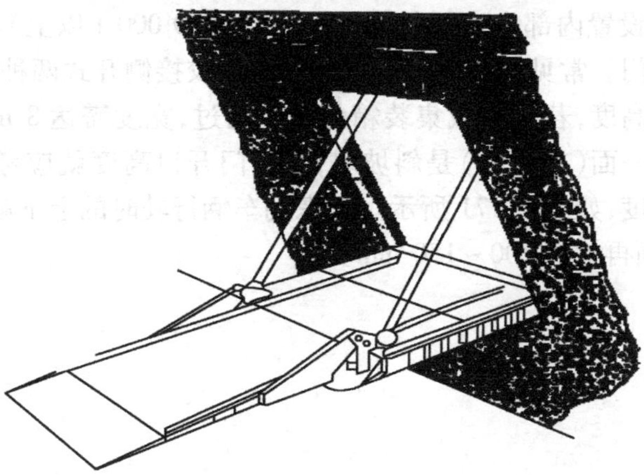

图2－69　跳板式舷门

艏门有两种形式，向两舷侧开者适合于艏部较宽的滚装船及渡船；帽式艏门适用于艏部较瘦削的滚装船，帽式艏门与露天甲板相铰接，打开时帽式艏门向上翘开，如图 2 – 70 所示。在海上航行时，艏门容易受到风浪的冲击，因此需特别加强并安全可靠地紧锁于船体主结构上。由于船艏区域的船体形状复杂，艏门的设计应注意使它能与船体线型很好地吻合，启闭时不致阻塞船舶或艏跳板。

当艏跳板较长时，需折叠后收藏在艏门内（图 2 – 70）。根据滚装船规范的要求，当艏跳板处于收藏位置时，不仅起第二道水密门的作用，同时还应是主车辆甲板至露天甲板的防撞舱壁的延伸部分。对于无限航区的滚装船，规范要求除设置外部水密艏门外，还必须另设一道内部水密门。

图 2 – 70　帽式艏门

2. 内部水密门

除了艏部有时需设置内部水密门外，大型滚装船（20 000 t 以上）在主甲板以下的横舱壁上需设置内部水密门。常见的有向上翻转折叠式及铰接侧开式两种。内部水密门的高度基本上是甲板间的净高度，若允许载集装箱的车辆通过，宽度需达 8 m。应注意的是，当水密门前后的通道中有一面（或两面）是斜坡时，水密门开口高度就应考虑车辆行驶过门时，运动轨迹最高点的高度，如图 2 – 71 所示。考虑到车辆行驶时的上下颠簸、门架的变形等因素，水密门开口高度须再加高 100 ~ 150 mm。

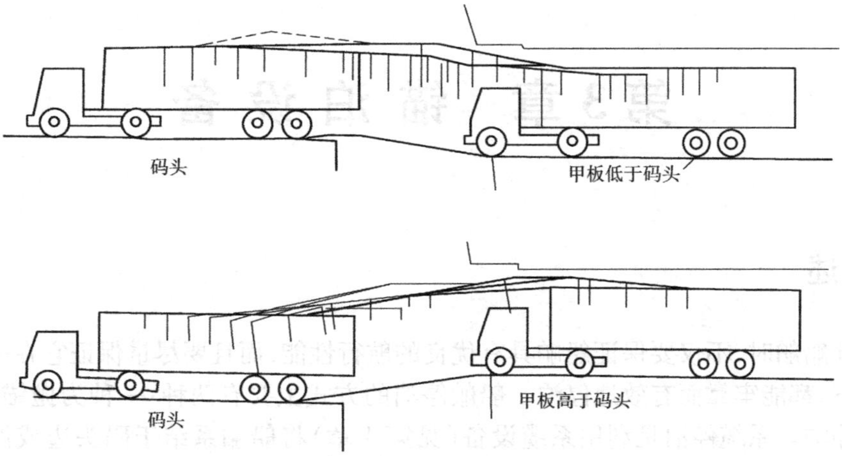

图 2－71　内部水密门

第3章 锚泊设备

3.1 概述

在设计船舶时,不仅要保证船舶具有优良的航行性能,而且要尽量保证它在一切可能发生的情况下,都能牢靠而有效地停泊。船舶停泊的方式主要有两种:一种为抛锚停泊,另一种为系缆停泊。系缆停泊是利用系缆设备(见第4章)将船舶系结于码头边或浮筒边。普通民用船舶大部分时间是停靠在码头上,以便货物的装卸和旅客的上下。然而,由于某些原因,例如等候泊位、躲避台风、等待领港或接受检疫等,船舶必须在港外停泊场抛锚停泊。有些巨型货船因吃水较深而不能进港,则必须在锚地抛锚停泊,由驳船来吸运货物。某些特种船舶以及近年来日益增多的海上浮动结构物,它们是在抛锚停泊状态下进行作业的,有一定的定位要求,它们的锚泊设备将在3.3节中作专门讨论。

锚泊设备是为了使船舶能牢靠地抛锚停泊而设置的。除了保证船只抛锚停泊之外,锚泊设备还可以在某些特定情况下协助操纵船舶。例如,在航行中遇到搁浅、触礁、碰撞等情况时,可立即抛锚,以减小船的惯性,避免危险;在登陆艇登陆时,预先抛下艉锚,待登陆完毕后,收紧艉锚,借此脱离海滩。因此,在任何船舶上都设有锚泊设备。

3.1.1 抛锚停泊的主要方式

1. 船艏抛锚

船艏抛锚有抛单锚和抛双锚两种形式,如图3-1(a)所示。船艏抛锚可以使船体所受的风力、流力最小,因而是抛锚停泊的主要方式,也是主锚常布置在船艏的原因。在抛单锚的情况下,船体在水面上活动的范围较大,尤其是在风浪大时更显得不够牢靠,因而遇到活动受限制的水面,在风浪大、长期停泊的情况下,多采用双锚泊。除很小的船只外,通常船舶都在船艏设有两个艏锚。

2. 船艉抛锚

船艉抛锚多用于内河船,当船向下游航行时,为了上下客、装卸货,需暂时停泊,此时将艉锚抛下可避免船艏调头。显然,对艉抛锚机会较多的船只,应具有比较完善的艉锚设备,以便于抛锚工作的顺利进行。船艉抛锚方式如图3-1(d)所示。

锚泊设备是依靠锚所产生的锚抓力,通过锚索传递,克服作用在船上的外力。因此,对锚泊设备的要求是,首先应能保证停泊设备的安全可靠,即能可靠地抵御风、水流、波浪等对船体的作用,不使船舶漂移;且抛、起锚简便,能使船舶迅速地起锚出航和抛锚停泊;在紧急情况下,能立即弃锚,离开锚地;在航行时,锚需良好的收藏,并应力求整个锚泊设备重量轻、占地小。

3. 艏艉抛锚

艏艉抛锚的主要目的是使船舶在停泊时能与风、流方向呈一定的交角,以便于通风、消毒,同时使船舶能在下风的一舷装卸货物或满足其他使用要求,如图3-1(b)所示,也称为自动侧抛锚。此外,考虑到固定方向涨落潮流力的影响,也会采用如图3-1(c)所示的方式进行艏艉抛锚。

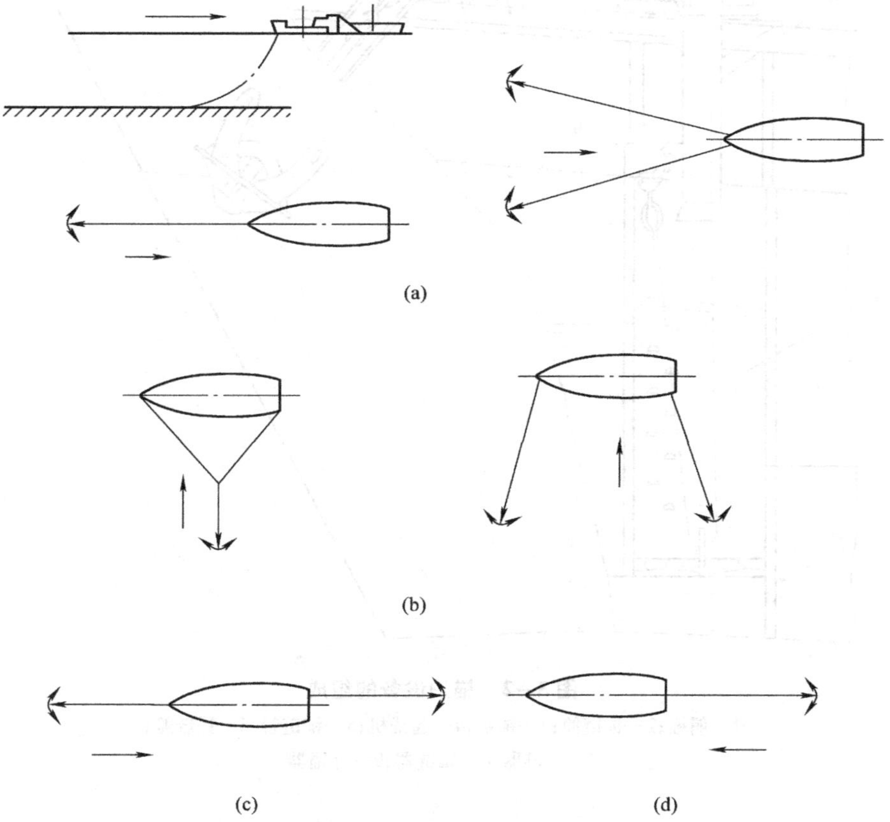

图3-1 抛锚停泊的方式

(a)船艏抛锚 (b)舷侧抛锚 (c)艏艉抛锚 (d)船艉抛锚

3.1.2 锚泊设备的组成

最常见的锚泊设备如图3-2所示,它由下列各部件组成。

1. 锚与锚链

详见3.2节。

2. 锚链筒

锚链筒是斜穿过甲板与舷侧、引导锚通向舷外的孔道,也是锚收藏与投放装置的主要组成部分。锚链筒一般均设置在船艏两侧,以供收藏主锚用;因特殊需要,有的船在艉部也设置锚链筒。

锚链筒一般有两种形式:普通型和带有锚穴型。图3-3(a)所示为普通锚链筒,它通常由甲板链孔、筒体和舷边链孔三部分组成。目前,筒体大多采用两块不同厚度的半圆筒形钢板焊接而成,下半圆的厚度较大以便耐磨损。上、下筒口则焊以铸钢突缘(唇门),以防止锚链与外壳或甲板直接摩擦。为了防止舷外水经锚链筒涌上甲板,通常在甲板链孔处装设防浪盖。

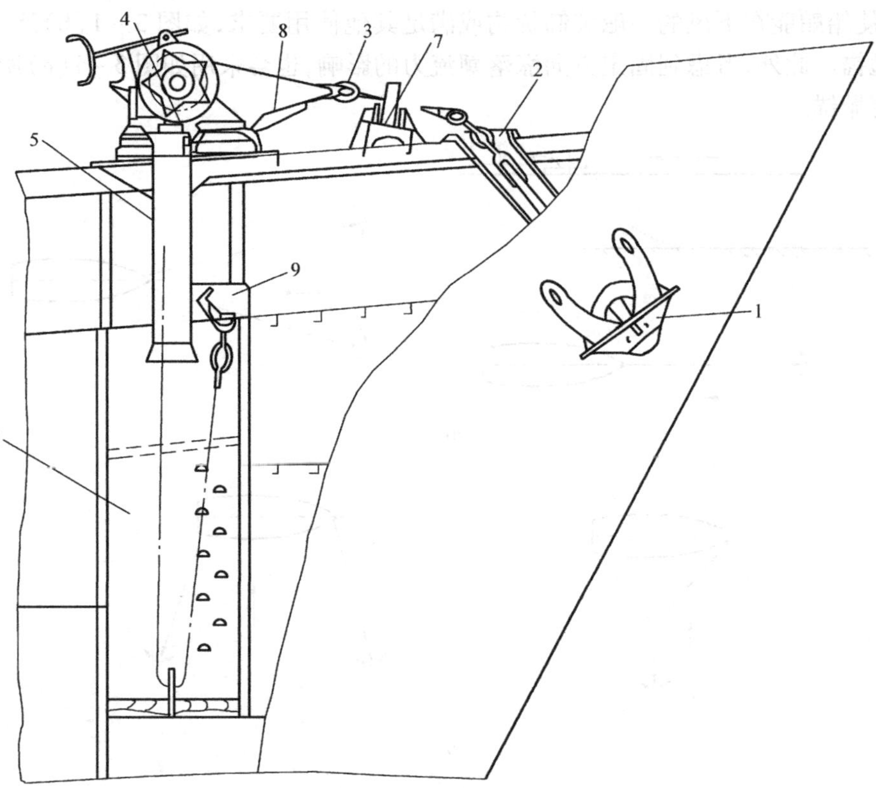

图 3－2　锚泊设备的组成

1—艏锚;2—锚链筒;3—锚链;4—起锚机;5—锚链管;6—锚链舱;
7—止链器;8—掣链器;9—弃锚器

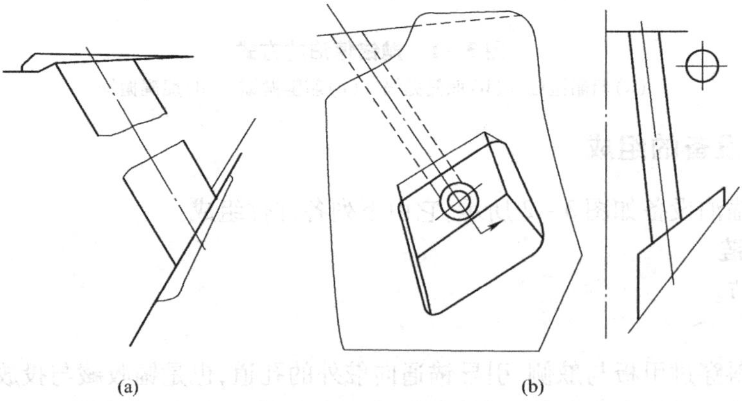

图 3－3　锚链筒

(a)普通锚链筒　(b)带有圆角的方形锚穴

带有锚穴的锚链筒,其舷边链孔呈凹穴形,锚被收藏在外板线型之内的箱穴内。这样,当船只靠离码头时,锚不会与码头相碰;系泊作业时,系缆也不会与锚相缠绕;对于绑拖作业的拖船,锚不会与驳船相擦碰;对于干舷低或高速的船只,锚不会触及艏波,避免引起浪花飞溅。此外,带锚穴的船只外形也较为美观。显然,这种锚链筒的制造是比较复杂的。图

3－3(b)所示为常用的带有圆角的方形锚穴，其结构较为简单。

目前在大中型船上，甲板链孔处都装有导链滚轮(图3－4)，它能防止锚链的翻滚，而且在抛、起锚时使锚链与甲板上的筒口之间不发生摩擦。这样，筒口上就无须再设置铸钢突缘。

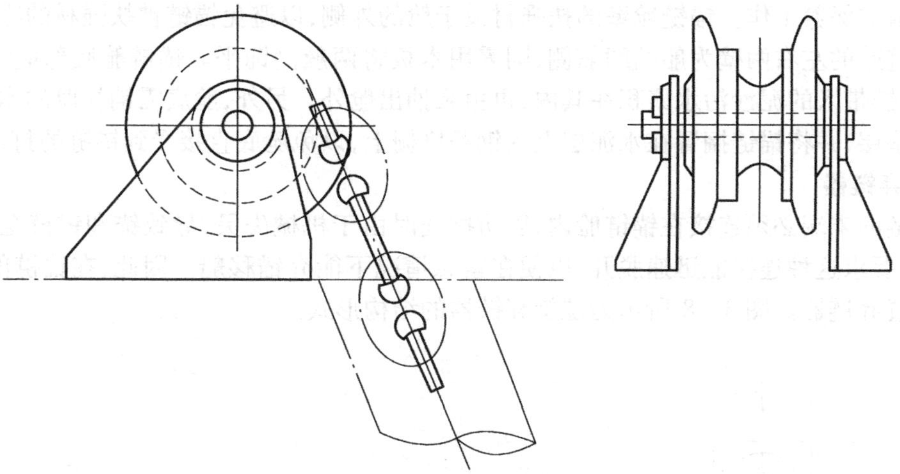

图3－4　导链滚轮

3. 止链器

止链器设置在锚机与锚链筒之间的甲板上，用以夹住锚链。船舶抛锚后，闸上止链器就可将锚链的拉力传递给船体，使锚机不处于受力状态。船舶航行时，由止链器承受锚及部分锚链的重力，并将收到锚链筒内的锚贴紧船体，不致发生撞击。

止链器的式样较多，一般常用的为螺旋止链器(图3－5)和闸刀止链器(图3－6)。螺旋止链器动作较慢，但操作方便、工作可靠，所以在大中型船舶上广泛采用。闸刀止链器虽然结构简单、工作可靠，但操作不便，尤其是在尺度大时更显笨重，所以一般只在中小型船舶上使用。有些远洋船为了在大风浪中航行时，加固止链器作用，常增设掣锚链条，如图3－7所示。其中，滑钩可使链条迅速解开，松紧螺旋扣，则可调整小链条长度，使锚紧贴船体。

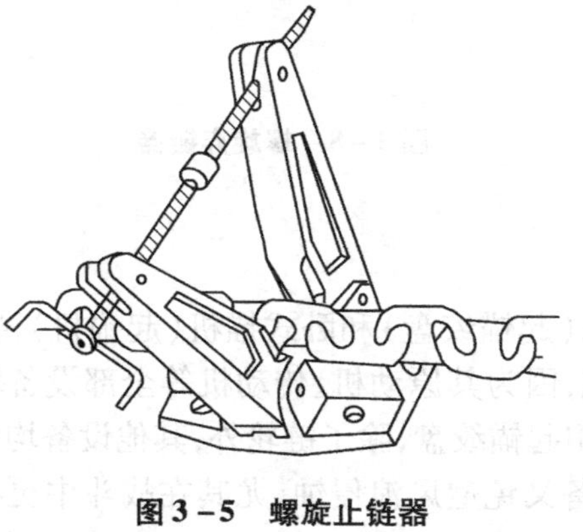

图3－5　螺旋止链器

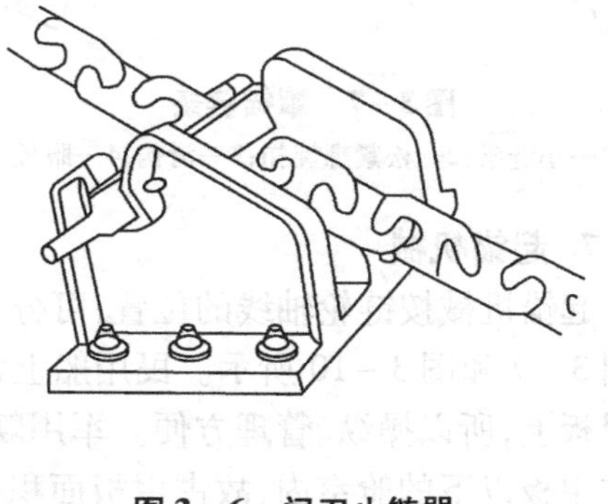

图3－6　闸刀止链器

4. 锚链管

锚链管设置在锚机链轮的下方，以引导锚链出入锚链舱。目前，锚链管多用钢板焊接而成，上、下管口均须扩大，上管口常设有盖，以防大量海水进入锚链舱，下管口常设一个半圆形的加强钢环。

5. 锚链舱

锚链舱位于锚机下方，用以存放锚链。锚链舱用纵向隔壁分成左、右两个，分别收存两根锚链。在隔壁上应开有踏脚孔，并在隔壁顶上留有 1.2～1.8 m 的开口，供船员出入锚链舱进行清洁保养工作。锚链舱壁的扶强材设于舱的外侧，以避免锚链被扶强材的缘板卡住。如果锚链舱的左右两壁为船的两舷侧，则需用木板将两舷侧铺平。锚链舱底部应设有污水井，使锚链带入的泥沙污水聚积在其内，再由泵抽出舱外。另外，舱底需铺衬厚的木板，或覆盖水泥垫层，并将锚链搁置在水泥层上的钢条格栅上，以免舱底直接受到锚链的打击。

6. 弃链器

锚链的末端必须连接在锚链舱内，以防抛锚时由于机械失灵，导致锚和锚链全部失落。同时，又要求这种连接能迅速脱开，以便在紧急情况下能弃锚移船。因此，在锚链的末端连接处设置弃链器。图 3－8 所示为螺旋弃链器的结构形式。

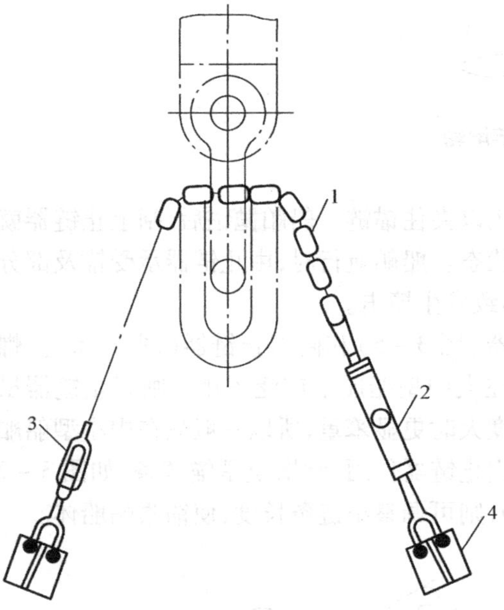

图 3－7 掣锚链条

1—小链条；2—松紧螺旋扣；3—滑钩；4—眼板

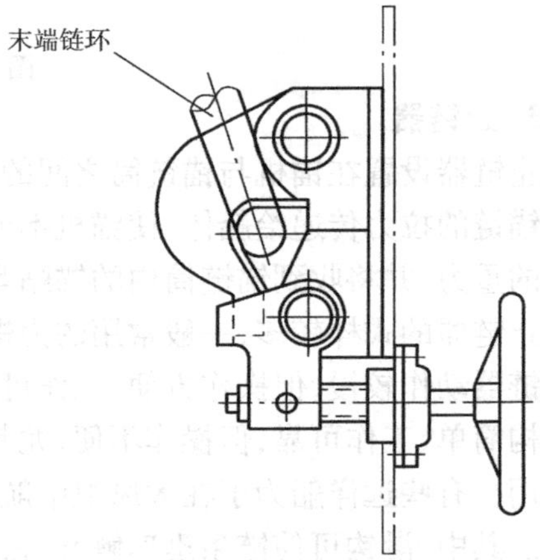

图 3－8 螺旋弃链器

7. 起锚机械

起锚机械按链轮轴线的位置，可分为立式锚机（起锚绞盘）和卧式锚机（起锚机）两种，如图 3－9 和图 3－10 所示。民用船上常用起锚机，因为其原动机、传动机等全部设备均装在甲板上，所以操纵、管理方便。军用舰船上则常用起锚绞盘，除了链轮外，其他设备均可设置在甲板以下的舱室内，故占甲板面积小，其他设备又免遭风浪侵蚀，尤其在战斗中更有利于保护锚机。

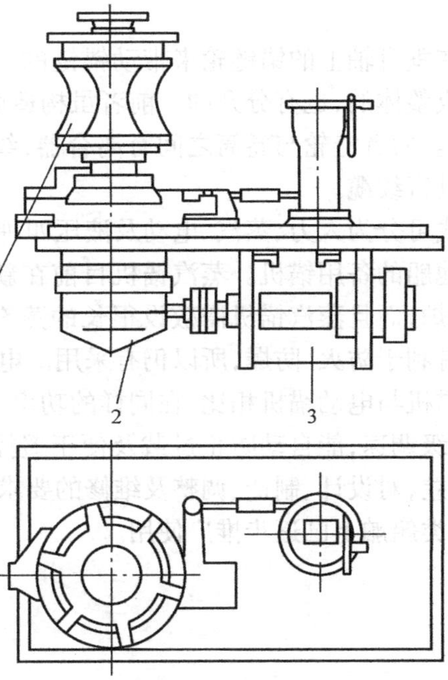

图3－9　电动立式锚机

1—绞盘;2—减速箱;3—电动机

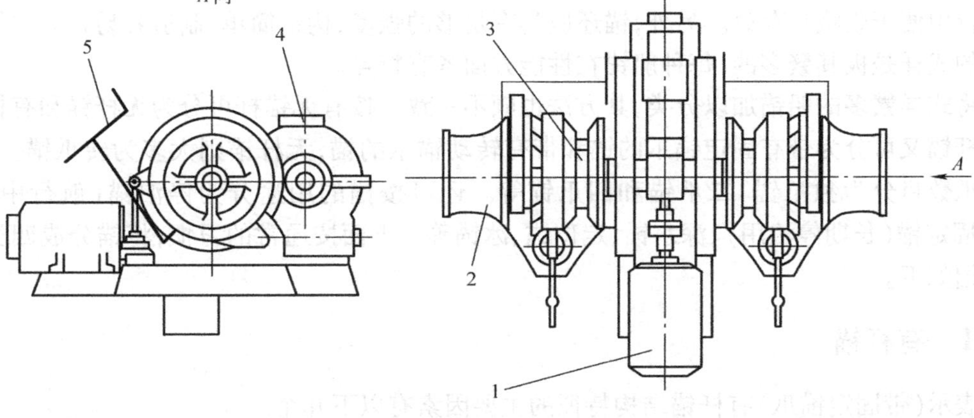

图3－10　电动卧式锚机

1—电动机;2—绞缆卷筒;3—链轮;4—减速箱;5—刹车手柄

起锚机是用固定在水平主轴上的链轮来带动锚链的,通常设有两个锚链轮,分别带动两根锚链。锚机也常用于绞缆,故同时还常设置两个绞缆卷筒。为了保证一舷的抛、起锚工作不会影响另一舷,在结构上应保证链轮与主轴能迅速地接合或分开。在甲板很宽的大型油船上以及具有大型球鼻艏的船上,要求链轮分置于两舷,并使链轮轴与船体中线成一定的夹角,以便能将锚链顺利地导向锚链筒,因此常规的整体式锚机已不再适用。锚机的动力部分连在一起的称为联结式锚机，每舷锚机单独设置动力部分的称为分离式（单侧型）锚机。

起锚绞盘是用固定在垂直轴上的锚链轮来带动锚链的，一般在链轮之上也设有绞缆卷筒。锚链轮与卷筒有连成整体的，也有分开的。前者虽构造简单，但带缆时必须先将锚链从链轮上移开，故操作不便。后者链轮与卷筒之间有离合器，绞缆时只要松开离合器，再用刹车手柄将链轮刹住便可进行绞缆。

起锚机械按动力形式可分为人力、蒸汽、电动及液压四种。人力锚机结构简单、占地小，常在小船上采用或作其他船的备用锚机。蒸汽锚机目前在新船上很少采用，因船舶的主机多采用内燃机，不设主锅炉，而且蒸汽锚机需敷设很长的蒸汽管路，制造安装工艺复杂。但在油船上采用蒸汽锚机有利于防火、防爆，所以仍有采用。电动锚机管理方便、结构紧凑，目前使用较为普遍。液压锚机与电动锚机相比，在同样的功率下，具有体积小、重量轻的优点，而且运动平稳，能实现无级调速，能自动防止过载及便于遥控。但液压锚机效率较低，且启动扭矩较小，超负荷能力差，对设计、制造、调整及维修的要求都很高。但随着科学技术的进步与发展，液压锚机在各类船舶上已逐步推广使用。

3.2 锚

对于船锚来说，如何以最小的锚重取得最大抓力具有重要意义。锚的抓力与锚的重力的比值称为抓重比。抓重比高的锚可以在相同锚重的条件下提高锚泊能力。船锚还应具有良好的使用性能，优良的锚在停泊时要能迅速入土，而在起锚时还要易于从海底脱离出来，即破土所需力较小，对于各种性质的泥土都要具有良好的适应性。除此之外，优良的锚还应在航行中便于收藏与存放。另外，锚还应具有足够的强度，构造简单，制造容易且成本低廉。船锚的式样是极其繁多的，每种船锚在性能方面各有特点。

将式样繁多的船锚加以分类，其方法也颇不一致。按有无锚杆可分为无杆锚和有杆锚。而有杆锚又可分为带有固定锚爪的锚和带有转动锚爪的锚，无杆锚则大多为转爪锚。也可按锚爪数目分为独爪锚、二爪锚和四爪锚等。还可按锚的用途分为停泊锚（航行中停泊用）、固定锚（长期停泊用）、深水锚、定位锚、冰锚等。下面按通常的习惯，将锚分成四类，依次介绍如下。

3.2.1 有杆锚

表示（带固定锚爪）有杆锚结构特征的主要因素有以下几个。

1. 锚的重心位置

锚的重心位置与锚的入土性能有关，如重心过分接近锚卸扣一端，则迫使锚爪入土的垂直分力减小；反之，若重心过分接近锚冠，尤其是遇到水底有斜坡时，则锚不稳定。故在选取锚的重心位置时，应兼顾两方面的要求，通常取 $BG \approx 0.42AB$，其中 BG 为锚冠 B 点到重心 G 的距离。

2. 锚爪的袭角 α

锚爪的袭角是指过锚爪尖端处的切线与底平面的夹角，它是影响锚爪啮入泥土的重要角度参数之一，如图 3－11 所示。锚爪入土力 R 由锚链拉力 T 及锚重分力 W_2 合成，若袭角

α 能与啮入泥土的合力及方向一致，则锚最容易入土。但在实际的抛锚过程中，锚链的拉力是变化的，各种土质的阻力也不一致，因而袭角 α 的确定多凭借经验，通常为60°~80°。

3. 锚爪的折角 β

锚爪的折角是指过锚爪尖端处之一的切线与锚干轴线的夹角，如图3-11所示。它与 α 一样，也是影响锚爪啮入泥土的重要角度参数，通常为35°~45°。

4. 锚干的长度

锚干的长度影响锚杆的位置，锚干越长则锚杆离锚冠越远，从而迫使锚爪入土及防止锚翻转的作用也越大。因此，锚干较长者在使用上更为有效，而锚干较短者则便于收藏。

5. 锚爪的面积及其分布情况

根据试验结果可知，几何形状相似的锚，其抓力不仅与锚爪面积成正比，而且与面积中心距泥土表面的深度有关，越深则抓力越大。因此，锚爪面积越大，在靠近锚爪尖处锚爪面积分布得越多，则抓力就会越大。

6. 爪尖的式样

一般说，宽的爪尖适用于松软的土质，而窄的爪尖适用于坚硬的石底。显然，一般爪尖的宽度总是折中的，以期适应在多种土质上抛锚。

海军锚属于有杆锚，带有两个固定的锚爪，它历史最为悠久，其结构如图3-12所示。这种有杆锚的入土过程如图3-11所示，抛锚时锚冠先着地，在锚链的拉力作用下使其翻倒。如果是锚杆顶着地，则为不稳定状态，经水平拖曳必翻转成一爪朝下的状态。在锚链的拉力及锚的重力作用下，该爪逐渐啮入泥土，直啮到锚干处不能再深入为止。

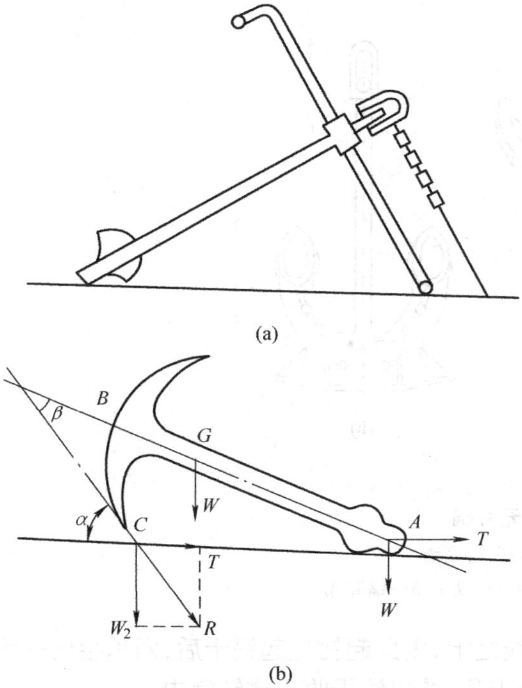

图3-11 有杆锚的入土过程

(a)锚冠着地 (b)入土受力示意图

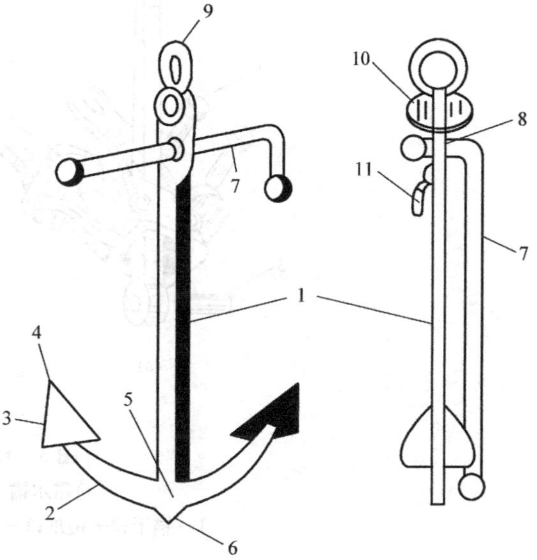

图3-12 海军锚

1—锚干；2—锚臂；3—锚掌；4—锚爪尖；5—锚冠；6—锚冠尖；7—锚杆；8—锚杆孔；9—锚卸扣；10—螺栓；11—固定销

海军锚的主要优点是锚的抓重比高，一般为 4 ~ 8，同时结构简单、使用可靠，对土质的适应性也较广。但是，它的最大缺点是有锚杆，收存不便，起、抛锚时都要用锚吊杆，操作复杂、费时。海军锚的另一个缺点是一爪入土，而另一爪突出在泥土上方，易使本船或其他船的锚链纠缠在其上，在浅水中还有碰及过往船只的危险。因此，目前海军锚只在内河小船、游艇及帆船上采用，或作备用锚。

3.2.2 无杆锚

1. 无杆锚的类型

目前，商船上常用的普通无杆锚有霍尔锚、斯贝克锚、艉翼式锚、贝尔特脱锚等多种。

(1)霍尔锚

霍尔锚结构如图 3－13(a)所示。霍尔锚锚干是锻钢的，将两个锚爪连在一起的锚冠是铸钢的，装配时将锚干自下而上穿过锚冠，直到锚干下端的锚轴紧靠在锚冠的窝穴内，然后在锚冠上插入两个插销，以挡住锚轴不使锚干脱出。这样，锚爪即可相对锚干转动。

霍尔锚不仅制造装配容易，其最大优点是没有锚杆、收存方便，在起锚时能将锚干收入锚链筒内，而且锚经常处于抛出状态。霍尔锚的抓重比较小，一般为 2.5 ~4。但由于其抛、起锚方便，省时省力，两爪均啮入水底，不会对过往船只造成危害，故作为主锚被广泛应用于各种船舶上。

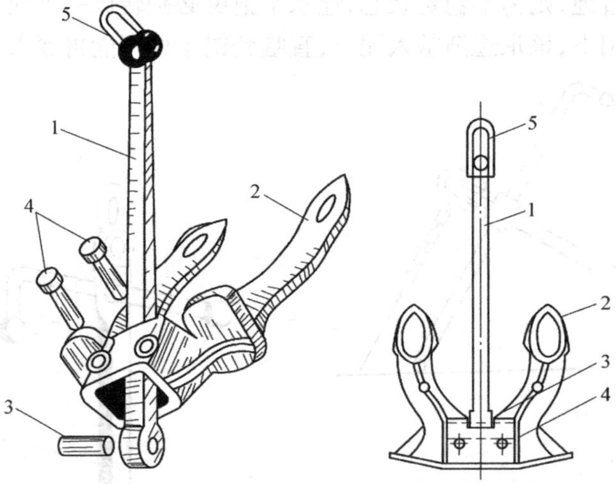

图 3－13　无杆锚

(a)霍尔锚　(b)斯贝克锚

1—锚干;2—锚爪;3—锚轴;4—横销;5—锚卸扣

霍尔锚的缺点是其锚头的重心位于锚轴轴线之上，因此起锚提起锚干后，两爪会向一侧倾斜，若恰好倾向船外板，就会擦伤船外板，甚至卡住，妨碍锚干收入锚链筒中。

(2)斯贝克锚

斯贝克锚的锚头重心位于锚轴轴线之下(图 3－13(b))，起锚提起锚干后，两爪向上与锚干处在同一垂直平面内。当爪尖触及船外板时，锚爪会向离开船外板的一侧倾斜，不致擦伤船外板，能使锚干顺利收入锚链筒内，锚爪与船外板的贴合性较好，故被广泛用做艏锚。

(3)艉翼式锚

艉翼式锚是我国研制出的一种新型无杆锚，如图3－14所示。国标有AR6(长柄)和BR6(短柄)两种类型。其结构特点是设有4个艉翼，使得助抓突角很宽厚，锚头重心低。其操作特点是入土阻力小，入土性能和稳定性好，抗浪击，容易冲洗干净。其抓力、稳定性等各方面性能均优于霍尔锚和斯贝克锚，更符合商船对船用锚的多方面性能要求。艉翼式锚已在船上较广泛地使用。

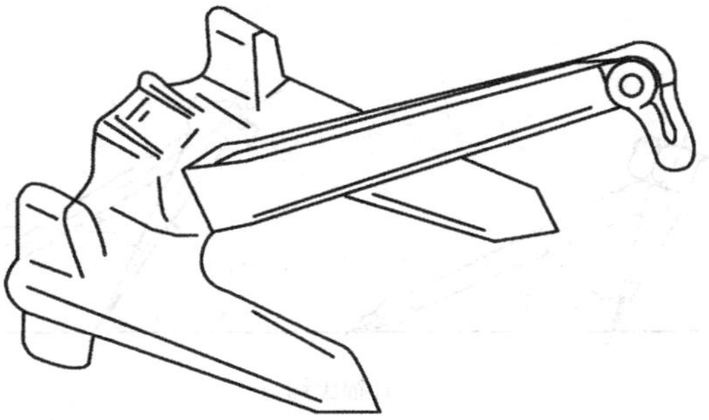

图3－14 艉翼式锚

(4)贝尔特脱锚

贝尔特脱锚是由美国研发并得到长期使用的无杆锚。

2. 无杆锚入土过程及影响因素

(1)入土过程

无杆锚的入土过程如下：抛锚着底后两爪先平躺在水底(图3－15(a))，由于在锚冠四周没有突缘，迫使锚爪的爪尖转向水底，锚爪与水底成一定的角度，在锚链的拖曳下，爪尖支持在水底，而使锚冠逐渐升起(图3－15(b))；然后两锚爪在锚重及锚链的拉力作用下逐渐啮入泥土，直到锚抓力与锚链拉力达到平衡为止。

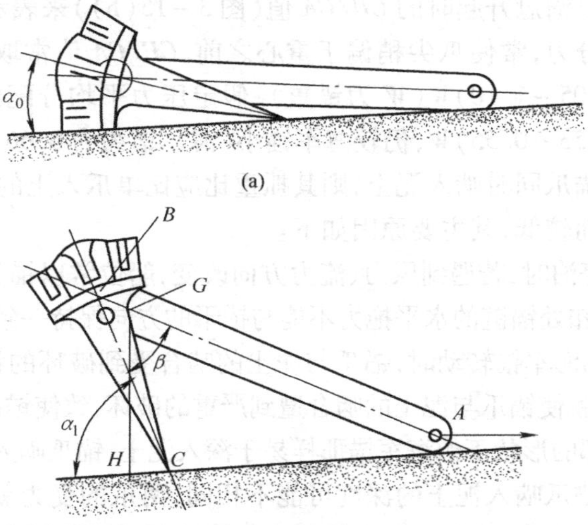

图3－15 无杆锚入土过程

(a)锚爪平躺在水底 (b)锚爪尖支持在水底

(2)主要影响因素

影响无杆锚入土性能的主要因素有以下两点。

1)锚爪袭角

如图3-16所示为几种锚的袭角与折角。锚爪袭角有两种:锚冠未离开地面时的α_0,它影响锚冠的升起;锚冠升起后将要入土前的α_1,它影响锚爪入土。近来一些锚大都取α_0为18°,而α_1为64°~74°。一般锚的锚爪折角β为45°。突缘的形状、大小、转动轴心的位置均影响锚爪袭角的大小。为了迫使爪尖朝向水底一面,有利于锚冠升起,通常转动轴心的位置不能太靠后。

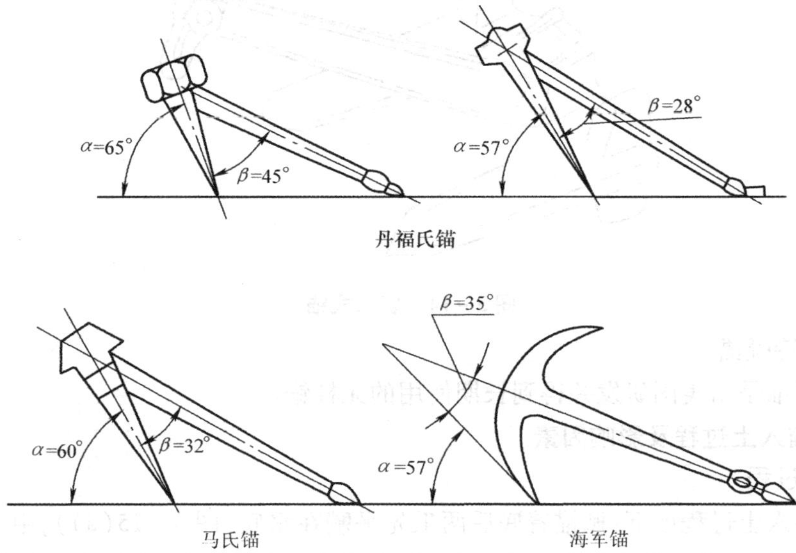

图3-16 锚的特征数

2)锚的重心位置

锚的重心位置是以锚冠升起时的*CH/CA*值(图3-15(b))来表示的。为了使入土时爪尖处具有较大的垂直分力,常使爪尖稍偏于重心之前,*CH/CA*值常取0.05~0.10。此时爪尖上的压力相应为(1.05~1.10)*W*(*W*为锚重),假定压力平均分配给两个爪,则每一爪尖入土的垂直分力为(0.53~0.55)*W*,仍较海军锚小(海军锚约为0.66*W*)。

无杆锚既以两个锚爪同时啮入泥土,则其抓重比应比单爪入土的有杆锚高,但实际上无杆锚的抓重比往往反而较低,其主要原因如下。

①当船只在抛锚停泊时,若遇到风力、流力方向改变,船位常以锚为中心发生转动。由于船位改变,作用在锚卸扣处锚链的水平拖力不能与锚干的方向保持一致,因而会引起锚爪在泥土中旋转。单爪入土的海军锚转动时,锚爪与泥土的啮合受到破坏的程度较小。而两爪同时入土的无杆锚转动时,就使锚爪与泥土的啮合遭到严重的破坏,致使锚的抓力大为降低。

②无杆锚锚爪端部的形状不像海军锚那样易于深入泥土,锚爪啮入不深,因而抓力较小。

③无杆锚的两个锚爪啮入泥土的深度可能不相同,两爪的受力就不等,从而形成力矩,促使一爪从泥土中翻转出来,这种不稳定性将大大影响无杆锚的抓力及锚泊的可靠性。

应该指出,凡是以锚爪与水底啮合而产生锚抓力的普通船锚,为了保持最佳的啮合状态,以产生最大的锚抓力,故要求锚干始终平躺在水底,不能翘起,即要求锚链保持与水底相切，锚链上的拉力为水平方向。否则，锚爪与水底的啮合就会遭到破坏，锚爪会从泥土中翻出使抓力降低，就有走锚的危险。换言之，普通船锚只能产生水平方向的抓力。因此，在锚泊时最好有一段锚链躺在水底，以保证船锚不受提升力。

3.2.3 大抓力锚

在不增加锚重的条件下提高抓力的问题，引起了许多探索者的兴趣，因而研制出许多新的锚型。由于这些锚的抓重比较高，故把它们统称为大抓力锚。近年来，船舶向大型化发展，对锚抓力的要求也越来越高，从而促使各种形式的大抓力锚层出不穷。

1. 提高无杆锚抓力的措施

大抓力锚大都是在无杆锚的基础上作某种改良而制成的。上面已分析了影响无杆锚抓力的因素，从中可以看出提高无杆锚抓力主要应从以下三个方面着手。

(1)提高啮合的稳定性

通过对走锚现象分析可以知道，有些锚在未达到最高抓力之前就翻转出土，可见提高锚抓力的主要措施在于确保锚的啮合稳定性。为了减小翻转力矩，有的锚将两爪向锚干靠拢，以减小爪间距离（力臂）。但是由于锚冠的造型对稳定性有很大影响，故许多改良的锚型都从改造锚冠着手。近代研究表明，像霍尔锚那种带突缘的锚冠，虽然在入土初期能迫使锚爪爪尖朝下使之易于入土，但待啮入一定深度后，突缘不仅妨碍锚爪的继续深入，而且对稳定性起不良影响（因突缘两端啮入深度可能不同）。因此，有一段时期趋向于将锚冠改成带锚横杆的形式，例如丹福氏锚和 LWT 锚。但带锚横杆的锚冠容易使锚爪在入土前就发生歪斜，使两爪入土深度不同而形成翻转力矩，反而不利于稳定啮合。因此，后来的改进中出现将锚横杆造得很宽大，例如 AC—14 锚。也有些锚既无明显的突缘，又无锚横杆，其目的都在于使锚在入土前保持能产生最高抓力的“最佳姿态”，即在入土前锚头平卧，两爪前倾并能同时触土。

(2)改变锚爪的形状

理想的锚爪线型应容易入土，啮入深度较大。另外，在啮入的过程中，应尽量保证全部爪面积能与土质有效地啮合（不出现塌方），并减少对底质的扰动，以保持底质的结构和力学特性。

(3)选取理想的袭角

有关研究表明，同一个锚在不同底质下使用时都存在一个比较理想的锚爪袭角，即在此袭角下锚的抓力最大。为了在多种底质下均保持较高的锚抓重比，许多锚型都将锚爪的袭角设计成可调节的形式。例如 LWT 锚，在硬质沙土中使用时取袭角为30°，在淤泥中使用时取袭角为50°。

(4)增加锚爪面积，合理分布材料

增加锚爪面积可增加抓力，但必须在不增加重量的条件下方有成效（使抓重比增加）。在增加锚爪面积使抓力增加的同时，应考虑锚的强度。除此之外，还要求锚的重心在适当的位置，以使锚爪有足够的入土力，在收存时又便于翻转，不致擦坏船外板。这就要求对材料的分布作精心的研究。

2. 几种常见的大抓力锚

下面对几种常用的大抓力锚作简单介绍。

(1)丹福氏锚

丹福氏锚是一种比较成功的大抓力锚，其结构如图3－17所示。它的两爪比较靠拢，在锚冠处设置强横杆，对多种底质都具有适应性。丹福氏锚折角为30°，抓重比不小于10，被广泛地用作退滩锚、深水锚和定位锚。其主要缺点是由于要增加抓力，致使锚爪较宽，因此锚爪的强度较弱，一般选用高强度钢来制造。

(2)LWT锚

LWT锚，即美国海军用的轻量型锚(图3－18)，是一种性能优良的大抓力锚。

LWT锚的锚爪长，既宽又平，因而具有很大的抓力。它具有较长的锚横杆及较长的锚干，因而稳定性好。此外，LWT锚最明显的特征是具有掘泥板和锚冠开口，使其易于入土，因而此锚的性能受海底地质的影响很小。掘泥板的两侧板夹角为60°，侧板与锚爪呈30°。掘泥板的边缘呈尖状，板易插入泥土，抛锚后掘泥板先于锚爪插入泥土，因而产生一个使锚爪转动的力矩，使爪迅速入土。掘泥板插入泥土而掘起的泥土，通过锚冠开口脱离，不会在锚冠内积聚，以免阻碍锚爪转动。

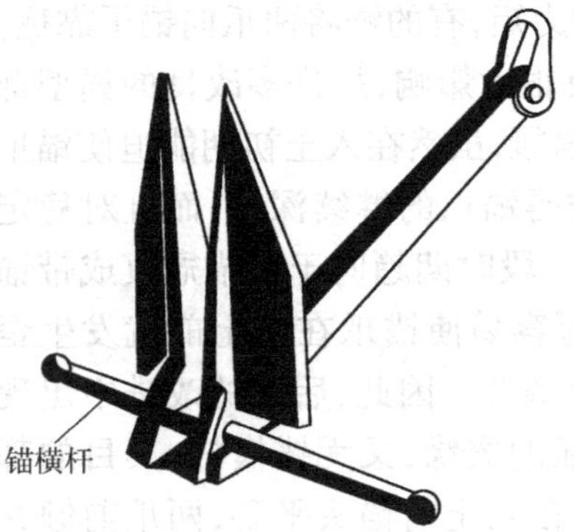

图3－17　丹福氏锚

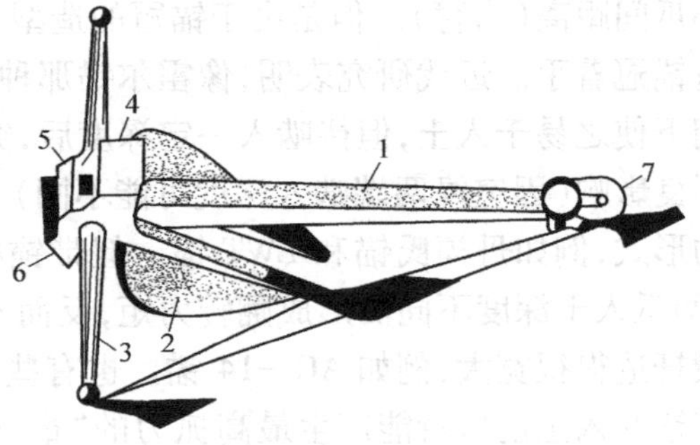

图3－18　LWT锚

1—锚干；2—锚爪；3—锚横杆；4—掘泥板；
5—横档；6—锚冠；7—锚卸扣

(3)史蒂文锚

史蒂文锚是荷兰研制的一种新型锚，为有杆大抓力锚，目前大量用作石油钻探平台的定位。图3－19所示为史蒂文锚外形图。

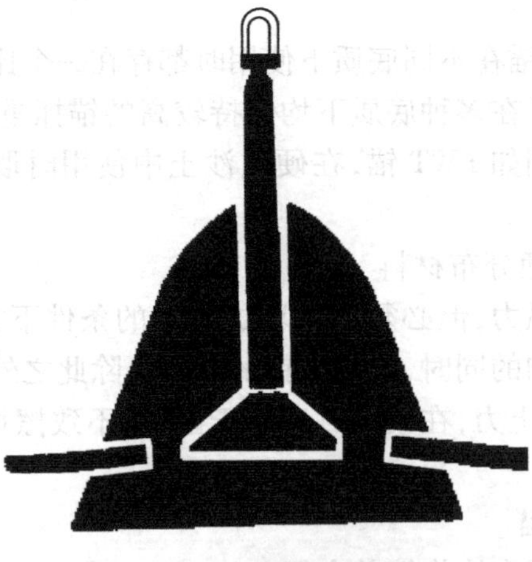

图3－19　史蒂文锚外形图

史蒂文锚的锚爪短而面积大,入土后有较大的抓力,为锚重的17~34倍;由于锚爪重量约占锚总重量的70%,且有25%~42%的重量集中在锚的爪端部位,加上爪尖锐利,故入土性能好;锚干上装有可移动的楔块,可用以改变锚爪的折角,能适应多种底质(沙质为36°,淤泥为50°);锚头翼板具有挡泥的作用,在拖曳锚时会产生一个很大的使锚爪向下转动的力矩,从而使爪深深地啮入土中。

(4)波尔锚

波尔锚(图3-20)是荷兰研制的一种无杆锚,可用作大型船舶的艏锚和工程船舶的定位锚,特别是在挖泥船上得到较广泛的应用。

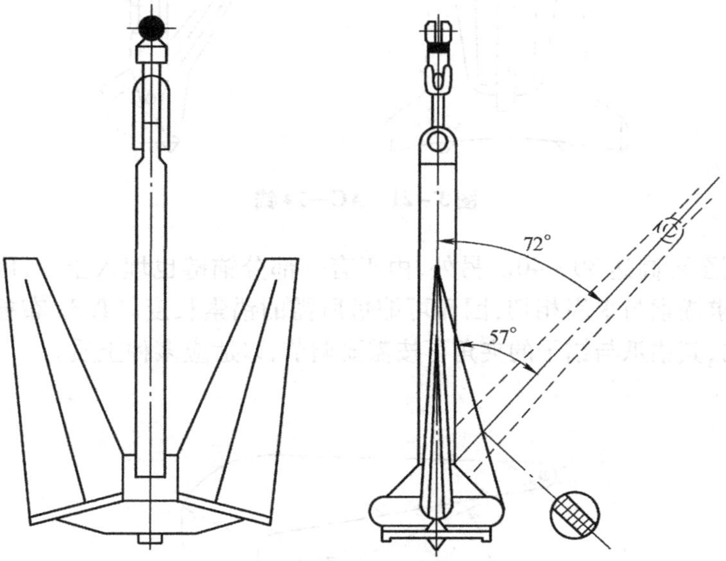

图3-20 波尔锚

波尔锚锚爪平滑而锋利,可适应各种底质;与其他重量相同的无杆锚相比,波尔锚的稳定性可提高30%~56%;锚冠部的特殊设计使锚爪陷入一定深度后便不再继续下插,致使抛、起锚均较方便;抓力大,与其他无杆锚相比,在相同抓力下,锚重可减轻25%~40%;通常情况下,抓重比可达6左右。

(5)AC—14锚

AC—14锚是20世纪50年代后期由英国海军部引进的一种无杆锚,如图3-21所示。其明显的特征是具有极其宽大的稳定杆,因此具有良好的稳定性。它能迅速入土,对各种底质的适应能力较强,在不同的底质下,其抓重比范围为2.4~12。AC—14锚在定型时曾对锚上应力进行了详细的测定与分析,使材料获得合理的分布,即使抓重比为14时仍具有适当的强度,是目前公认的性能较好的一种锚型。

(6)T.S. 布鲁斯锚

T.S. 布鲁斯锚的锚干采用组合截面(图3-22),这样在同样的强度下可以减轻锚干的重量。锚干截面是由两块竖板、一块底板组合而成,在两块竖向板之间还有挡板。T.S. 布鲁斯锚的入土情况如图3-23所示。由于其锚爪形状特殊,当锚爪入土后,产生阻尼力(即抓力)迫使锚干也紧跟着啮入海底,继而由于锚干上挡板也产生阻力,又迫使一段锚链也埋入土中从而产生阻力。由此可见,T.S. 布鲁斯锚的抓重比十分高,一般情况下为15~25,在

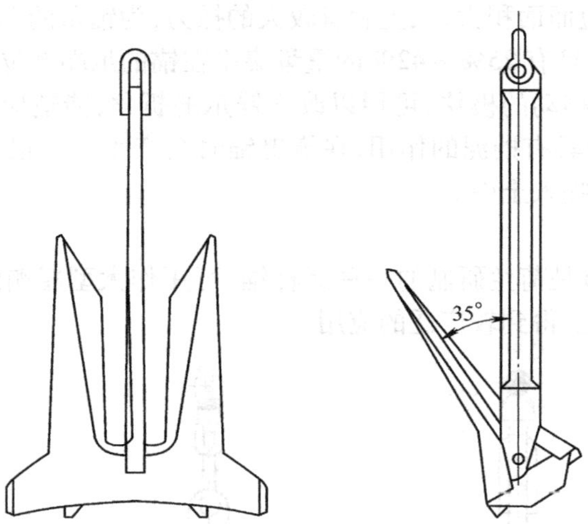

图 3-21　AC—14 锚

有利的啮合时甚至可高达 30~40。另外,由于有一部分锚链也埋入土中,因此使锚产生最大抓力时,不要求锚索与水底相切,因而可缩短所需的锚索长度。T. S. 布鲁斯锚的锚干与锚爪是装配式的,其锚爪与锚干的夹角可按需要调节,以适应多种土质。

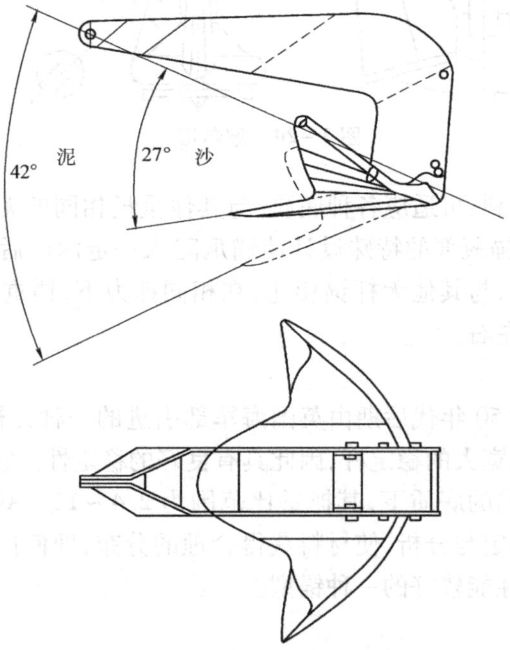

图 3-22　T. S. 布鲁斯锚

(7) AD—1 型锚

AD—1 型锚被称作第三代无杆锚,是目前世界上最稳定、结构最先进的锚。其锚冠较宽且端部为三棱形,爪很长是用两个斜面构成的倒 V 字形,两爪之间的距离很小。这种锚

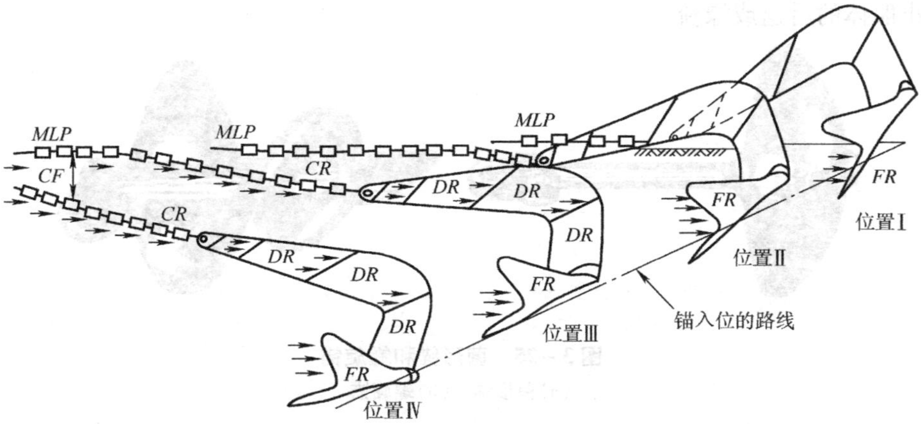

图3-23 T.S. 布鲁斯锚入土情况

FR—爪阻力；*DR*—挡板阻力；*CR*—链阻力；*MLP*—合成阻力

有最合适的啮土角度，啮土面积大、抓力大、抓土性能好、稳定性强、收藏方便。由于AD—1型锚几乎全部由直斜面组成，起锚时附着泥沙少、冲洗方便，日本造船界认为这种锚是最理想、最有发展前途的锚。

3.2.4 特种锚

特种锚式样比较特殊，以适应特殊的需要。以下介绍几种特殊锚。

①固定锚。浮筒、浮标、浮码头等需用固定锚（又称永久系泊锚）。其中，钢筋水泥重块是最简单的一种，它只是凭借其本身重量来实现停泊作用，常用于航道上浮标系泊。浮筒的系泊应具有良好的可靠性，以便其他船只能系泊在浮筒上，通常由2~4个独爪锚组成，有时还在锚链上悬挂重块，以增加其储存位能，如图3-24所示。

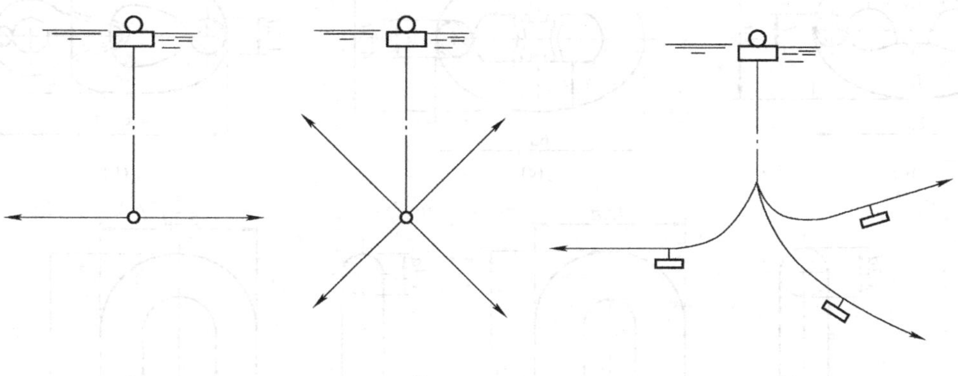

图3-24 浮筒的系泊

(a)2个独爪锚 (b)4个独爪锚 (c)3个独爪锚

②菌形锚和螺旋锚。对于松软的泥底来说，可用菌形锚或螺旋锚（图3-25），当它沉入泥中之后抓力是很高的，但是沉没太深时，取锚将是很困难的。

③浮锚。在小艇及一些帆船上，常备有浮锚。受到强烈的逆风或侧向风力时，抛出浮锚

可以减小船体的后退或漂流。

图 3-25　菌形锚和螺旋锚

(a)菌形锚　(b)螺旋锚

④冰锚。航行于冰区的船舶,尤其是破冰船必须备有冰锚。冰锚一般是无杆的独爪锚,下锚时用人力送到所选定的地点,将冰凿开一个小穴,然后用锚爪钩牢。

3.3　锚链

锚链由普通链环及一些特殊链环组成,如图 3-26 所示。锚链的尺寸是以制造普通链

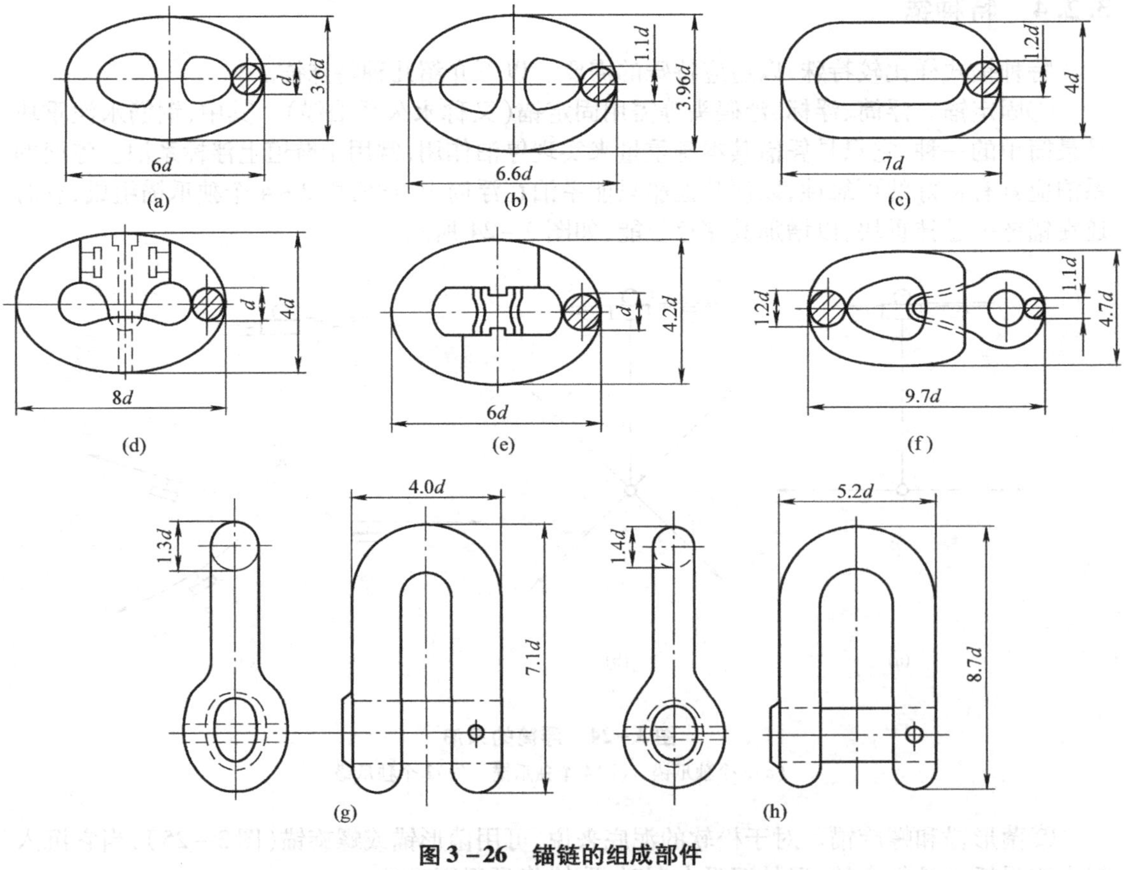

图 3-26　锚链的组成部件

(a)普通链环　(b)加大链环　(c)末端链环　(d)C 形连接链环

(e)肯特型连接链环　(f)转环　(g)连接卸扣　(h)末端卸扣

环的圆钢截面直径 d(mm)来表示的,称为链径。其他特殊链环也都以它为标准来表示。普通链环分为无挡链环和有挡链环两种。在同样尺度下,有挡链环的强度比无挡链环约增加20%,且具有较大的刚度,长期使用之后不致有过大的变形,并不易发生扭结,因此已被广泛采用。目前,只在一些内河小船上链径不大于13 mm时才采用无挡链环。特殊链环包括加大链环、末端链环、连接卸扣、连接链环、锚链转环、双链转环和锚链脱钩等。

整根锚链由数节锚链串接而成,在海船上每一节锚链长约27.5 m,节与节之间连接方式过去多用连接卸扣,因连接卸扣与普通链环结构不同,为了保证整根锚链的等强度性,连接卸扣的直径必须加大(1.3d)。这样,它与普通链环连接时前后各需加一个加大链环(1.1d)和一个末端链环(1.2d),以能较为平顺地通过链轮减少对卸扣的磨损,并保证整根锚链的灵活性。

为了避免连接卸扣通过链轮时产生跳动、冲击或卡死,应将其横销朝向锚链的末端,且应使每一节锚链的锚环总数为单数,以保证连接卸扣在通过链轮时,都能平卧在链轮的穴座里。另一种连接方式是采用可拆开的有挡连接链环,如图3-27所示。它的结构与普通链环相类似,因而可用连接链环将两节锚链直接相连,无须用中间过渡的部件。这种连接方式不但使整根锚链结构匀称,而且接、拆简便,故目前对于链径 d 大于25 mm的锚链都采用连接钮环来连接。

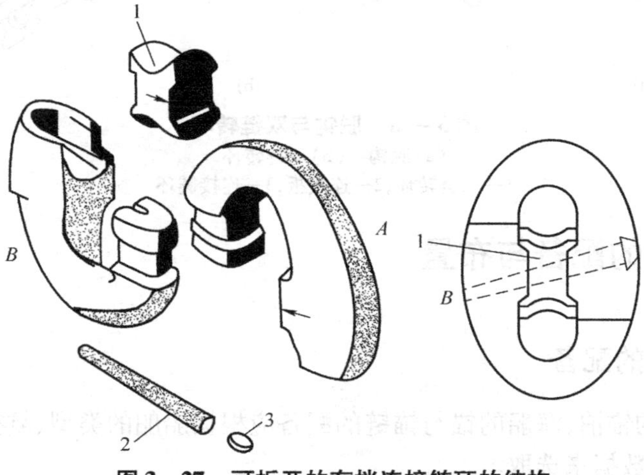

图3-27 可拆开的有挡连接链环的结构

1—横档;2—锥形销;3—铅塞

在锚的收放过程中以及当风向或流向发生变化时,船舶可能摇动,甚至以锚为中心而转动,这会引起锚链扭绞。为了避免过分地扭绞,在锚链的两端均应加入一只转环(1.2d),它与普通链环相接时,需通过一只加大链环。在锚端链节中,转环通过过渡部件与锚卸扣连接;在末端链节中,转环通过过渡部件与脱钩(或弃链器)连接。脱钩的作用是在锚链受张力的情况下,仍能通过敲击而使锚与锚链迅速脱离船体的连接钩,因而它的位置是设在锚链全部放出后便于船员敲脱的地方。

双链转环是在抛锚时使用的,用以连接两根锚链。此时,即使船体有转动,也能防止两根锚链互相绞缠,而便于起锚。

根据加工方式的不同,锚链可分为焊接、铸钢和锻造三种。虽然铸钢链强度较高,但生产效率低、成本高、耐冲击负荷能力差,故目前已较少使用。焊接锚链在国内外都已得到广泛采用。锻造锚链虽然生产效率低、成本高,但具有较好的韧性,适宜于海洋工程船舶使用。

锚链在出厂前,应按国家标准中规定的技术要求进行检验。检验时,除了对锚链的部件尺寸进行测定外,还需按标准要求的负荷进行拉力试验及拉断试验。在拉力试验后,要求链的伸长率不超过2.5%($d>43$ mm)或3%($d<43$ mm)。在拉断试验后,要求伸长率不大于7%(有挡链环)或8%(无挡链环)且不得断裂。由于焊接锚链制造工艺技术的发展,在自动焊接的同时,可在机器上逐段作出拉力试验,形成快速高产的连续自动生产线。

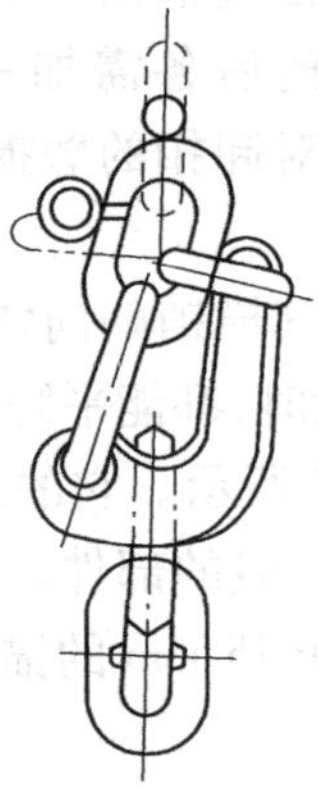

(a)

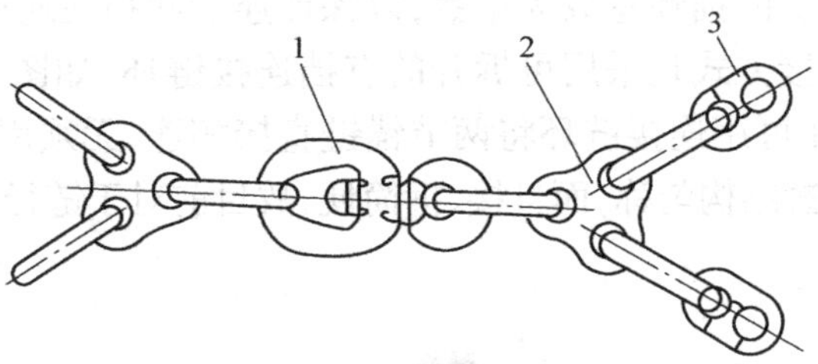

(b)

图3-28 脱钩与双链转环

(a)脱钩 (b)双链转环

1—双链转环;2—连接板;3—连接链环

3.4 锚泊设备的配备与布置

3.4.1 锚与锚链的配备

为了保证可靠的锚泊,海船的锚与锚链的配备应根据船舶的类型、航行区域和舾装数的大小,按规范中所列数据来选取。

舾装数(Equipment Number)N是表征船舶受风、流作用影响程度的参数,据以确定锚、锚链、拖缆和系船缆等的配备。它与船舶排水量及受风、流影响的面积大小等因素有关。除拖船的舾装数另有计算方法外,海船的舾装数计算公式为

$$N=\Delta^{\frac{2}{3}}+2Bh+\frac{A}{10} \tag{3-1}$$

式中:Δ为夏季载重水线下的型排水量(t);B为船宽(m);h为船中部的夏季干舷加上上层建筑的高度以及各层宽度大于$B/4$的甲板室高度的总和(m);A为船长L范围内夏季载重水线以上的船体部分、上层建筑以及各层宽度大于$B/4$的甲板室侧投影面积的总和(m^2)。

计算h和A时,不必计及舷弧和纵倾。凡是高度超过1.5 m的挡风板和舷墙,均应视为上层建筑或甲板室的一部分。

锚及锚链所承受的载荷,主要是船在停泊中所受到的风力和流力。对式(3-1)作简单的分析可以看出,它能大致地反映出船舶在停泊时所受载荷的大小。其中,第一项$\Delta^{2/3}$,即

排水量的2/3次方，可近似地表示船体水下湿面积的大小，从而反映出船体所受流力的大小；第二项 $2Bh$ 可表示船体水上部分正面受风面积的大小；第三项 $A/10$ 则表示船体水上部分侧面受风面积的大小。通过对各种船舶情况的分析可以看出，船舶在大多数情况下是顶风锚泊的，即正面受风的机会较多，舾装数 N 的第二项与第三项前的常数是根据实际使用经验而确定的，其中已反映了船舶在锚泊中以正面受风为主的情况。可见用舾装数来确定锚泊设备的配置是较为合理的。船舶在系泊时，侧面受风机会较多，而侧向风力的大小在第三项中有所反映，因此这一舾装数同时可用来确定船舶系舶设备的配置。

3.4.2　锚泊设备的布置

图3－29、图3－30、图3－31分别为较大型船舶、中小型船舶和小艇锚泊设备布置图。

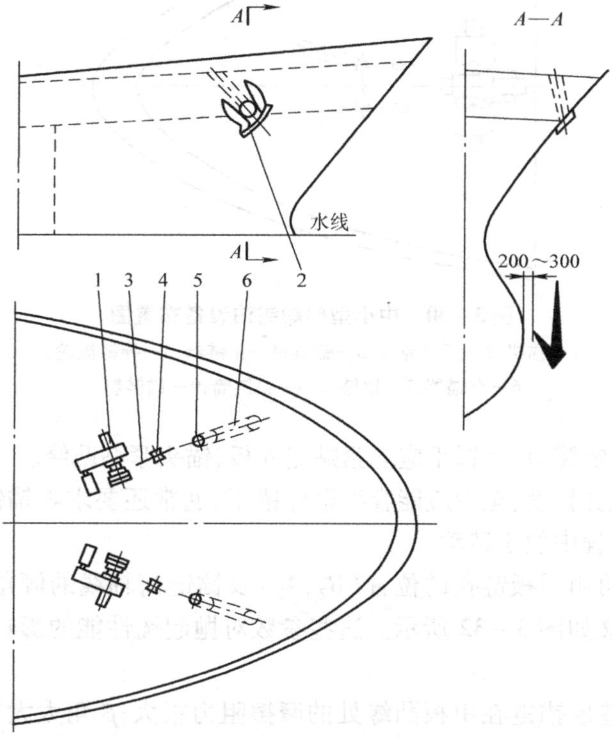

图3－29　较大型船舶锚泊设备布置图

1—锚机；2—斯贝克锚；3—锚链；4—止链器；5—导链滚轮；6—锚链筒

锚泊设备布置的形式主要是由所选用的锚、锚索和起锚机械的形式决定的。其中，最常见的是采用无杆锚、锚链与(卧式)起锚机。选定了以上各组成部件后，锚泊设备的布置主要是确定锚链筒、止链器、起锚机和锚链舱的位置。其中，关键在于锚链筒的形状与位置的确定，这将直接影响抛、起锚的性能，应予以特别注意，故对下列各项要求应加以综合考虑。

①抛锚时，能依靠锚自身的重量，毫无阻碍地从锚链筒中抛出。

②起锚时，在锚链的拉力作用下，锚干能较顺利地拉入锚链筒，而不受阻碍。

③舷边链孔的位置应高出水面充分的距离，否则引起水沫飞溅，而增加船舶阻力，影响航行视线，对军舰来说，还易于暴露目标。

④起锚时，即使船舶向一舷倾斜5°左右，锚爪也不会卡住艏柱或龙骨。

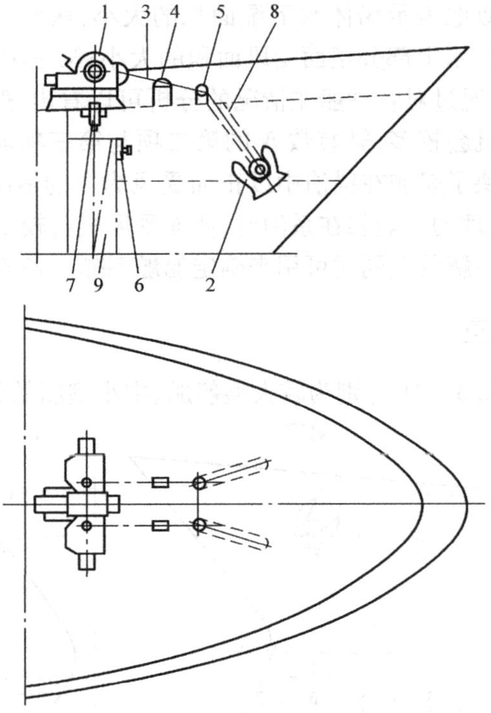

图 3-30 中小型船舶锚泊设备布置图

1—锚机;2—斯贝克锚;3—锚链;4—止链器;5—导链滚轮;
6—弃锚器;7—锚链管;8—锚链筒;9—锚链舱

⑤锚干被拉进锚链筒后,其锚爪应能紧贴船外板,锚头紧贴凸缘。

⑥锚链筒应有充分长度,至少应能容纳全部锚干,通常还要求将锚链转环一起纳入,使锚爪紧贴船外板的过程中便于转动。

锚链筒的位置,可由甲板链孔的位置(B_2,A_2)及锚链筒轴线的倾角(β,α)来决定,B_2、A_2、β、α 等参数的含义如图 3-32 所示。这些参数对抛起锚性能的影响及其常用的数值范围如下。

①β 角太小,会造成锚链在甲板凸缘处的摩擦阻力很大;β 角太大,会造成舷侧出口处的摩擦阻力很大,致使起锚时收卷锚链的力量减弱,且锚干不易纳入锚链筒或纳入锚链筒之后不易自动脱出,通常 β 为 35°~45°,带有球鼻艏的大型船,β 则为 40°~50°。

②α 角越小,抛、起锚时所受阻力越小,但它影响到舷侧出口的位置 A_1、B_1 值的大小。应控制舷侧链孔的位置,以保证起锚时即使船体向一侧倾斜一定角度,锚爪也不会卡住艏柱或龙骨。α 角通常在 10°左右,在带有球鼻艏的大型船上,α 角通常为 20°~25°。

③A_2 值的选取应与艏部的线型相配合,使舷侧开口处有适当的线型,并与甲板上的布置相配合。通常 A_2 值的范围是:艏部较丰满的船,A_2 取(80~90)d(d 为链径);艏部较瘦削的船,A_2 取(90~110)d。

④B_2 值的选取应与锚机链轮相配合,以避免锚链受到过分的转折。通常 B_2 值的范围是:当 $\alpha \leqslant 15°$时,$B_2 = B_3/2$;当 $\alpha > 15°$时,$B_2 = B_3/2 - 2.0d \sim B_3/2 - 1.0d$。

⑤A_3 值受到锚链舱的位置及甲板布置的限制。A_3 值太小,锚链在链轮处会受到扭转,

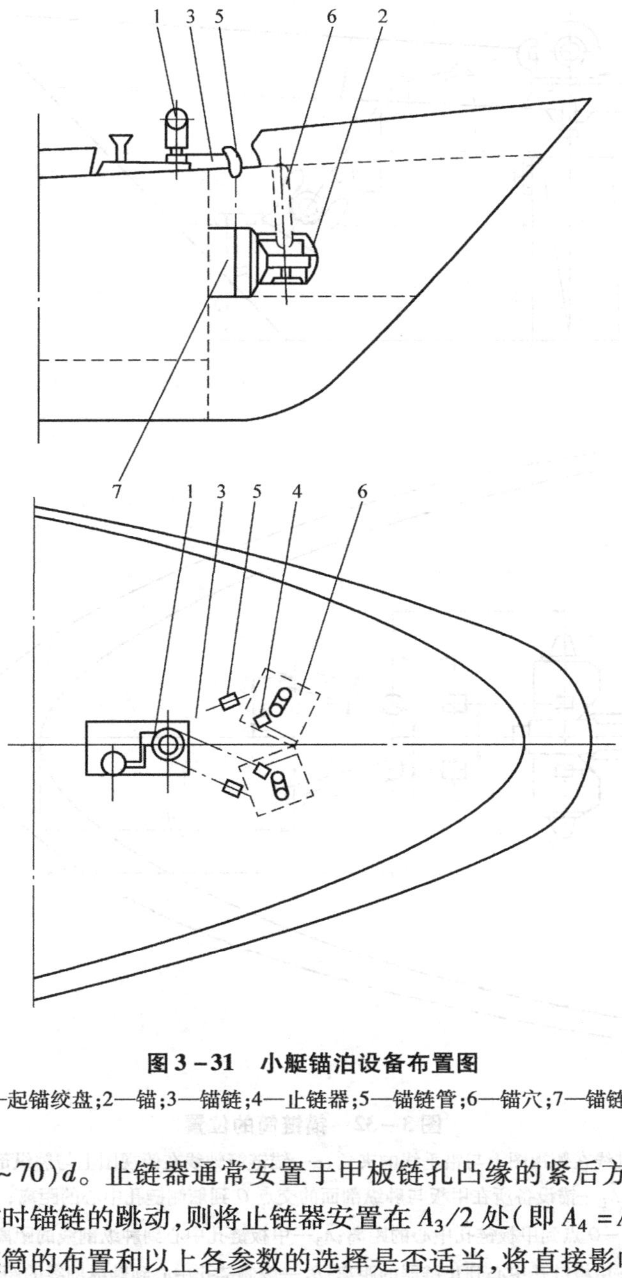

图3-31　小艇锚泊设备布置图

1—起锚绞盘;2—锚;3—锚链;4—止链器;5—锚链管;6—锚穴;7—锚链舱

通常要求 A_3 取$(60 \sim 70)d$。止链器通常安置于甲板链孔凸缘的紧后方,在 A_3 值偏大的情况下,为了防止抛锚时锚链的跳动,则将止链器安置在 $A_3/2$ 处(即 $A_4 = A_3/2$)。

如前所述,锚链筒的布置和以上各参数的选择是否适当,将直接影响抛、起锚性能的优劣。但是各项性能对锚链筒参数的要求可能是矛盾的。例如,从要求①、②出发,则 β 角宜小些,即在侧视图上来看锚链筒应为陡峭式,这样有利于减小抛、起锚时的阻碍;但考虑到要求③,尤其是在干舷小的船舶上,为了提高舷侧出口的位置,则不得不采用平斜式。平斜式布置也可减少对船体内部舱室布置的妨碍。由此可见,锚链位置的选定是一个较为复杂的问题,在设计时可先按这些参数的常用数值,参考母型船以及设计经验初步选定参数,然后进行初步的放样作图,在图上逐步分析检查以上各项要求是否满足,进行综合考虑后,再对这些参数作适当的修改。有时也专门制造实样大小的木质锚及锚链筒模型,来检查其抛、起锚的情况。利用模型便于进一步验证,收锚时在锚爪转向内侧或外侧的两种情况下,是否均

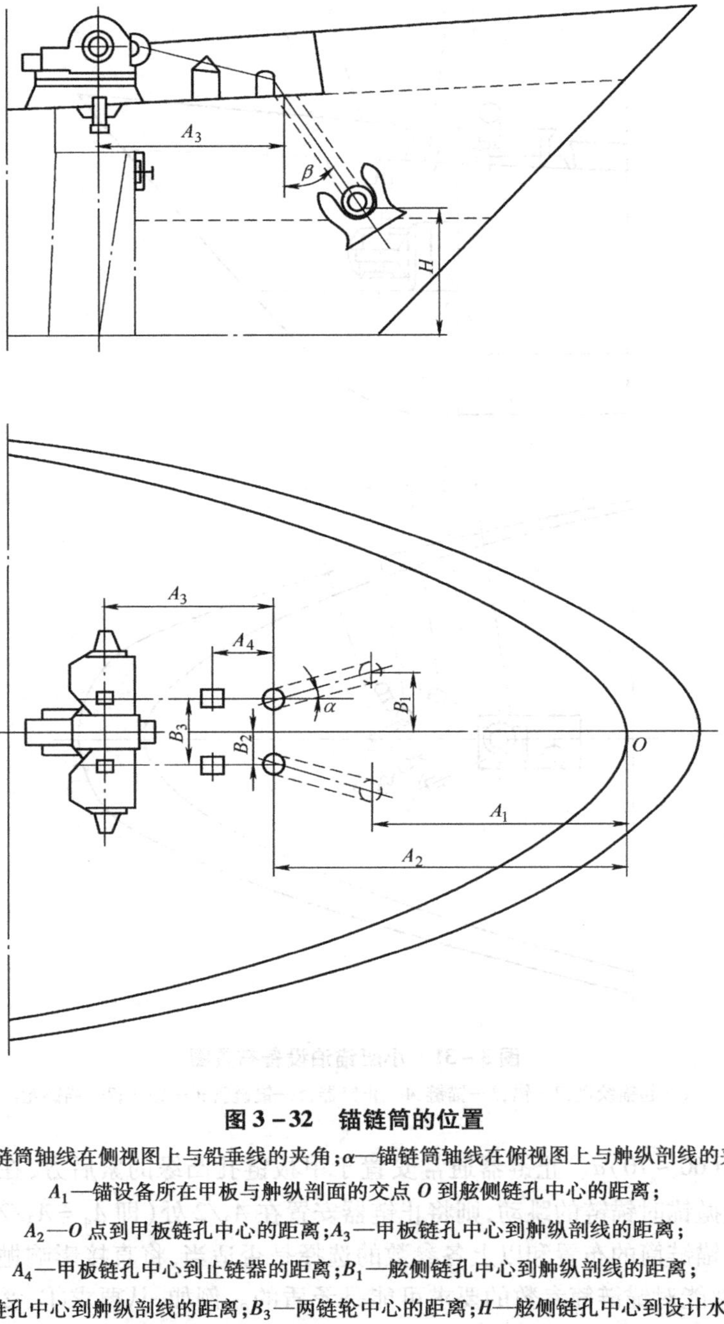

图 3－32　锚链筒的位置

β—锚链筒轴线在侧视图上与铅垂线的夹角；α—锚链筒轴线在俯视图上与舯纵剖线的夹角；
A_1—锚设备所在甲板与舯纵剖面的交点 O 到舷侧链孔中心的距离；
A_2—O 点到甲板链孔中心的距离；A_3—甲板链孔中心到舯纵剖线的距离；
A_4—甲板链孔中心到止链器的距离；B_1—舷侧链孔中心到舯纵剖线的距离；
B_2—甲板链孔中心到舯纵剖线的距离；B_3—两链轮中心的距离；H—舷侧链孔中心到设计水线的距离

能顺利地将锚收入锚链筒内；可以实地检查锚干纳入锚链筒内的过程中是否有卡死点；并查看船舶处在倾斜情况下，锚爪是否勾住艏部构件以及锚爪是否紧贴船体。

如果所设计的锚链筒，对上述各项要求均能满足，唯有其长度不足容纳锚干，在这种情况下可考虑选用锚干较短的锚，当然这样做在抓力方面会有所损失。

锚链筒的直径应满足锚收藏在筒内时锚链仍能通过的要求，通常锚链筒内径 $D=(9.5\sim10.5)d$，筒壁厚度上半部为$(0.3\sim0.5)d$，下半部为$(0.4\sim0.5)d$。前已述及，锚链筒的长度至少能容纳锚干,最好能使转环也留在筒内。满足上述要求的锚链筒的内径 D 及长度 L 也可以根据锚重 G 用经验公式估计:

$$D = (3.2 \sim 3.4)\sqrt[3]{G} \quad (\text{cm}) \tag{3-2}$$

$$L = (15 \sim 16.5)\sqrt[3]{G} \quad (\text{cm}) \tag{3-3}$$

式中:G 为锚的质量(kg)。

锚链舱通常位于防撞舱壁的紧前方或紧后方,应与甲板上锚链筒、止链器及锚机的布置相配合。锚链舱底的垂向位置应尽量放低些,以利于船体的稳定性,这对较瘦削的船型是有困难的。在可能情况下,应使锚链舱的面积小些,这样锚链入舱后重心会高一些,但有利于锚链自动盘存,可以减少船员进入舱内用钩整理锚链的工作。

第 4 章　系缆设备

4.1　概述

除了抛锚停泊之外,系缆停泊是船舶的另一种主要停泊方式。系缆停泊就是利用系缆设备将船舷安全牢固地系结于码头(岸边)、浮筒、船坞或他船(水上建筑物)上。系缆设备主要由系缆、系缆具和系缆机械三部分组成,本章将分别讨论它们的形式、选用和配置原则。

船舶系缆停泊的方式,随船只大小、码头情况而异,通常有以下三种系缆停泊方式。

1. 船侧系泊

船侧系泊是将船舶横向系结于码头(或他船)边,这是最常用的系泊方式。图 4－1 为船舷靠码头时系缆索的一般布置情况。

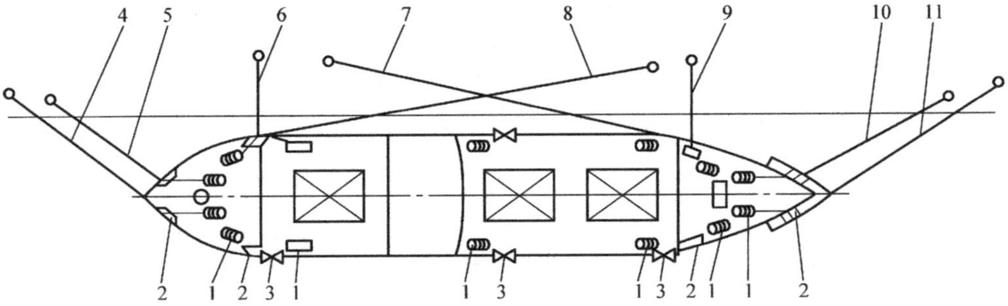

图 4－1　船侧系泊

1—带缆桩;2—导缆钳;3—导缆孔;4—附加艉缆;5—艉缆;6—艉横缆;7—艏倒缆;8—艉倒缆;9—艏横缆;10—艏缆;11—附加艏缆

系缆索的直径及根数,视船舶所受的外力大小而定。在无风、无流的情况下,只需带艏艉缆即可。若有流的影响,则另加设倒缆。若风和流的影响较大,为了防止船舶沿岸线移动或离开岸线,在船舶的艏、艉及内部均须设置附加缆。在强烈的潮流和顶风的情况下,尚需抛锚辅助。

2. 艏艉系泊

艏艉系泊是利用艏艉缆将船舶系结于港内浮筒的方法,如图 4－2 所示。

3. 船艉系泊

船艉系泊是将船艉系结于码头的一种系泊方式,如图 4－3 所示。这种系泊方式在码头线长度受限制的情况下采用。若遇风、流较大的情况,还可以在船艏辅以锚泊。

对于某些舰艇编队,船艉系泊可在紧急启航时大大缩短驶离码头的时间。船艉系泊多用于小船、小艇,对于某些内河船、渡船,尚可使用船艏系泊方式。

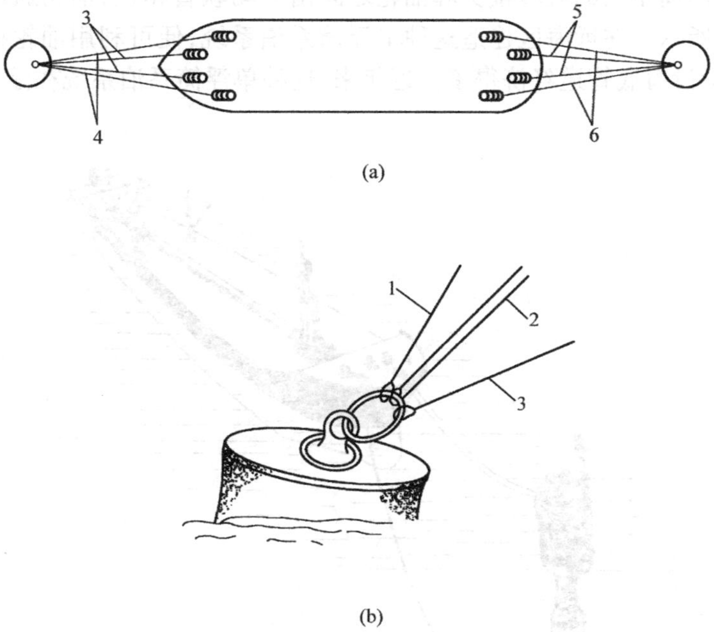

图4-2 艏艉系泊

(a)船舶艏艉系泊于浮筒 (b)浮筒

1—单头缆;2—回头缆;3、5—艏、艉单头缆;4、6—艏、艉回头缆

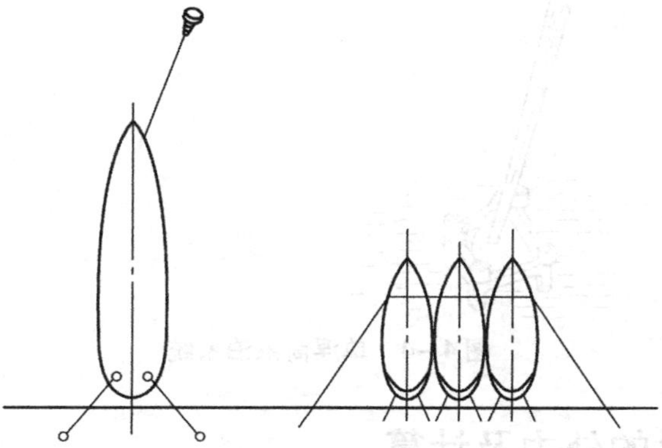

图4-3 船艉系泊

为了解决超级油轮的停靠问题,大约从20世纪60年代开始发展了一种单浮筒系泊系统。由于油轮越造越大,迄今最大油轮的载重量已超过了50万吨,虽然有些深水港可以停靠这些超级油轮,但世界上绝大多数天然港口的水位不够,因此这些超级油轮装卸货物、燃料和水等就成了问题。在靠近海岸线的深水中,建立单浮筒系泊系统是解决这个问题的方法之一。

在这种系泊系统中,浮筒是通过呈放射状布置的锚与链(呈悬线状)固定在海上,油轮通过系缆系结在浮筒顶部转台上，若外力变化，油轮将绕着浮筒旋转，直至平衡在一个受力最小的位置上。浮筒中央的旋转接头和油轮之间由浮动软管相连，油轮通过软管进行装卸作业，如图 4－4 所示。在远海区建造这种单浮筒系泊系统，便可利用油轮将海底原油输送到岸上，这要比铺设海底管道经济得多。近年来，这种单浮筒系泊系统在浮式采油作业中获得应用。

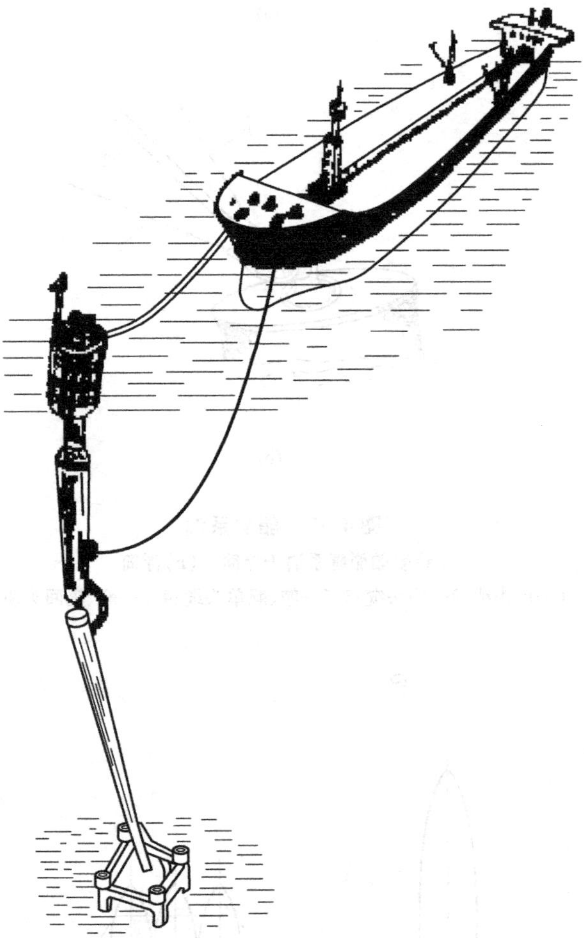

图 4－4　单浮筒系泊系统

4.2　系缆停泊时的外力及计算

船舶在系缆停泊时所受的外力主要有风力、潮流力及波浪力。为了保证系缆设备能安全系结船舶，在设计系缆设备时，应对这些外力作正确的、合理的计算。

现将日本《造船舾装设计基准—4》中规定的大型船舶系缆设备的设计条件及外力计算方法简要介绍如下。

船舶在一般港口内系缆停泊时，可不考虑波浪影响，此时船舶所受外力有风力 R_a、潮流力 R_w、推进器阻力 R_p 和形状阻力 R_v。

1. 风力 R_a

风力 R_a 按下式计算：

$$R_a = K_a A_a v_a^2 \times 9.8 \quad (\mathrm{N}) \tag{4-1}$$

式中：K_a 为系数，横向受风时 $K_a = 0.0735\ \mathrm{kg \cdot s^2/m^4}$，纵向受风时 $K_a = 0.0429\ \mathrm{kg \cdot s^2/m^4}$；$A_a$ 为水线以上风压方向投影面积（$\mathrm{m^2}$）；v_a 为相对风速（m/s）。

2. 潮流力 R_w

潮流力 R_w 按下式计算：

$$R_w = 0.1212 A_w[(v_w + v_s)^2 + 0.33(v_w + v_s)] \times 9.8 \quad (\mathrm{N}) \tag{4-2}$$

$$A_w = 1.7dL + \Delta/d \quad (\mathrm{m^2})$$

式中：A_w 为设计船浸水面积（$\mathrm{m^2}$）；v_w 为纵向潮流速度（m/s）；v_s 为靠岸时船舶纵向移动速度（m/s）；Δ 为船的排水量（t）；d 为设计吃水（m）；L 为船长（m）。

3. 推进器阻力 R_p

推进器阻力 R_p 按下式计算：

$$R_p = 26.4D^2 (v_w + v_s)^2 \times 9.8 \quad (\mathrm{N}) \tag{4-3}$$

式中：D 为螺旋桨直径（m）；v_w、v_s 的意义同上。

4. 形状阻力 R_v

形状阻力 R_v 按下式计算：

$$R_v = 73.2A_s(v'_a + v'_w) \times 9.8 \quad (\mathrm{N}) \tag{4-4}$$

式中：A_s 为水线以下船体侧投影面积（$\mathrm{m^2}$）；v'_a 为靠岸时船舶横向移动速度（m/s）；v'_w 为横向潮流速度（m/s）。

船舶系缆停泊时主要有两种工况，即靠岸移动和靠岸系泊。计算船舶在靠岸移动中的总外力 R_1 时，风力按最严重的情况计算，即假定风正对着船舶的侧面吹来（船舶的纵向风力为零），横向风力达到最大值，取横向风速 $v_a = 10$ m/s。在大多数情况下，港内潮流速度不超过2 kn（节，是船速的专用单位），若船舶在防波堤内停泊，一般不受潮流的横向作用（即潮流方向沿着船舶纵向），故可认为潮流力 R_w 沿船舶纵向作用，且按式（4-2）计算 R_w 时，可取纵向潮流速度 $v_w = 2$ kn。而在按式（4-4）计算形状阻力 R_v 时，可假定横向潮流速度 $v_w = 0$。在靠岸移动中，假定船舶没有纵向位移，船舶横向移动速度取为0.167 m/s。按以上规定，船舶在靠岸移动中的总外力

$$R_1 = \sqrt{R_L^2 + R_T^2} \tag{4-5}$$

式中：R_L 为作用在船体上的纵向力，$R_L = R_w + R_p$；R_T 为作用在船体上的横向力，$R_T = R_a + R_v$；R_w、R_p、R_a、R_v 的意义同上。

计算船舶在靠岸系泊中总外力 R_2 时，因船舶无移动速度，即 $v'_a = 0, R_v = 0$。此外，由于在系泊中的风力可能较大，规定此时横向风速 $v_a = 15$ m/s，其外力按前面相同的公式计算。

4.3 系缆

4.3.1 船用系缆绳

系缆应用质量轻、强度高、柔软、富有弹性和耐磨损的缆绳。在船上用作系缆的有钢缆、

植物纤维缆和合成纤维缆。长久系泊时，也有用链条作系缆（系船链）的。

1. 钢缆

钢缆强度较高、单位长度重量较小、耐磨损，改良钢缆的结构还能提高其柔软性，可用作系缆、锚缆及拖缆。

钢缆的品种很多，截面形状也各异。其规格特征主要包括：钢缆的直径、股数，每股的钢丝根数，钢丝是否镀锌，钢缆有无油麻芯等。钢缆的基本力学特性有：钢丝的抗拉强度、弹性模量，钢缆的破断拉力等。在设计时，可根据需要来选用具有一定特性的钢缆。钢缆中的油麻芯可以增加其柔软度，并减小钢丝间的摩擦。油麻芯能不断地渗出油来，使钢缆不易吸水，从而减少腐蚀。一般而言，钢丝直径小、股数多，油麻芯多的钢缆柔性好、容易弯曲、便于系缆操作。系泊用的钢缆必须是镀锌的，以防腐蚀。

2. 植物纤维缆

按不同材料制成的植物纤维缆的名称各异。用白麻筋植物性焦油浸制而成的叫油麻索，用芭蕉纤维制成的叫白棕缆（也叫马尼拉绳），用龙舌蓝纤维制成的叫西沙尔索。上述几种植物纤维缆习惯上都称为麻索。

油麻索耐潮、抗腐性能好，但柔性及抗张力较差。白棕缆除具有耐潮抗腐的性能外，且质地柔软、弹性好、具有浮性、强度也高。西沙尔索不耐潮、易腐蚀、抗张力低，但价格低廉。

麻索的规格习惯上以周长计，每卷长 220 m 或 110 m。白棕缆常作为小船和油船的主缆，而在大中型船舶上只作为备用缆。

3. 合成纤维缆

合成纤维缆的种类很多，有尼龙、聚酯、维尼龙、聚乙烯、聚丙烯等缆绳。这种缆绳质地软、强度高、重量轻，在相同的破断拉力下，重量约为钢缆的 1/3、白棕缆的 1/5 ~ 1/4。合成纤维缆还有不蛀、不霉、抗腐蚀、寿命长的优点，它对交变负荷、颠跳、震动等工作条件的适应性好，且便于维护保养，可减轻船员劳动强度。因此，目前合成纤维缆在船上的应用日渐广泛。不过，合成纤维缆有横向强度较弱、易伸长、浸水后强度降低、会被突然拉断等缺点，在确定安全系数时，对以上诸缺点应加以考虑。

4.3.2 系缆的配备

系缆通常是根据有关的船舶建造规范的建议，按舾装数大小来配备。舾装数 N 的计算公式见式(3－1)。拖缆和系缆可以采用由植物纤维、合成纤维或钢丝与植物纤维组成的缆绳。对于油船，通常建议拖缆和系缆全部采用由植物纤维或合成纤维制成的缆绳。使用植物纤维缆或合成纤维缆时，其周长应不小于 63 mm（直径 20 mm）。

对于大型船舶也有按照适当的设计标准，通过计算来选定系缆绳的要素。若按日本《造船舾装设计基准—4》中所规定的系泊时的外力计算方法，已算出船舶在靠岸移动中的总外力 R_1，则在靠岸移动中，用于艏艉系缆绞车的每一根系缆所受拉力 T_1 应为

$$T_1 = \frac{\varepsilon R_1}{m\cos B\cos A} \tag{4-6}$$

式中：R_1 为船体在靠岸移动中的总外力，但在 $R_L/R_1 < 0.1\%$ 的设计条件下，可假定 R_1 为船体所受的横向作用力 R_T；A 为在水平面内系缆与舯横剖面的夹角，为简化起见，假设各系缆的 A 角相同，在靠岸移动计算中 A 取 45°；B 为在垂直面内各系缆的俯仰角，在计算中假定 B

$=0$;m 为在靠岸移动中,系缆绞车所收绞的系缆根数,在大型船舶上常分别在船艏、船艉同时各使用2台系缆绞车,此时 $m=4$;ε 为系缆拉力不平衡系数,在靠岸移动中,若艏、艉同时使用4台绞车,则 $\varepsilon=1.25$。

在靠岸系泊中,船舶所受总外力为 R_2,此时也将它视为横向作用力。通常在系缆靠岸停泊中,所用缆绳的数目为艏部3根(艏缆、艏横缆、艏倒缆),艉部3根(艉缆、艉横缆、艉倒缆),较大型的船舶另增设附加缆,总数达8~12根。此时,每一根系缆所受拉力为

$$T_2=\frac{R_2}{mg\cos B g\cos A} \tag{4-7}$$

式中:m 为系缆靠岸时实际所使用的系统根数,靠岸时在水平面内系缆与舯横剖面的夹角 A 取60°,假定垂直平面内系缆的俯仰角 $B=0$。

根据以上条件计算时,系统的安全系数 n:钢缆取 $n=2.5$,白棕缆取 $n=3.25$,合成纤维缆取 $n=3.8$。所选用的系缆的最大使用负荷为

$$[T]=\frac{T_b}{n} \tag{4-8}$$

式中:T_b 为系缆绳的破断拉力。

应保证所选用系缆绳的最大使用负荷 $[T]$ 大于系统可能受到的最大拉力(T_1、T_2 中较大者)。同时,系缆绳的破断拉力至少要超过有关规范所要求的值。系缆绳的长度可参照有关规范的建议来确定。

4.4 系缆具与系缆机械

4.4.1 带缆桩

带缆桩是固定在甲板上、用于系缚缆绳的桩柱。当缆绳一端与岸上系结后,便可将缆绳拉紧,按8字形式围桩柱绕3~5圈,便能将缆绳固定住。带缆桩(图4-5)可分为铸造与焊接两类。

铸造带缆桩有铸钢、铸铁、铸铜(青铜)等几种。通常铸造带缆桩重量较大,只能用螺栓固定在甲板上,但易引起漏水,对缆绳的磨损较大。目前,除油船采用铸铁带缆桩(铸铁在碰击时不会产生火花)、游艇采用青铜带缆桩、铝质游艇使用铝质带缆桩外,铸造带缆桩已很少采用。

焊接带缆桩全部由钢板焊接而成,安装方便,使用较广。焊接带缆桩与船体的连接有插入式与带底板式之分,直径较大的带缆桩常采用双底板式。按结构形式,带缆桩又可分为直式、斜式、单双十字式和带缆羊角4种。

直式带缆桩尚有是否有挡板之分,挡板可防止缆绳向上滑脱。斜式带缆桩取消了挡板,仍可防止缆绳滑脱。单十字带缆桩主要用于小船或起放救生艇和工作艇。当缆桩直径大于200 mm时,双十字带缆桩采用双底板式。带缆羊角是羊角状的系索栓,固定在甲板上或舷墙与甲板室侧壁上,供固定缆绳用,如图4-6所示。

在潜艇上,常采用升降式带缆桩。当潜艇下潜时,可将带缆桩收入非耐压壳体内,以减小阻力。

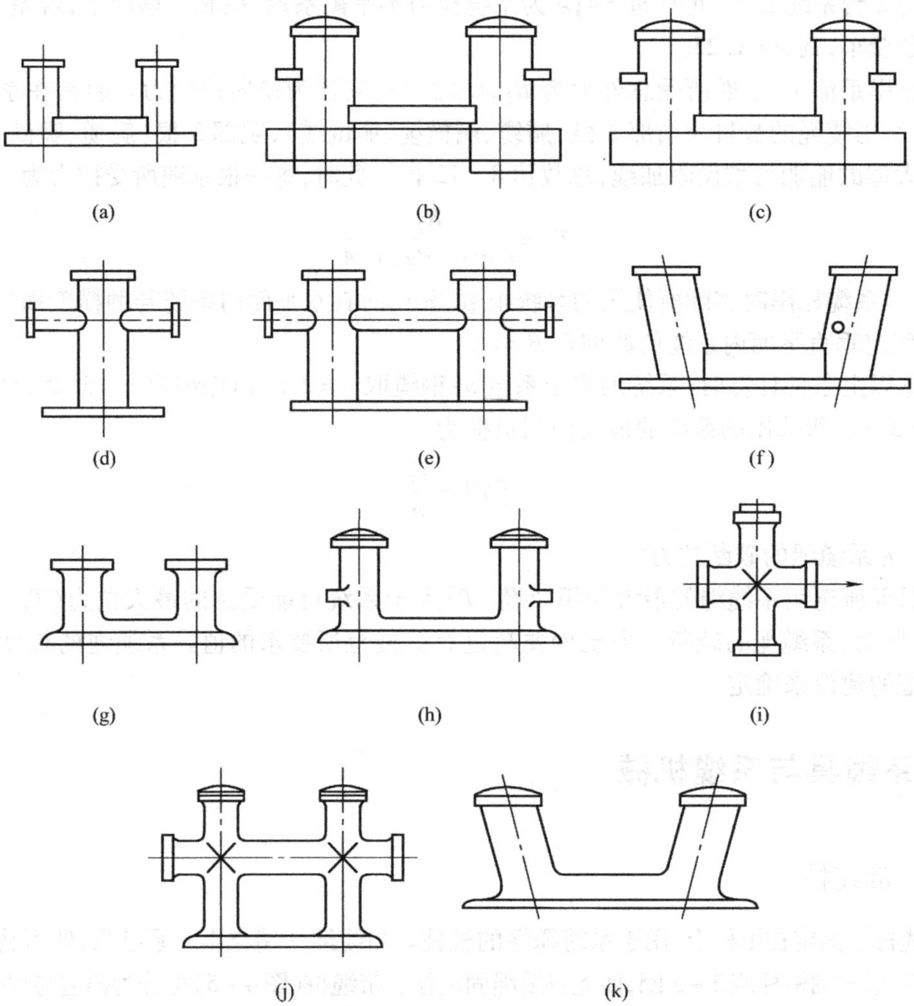

图 4－5　带缆桩

(a)直立式焊接带缆桩　(b)挡板嵌入式焊接带缆桩　(c)挡板双底板式焊接带缆桩
(d)单十字焊接带缆桩　(e)双十字焊接带缆桩　(f)羊角带缆柱　(g)直立式铸造带缆桩
(h)挡板式铸造带缆桩　(i)单十字铸造带缆桩　(j)双十字铸造带缆桩　(k)斜式铸造带缆桩

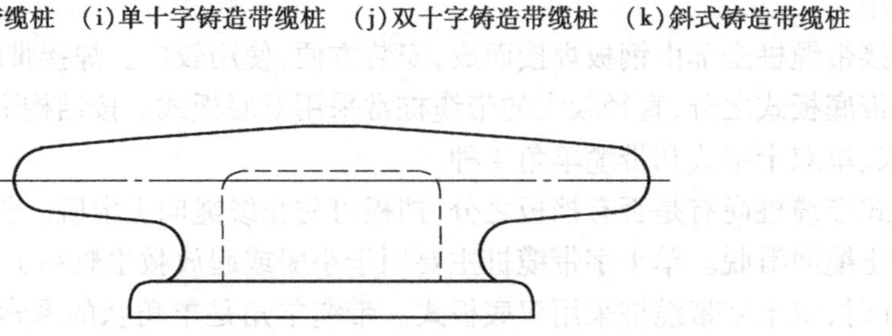

图 4－6　带缆羊角

4.4.2　导缆器

导缆器是供引导缆索通过并交换方向或限制其导出位置，使缆绳免遭磨损的器具。导缆器主要有导缆钳、滚轮导缆器、导缆孔、转动导缆孔、滚柱导缆器、导向滚轮、导向滚柱等。

1. 导缆钳

导缆钳是装在舷边没有栏杆的区域、舷墙顶面上的钳状导缆器。系缚在带缆桩上的缆绳，通过导缆钳引导到码头或浮筒上，以免当船舶在外力作用下发生移动时损坏栏杆或船上其他设备。

导缆钳可分为有滚轮和无滚轮两类。无滚轮导缆钳通常都在小型船舶上采用。无滚轮导缆钳又有直式与斜式两种。斜式导缆钳会防止绞索向上跳出，如小艇系于大船旁时，要采用斜式导缆钳。一般大中型船舶上都采用带滚轮导缆钳，它又分为单滚轮、双滚轮及多滚轮几种。滚轮导缆钳可减小缆绳的磨损，多滚轮导缆钳可同时导出几根缆索。

导缆钳都是铸造的，以铸铁、铸钢为主。图4－7为导缆钳简图。

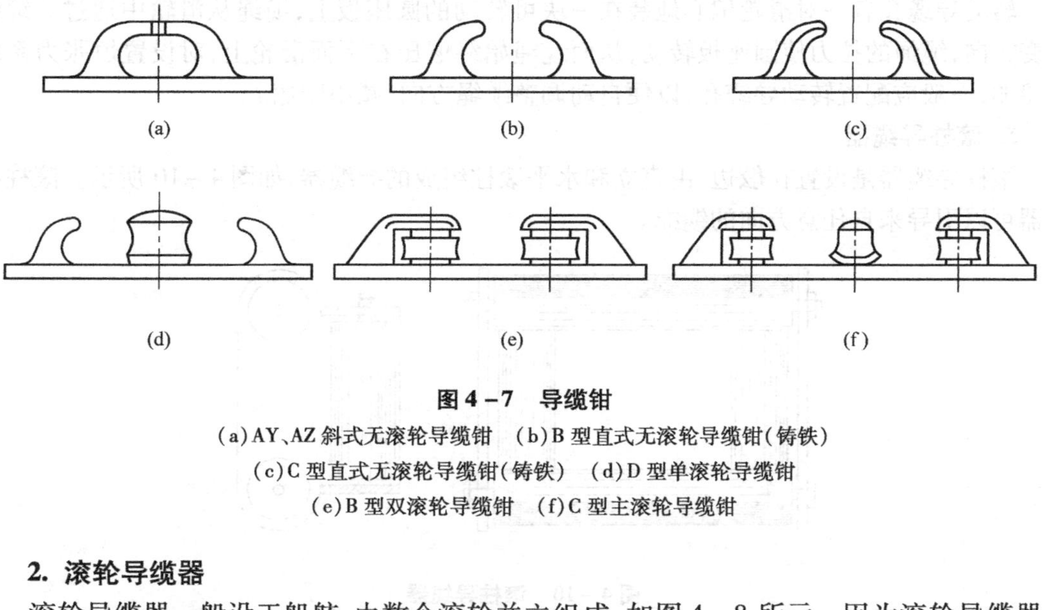

图4－7　导缆钳

(a)AY、AZ斜式无滚轮导缆钳　(b)B型直式无滚轮导缆钳(铸铁)
(c)C型直式无滚轮导缆钳(铸铁)　(d)D型单滚轮导缆钳
(e)B型双滚轮导缆钳　(f)C型主滚轮导缆钳

2. 滚轮导缆器

滚轮导缆器一般设于船舷，由数个滚轮并立组成，如图4－8所示。因为滚轮导缆器制造工艺简单、节省材料，目前多用于大型船舶上。

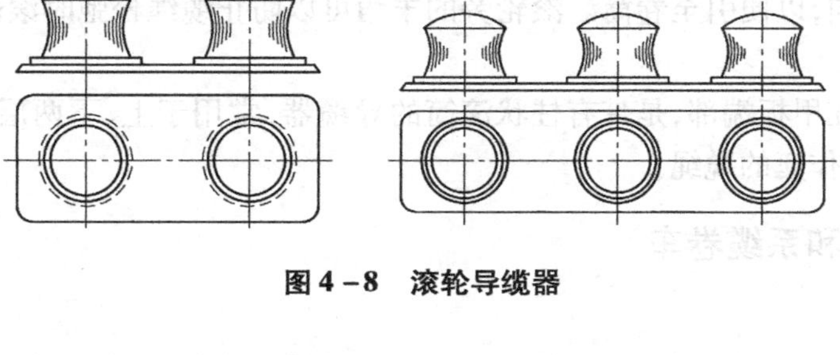

图4－8　滚轮导缆器

3. 导缆孔

导缆孔又称巴拿马孔，为圆形或椭圆形的铸钢件，如图4－9所示。导缆孔一般嵌在舷墙上(多见于船中),缆绳经过导缆孔时,接触面呈圆弧形,这样避免了舷墙对缆绳的切割作用,也便于缆绳琵琶头顺利通过。但导缆孔对缆绳的磨损比较严重。

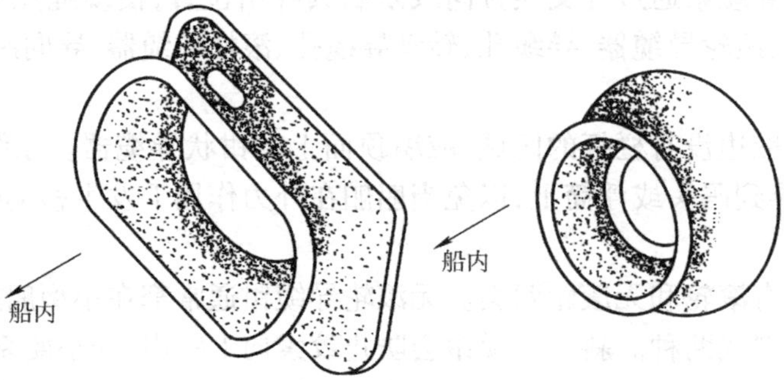

图 4－9　导缆孔

4. 转动导缆孔

转动导缆孔有一对滑轮偏心地装在一块可转动的圆座板上,缆绳从滑轮中通过。缆绳改变方向,缆绳的拉力使圆座板转动,从而缆绳始终嵌压在下面滑轮上,对设置恒张力系统的船舶,一般应配置转动导缆孔,以便自动调整缆绳方向、减小摩擦。

5. 滚柱导缆器

滚柱导缆器是设置在舷边、由直立和水平滚柱组成的导缆器,如图 4－10 所示。滚柱导缆器可以引导来自任意方向的缆绳。

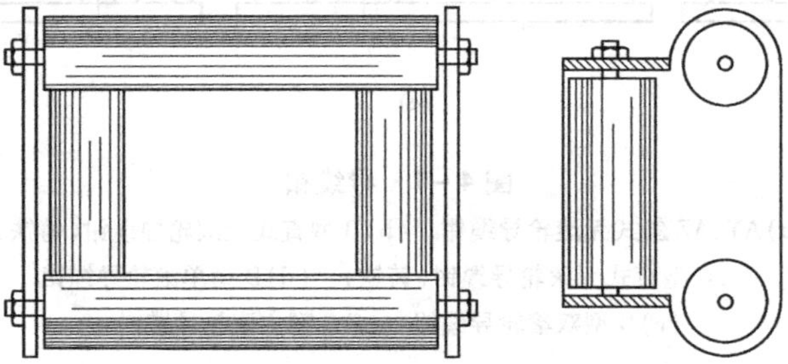

图 4－10　滚柱导缆器

6. 导向滚轮

如图 4－11 所示,导向滚轮装在甲板上的圆形基座上,位于舷边导缆器与绞缆机之间,用来改变缆绳方向,以便引至卷筒。滚轮旁的羊角可以防止缆绳松弛时滚落到甲板上。

7. 导向滚柱

导向滚柱装在甲板端部,是带有柱状滚筒的导缆器,常用于上、下两层甲板间导缆或引导升降救生艇、工作艇的缆绳。

4.4.3　绞缆机和系缆卷车

1. 绞缆机

绞缆机又称系缆绞车,用于绞收缆绳。船艏的绞缆机由锚机兼作,船艉的单独设置,其他部位的由就近的起货机代替。

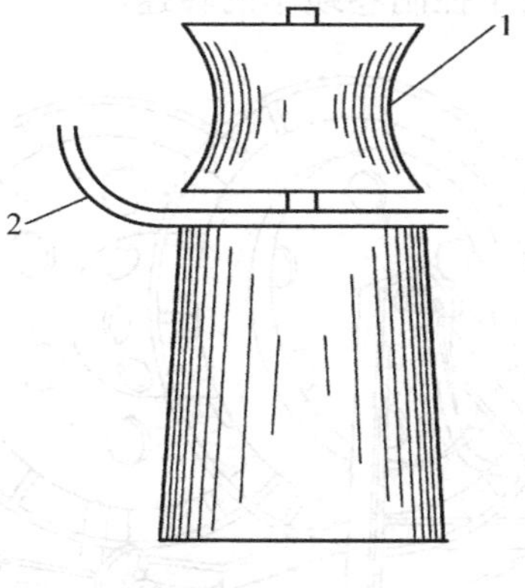

图4-11 导向滚轮

1—滚轮;2—羊角

绞缆机按其动力可分为蒸汽绞缆机、电动绞缆机和液压绞缆机三种,按卷筒轴线位置可分为卧式绞缆机和立式绞缆机两种,以下介绍这两种绞缆机。

(1)卧式绞缆机

图4-12所示为普通卧式绞缆机,卷筒由电动机经过减速后驱动运转。

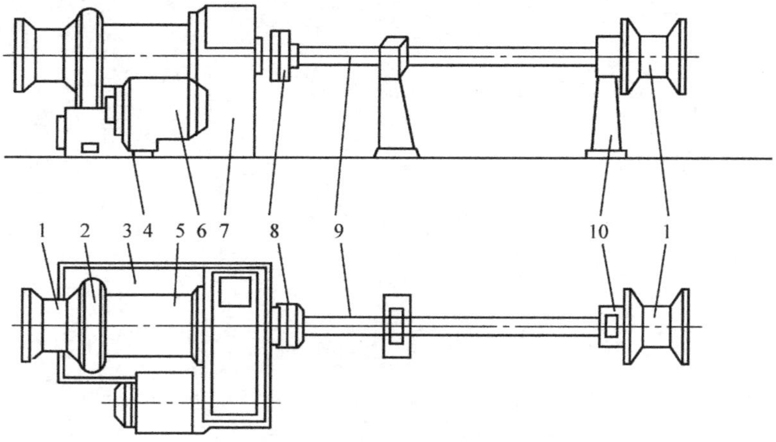

图4-12 普通卧式绞缆机

1—滚筒;2—墙架;3—底座;4—圆盘刹车;5—柱滚筒;
6—电动机;7—减速箱;8—联轴节;9—主轴;10—轴承座

近年来,随着船舶的大型化和自动化,不少新造的船在艏、艉配备了自动系缆绞车。它能根据系缆的受力情况自动调整系缆的长度,减轻了船员的劳动强度。但它在使用时因频繁收放容易磨损缆绳。

(2)立式绞缆机

立式绞缆机又称系缆绞盘。还有一种叫无轴式系缆绞盘,其电动机装在卷筒里面。立式绞缆机占用甲板面积小。

2. 系缆卷车

系缆卷车是存放缆绳的装置,简称缆车,如图4-13所示。摇动手柄或转动扶手,即可将缆绳松出或卷上，脚踏刹车用于控制卷缆车的转速。

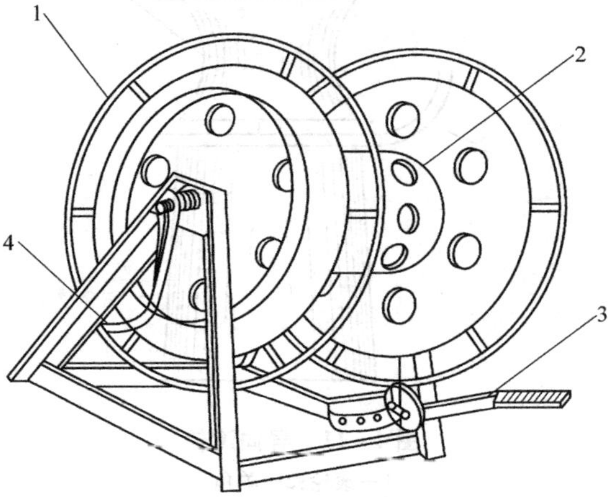

图 4－13　系缆卷车

1—扶手；2—圆筒；3—脚踏刹车；4—手柄

第5章　救生设备

5.1　救生设备的组成及其要求

在船舶总体设计中，虽然已充分考虑了船舶的安全性，采取了种种保证安全的措施，但是船舶仍不能完全排除严重的海损事故，船沉人亡的惨案仍偶有发生。因此，海难救生问题一直为国际所关注，在联合国组织内成立了国际海事海上安全委员会救生分委员会，定期召开会议研究海难救助问题。

人们经过长期以来的实践和调查研究，认为海难救生工作应包括准备、登乘、生存、信号与通信、搜寻、营救等六个方面，每一项工作都应有能满足海难救生要求的设备，而每一组设备又应有一定的技术要求，从而组成完整的救生系统。

为了保证船舶遇险时有足够的救生设备，船舶必须按照《海船救生设备规范》的规定，配备救生艇、救生筏、救生衣、抛绳器和求援信号等。

5.1.1　救生设备的组成与配备

1. 救生设备的组成

船舶救生设备是为救助落水人员或当船舶遇险时撤离乘员而在船上设置的专用设备及其附件的总称。它包括救助艇、救生艇/筏、个人救生设备、救生抛绳器、通信设备（包括无线电台、对讲无线电话、无线电示位标）、烟火信号以及艇筏的登乘、降落装置等。

①救助艇既是海上救助指挥艇，又是值勤救生艇，要求有足够的快速性、机动性和操纵性，能快速营救落水人员，集结和拖带满载乘员的救生筏。

②救生艇/筏是既能使乘员撤离遇险船只，又能使乘员不浸泡在水中的救生器具。

③个人救生设备是可支持单人在水中漂浮的救生器具，一般指救生圈、救生衣、保温救生服、抗浸服及保温袋等。

④救生抛绳器是能把抛射绳准确抛射到所需的位置处（230 m 范围内），使遇险船只和营救船（或岸上）建立联系的装置。

⑤烟火信号是一种请求救援的信号。

2. 救生设备的配备

救生设备应配备的种类和数量随船舶的大小、种类和航行区域而异。国际海事组织在《国际海上人命安全公约》（以下简称《公约》）中对此有明确要求。

5.1.2　救生设备的要求

《公约》对救生设备有如下要求。

1. 制造工艺和材料的要求

救生设备应以适当的工艺和材料制成，能防腐烂、耐腐蚀，不受海水、原油或霉菌侵袭的过度影响;暴露在阳光下,应能抗老化变质,并符合主管机关所规定的使用年限要求。

2. 结构的要求

必须在风浪中使用的救生设备,在风浪中应该能够令人满意地工作。

3. 环境温度的要求

救生设备在 -30 ~ +65 ℃的空气温度范围内存放应不致损坏。使用时,若需浸没在海水中,应能在 -1 ~ +30 ℃的海水温度内使用。

4. 易于被发现的要求

救生设备应在一切能被探测到的部位具有明显突出的颜色。一般采用橙黄色,并且还应装贴逆向反光材料。逆向反光材料由高折射率玻璃微珠制成反光膜,贴在救生设备上,可使其被搜寻范围扩大 4 ~10 倍。

5. 纵倾 10°、横倾 20°的降落要求

救生艇/筏必须在船舶处于不利纵倾 10°和船舶向任何一舷横倾不小于 20°时,能直接从存放地点降落下水,包括降落设备、救生索和登乘软梯的长度都必须符合这个要求。

6. 全部救生艇/筏降落下水的时间要求

处在持续备用状态的救生艇/筏,应能使两名船员在少于 5 min 内完成登乘和降落准备工作。

按船上人员总数所配备的所有救生艇/筏,要求在发出弃船信号并在载足全部乘员及属具后,客船应能在 30 min 内全部降落水中,货船应能在 10 min 内全部降落水中。

5.2 救生艇和救助艇

5.2.1 救生艇

救生艇是能搭乘一定人数的小艇。它载人比较安全,是船舶必备的救生设备,其主要作用是在船舶遇险时帮助人员脱险。此外,救生艇还可以作为临时短程水上交通工具。但救生艇重量大,吊艇设备复杂,占用甲板面积大。

1. 救生艇的种类

(1)开敞式救生艇

开敞式救生艇是传统的救生艇,没有顶盖,只能架设临时的顶篷,对乘员保护能力差。

开敞式救生艇的结构如图 5 -1 所示。它的骨架有龙骨、艏柱、艉柱、肋骨、横坐板、纵坐板(边坐板)等。这些骨架保证了救生艇的强度。它的外壳由艇壳、护舷材、舷顶缘材(或称艇缘)等部分组成。艇壳不但保证救生艇的浮力和水密,还保证艇体的强度。护舷材在艇的两舷起保护船壳作用。艇缘是两舷的上缘,在它的上面有桨叉孔。划桨时,可以插桨叉。艇缘内侧还装有顶篷架插座,供架设尼龙布顶篷用。为了保证救生艇在灌满水或破漏通海仍有浮力,在边坐板下面设有空气箱或硬质闭孔泡沫塑料浮体,其外面设护板加以保护。艇的艏艉踏板上装有吊艇钩,艇底有垫板(或格板)、排水孔及艇底塞。在横坐板下面艇底垫板的上面还设有踏脚板,艇员乘坐在横坐板上,两脚可以踏在踏脚板上面。为了划桨方便,在踏脚板上还可以设置套在脚上的脚套。救生艇的外面设有两舷悬链状的可浮救生索(把手索),供落水人员抓扶,也可作为攀登上艇的踏脚。在艇底两侧设有舭龙骨扶栏及经龙骨底系于两舷艇缘的把手索。当艇倾覆以后，艇员可以抓住把手索，爬上艇底，并扶着舭龙骨，在倾覆的艇上待援。

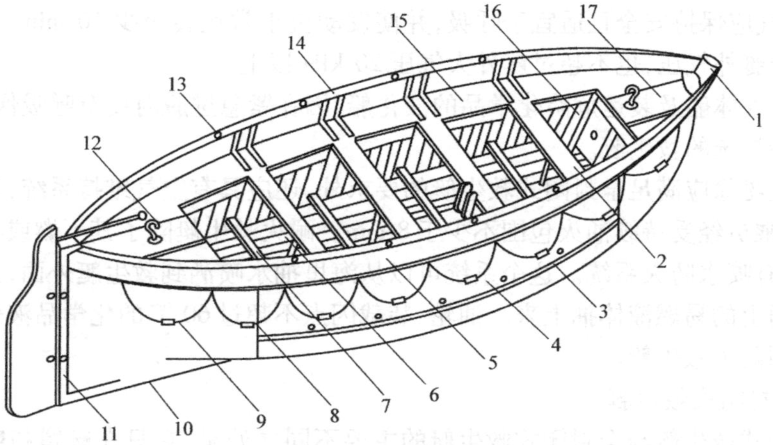

图5-1 开敞式救生艇

1—艏柱；2—横坐板；3—舭龙骨；4—艇壳；5—护舷材；6—艇底垫板；7—脚踏板；8—把手索；9—救生索；10—龙骨；11—艉柱；12—吊艇钩；13—桨叉孔；14—艇缘；15—纵坐板；16—空气箱护板；17—艇艏踏板

开敞式救生艇有机动艇和非机动艇之分。没有发动机的非机动开敞式救生艇，艇上除配桨、篙外，还有桅、帆，并在横坐板上设有夹桅环（桅箍），艇底设有桅座，艇缘上设有供装桅支索及缆绳导索滑车用的小眼环。

（2）全封闭式救生艇

全封闭式救生艇的结构如图5-2所示。它是在开敞式救生艇的基础上加设一个刚性的封闭顶盖，这样可以保护乘员不受冷、热的侵害。全封闭式救生艇的艇体及刚性封闭顶盖的材料都是阻燃的或不燃的，艇员可以在封闭盖下完成收、放艇工作并能进行划桨。封闭盖的进口外设通道盖，开启时能夹住，乘员无须跨过横坐板或其他障碍物就能迅速到达座位（对货船，全部乘员能在3 min内登艇完毕）。它关闭时能水密，当救生艇倾覆时无显著漏水。通道盖能够在内、外两面开启和关闭。

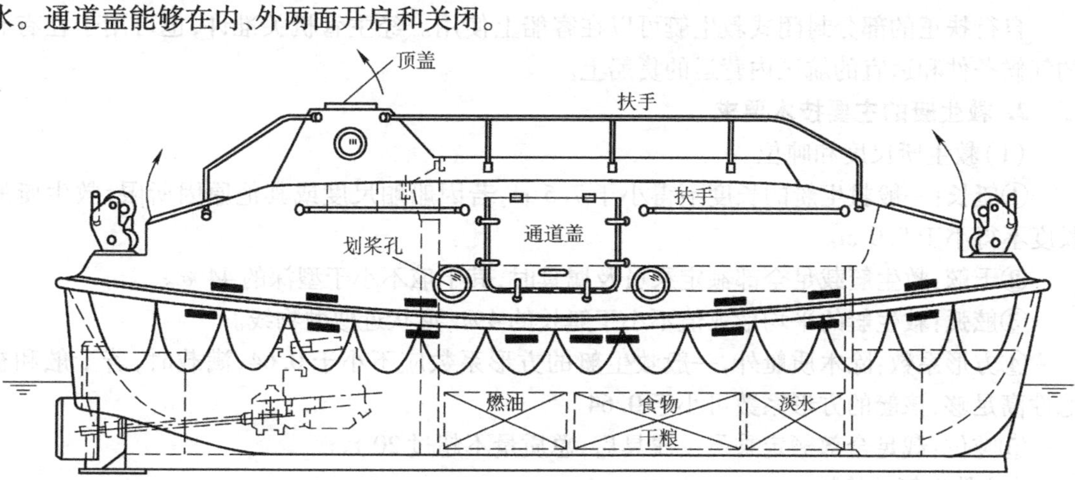

图5-2 全封闭式救生艇

具有空气维持系统的救生艇除应满足全封闭式救生艇的要求外,还备有供气钢瓶和指示送风压力的视觉指示器。这种救生艇有一定的气密要求,从关闭所有的出入口和开口开始,艇内的空气应保持安全且适宜于呼吸,并使发动机正常运转至少 10 min。在此期间,艇内气压不低于艇外气压,也不超过艇外大气压 20 kPa 以上。

散装液化气体船及装运危险化学品的液化船,因在紧急逃脱时要有呼吸保护,应该配备具有空气维持系统的救生艇。

耐火救生艇除应满足全封闭式救生艇的要求外,还应具有空气维持系统,并且当它在水面时,能保护乘员经受持续油火包围不少于 8 min。耐火救生艇除了其不燃或阻燃的艇体和顶盖外,还设有喷水防火系统。这个系统可以从海里抽水喷洒到救生艇外面,并且在抽水时能防止将水面上的易燃液体抽上来。油轮、装载闪点不超过 60 ℃ 的化学品液化船和液化气体船都应使用耐火救生艇。

(3)部分封闭式救生艇

部分封闭式救生艇与全封闭式救生艇的主要不同之处是,它只在艇艏和艇艉设置刚性顶盖。艏、艉顶盖的长度各不小于艇长的 20%。中间部分设有可折式顶盖,它和艏、艉的刚性顶盖形成一个能挡风的遮蔽盖。

部分封闭式救生艇倾覆时不能自行扶正,但保证艇体倾覆后乘员可以顺利逃出。艇体底部装设有与开敞式救生艇类似的攀扶装置,使乘员可以攀扶。

部分封闭式救生艇因为顶盖不能保持水密,所以装有舀水设备。舀水速度虽没有明确规定,但要求越快、越有效越好。

客船除应使用全封闭式救生艇外,还允许使用半封闭式救生艇。

(4)自行扶正的部分封闭式救生艇

自行扶正的部分封闭式救生艇是满足全封闭式救生艇要求的部分封闭式救生艇,即其稳性符合装载全部或部分乘员及属具的要求,而且全部乘员都用安全带缚牢后,在艇倾覆后能自行扶正。

自行扶正的部分封闭式救生艇的顶盖和部分封闭式救生艇一样,由艏、艉的刚性顶盖和中间的可折式顶盖组成,并且也有自动舀水装置。其他要求和全封闭式救生艇是一样的。

自行扶正的部分封闭式救生艇可以在客船上使用。经主管机关准许,也可用于在有利的气候条件和适宜的航区内营运的货船上。

2. 救生艇的主要技术要求

(1)救生艇尺度和吨位

①艇长:一般救生艇的长度不得小于 7.5 m,若因船舶尺度或其他原因所限,救生艇的长度不得小于 5.0 m。

②干舷:救生艇载足全部额定乘员及属具时,其干舷不小于型深的 44%。

③舷弧:救生艇的平均舷弧值不小于艇长的 4%,形状近似抛物线。

④方形系数:除木质艇外,一般救生艇的方形系数应不小于 0.64;满载时,若干舷和初稳性高足够,该艇的方形系数可小于 0.64。

⑤吨位:载足全部额定乘员及属具后,总质量不超过 20 t。

(2)救生艇的稳性

①救生艇载足额定乘员及属具时,初稳性高应不小于按下式计算所得值:

$$GM = 0.05(B^2 - B + 4) \tag{5-1}$$

式中：GM 为初稳性高(m)；B 为艇宽(m)。

②全封闭式救生艇翻转180°后，应能自行扶正。

《公约》对救生艇干舷和稳性要求为：当50%定额的乘员以正常姿势坐在艇中心线一侧时，艇的干舷应至少为艇长的1.5%或100 mm(取其大者)。干舷是从水线量至救生艇可能变成浸水状态的最低开口处。

(3)机动救生艇的快速性

客船、油船配备的机动救生艇，在静水中航速应不小于6 kn。当拖带一载足全部乘员和属具的25人救生筏时，在静水中航速应不小于2 kn，艇上应配备足够供满载艇以6 kn航速航行不少于25 h的燃料。

(4)救生艇的浮性

救生艇应具有自然浮力，或应设有不受海水、原油或石油产品等不利因素影响的自然浮力材料。当艇内浸水和破漏通海时，仍足以将满载所有属具的救生艇浮起。每个救生艇额定乘员应配备相当于280 N浮力的附加自然浮力材料。该浮力材料应设在艇体内。

(5)救生艇的强度

救生艇的强度应满足以下要求：

①载足全部乘员及属具后能安全降落水中；

②当大船在静水中以5 kn航速前进时，能降落水中并被拖带；

③金属艇体的救生艇经受载足全部乘员及属具后的总质量1.25倍的负荷，其他救生艇经受载足全部乘员及属具后的总质量2倍的负荷，在卸去负荷后无剩余变形；

④在载足全部乘员及属具时，能经受碰撞速度至少为3.5 m/s的船舷水平撞击力，并能经受从至少3 m高度投落水中。

5.2.2　救助艇

救助艇用于救助遇险人员和集结救生筏。每艘船都应有救助艇，如果救生艇同时符合救助艇要求，也可当作救助艇使用。救助艇在风浪中应具有充分的机动性和操纵性。

救助艇的结构有刚性、充气和两者的混合结构三种。它的长度在3.8～8.5 m，至少能乘载5个坐下人员和1个躺下人员。救助艇具有足够舷弧或者在艇艏设有15%艇长的艇艏盖。艇上有永久性的拖带装置及贮存细小属具的风雨贮存所，也有万一倾覆时可供人员攀扶的装置。

救助艇的发动机可装在艇内和舷外。舷外发动机可以用汽油机，但油柜须有防火、防爆保护。救助艇发动机能使救助艇保持航速达到6 kn，至少4 h，并且能以至少2 kn航速拖带船舶所配备的载足全部乘员及属具或相当重量的最大救生筏。

救助艇不配备淡水、口粮、水勺、量杯、开罐头刀、渔具及各种烟火信号，只配带钩艇篙1支、水桶1只、太平斧1把、艇艏缆1根。其他属具的配备与其他救生艇是一样的。充气式救助艇的属具包括可浮安全刀1把、海绵2块、手动充气器或充气泵1具、修补破洞工具1套、安全艇篙1支。

此外，救助艇应符合救生艇的一般要求。

5.3 救生筏和个人救生设备

5.3.1 救生筏

救生筏从制造材料来讲,有气胀式救生筏和刚性救生筏;从投放方式来讲,有抛投式救生筏和吊架降落式(可吊式)救生筏。使用最多的是抛投式的气胀式救生筏。

气胀式救生筏用橡胶尼龙布制成,平时折叠存放在玻璃钢容器(存放筒)内,使用时拉动充气钢瓶,充气成形,同时将容器胀开。

气胀式救生筏由筏体、筏底、篷柱、篷帐和钢瓶及其附件组成,其结构如图 5 -3 所示。

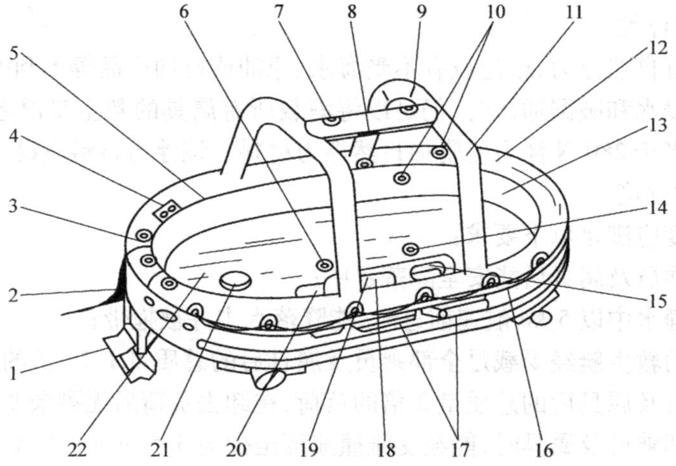

图 5 -3 气胀式救生筏结构示意图

1—软梯;2—艏缆;3—登筏扶手索;4—安全刀;5—内把手索;6—筏底充气阀;7—示位灯;8—照明灯;9—篷柱排气阀;10—安全补气阀;11—篷柱;12—上浮胎;13—下浮胎;14—筏底排气阀;15—补漏用具袋;16—外把手索;17—二氧化碳钢瓶;18—缆绳;19—备品筒;20—桨;21—救生浮环及浮索;22—筏底

1. 筏体

筏体是气胀筏的主体,由上、下两个独立的浮胎及附在其上的附件组成。下浮胎是一个独立的气室,上浮胎也是一个气室,但与篷柱用单向阀相通。这样,如果一个气室损坏,另一气室仍能支持额定乘员浮于水面,且当上浮胎损坏时,篷柱也仍能保持支撑状态。上、下浮胎内侧各有一个安全补气阀。当钢瓶通过充气阀充气,压力超过 2 倍工作压力时,安全充气阀能自动放气,并发出尖锐报警声;低于工作压力时,也能通过充气阀用充气器充气。上、下浮胎外侧各有一个筏体排气阀,供检修后放掉浮胎内气体,以便折叠存放用。

2. 筏底

筏底用双层尼龙橡胶布制成,可供人员乘坐。筏底上设有充气阀和排气阀,寒冷时可用充气器通过充气阀向双层筏底内充气保暖;炎热时,可打开排气阀排掉筏底气体,让海水传导,降低筏内气温。

3. 篷柱

篷柱用于支撑篷帐,分为直柱形和拱形两种。篷柱上设有排气阀、示位灯和照明灯。

4. 篷帐

篷帐用两层尼龙布制成。篷帐上设有雨水沟与积水袋、瞭望窗及门窗。

5. 充气钢瓶

在上、下浮胎之间设有一个或两个充气钢瓶。通过充气管与上、下浮胎充气阀相连,可向上、下浮胎分别充气。充气钢瓶内充灌的是液态二氧化碳,为低温时充气方便,还充灌少量氮气。在环境温度为18~20 ℃时,1 min 内能使救生筏充足气;而在 -30 ℃时,3 min 内能使救生筏充足气。

除以上五个部分外,气胀式救生筏还设有安装和制牢手提式无线电设备天线的装置。

6. 基本要求

气胀式救生筏的基本要求如下。

①气胀式救生筏从18 m 高处投落下水,筏及属具均能符合使用要求。

②应能经受在一切海况下暴露漂浮达30天。

③漂浮的救生筏应能经受从筏底以上至少4.5 m 的高度反复多次的登跳。

④在载足全部乘员及属具后,在平静水中至少能承受3 kn 的拖航速度。

⑤筏及其容器和属具的总质量不得超过180 kg。

⑥应用无毒气体(一般用二氧化碳与氮气的混合气体)充气,环境温度为18~20 ℃时,应在1 min 内完全充足;环境温度为 -30 ℃时,应在3 min 内完全充足;充气后载足全部乘员及属具应保持形状不变。

⑦每个气室应能经受至少等于3倍工作压力的超压,安全阀能防止各气室压力超过2倍工作压力。

⑧筏在充气胀满并且篷柱撑到最高位置而漂浮时,在风浪中应当稳定。当筏处于倾覆位置时,不论在风浪中还是平静水中,均能由一个人扶正。

⑨筏配有一根破断强度不小于10 kN 的艏缆(乘员定额小于9人的筏为7.5 kN),缆绳与筏之间设有破断强度为2.2±0.4 kN 的易断绳,使筏在脱开时不至于被下沉中的船舶拖沉。

⑩应设有不少于一个进口,进口处应设踏板或登筏梯。

⑪筏顶部设一盏人工控制灯,在晴朗天气的黑夜,照距至少为2 nmile,使用时间不少于12 h,可以用闪光灯,其要求与救生艇相同。

⑫筏内应设一盏照明灯,由人工控制,连续使用时间应不少于12 h。在救生筏充气时自动发光,并有足够光强,以供阅读救生筏和属具用法须知。

⑬按规定计算可载乘员不得少于6人。气胀式救生筏按该计算可载乘员的最多人数应由主管机关审定,但无论如何不得多于25人。

⑭救生筏应能在 -30~+65 ℃的温度范围内使用。

⑮救生筏的存放应在紧急时能即刻取用,存放的方式应使其在船舶万一下沉时,能从其存放处自由浮起、充气,并能无阻碍地脱离船舶。

⑯如用绳索绑扎，则应在绑绳上装有经主管机关认可的静水压力或同等性质的自动脱开装置。

5.3.2 个人救生设备

1. 救生圈

救生圈是供落水人员套于腋下，能在水中提供浮力的环状浮体，如图 5－4(a)所示。图 5－4(b)是兜带式救生圈，可将人员吊送过舷或用引绳拉动从水面引渡。

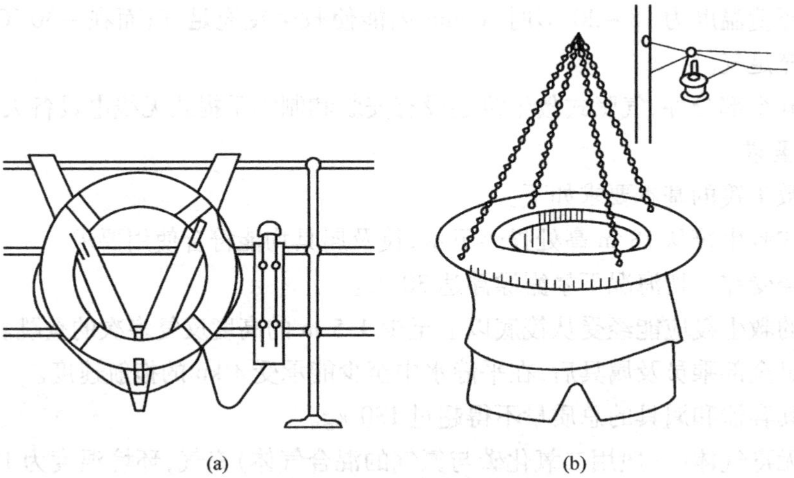

图 5－4 救生圈

(a)带自亮浮灯救生圈 (b)兜带式救生圈

救生圈是以泡沫塑料或经验船部门同意的等效浮材制成的，外面包帆布或塑料，涂上醒目的颜色。救生圈四周应有合成纤维制成的把手索，长度约为救生圈外径的 4 倍。

为了清楚地指示救生圈位置，应按航区的使用规定配备自亮浮灯和烟雾信号。最常用的自亮浮灯有电池式和电石式两种。

电池式自亮浮灯的结构如图 5－5 所示。圆筒内装 4～6 节干电池和一个水银开关。水银开关是用塑料制成的密封瓶子，内盛半瓶水银，瓶底插入两根导线。自亮浮灯用绳子系在救生圈边，平时倒置于船舷夹架上，因水银开关倒置而不导电，投入水中后，筒身由于底部有附重而直立正浮于水中，水银开关接通后使灯发光。

电石式自亮浮灯是在铜皮或镀锌的铁皮罐内装上磷化钙和碳化钙，中央有一根拉棒，当拉棒被打开后，圆筒有了开口，海水浸入后，罐内的磷化钙遇水燃烧，并由碳化钙继续供给电石(乙炔)气，使罐顶产生连续火焰，光度应不小于烛光，并需维持 45 min 的燃烧时间。图 5－6 是海水电石式自亮浮灯。

救生圈的浮力应能在淡水中支持至少 14.5 kg 铁块达 24 h。其强度应保证在 10 m 高处投水试验不会有损坏或永久变形。

救生圈应放在各层甲板两侧易于取用的地方，平时应保持应急可投掷状态，不可以任何方式永久固牢。

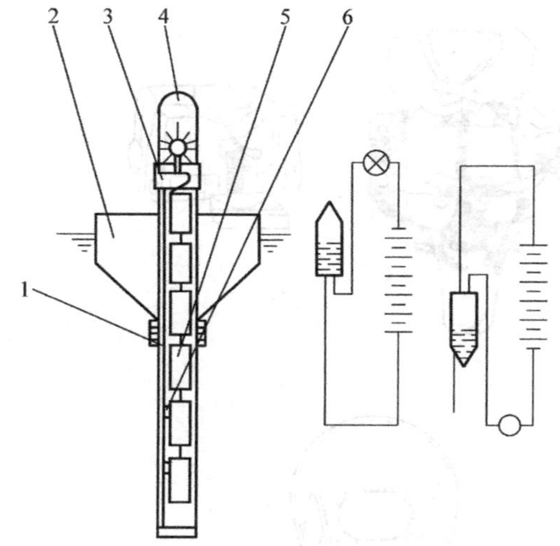

图 5-5　电池式自亮浮灯

1—系于救生圈的系绳；2—泡沫塑料浮子；
3—水银开关；4—灯泡；
5—干电池；6—水密金属圆筒

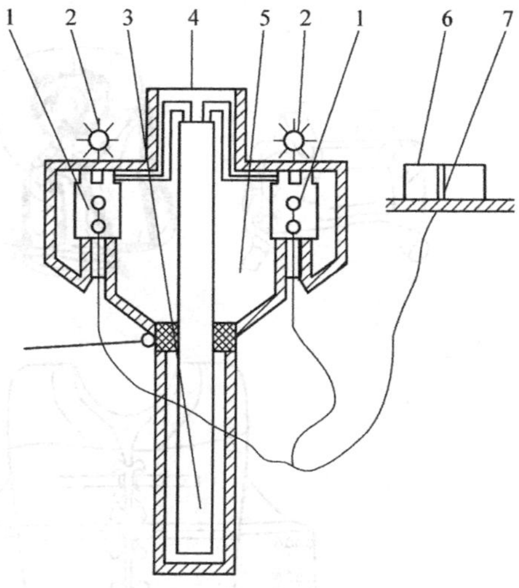

图 5-6　海水电石式自亮浮灯

1—海水电池；2—灯泡；3—烟雾剂；4—塑料盖；
5—浮室；6—系驻用木块；7—拉塞绳

2. 救生衣

救生衣是供落水人穿着后，在水中能提供浮力以承托落水人员的背心状救生用具，如图 5-7所示。按制造材料的不同，救生衣可分为木棉、软木、塑料、充气救生衣；按式样的不同，可分为双浮袋式、四浮袋式、背心式等多种；按用途的不同，可分为作业用、儿童用、成人用、成人儿童两用等多种。

对救生衣的基本要求是：构造应防止可能穿错而引起危险；当穿着救生衣在水中失去知觉或不做动作时，不会因头前俯使脸部淹没水中；通过试验在淡水中能支持 7.5 kg 铁块历时 24 h 不会沉没；穿救生衣时，人应能转动身体至安全漂浮位置。

船上人员每人均应配有一种救生衣，客船上还应附加船上总人数 5% 的救生衣，平时存放于明显易见且容易取出的处所。

充气救生衣应有两个独立的充气室，两个充气室中任意一个充气时，都应符合上述的浮力要求，并能利用机械或人力方便地向内充气。

3. 救生服和保温用具

救生服是一种新型的救生用具，是一种能减少落水人员体热损失的保护服。用自然保温材料制成的救生服能提供足够的热保护，使穿着者在水温为 0～2 ℃的平静流通水中历时 6 h 后，体温降低不超过 2 ℃。用非自然保温材料制成的救生服应连同保暖服一起穿着，也能提供相当的热保护，使穿着者在水温为 5 ℃的平静流通水中历时 1 h 后，体温降低不超过 1 ℃。救生服还能使穿着者的双手受到保护，使其在 5 ℃的水中浸泡 1 h 后，仍能拿起铅笔写字。

救生服应由防水材料制成，并能在无帮助的情况下，在 2 min 内将它拆包并穿好。救生服应能遮盖除脸部以外的整个身体，包括双手。救生服应在被火完全包围 2 s 后，不致燃烧

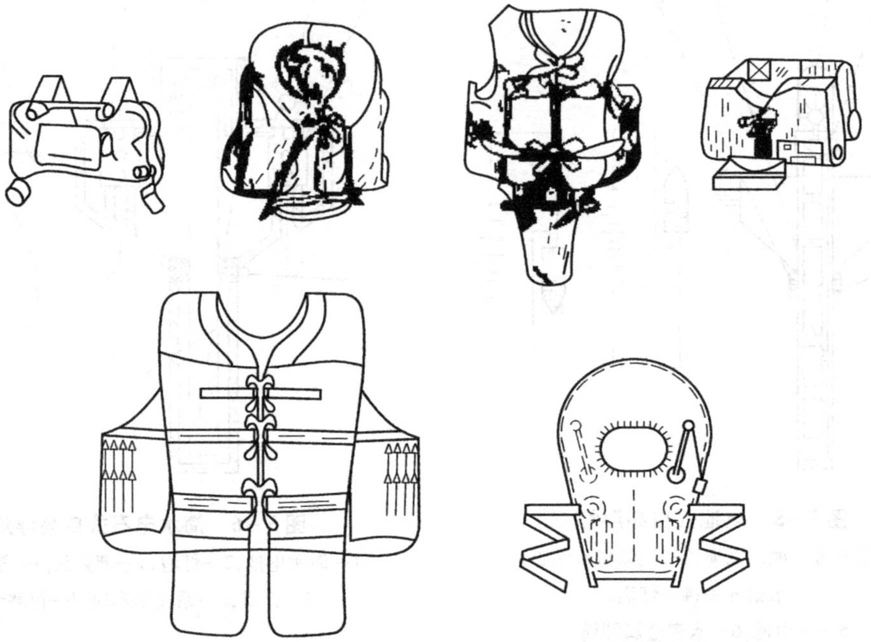

图 5-7 常用救生衣

或熔化。穿着救生服应能从高度不小于 4.5 m 处跳进水中后,不致有过分的水进入其内。目前设计的救生服有两种:一种由浮力材料制成,另一种由无浮力材料制成。前一种救生服还必须符合救生衣的有关要求;而后一种救生服在穿着时必须加穿救生衣,救生衣应穿在救生服的外面。

除救生服外,还有一种用于包裹人员使其减少体温损失的保温用具,习惯称为保温袋。保温用具应采用热导率小于 0.25 W/(m·℃)的防水材料制造,能遮盖除脸部外的整个身体;能在救生艇/筏中,在无人帮助情况下将其拆包并容易穿着;如保温用具妨碍游泳,穿着者可在 2 min 内在水中把它脱掉;在气温 -30 ~ +20 ℃范围内功能正常。

第6章　推拖设备

船队运输、大型船只在港口调头或靠离码头、海难船只救助、钻井平台移位等作业都需要打捞船、港湾工作船以及推拖船等专业船舶来完成。凡船上供推、拖其他船只、浮物或供承受推拖作业的所有专用机构、部件、机械,统称为推拖设备。

一般运输船舶在营运过程中,也会出现本船发生故障或遇他船出现海事需要相互救援协助拖带的情况,但只能借助于原有的系缆设备进行。本章所要介绍的是专业推拖船上的推拖设备。

推拖方式大体上可分为挂拖、绑拖和顶推三种形式。

6.1　挂拖

挂拖是拖船在前,通过拖钩和拖缆牵引被拖船只或浮物一起行驶的拖带方式,如图6-1所示。按组队形式来分,挂拖有一列式、筒状式、天平式、双排并列式以及多排并列式等多种形式。

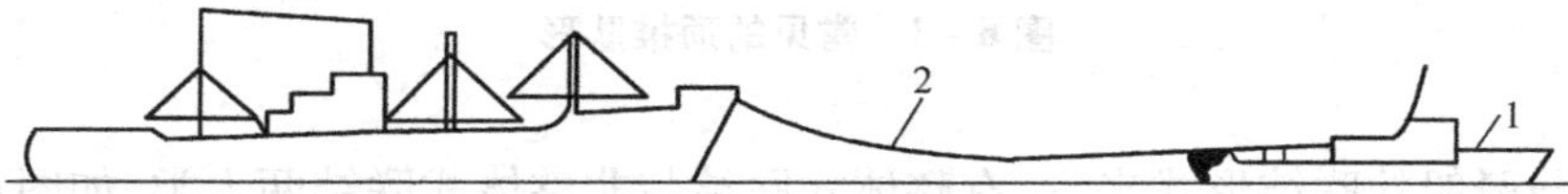

图6-1　挂拖

1—拖船;2—拖缆

由于挂拖的拖运量大、成本低,适宜于大宗货物运输,因而在内河货运中应用极为广泛。但挂拖时整个船队较长,不易操纵,故挂拖不宜在狭窄、弯多和水流湍急航道中采用。在海上,挂拖主要用于失事遇险船舶的救助拖带、辅助等。

挂拖船队运输能充分利用伴流,单位功率的载量较大,抗风能力优于顶推船队,但航速低,而且生产效率低于顶推船队。

6.2　绑拖

绑拖是以拖船舷靠舷地绑结被拖船只或浮物一起行驶的一种拖带作业方式,如图6-2所示。

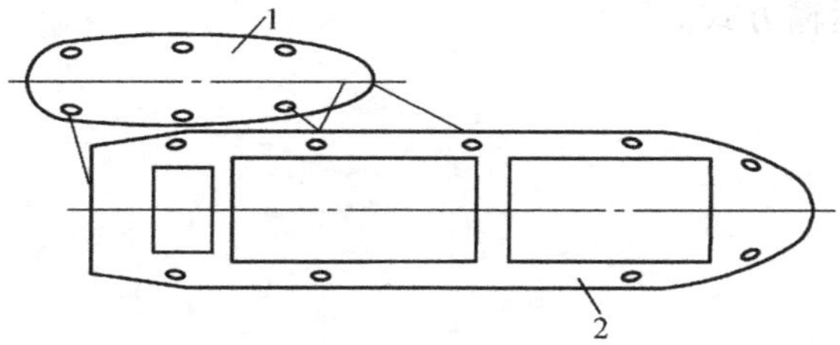

图6-2　绑拖

1—拖船;2—驳船

绑拖可以使整个船队长度大大缩短,操纵灵活,但阻力较大,托运量较小,风浪中两船易互相碰撞,故一般只用于短途拖带和港内协助船舶离靠码头、转移泊位等。

6.3 顶推

顶推是推船在后,利用推架、索具等推着船队前进的运输方式。图 6 – 3 为常见顶推队形。

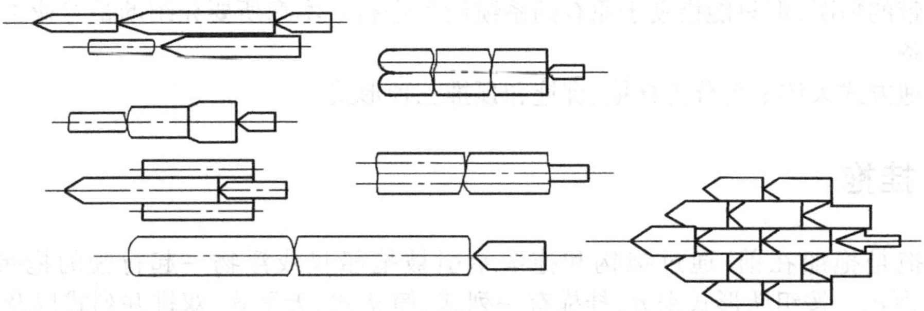

图 6 – 3 常见的顶推队形

就推船与驳船的联结形式来看,有整体式联结与非整体式联结两大类,如图 6 – 4 所示。

①非整体式联结。非整体式联结分为推架式、凹槽索具式和二销式。推架式只适用于波高 1 ~ 1.5 m 的航区,内河船队一般采用这种方式。凹槽索具式能适应 1.5 ~ 3.0 m 的航区。二销式是为了适应更大的风浪而发展起来的。推船与驳船间只有相对地纵摇,可以适应 5 ~ 6 m 的波高。

②整体式联结。整体式联结有嵌接式和三销式,这是为了改善整体式的船队阻力和船队的耐波性以及适应更大波高而发展起来的方式。由于推船和驳船刚性地联结在一起(利用推船上的绞缆机将推船绞进驳船艉部的坞形槽内,然后利用楔块和销子将推船与驳船固定),因此联结力更大。

顶推运输可使船队阻力降低,推进性能和操纵性能均较挂拖和绑拖大为改善,这样在同样航速下,单位功率的载运量能得到提高。对于同等规模的驳船队,顶推船队的航速比拖带船队的航速可提高 15% ~ 25%,在运输中能提高船舶主机的利用率,进而可降低运输成本,故是具有发展前途的运输方式。

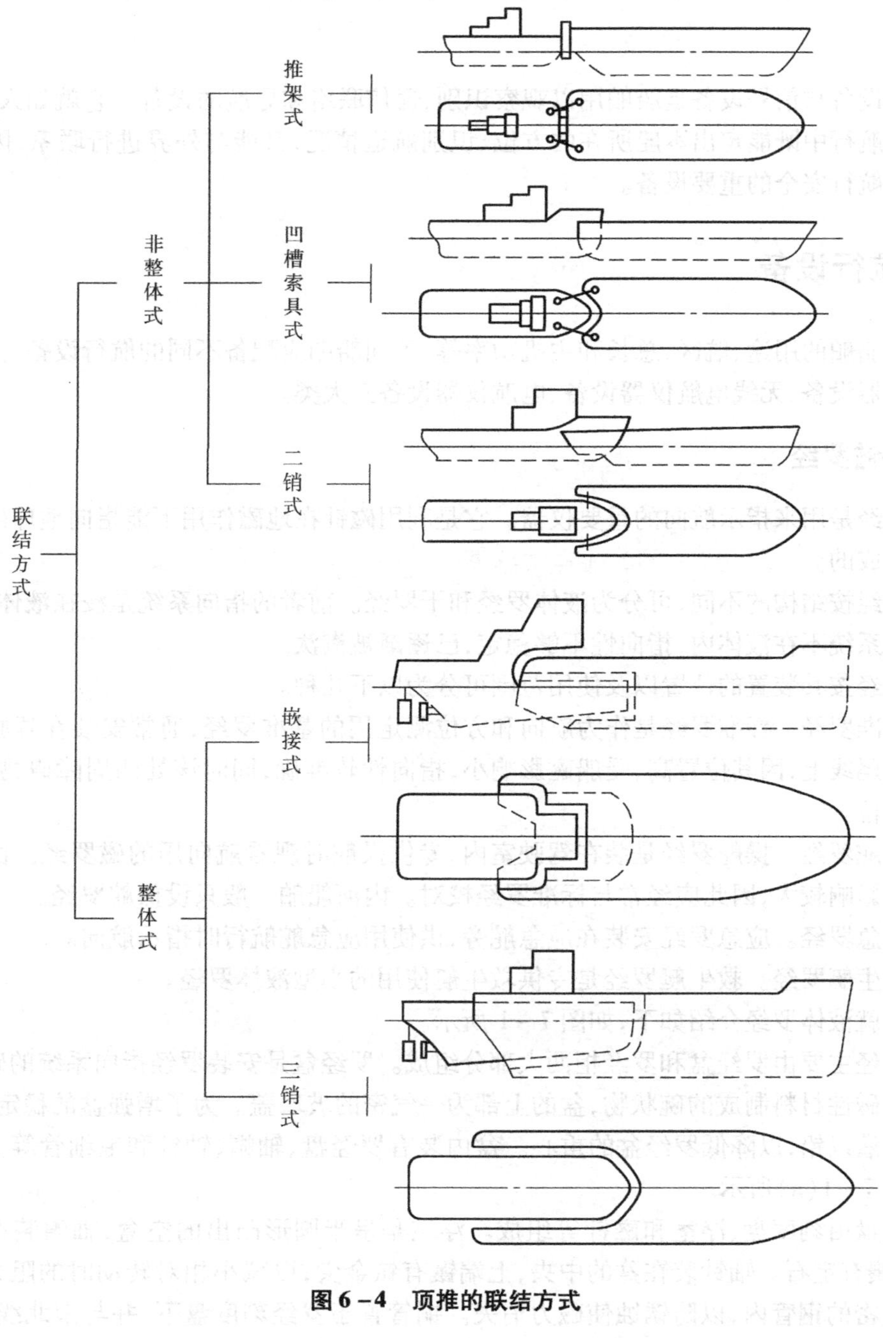

图6-4 顶推的联结方式

第7章　航行设备与信号设备

航行设备与信号设备是船舶用以观察识别、通信联络和导航的设备。它就如人的耳目，使船舶在航行中既能定出本船所在的方位、识别航道情况，又能与外界进行联系，因此它是保证船舶航行安全的重要设备。

7.1　航行设备

根据船舶的用途、航区、总长和主机功率等，不同船舶应配备不同的航行设备，大致可分为普航仪器设备、无线电航仪器设备、电航仪器设备三大类。

7.1.1　磁罗经

磁罗经是用来指示航向的重要仪器。它是利用磁针在地磁作用下能指向地球磁极方向的原理制成的。

磁罗经按结构的不同，可分为液体罗经和干罗经。前者的指向系统是浸在液体内的；后者的指向系统不在液体内，指向性不够稳定，已逐渐被淘汰。

磁罗经按其装置的位置以及使用范围可分为以下几种。

①标准罗经。标准罗经是作为航向和方位测定用的基准罗经，通常安装在驾驶室露天顶甲板首尾线上，因其位置高，受船磁影响小，指向性较准确，同时该处四周障碍物较少，便于观测方位。

②操舵罗经。操舵罗经是装在驾驶室内，专供操舵时观看航向用的磁罗经。由于驾驶室受船磁影响较大，因此应经常与标准罗经校对。内河船舶一般只设操舵罗经。

③应急罗经。应急罗经安装在应急舵旁，供使用应急舵航行时指示航向。

④救生艇罗经。救生艇罗经是专供救生艇使用的小型液体罗经。

现仅就液体罗经介绍如下，如图7－1所示。

磁罗经主要由罗经盆和罗经柜两大部分组成。罗经盆是安装罗经指向系统的碗状铜盆或其他非磁性材料制成的碗状物，盆的上部为一气密的玻璃盖。为了增强盆的稳定性，在盆底的周缘灌以铅，以降低罗经盆的重心。盆内装有罗经盘、轴帽、轴针和毛细管等。罗经盆结构如图7－1(a)所示。

罗经盘由刻度盘、浮室和磁针等组成。浮室是呈半圆形凸出的空盒，轴帽装在浮室底部，顶部镶有宝石。轴针装在盆的中央，上端镶有铱金尖，以减小相对转动时的阻力。磁针组装在气密的钢管内，以防锈蚀使磁力消失。铜管置于罗经刻度盘下，并与南北线平行，对称地分布在罗经刻度盘中心的两侧。

罗经盆内注满酒精和蒸馏水的混合液，其配合比例视浮室的重量和船舶航行的纬度高低而定。在高纬度航行时，酒精成分应多些，以防结冰。罗经盆内若有气泡出现，应由罗经盆边壁的液体注入孔加注同样的液体直至气泡消失为止。

罗经盆内灌注液体的目的是使罗经盘的浮室上浮，以减小轴针与轴帽间的摩擦，同时可以增加罗经盆的稳定性。

罗经柜是非磁性体制成的柜子，如图7－1(b)所示。为保证罗经盆始终保持水平状态，罗经柜上部装设平衡环，罗经盆刀口形的轴端就架在该平衡环上。罗经柜内安装消除自差的软铁球或软铁片以及校正各种自差的磁棒。

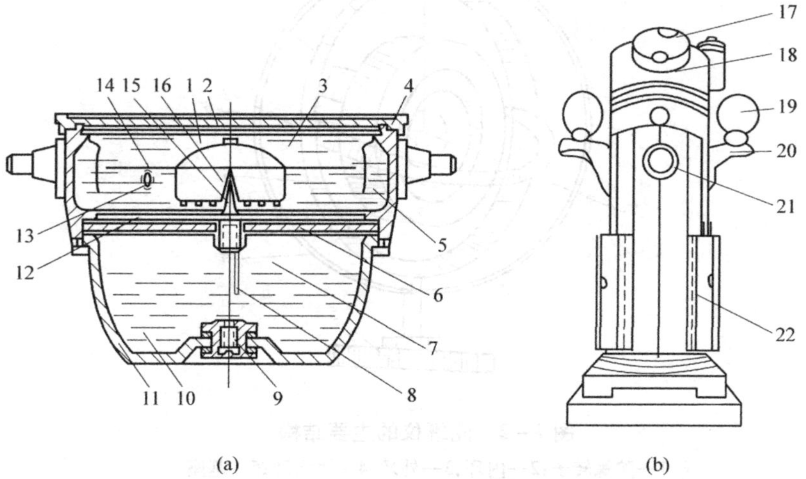

图7－1　磁罗经

(a)罗经盆结构　(b)罗经柜结构

1—浮室；2、17—玻璃盖；3—上室(注满液体)；4—铜压圈；5—基线；6—透明玻璃；7—下室；8—毛细管；9—换轴针螺钉；10—液体；11—玻璃盆；12—磁针；13—液体注入孔；14—刻度盘；15—轴针；16—轴帽；18—柜罩；19—软铁球；20—座臂；21—倾斜计；22—校正磁棒

由于磁罗经指向的准确度受船磁和地磁的影响，其误差值随时间、地点、航向的不同而变化，因此需要定期和不定期地测定其差值。在安装磁罗经时，必须遵守有关规定，例如罗经柜应可靠地固定在硬木座垫或搁台上，螺栓应采用非磁性螺栓，安装时应保证船舶正浮时磁罗经的航向标志线与船舶纵向中心线相重合或平行，磁罗经的垂直轴线应保证垂直，在磁罗经周围应避免堆放钢铁、电、磁等器材。

由于磁罗经的构造简单、性能可靠、使用方便，又不受供电影响，所以目前即使用很多高精度的导航仪器装备的船舶，磁罗经仍然是各类船舶必备的指示航向和测量目标及方位的导航仪器。

7.1.2　电罗经

电罗经的工作原理与磁罗经完全不同，它是陀螺仪在导航方面的具体应用。它既不受地磁影响，也不受船上磁性的干扰。

陀螺仪是指绕轴高速旋转的对称物体及其悬挂装置的组合体，主要由转子、内环和外环组成，如图7－2所示。

陀螺不旋转时，其旋转轴可倾倒在任意方向。当陀螺直立旋转时，旋转轴就保持与地面垂直。旋转轴这种保持指向不变的特性，称为陀螺的稳定性或定轴性。当陀螺受外力影响而使旋转轴不垂直于地面时，陀螺一方面绕其本身的旋转轴旋转，同时旋转轴还绕垂直于地面的轴线转动(图 7－3)，这种现象称为陀螺的进动性。电罗经就是利用陀螺的稳定性和进动性指示航向的。

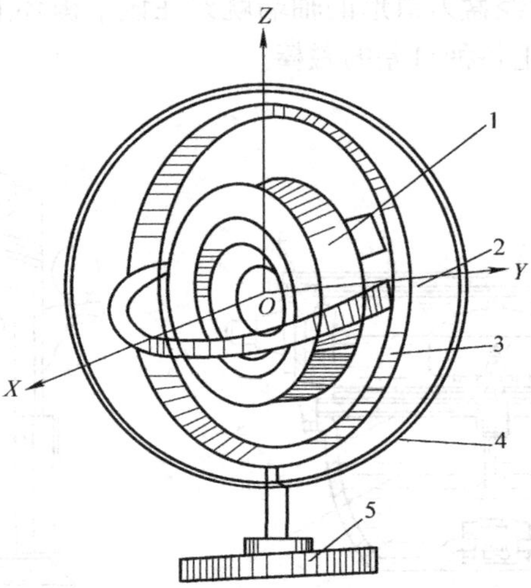

图 7－2　陀螺仪的主要结构

1—陀螺转子；2—内环；3—外环；4—固定环；5—基座

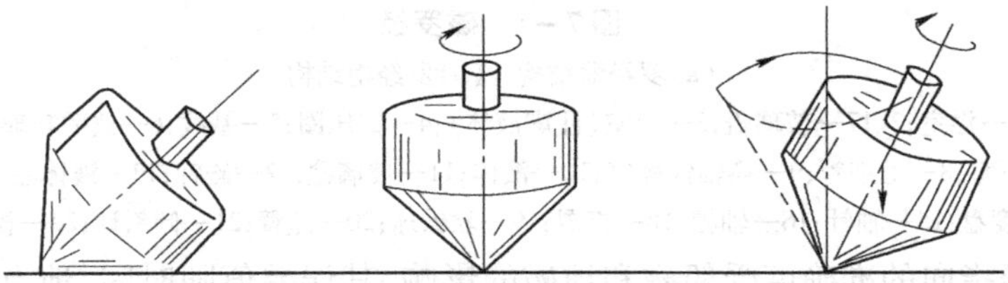

图 7－3　陀螺仪的定轴性和进动性

陀螺仪的转子是一个边缘加厚的金钱环，其转轴称为主轴(*OX*)，转子支承在内环上，内环水平支承在外环上，内环两支承点的连线组成了陀螺仪的水平轴(*OY*)。外环支承在基座上，外环两支承点的连线组成陀螺仪的垂直轴(*OZ*)。内环、外环都可以围绕自己的轴——两支承点的连线自由转动。这样，转子就具有三个自由度：一是转子绕 *OX* 轴(主轴)作自转运动；二是转子连同内环绕 *OY* 轴(水平轴)转动；三是转子连同内外环绕 *OZ* 轴(垂直轴)转动。这就使得转子的主轴可指向空间的任何方向。三轴的交点为陀螺仪的中心。当陀螺仪的重心位于中心，且不受任何外力矩作用时，具有三个自由度，称为自由陀螺仪。自由陀螺仪与陀螺一样，当转子不旋转时，若转动基座，主轴将随基座一起转动；当转子作高速(20 000 r/min)旋转时，如转动基座，则主轴 *OX* 轴并不随基座一起转动，而保持它原有的空间指向不变。但是，由于受地球自转的影响，陀螺仪的空间指向虽然未变，但共转轴已偏离子午面一个角度，这样对随地球自转而运动的观察者来说，陀螺仪的主轴是随着时间的变化而作着以 24 h 为周期的视运动，如图 7－4 所示。也就是说，自由陀螺仪不能直接当罗经使用。为了把自由陀螺仪制成电罗经，就必须解决其视运动问题。解决的途径是利用陀螺仪的进动性，使它的旋转主轴始终稳定在子午面内。目前，使自由陀螺仪变为陀螺罗经的方法有两种。一种是将陀螺仪的重心沿 OZ 轴下移，使其重心不与中心重合，结果由重力产生的进动方向与由地球自转引起的陀螺仪偏离子午面的方向相反，并且进动的速度又和其偏离子午面的速度大小相等，这样旋转轴就可以稳定地指北了。采用这种方法修正的罗经称为下重式或下摆式罗经。另一种是在自由陀螺仪上装盛有水银的容器，用来产生修正力矩，使得主轴在偏离子午面后，利用该力矩使主轴仍回到子午面内，这种罗经称为水银器罗经或上重式罗经。

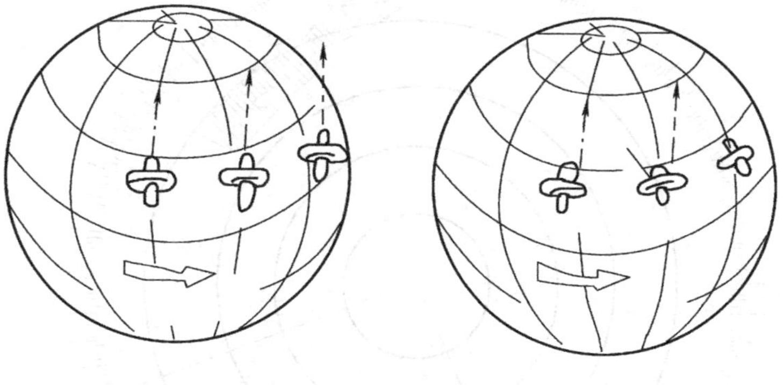

图 7－4　陀螺仪的视运动

电罗经的指向准确性比磁罗经高，但其结构复杂精密，制造成本高，必须有电才能工作，而且启动时间长。为了达到精确和安全导航的目的，在备有电罗经的船上，还需配有磁罗经，以便配合使用。

7.1.3　雷达

雷达是利用无线电波对外界进行探测的导航设备。

无线电波按频率可分为超低频、低频、高频、特高频和超高频几个范围；按波长可分为超长波、长波、中波、短波、超短波和微波等。雷达的工作频段属超高频，其波长则属微波波段。一般船用雷达的频率在 3～30 GHz，对应波长在 10 cm 至 1 cm。属于这一频段的无线电波，当在传播过程中遇到障碍物时，具有沿着与电波传播方向相反的途径反射回来的特性，而不同于其他波长较长的电波会产生绕射，因此可用以探测目标的相对距离和方位。

雷达主要由五大部分组成，即雷达发射机、接收机、显示器、天线和变流机。雷达发射机担负着发射无线电波的作用。雷达天线的任务则是把发射机中产生的无线电波按照一定的方向发射出去，并把反射回来的回波接收下来，再送到接收机。由于从物标反射回来的回波能量很小，因此必须经过放大才能在显示器上显示出来，接收机起着接收并放大的作用。显示器有一个阴极射线管，通过这个与电视机荧光屏一样的显像管，就能迅速而精确地显示出目标的方位和距离。变流机供给雷达各部分需要的电能。

为了显示船舶四周物标的图像，船用雷达多采用圆的显像管，并把显像管屏幕的中心定为船舶所在的位置。雷达的扫描是从中心开始沿着半径向外进行。在发射机发射无线电波的同时，荧光屏的光点开始由中心向外以极快的速度移动，在荧光屏上形成一条扫描线，该扫描线以圆心为转轴，保持与无线电波发射的方向同步转动。当有回波返回时，荧光屏上的光点就比平时亮，这一点就是雷达所显示的物标。各个不同方位扫描线上面所显示物标的亮点拼接起来,就成为一幅以船位为中心的船舶四周物标的图像,如图 7 -5 所示。图中阴影部分即是荧光屏发光的部分,也即是周围物标的图像。为了能方便地测出物标的距离,在扫描线上间隔一定的距离产生一个测距的标志亮点,随着扫描线的旋转,在荧光屏上就连接成一个个等距离的同心圆——固定距离标志图。

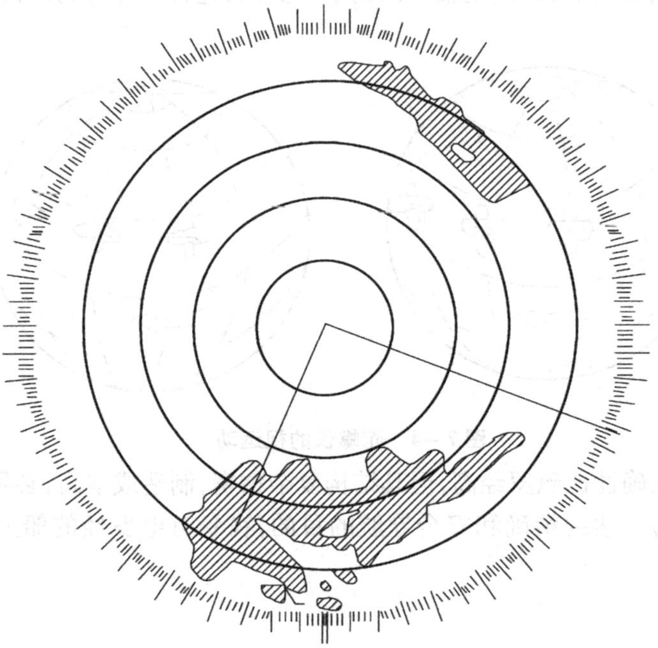

图 7 -5　以船位为中心的雷达显示图

为了直观地看出目标与船的相对位置和确切的方位,雷达设备中加装了船艏标志电路。当扫描线转到船艏方向时,就会接通一个船艏标志开关,船艏标志电路即会产生一个标志脉冲,经放大以后加到阴极射线管的栅极,使荧光屏上对应于船艏的方向出现一条亮线,如图 7 -5 中的一直线——船艏标志线。该物标与船艏线的夹角即代表物标的方位。

船用雷达的类型和型号很多,选用时必须对雷达的性能、电源、结构、体积等进行必要的了解。同时,应结合本船的具体需要进行选配。例如:近海航行的船舶,有效观测距离只要 30 ~40 nmile(海里);航行于江河湖泊的船舶,主要需从近距离物标的分辨率和图像的清晰度来考虑,这就不需要选用功率太大的发射机和远量程的显示器;在电源方面,应选用能直接使用本船电源的雷达,以免增加设备的重量和维修保养困难。

在安装雷达时,应符合雷达出厂证明书中的有关安装规定。交流机一般安装在远离驾驶室及船员卧室的专用变流机房内。收发器的安装位置应选择在距天线桅较近的地方,使连接收发室与天线所用的波导管尽可能短一些,同时还要尽量避免波导管弯曲,以免增加磁波损耗。由于收发器的磁控管具有极强的磁场,因此需注意各种型号雷达收发器安装时距磁罗经最小安全距离的要求,以免对磁罗经造成干扰。显示器应安装在海图室或直接安装在驾驶室,其位置应远离门窗,以免受潮。

雷达天线应安装在专门的雷达柱或雷达架上。一般来说,天线越高,测得的目标距离也越远。但天线太高,会使近距离“盲区”范围扩大,同时波导管的长度也会增加,从而会加大电磁波传播的损耗。一般可根据船的布置情况,尽可能地将天线装在船上的最高处。加固天线的支索必须套有索具绝缘子,以保证安全。

7.1.4　测深设备

船舶航行时需要随时掌握航道水深,以保证船舶安全航行和可靠停泊。对于水深较浅的内河航道,一般是利用测深竿和测深手锤进行测深;而对较深的航道,则利用回声测深仪。

1. 测深竿

测深竿是浅水用的测深工具。一般采用长 6 m、直径 40 mm 左右的竹竿,上面每间隔 20 cm 涂以不同的色漆。使用时,船员将测深竿插入水中目测标记,以判断水深。

2. 测深手锤

测深手锤由铅质或生铁制成,由质量 2 ~ 6.5 kg 的棱柱测深锤与周径 15 ~ 30 mm、长 30 ~ 40 m 的棉麻测深绳组成。

测深绳上缀有色彩及形状各异的深度标志。测深锤底部有凹穴,里面可充以油脂,当测深时可根据手感或从凹穴中粘着的土质了解河床的底质。

人工测深时,船上需配备测深台,以便工作人员在舷外使用测深工具。测深台由踏板和栏杆等组成,有固定的和可拆卸的两种,多设置在驾驶室的两舷侧或艏部锚机甲板舷侧。

3. 回声测深仪

回声测深仪多用于深水航道的测深。它是利用超声波在水中以一定速度传播,遇到障碍又会反射回来的原理制成的。超声波的波速一般可视为常数,在海水中约为 1 500 m/s,在淡水中约为 1 400 m/s,因而只要知道声波由发射到接收所需的时间,就能知道声波的传播距离,即物体(或水底)距船底的距离 = 1/2 × 超声波速 × 往返时间。

回声测深仪主要由换能器、推动器、显示器三部分组成。

(1)换能器

换能器包括将电能转换为声能的发射换能器和将声能转换为电能的接收换能器两部分。

水声换能器是利用晶体和压电陶瓷的压电效应,或铁镍合金的磁致伸缩效应工作的。压电效应就是在按一定方向切成薄片的晶体上施加压力,晶体薄片的两个端面分别产生正负电荷的效应;反之,在晶体薄片上施加拉力时,它的两个端面就产生与施加压力时相反的电荷,如图 7-6 所示。

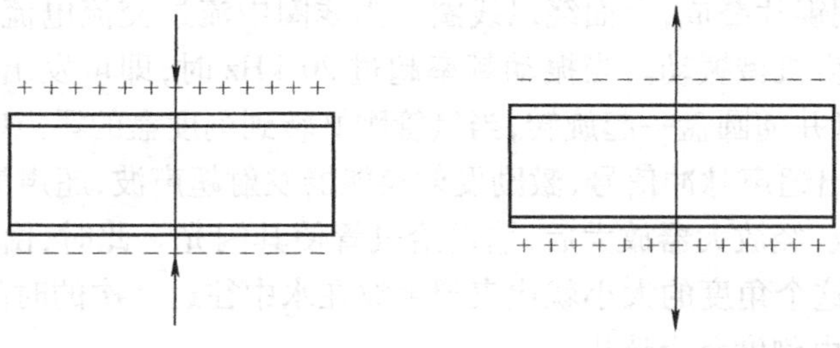

图 7-6　压电效应的产生

磁致伸缩效应与压电效应相反，即在晶体的两个端面施加交变电压，晶体就会产生相应的伸长或缩短从而产生机械振动，晶体的振动就会推动周围的空气或水，发生超声波的辐射。

超声波传播时遇到障碍反射回来，回波作用在水声换能器的晶体上，由于压电效应，水声换能器的两端面上便可得到电信号。

(2)推动器

推动器的作用是产生具有一定能量的脉冲信号，用来激励发射换能器。

(3)显示器

显示器包括提供深度读数的圆盘和刻度盘以及带动圆盘转动的电动机和放大器等。

图 7－7 所示为回声测深仪示意图。

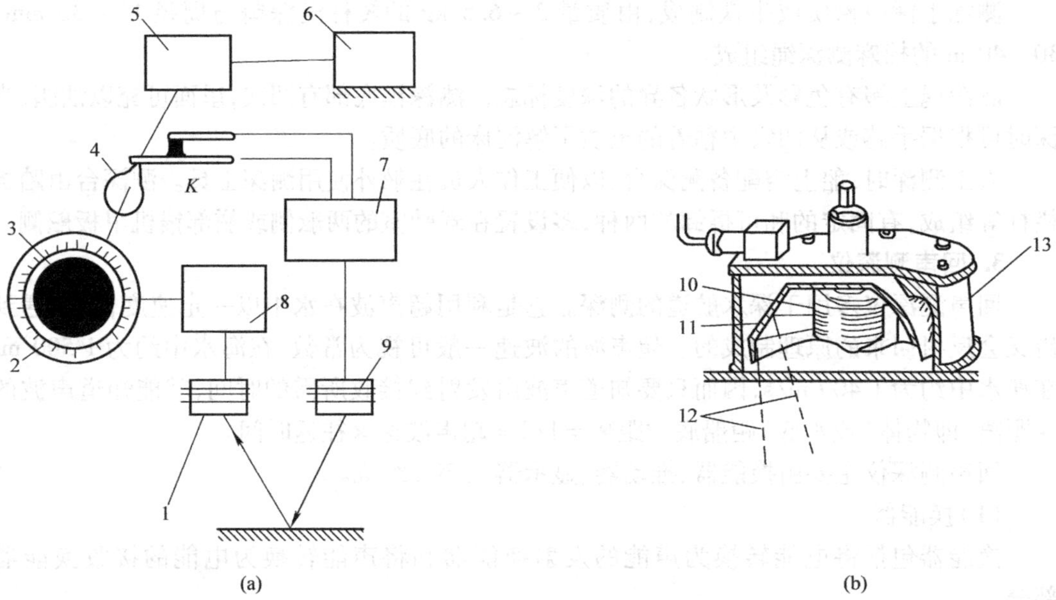

图 7－7　回声测深仪示意图

(a)回声测深仪工作示意图　(b)换能器

1—接收换能器；2—刻度盘；3—圆盘；4—凸轮；5—减速器；6—电源；7—推动器；8—放大器；9—收发换能器；10—振荡体；11—反射体；12—超声波；13—换能器

换能器一般采用镍片叠成，上面绕以线圈。当线圈中流过交流电流时，产生交变磁场，在其作用下，镍片产生机械振动。当振动频率超过 20 kHz 时，即可发出超声波。在圆盘背面装有可闪光的氖管并随圆盘一起旋转，当氖管刚好转到刻度盘的零点时，利用凸轮使触点 *K* 闭合，推动器即发出超声脉冲信号，激励发射换能器发射超声波，超声波经水底反射回来，并由接收换能器接收，经放大器放大后，输送给氖管使其闪光。此时，由于氖管已随圆盘从 *O* 点转了某个角度，这个角度的大小就代表超声波在水中往返一次的时间，也就知道了该测处的水深，并可直接由刻度盘上读出。

相关规范对换能器的安装位置作了具体的要求，例如应安装在船底振动最小、船体线型倾斜最小、尽量远离机械的声干扰和电磁干扰的地方,同时应注意要远离各种出水孔道,换能器的工作面应尽量与船体外壳在同一水平面上。

推动器一般安装在离发射换能器最近的舱内;显示器应安装在驾驶室或海图室,距甲板应有一定的高度。

7.1.5　双筒望远镜

船上所用的望远镜多为三棱镜双筒望远镜,如图7-8所示。它是由两个单筒折射的棱镜组成的,用以观测目标以及加大目标的视距和清晰度。

望远镜上的数字如6×30、8×50及7°、7.5°等字样的含义:6、8表示放大倍数;30、50表示接物镜的直径;7°、7.5°表示该镜的视场角度,即指目镜至接物镜两缘间的夹角。

选择夜用望远镜时,只要将接物镜片的直径除以放大倍数,如值大于7,就可作夜用望远镜,例如7×50规格的望远镜即是。

在驾驶室应设专门的箱柜保藏望远镜,防止镜片受潮生霉;防止剧烈震动和碰撞而使镜筒内棱镜位置移动,影响观察的准确性。

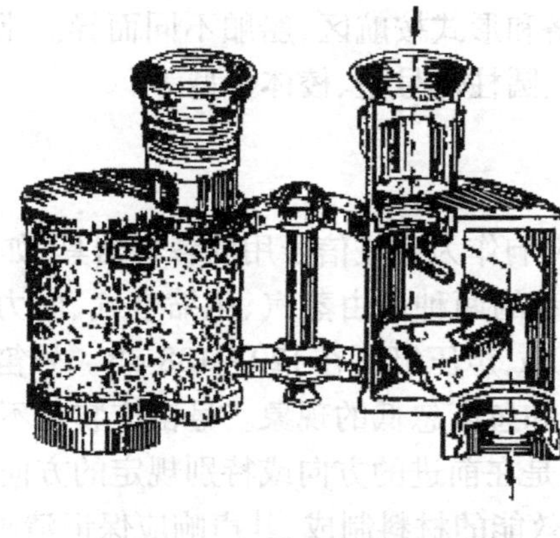

图7-8　三棱镜双筒望远镜

7.2　信号设备

信号设备是指船上设置的能对外界发出并能使外界的视觉或听觉感受到信号的设施。

7.2.1　号灯

号灯是指根据避碰规则设置的,用以表明夜间船舶动态或作业状态的灯具。船舶基本号灯的数量和安装要求必须根据船舶的用途、航区来配置,还应根据船的总长按相关规范增减号灯的数量。

相关规范要求,号灯的灯壳和金属部分需采用耐蚀材料,号灯应通过水密插头、插座与驾驶室的号灯控制箱连接,控制箱上应该有与号灯一致的工作指示灯,并应设失电和故障报信装置,以保证号灯的正确点燃和确保安全。

装置号灯的灯架、灯座、挡光板等必须能保证相关规范所规定的各号灯应有的高度和光弧的度数。

7.2.2 通信闪光灯

通信闪光灯有下列几种形式。

1. 手提式

手提式闪光灯设置于驾驶室固定的箱柜内,形似手枪,可利用扳机拍发信号。该闪光灯要求有独立的电源,同时能利用船上的主电源进行工作,白天和黑夜都适用。

2. 旋转座架式

旋转座架式闪光灯固定地设置在驾驶室或驾驶室的两侧,能水平旋转 360°和水平俯仰各 15°,利用遮板的开闭拍发信号,能见距离应不小于 10 nmile,适用于白天和黑夜。

3. 桅顶式

桅顶式闪光灯固定地安装在桅顶,用电键拍发信号,只适用于夜间。

7.2.3 号型

号型是悬升在船上的规定位置,白天用以代替号灯,表示船舶动态和作业状态的具有特定形状的有色几何体。其规格和形式按航区、船舶不同而异。常见的有球体状或由两正交圆片构成的圆号型、锥体号型、圆柱体号型、棱体号型等。

7.2.4 音响信号器具

音响信号器具指能发出声响作为避碰信号用的各种器具,如号笛、号钟、雾角等。

① 号笛有机动的和非机动的两种。由蒸汽、压缩空气、电力作发声能源的机动号笛的基本频率范围应在 130 ~ 700 Hz,声压级可在 120 ~ 138 dB。号笛应能发出 4 ~ 6 s 长声或1 s 左右的短声,发声时应无抖动和忽高忽低的现象。号笛应装于不低于最高甲板室顶处,以保证声响不被建筑物阻碍,特别是在前进的方向或特别规定的方向上。

② 号钟由青铜或其他同效能的材料制成,其声响应保证清晰响亮。

③ 雾角是供雾天使用的非机动号笛,为备用设置。

7.2.5 旗号

旗号是供船舶通信和作为标志用的各种旗帜的统称,包括国旗、国际信号旗、手旗、公司旗等。

各种旗号的配备应符合相关信号规范的规定。各旗号的规格,可根据船舶的用途、大小进行选用。

手旗是用两面 600 mm × 600 mm 的旗布和两根手旗棒制成的。利用变换不同的臂位,发出通信信号,能见距离应在 1 ~ 2 nmile。

国际信号旗是用红、黄、蓝、白、黑五种颜色旗布制成的。每套国际信号旗由 26 面字母旗、10 面数字旗、3 面代用旗、1 面回答旗组成,共 40 面,如图 7 - 9 所示。

根据《国际信号规则》由一面、两面、三面、四面或五面旗子组成具有独立意义的信号组,再由单独信号组或几个信号组组成完整的国际通信信文,供船舶、船岸之间相互通信。

船舶除配备上述旗号以外,还应根据航区、用途、各级规范,配备与上述旗号同规格的旗

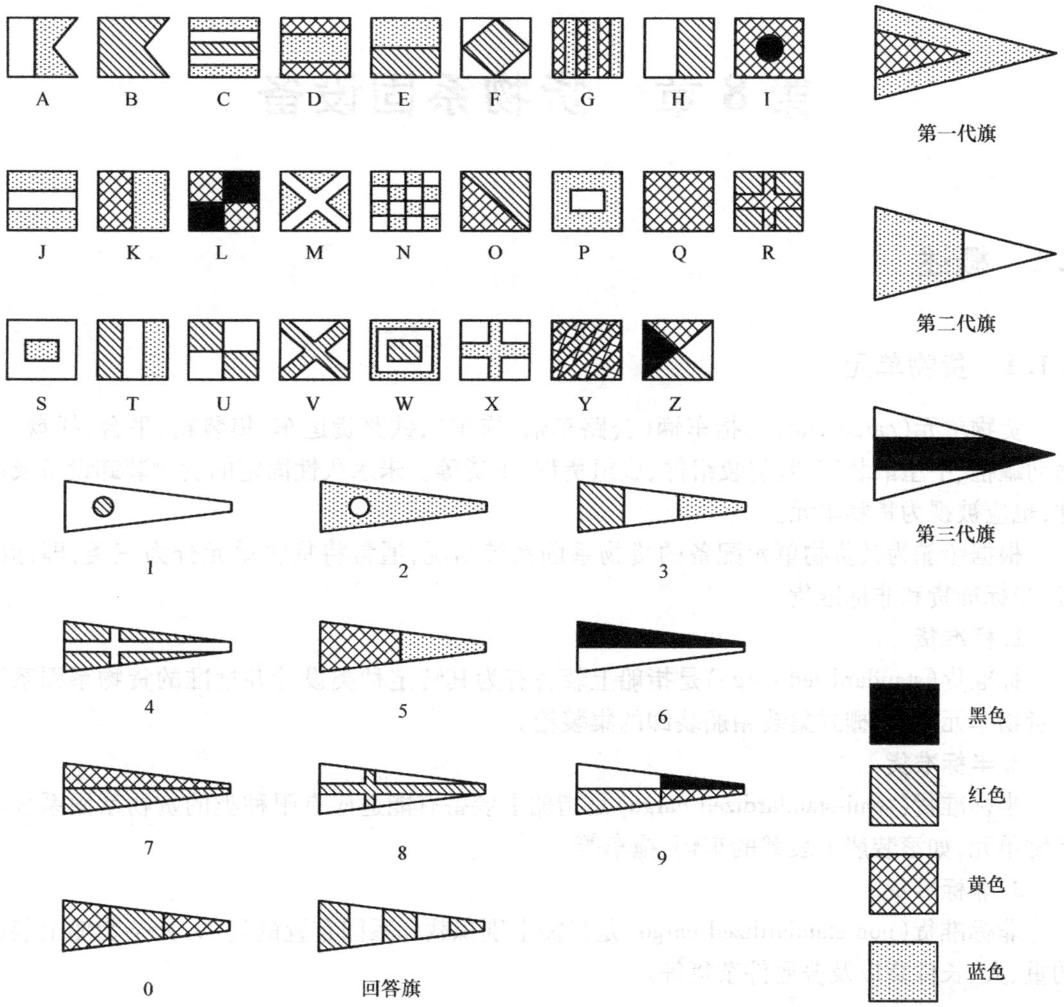

图 7－9　国际信号旗

号，如装运危险品的旗号、慢车旗号等，并备有《国际信号规则》和有关信号规则各一本。

所有信号旗应存放在驾驶室的专用柜内，该柜宜分成 40 个小格和若干大格，格的上方应标明旗号的名称，以便及时无误地取出使用。

在桅杆的两侧至少各装两套合适的滑车与旗绳，桅顶柱也应装一套合适的滑车与旗绳，旗绳引至驾驶室附近两侧，并应设置合适的系缚旗绳的装置。

第 8 章　货物系固设备

8.1　概述

8.1.1　货物单元

货物单元(cargo unit)是指车辆(公路车辆、拖车)、铁路货运车、集装箱、平台、托盘、可移动罐柜、中型散装容器、包装组件、成组货件、重货等。未永久性固定的货物装卸设备或部件,也应被视为货物单元。

根据船舶为其货物单元配备的货物系固系统情况,通常将货物单元分为三类,即标准货、半标准货和非标准货。

1. 标准货

标准货(standardized cargo)是指船上装备有为其特定种类设计并批准的货物系固系统的货物单元,如格栅式集装箱船装卸的集装箱。

2. 半标准货

半标准货(semi-standardized cargo)是指船上装备有能适应有限种类的货物系固系统的货物单元,如滚装船上装载的车辆、拖车等。

3. 非标准货

非标准货(non-standardized cargo)是指需个别积载和系固布置的货物,如杂货船上装载的重、大、长件货以及普通件杂货等。

8.1.2　货物系固设备分类

货物系固设备(securing device)是指所有用于系固和支持货物单元的设备。一般来说,系固设备应满足如下要求:适配货物(与所运货物的包装类型及物理特性相适应)、数量充足、强度足够、使用方便以及维修良好。

根据货物单元的不同,货物系固设备可分为标准货的系固设备、半标准货的系固设备以及非标准货的系固设备三种;从操作使用来看,又可分为固定式和便携式系固设备两类。

1. 固定式系固设备

固定式系固设备(fixed securing device)应视为船体结构的组成部分,包括舱壁,强肋骨,支柱上的眼板、眼环、羊角、带环螺栓等,甲板上的固定器(如底座、槽座),集装箱的角件孔、地令等,还有天花板上的类似装置。固定式系固设备是指焊接在船体结构内部(主要指货舱)及外部甲板、舱盖与支柱的货物系固点及其支撑结构。

2. 便携式系固设备

便携式系固设备(portable securing device)也称为可移动系固设备,包括钢丝绳、纤维绳、链条、钢带、松紧器(如花篮螺丝、紧链器等)、卸扣、绳头卸扣、紧锁夹、象脚以及各种钩,集装箱用扭锁、桥锁、拉杆、开锁杆，拖车支架、千斤顶，防滑软板、木楔、木板、木条、木柱、方木、圆木以及其他支撑、填充材料等。船舶在选用便携式系固设备时，应根据航线、船舶和所运载货物单元的性质等具体情况来确定。

8.1.3　系固设备的强度

衡量系固设备强度的指标有破断强度、最大系固负荷和计算强度三种。

1. 破断强度（*BS*）

系固设备的破断强度是指设备在拉伸试验中使其达到破断状态的拉力（kN），制造厂家至少应提供该设备的标准破断强度资料。

2. 最大系固负荷（*MSL*）

最大系固负荷是用以确定系固设备系固货物时所允许的最大负荷能力，它等于设备的破断强度与相应系固设备系数 δ 的乘积，即

$$MSL = \delta \cdot BS$$

对于木材，*MSL* 取 3 MPa。当多个设备串联使用时，*MSL* 取其中最小者。各设备及材料的相应系固设备系数如表 8－1 所示。

表 8－1　各设备及材料的相应系固设备系数

设备及材料	系固设备系数 δ(%)
卸扣、环、甲板孔及低碳钢花篮螺丝	50
纤维绳	33
钢丝绳（第一次使用）	80
钢丝绳（重复使用）	30
钢带（第一次使用）	70
链条	50

3. 计算强度（*CS*）

考虑到货物系固布置中可能存在受力不均匀、系固水平不高等其他因素，应取适当安全系数来折减最大系固负荷，折减后的 *MSL* 称为系固设备的计算强度。在应用力及力矩平衡来评价系固效果时，安全系数取 1.5，则

$$CS = 1.5MSL$$

因此，为使各系索有一致的弹性变形，应选用材料和强度相近的索具。

8.1.4　货物系固手册及其主要内容

1. 货物系固手册

根据 IMO《货物积载和系固安全操作规则》《货物系固手册的编制指南》的要求，船东公司根据船舶实际情况编辑的《货物系固手册》必须与对应船舶的稳性报告书、载重线证书、船舶装载手册和《国际海上危险货物运输规则》（IMDG）的要求完全一致，并由主管机关批准后配备在营运船上，用以作为积载和系固的操作指南。《货物系固手册》同时也是装载货物单元的国际航线船舶必备的法定文书。

相关规范规定，除了移动式平台、渔船、仅装载散装液体或固体的船舶以及符合 IMO《国际高速船安全规则》的高速船这四类船舶外，船上应备有随时可查的《货物系固手册》。

2.《货物系固手册》的主要内容

《货物系固手册》的主要内容有：总则，包括手册编制的依据、定义及其他；货物积载和系固的原则；船上系固设备的配置和维护；不同种类货物（标准货、半标准货和非标准货）的安全操作指南；货物系固方案评判及核查表。

8.2 常用货物系固设备

8.2.1 标准货系固设备

用于固定专用集装箱船及多用途船（适用时）在装载集装箱时所用的设备即为标准货系固设备。该类系固设备均为经中国船级社（China Classification Society，CCS）批准的专用设备。

1. 固定式系固设备

(1)底座

底座（foundation，socket）直接焊接在舱底、甲板、支柱及舱盖上，相互之间的距离按集装箱四角角件的尺寸设计，并通过安放在其上的扭锁、底座扭锁或定位锥来对集装箱进行定位和固定。

底座的种类主要有以下几种。

1)突出式底座

突出式底座（raised foundation）主要用于舱盖、支柱及甲板上，其主体部分突出在上述结构的表面，用于安放并固定扭锁。突出式底座有单式、横向双式及纵向双式三种形式，如图 8－1 所示。

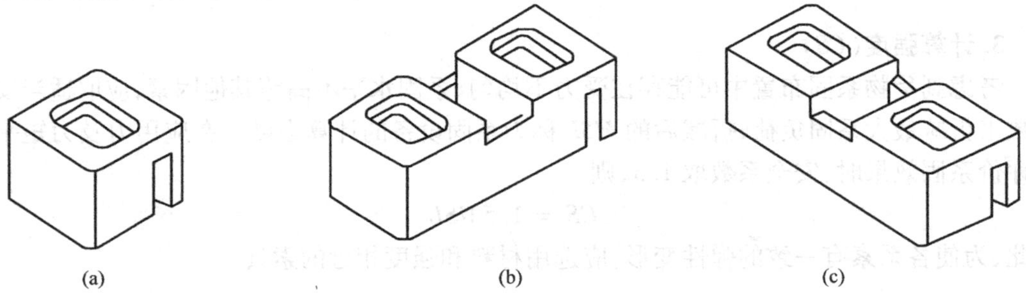

图 8－1　突出式底座

(a)突出式单底座　(b)突出式横向双底座　(c)突出式纵向双底座

2)突出式滑移底座

突出式滑移底座（sliding foundation）的焊接位置同突出式底座，所不同的是这种滑移式底座可以适当调整底座间的距离。它包括单滑移式、横向双连单滑移式、纵向双滑移式三种形式，如图 8－2 所示。

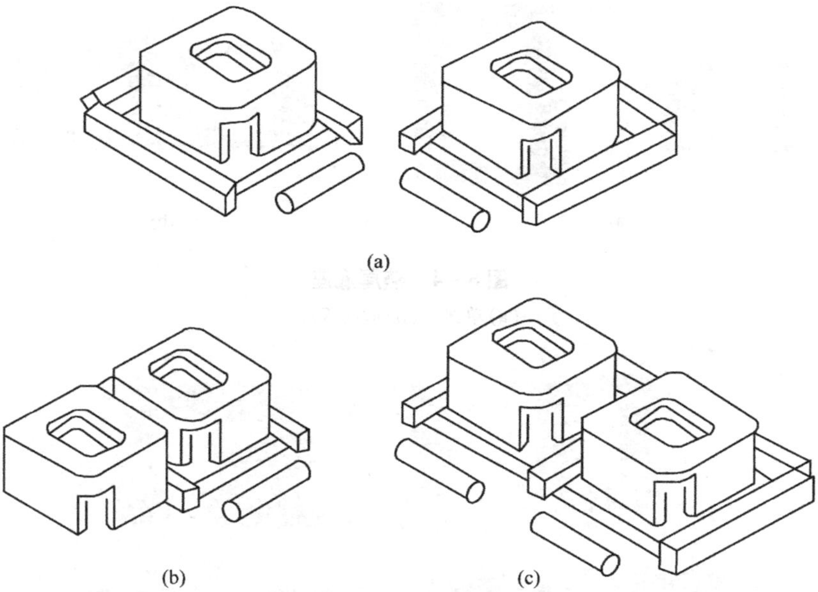

(a)　(b)　(c)

图 8－2　突出式滑移底座

(a)单滑移式　(b)横向双连单滑移式　(c)纵向双滑移式

3)埋入式底座

埋入式底座(imbed foundation)主要用于舱底,也有用于舱盖上的,其表面略高于前述结构表面。埋入式底座有单式、纵向双式、横向双式及四连式四种,如图 8－3 所示。

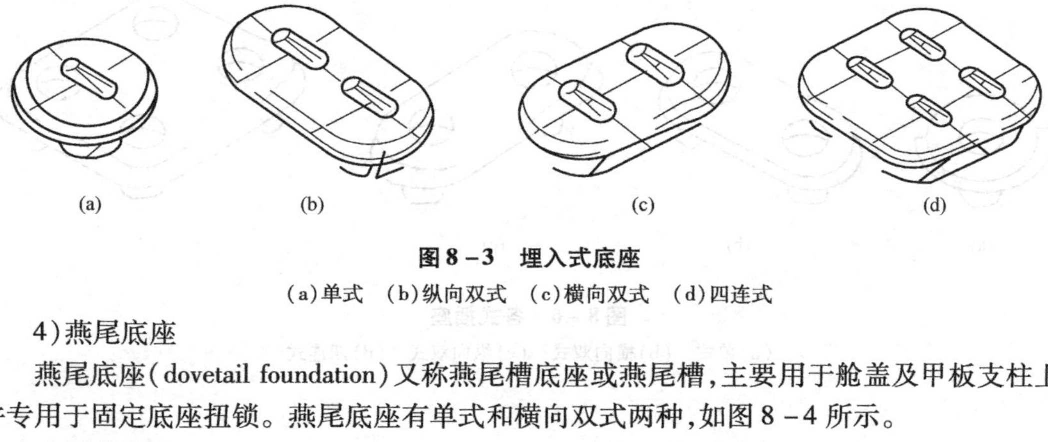

(a)　(b)　(c)　(d)

图 8－3　埋入式底座

(a)单式　(b)纵向双式　(c)横向双式　(d)四连式

4)燕尾底座

燕尾底座(dovetail foundation)又称燕尾槽底座或燕尾槽,主要用于舱盖及甲板支柱上,并专用于固定底座扭锁。燕尾底座有单式和横向双式两种,如图 8－4 所示。

5)板式底座

板式底座(doubling plate foundation)主要用于舱底,并与堆锥配套使用。它也有单式和双式两种,如图 8－5 所示。

6)插座

插座(socket)一般用于舱内,并与瓷砖堆锥配套使用,如图 8－6 所示。

(2)固定锥

固定锥(welding cone)又称为定位锥,其实物如图 8－7 所示。它直接焊接在舱底的前后端导轨底脚处,用于固定舱内最底层集装箱(使用时集装箱下落到舱底,其角件孔与固定锥对位,固定锥插入角件孔内)。

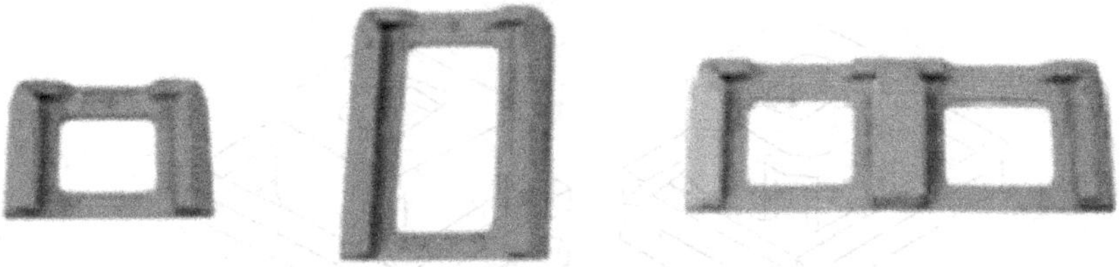

(a) (b)

图 8 – 4 燕尾底座

(a)单式 (b)横向双式

图 8 – 5 板式底座

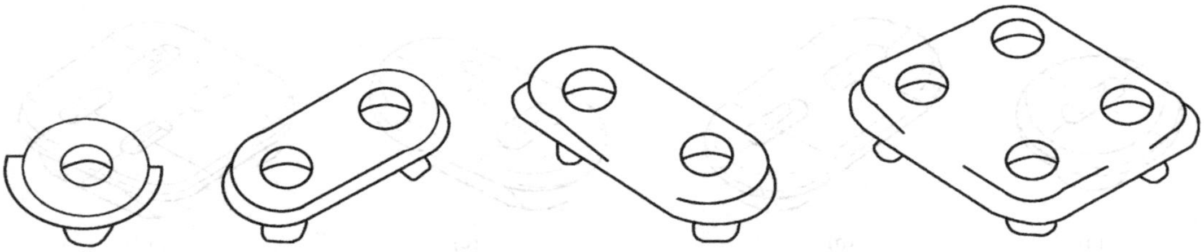

(a) (b) (c) (d)

图 8 – 6 各式插座

(a)单式 (b)横向双式 (c)纵向双式 (d)四连式

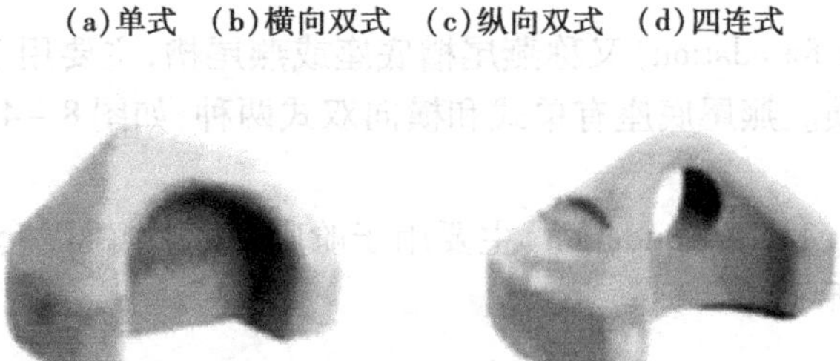

图 8 – 7 固定锥(定位锥)

(3)眼板

眼板(lashing plate)有单眼、双眼、三眼及四眼等几种,常见眼板的实物如图 8 – 8 所示。其使用位置与作用同地令,但一般不用于舱内。

图8-8　眼板

(4)可折式地令

可折式地令(lashing eye,d-ring)又称D形环,如图8-9所示。可折式地令主要用于舱盖、甲板、集装箱支柱及绑扎桥上,多用途船也将其用于舱底。其主要作用是作为一个系固点与花篮螺丝、绑扎杆等组成一个固定集装箱的系统。

图8-9　可折式地令

(5)箱格导轨系统

箱格导轨系统(cell-guide system)一般设置于舱内,但也有在甲板上无舱口的位置处设置的,如图8-10所示。

箱格导轨系统一般由钢板和型钢制成,主要由导轨(cell-guide)、横向撑材(transverse prop)、导箱构件(container guide member)等组成。导轨从内底延伸至导箱构件的下缘。整个系统的作用是控制集装箱的歪斜、倾覆与滑移。其中,导箱构件又是引导集装箱进入箱格导轨系统的重要构件,一般安装在导轨的顶部。

(6)横向支撑底座

横向支撑底座(lateral support foundation)一般设置于集装箱船或多用途船舱内两舷的舷侧,与横向撑柱(横向支撑器)组成支撑系统,以控制舱内上层集装箱因船舶运动可能产生的横向歪斜、倾覆、移动。

(7)集装箱绑扎桥

集装箱绑扎桥(lashing bridge)设置于大型集装箱专用船的甲板上,其上设有眼板和(或)D形环或可左右转动的眼板,用于系固高层集装箱,如图8-11所示。

2. 便携式系固设备

(1)扭锁

图8-12所示为目前广泛使用的扭锁(twist-lock),它主要用于甲板上的上、下层集装箱

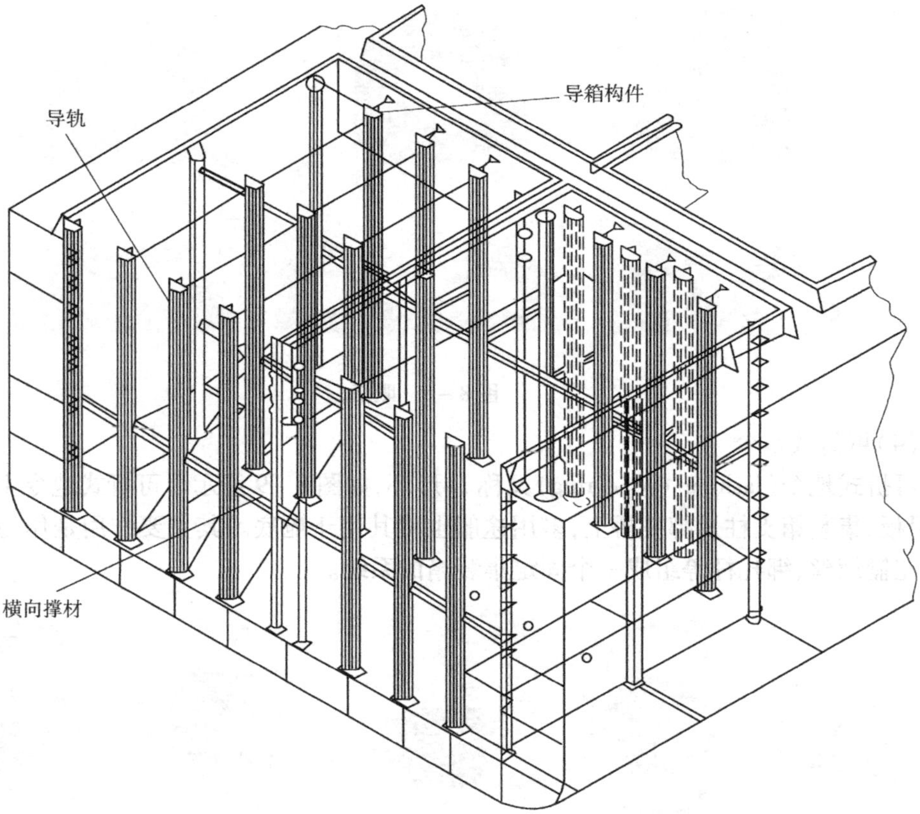

图 8－10　箱格导轨系统

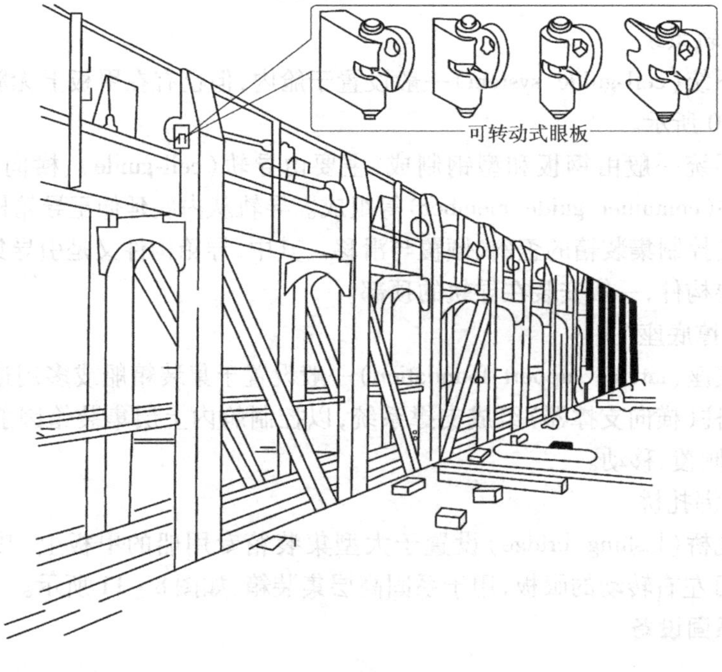

图 8－11　甲板集装箱绑扎桥

之间的连接锁紧或底层集装箱与突出式底座之间的连接锁紧，以防集装箱倾覆及滑移。

图 8－12　扭锁（旋转锁）

扭锁有左旋锁和右旋锁之分，故又称旋转锁。左旋锁即为当操作手柄位于左侧端部位置时，扭锁处于锁紧状态，当将操作手柄从左到右旋转至极限位置时，扭锁达非锁紧（开启）状态。右旋锁与左旋锁正好相反。为此，使用时应首先将操作手柄置于非锁紧状态，然后将其置放到下层集装箱顶部的角件孔或突出式底座内，待上层集装箱堆放妥后，转动操作手柄即可将箱与箱或箱与底座连接起来。卸箱时应使用扭锁操作杆（operating rod）将操作手柄转至非锁紧状态即可卸箱。

（2）半自动扭锁

半自动扭锁（semi-automatic twist-lock）如图 8－13 所示，其作用同扭锁。因半自动扭锁在使用时无须装卸工人爬到集装箱上将其安装和取下，故能最大限度地减少工人登高作业带来的危险。因此，这种扭锁不仅得到了大力推广应用，同时也是某些国家和地区的港口当局（如美国）所强制要求使用的。

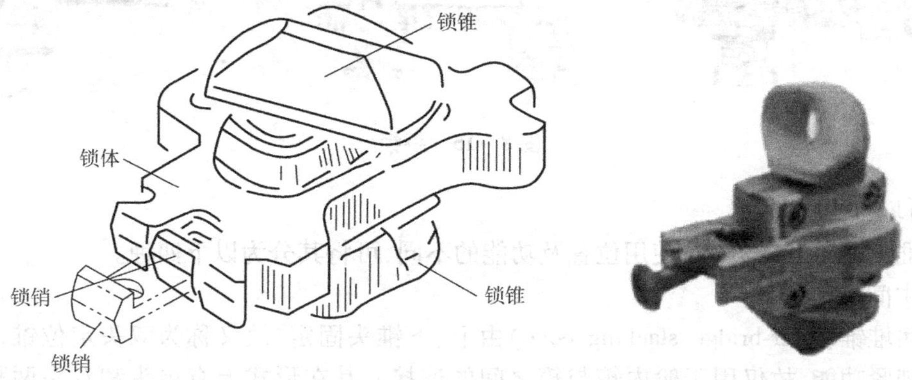

图 8－13　半自动扭锁

在码头上，当桥吊将集装箱吊起至合适高度时，由人工从下向上将半自动扭锁顶部锁锥插入集装箱角件孔内，待吊上船并对准突出式底座或下方角件孔时放下，该锁的自动锁紧装置即起作用，转动底部锁锥将箱与底座或箱与箱连接锁紧。

卸箱时，应首先用操作杆（operating rod）将锁销（locking pin）拉出，从而打开扭锁与突出式底座或另一集装箱顶部角件孔的连接，吊起集装箱至码头，用人工将半自动扭锁卸下。

（3）底座扭锁

底座扭锁（bottom twist-lock）又称为底锁，与燕尾底座配套使用，使用时须先将底座插入燕尾槽内，如图 8－14 所示。另外，它也有左旋锁和右旋锁之分，其锁紧与开启方法同扭锁。

图 8-14　底座扭锁(底锁)

(4)桥锁

图 8-15 所示为桥锁(bridge fitting),又称为桥码。它用于将相邻两列最上层的集装箱进行横向连接,以分散主绑扎设备的负荷。使用时,只需将桥锁的两个锁钩(头)分别插入左右相邻两集装箱的角件孔中,再旋转调节螺母,即可把顶层相邻的集装箱拉紧。

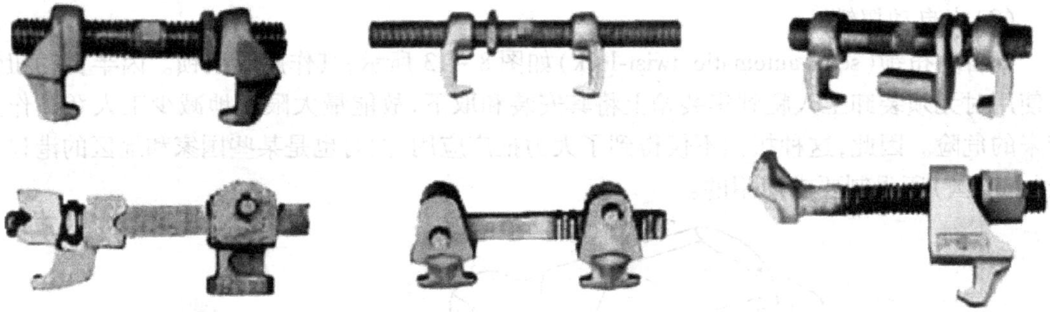

图 8-15　桥锁

(5)堆锥

按堆锥(stacking cone)使用位置及功能的不同,可将其分为以下四种。

1)中间堆锥

中间堆锥(inter-bridge stacking cone)由上、下锥头固定,故又称为双头定位锥,其垂直方向无锁紧功能,故仅用于舱内箱与箱之间的连接。其在形式上有单头和双头两种,如图 8-16所示。

图 8-16　中间堆锥

2)底座堆锥

底座堆锥(bottom stacking cone)有单头、横向双头、纵向双头及四连四种,它又称为可移动锥板(removable cone plate),如图 8-17 所示。其结构特点是上为锥头、下为插杆,仅与插座配套使用。另一种底座堆锥为单头,但上、下均为锥头,如图 8-18 所示。这种堆锥与板式底座配套使用。

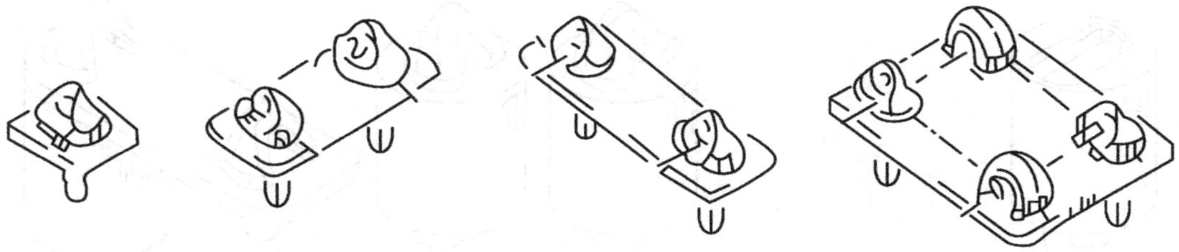

(a)　　(b)　　(c)　　(d)

图 8-17　底座堆锥(可移动锥板)

(a)单头　(b)横向双头　(c)纵向双头　(d)四连

3)自动定位锥

图 8-19 所示为自动定位锥(automatic fixing cone)。它用于固定甲板上 40 ft 箱位处在装 20 ft 集装箱时处于中间的箱角,并与半自动扭锁配合使用。

使用时,在 40 ft 箱位的前后两端用半自动扭锁,而在中间(20 ft 处)用自动定位锥,这样不仅可起到半自动扭锁的作用,同时也克服了 40 ft 中间狭窄空间处人工无法操作的问题。

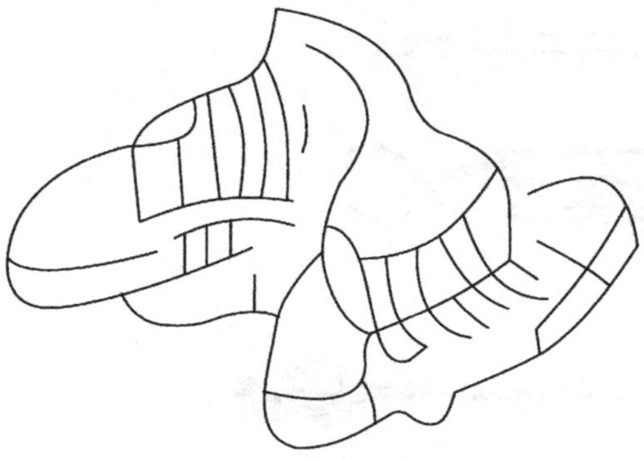

图 8-18　单头底座堆锥

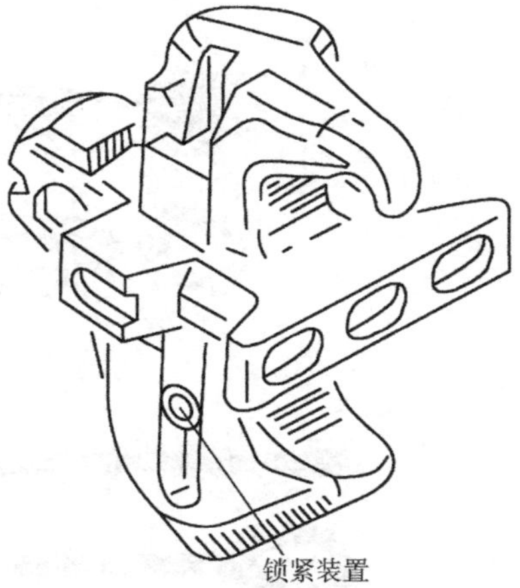

图 8-19　自动定位锥

目前,自动定位锥应用较广泛,少数发达国家港口当局对其有强制配备的要求。

自动定位锥的使用方法与半自动扭锁相似,所不同的是它不需要在卸箱时必须先由人工将锁销拉出,而是靠紧锁装置(locking device)自动将定位锥转换成非锁紧状态。即首先将 20 ft 集装箱一端的半自动扭锁由人工将锁销拉出,使之转为非锁紧状态,桥吊缓慢起吊,此时自动定位锥将会在桥吊的拉力作用下使锁紧装置动作并锁紧,从而完成卸箱工作。

4)调整堆锥

调整堆锥(leveling stacking cone)又称高度补偿器,用于在装卸某些非标准高度的集装箱时调整其高度至标准状态,以便于装载和系固作业。调整堆锥及其操作使用如图 8-20 所示。

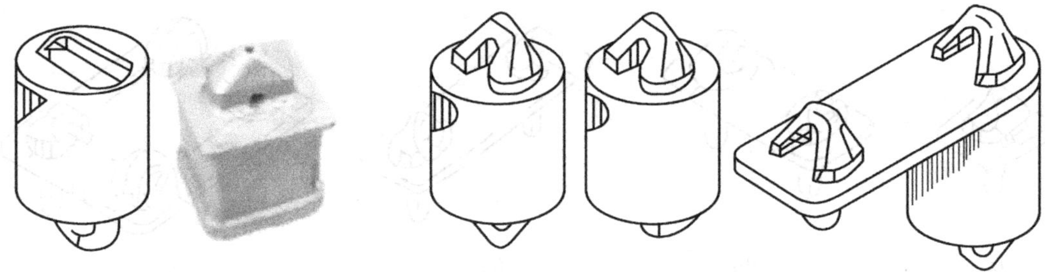

(a) (b)

图 8－20 调整堆锥及其操作使用

(a)调整堆锥 (b)调整堆锥的操作

(6)花篮螺丝与绑扎杆(turnbuckle & lashing bar)

如图 8－21 所示,花篮螺丝(又称松紧螺环扣)与绑扎杆(又称拉杆、绑扎棒、加长杆)这两种设备通常需组合成一个整体后方可达到系固集装箱的目的。使用时,首先将绑扎杆的一头插入集装箱的角件孔中,另一头与花篮螺丝相连,再通过花篮螺丝与地令或眼板相连,最后调整花篮螺丝,使整个系固系统紧固。有时,因绑扎杆长度不够,或有特殊系固要求,需将绑扎杆加长,为此需要加长钩(lengthening hook),以满足系固需求。加长钩8－22所示。

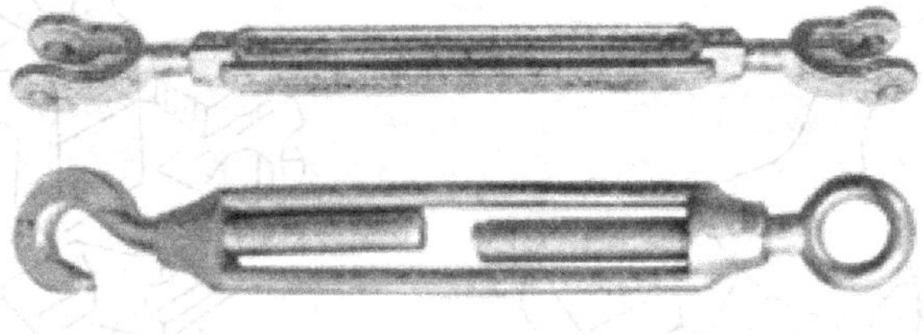

(a)

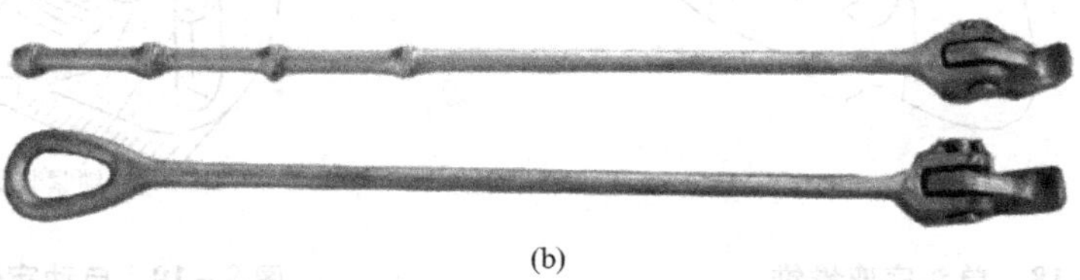

(b)

图 8－21 花篮螺丝与绑扎杆

(a)花篮螺丝 (b)绑扎杆

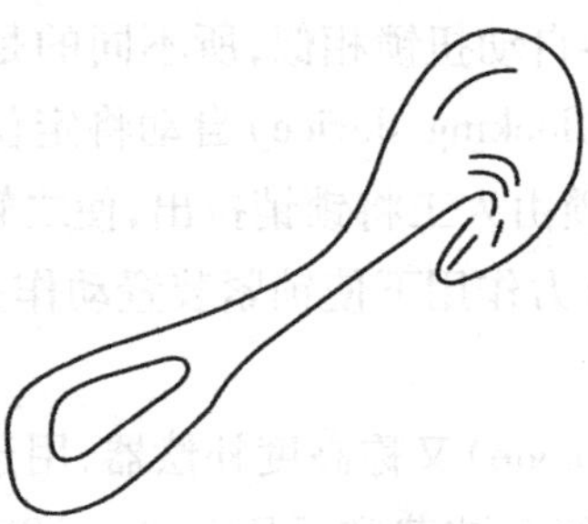

图 8－22 加长钩

(7)横向撑柱

横向撑柱(lateral support element)又叫横向支撑器。根据受力方式的不同,横向撑柱可分为压力型(单压撑柱)和拉压型两种,如图8－23所示。舱内无箱格导轨或多用途船舱内装载集装箱时,横向撑柱用于对舱内紧靠两舷舷侧的最上层集装箱进行支撑,以防集装箱歪斜、倾覆或横移。使用时,将横向撑柱的一端插入专用底座,另一端插入紧邻的集装箱角件孔内,再利用调整装置使其拉紧(或压紧),如图8－24所示。

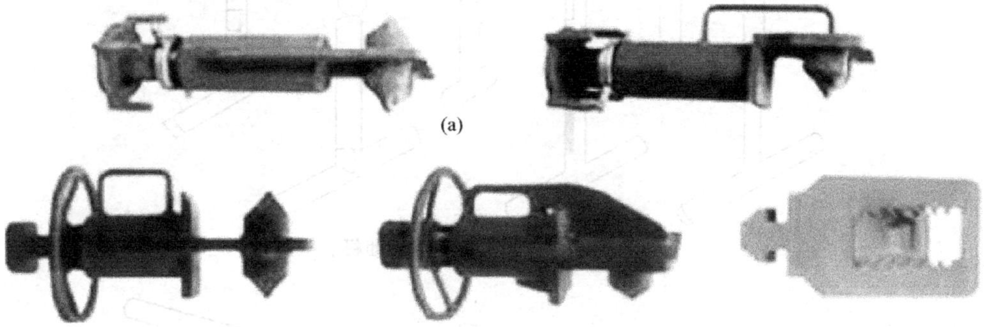

(a)

(b)

图8－23　横向撑柱(横向支撑器)

(a)压力型　(b)拉压型

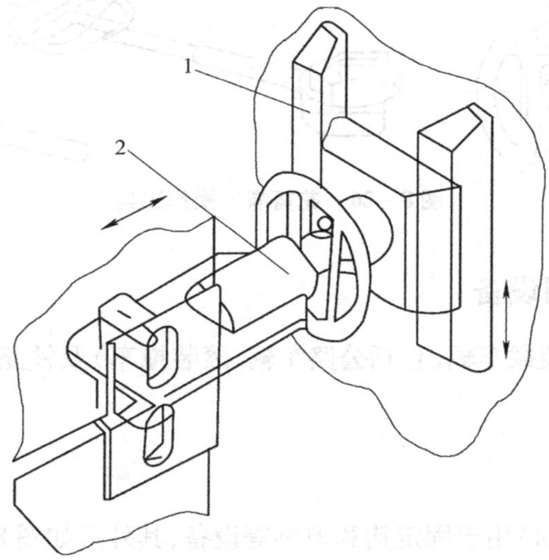

图8－24　集装箱在舱内的横向支撑

1—横向支撑底座;2—横向撑柱

(8)辅助工具

便携式系固设备所用的辅助工具(accessory appliances)主要有两类:一类是扭锁操作杆(twist-lock operating rods),也称为开锁杆(图8－25),其作用是控制扭锁的手柄或锁销,达到解锁的目的;另一类是花篮螺丝操作工具(turnbuckle operating tools)(图8－26),其作用是将花篮螺丝收紧或松开。

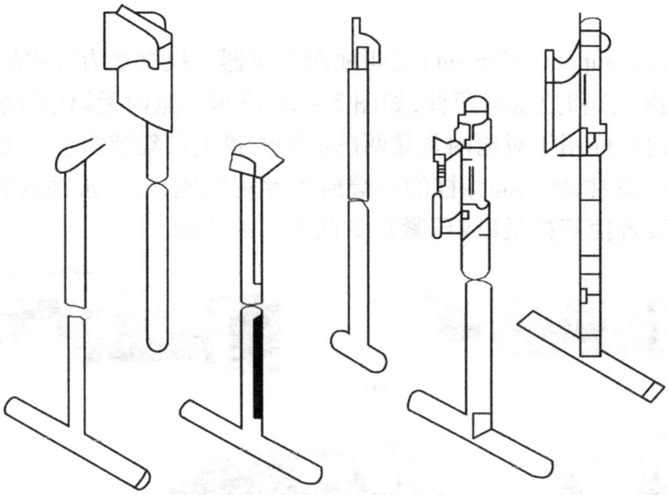

图 8-25　扭锁操作杆(开锁杆)

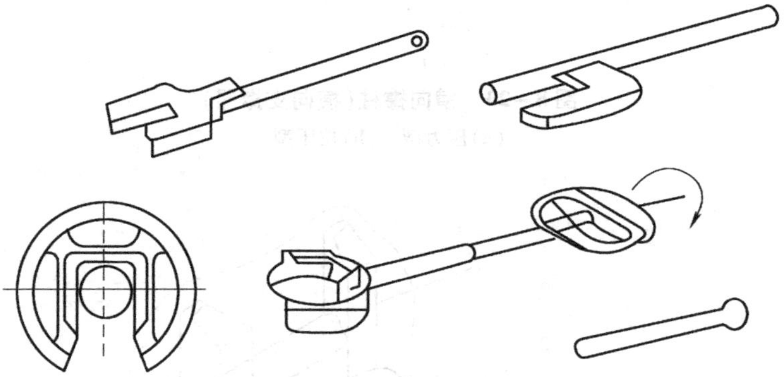

图 8-26　花篮螺丝操作工具

8.2.2　半标准货系固设备

用于固定滚装船在装载车辆(包括公路车辆、滚装拖车)及铁路车辆时所用的系固设备即为半标准货系固设备。

1. 固定式系固设备

(1)系固槽座

系固槽座(lashing pot)用于固定钩和象脚等设备,其外形如图 8-27 所示。

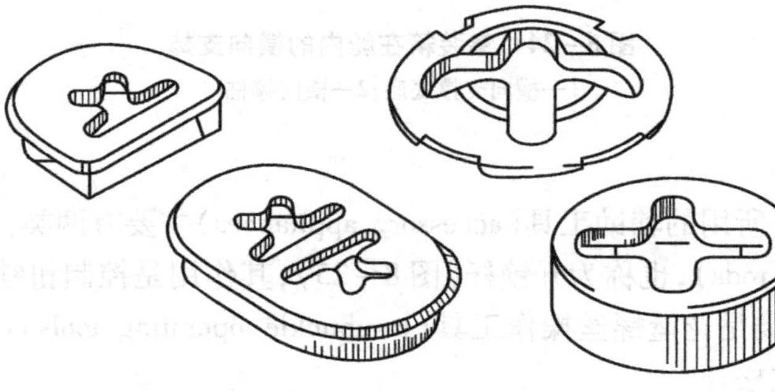

图 8-27　各式系固槽座

(2)可折式地令

可折式地令(lashing eye,d-ring)又称D形环,主要用于舱盖、甲板、集装箱支柱及绑扎桥上,多用途船也将其用于舱底。其主要作用是作为一个系固点与花篮螺丝、绑扎杆等组成一个固定集装箱的系统。

2. 便携式系固设备

(1)绑扎带

绑扎带(lashing band)如图8-28(a)所示,专用于系固车辆及滚装拖车。

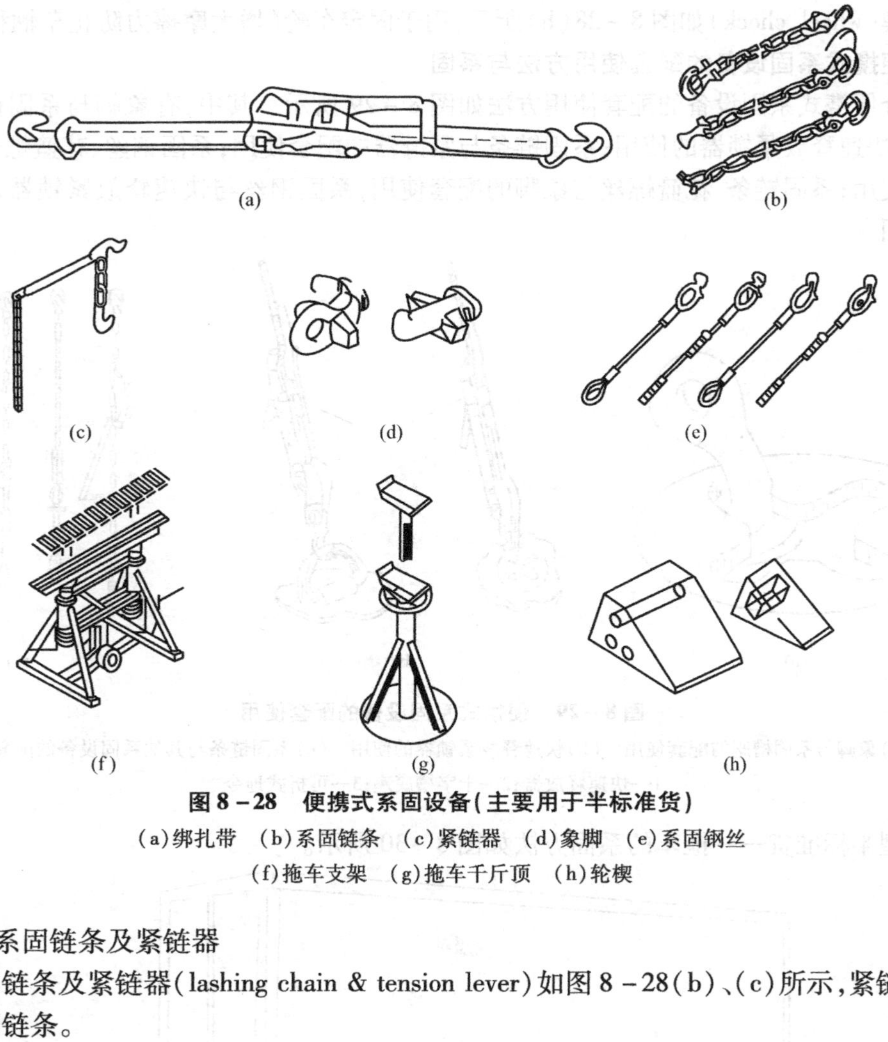

图8-28　便携式系固设备(主要用于半标准货)

(a)绑扎带　(b)系固链条　(c)紧链器　(d)象脚　(e)系固钢丝

(f)拖车支架　(g)拖车千斤顶　(h)轮楔

(2)系固链条及紧链器

系固链条及紧链器(lashing chain & tension lever)如图8-28(b)、(c)所示,紧链器用于紧固系固链条。

(3)象脚

象脚(elephant rood,elephant foot)如图8-28(d)所示,象脚带钩状时也叫象脚钩、企鹅钩。使用时将象脚插入系固槽座,并通过它与其他便携式系固设备相连,参见图8-29(a)。

(4)系固钢丝

系固钢丝(lashing wire)如图8-28(e)所示,它是两头有心环的一截短钢索。

(5)快速释放紧锁器

快速释放紧锁器(quick release lashing)用于收紧并可快速释放系固钢丝。

(6)花篮螺丝

花篮螺丝(turnbuckle)主要用于收紧系固钢丝或系固链条。

(7)拖车支架

拖车支架(trailer trestle)如图8-28(f)所示,可作为拖车的支架并固定拖车。

(8)拖车千斤顶

拖车千斤顶(trailer support jack)如图8-28(g)所示。

(9)轮楔

轮楔(wheel chock)如图8-28(h)所示,用于固定车轮(增大摩擦力防止车辆移位)。

3. 便携式系固设备的配套使用方法与系固

部分便携式系固设备的配套使用方法如图8-29所示。其中,有象脚与系固槽座的配套使用;快速释放紧锁器的使用;系固链条与紧链器的配套使用;系固钢丝、花篮螺丝与象脚的配套使用;系固链条、花篮螺丝与象脚的配套使用;系固钢丝与快速释放紧锁器及象脚的配套使用。

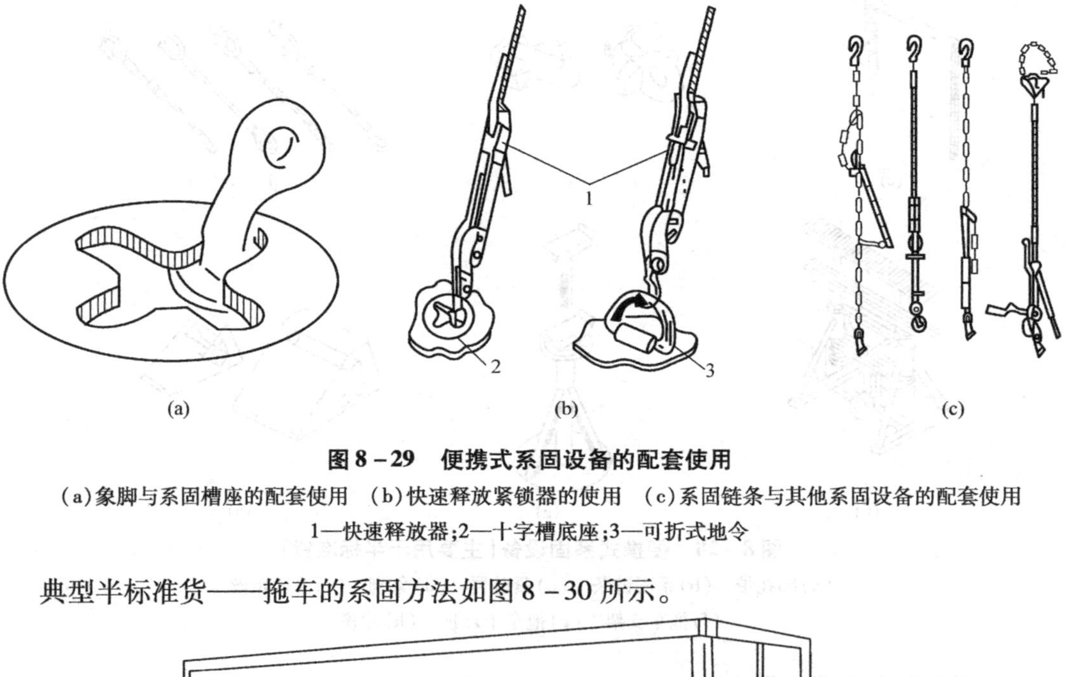

图8-29 便携式系固设备的配套使用

(a)象脚与系固槽座的配套使用 (b)快速释放紧锁器的使用 (c)系固链条与其他系固设备的配套使用

1—快速释放器;2—十字槽底座;3—可折式地令

典型半标准货——拖车的系固方法如图8-30所示。

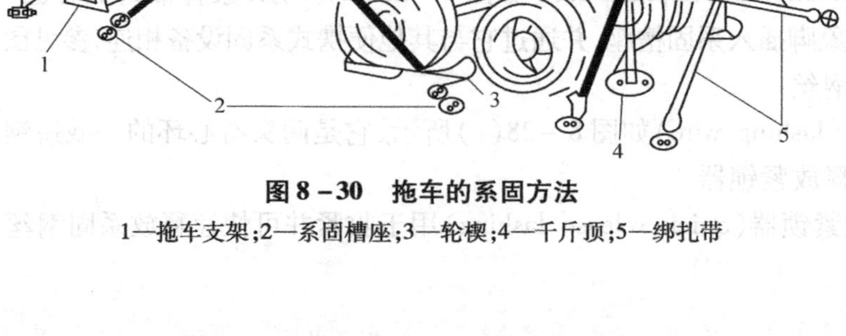

图8-30 拖车的系固方法

1—拖车支架;2—系固槽座;3—轮楔;4—千斤顶;5—绑扎带

8.2.3　非标准货系固设备

用于固定干货船、多用途船、滚装船、装载货物单元的散装货船和客船及近海供应船与电缆铺设和管道铺设专用船等,在装载集装箱(无专用系固设备)、钢卷、重件货、普通件杂货及木材(货舱内)等时所用的习惯设备即为非标准货系固设备。

1. 固定式系固设备

该类船舶的固定式系固设备直接焊接在舱壁、舷侧强肋骨、支柱及甲板上,必要时也可直接焊接在舱底及舱盖上。其主要类型有:

①眼板(pad eye,eye plate);

②眼环(ring plate),由一活动眼环和固定它的夹座组成;

③地令(lashing ring,d-ring)。

2. 便携式系固设备

该类船舶所用的便携式系固设备种类主要有:

①卸扣(shackle);

②紧索夹(clamp);

③花篮螺丝(turnbuckle);

④钢丝绳(lashing wire rope);

⑤系固钢带(lashing steel band);

⑥系固链条(lashing chain)及紧链器(tension lever)。

3. 便携式系固设备的配套使用

便携式系固设备的种类较多,且均有各自的特点,故实际使用时必须紧密结合各自的特点与要求配套使用。钢丝绳必须与紧索夹、花篮螺丝配套,或与紧索夹、花篮螺丝及卸扣配套;而系固链条一般是在利用紧链器的情况下来系紧货物。

8.3　集装箱的堆装与系固

8.3.1　一般要求

①对集装箱,应用下述一种装置或几种装置的组合进行系固。这些装置包括角锁紧装置、绑扎装置、箱格导轨、撑柱、单压撑柱或其他等效的支撑结构。

②对集装箱的系固方式应按CCS的规定,经受力计算后予以确定,并应能保证集装箱和系固设备的强度。本节仅给出了几种典型的系固方式,也可采用其他的系固方式,但应经CCS同意。

③必要时,对舱口盖以及传统结构应予局部加强,以使其能承受来自集装箱的惯性力和系固力。

8.3.2　集装箱在露天甲板上的堆装和系固

1. 相关规范对集装箱堆装在露天甲板上的要求

①露天甲板上应设置可供人员进行工作用的安全通道,并设有供安装和检查系固设备

用的足够通道。

②对于甲板上和舱口盖上的集装箱一般应纵向排列,对于其他排列方式,应经 CCS 的同意。

③不应使集装箱伸出船边,对伸出舱口围板或其他舱面结构物的集装箱,须提供适当的支撑。

④将集装箱堆装在舱口盖上时,应装设能防止舱口盖滑动的制动器或其他等效装置。

2. 甲板上装一层集装箱的系固

①在集装箱的底角处应用角锁紧装置对集装箱进行系固。

②除①的方式外,也可在每个集装箱的两端用绑扎装置,以对角或垂直的方式对集装箱进行系固,并在每个集装箱底角处用定位锥定位。

3. 甲板上装两层集装箱的系固

①在每一层集装箱的底角处,应用角锁紧装置对集装箱进行系固。

②除①的方式外,也可在第 2 层每个集装箱的两端与甲板或舱口盖之间对集装箱用绑扎装置进行系固(图 8 -31),且在每一层集装箱的底角处设定位锥。若经计算表明在集装箱的底角处出现分离力,则应在该处设角锁紧装置。

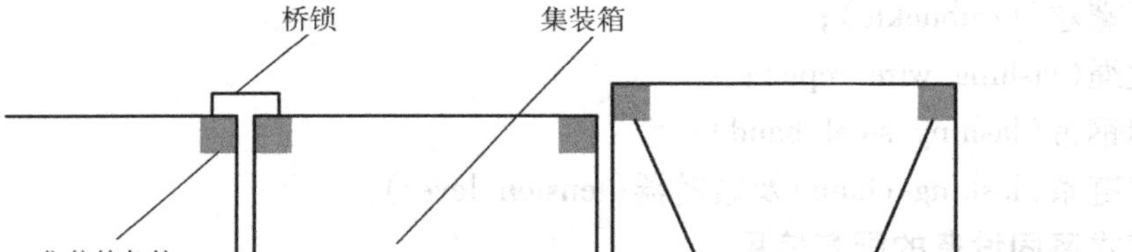

图 8 -31　甲板上装两层集装箱的系固

4. 甲板上装两层以上集装箱的系固

①对第 1 层和第 2 层集装箱应按甲板上装两层集装箱的系固要求进行系固。

②对第 3 层及其以上的集装箱应用角锁紧装置进行系固。

5. 甲板上采用箱格导轨装置

甲板上若采用箱格导轨装置应经过 CCS 同意。

8.3.3　集装箱在舱内的堆装和系固

1. 无箱格导轨装置

①对于货舱内和甲板间舱内的集装箱，一般应纵向排列。对于其他排列方式，应经过 CCS 同意。

②对集装箱可仅用角锁紧装置，或用角锁紧装置、撑柱(即横向撑柱)、单压撑柱或绑扎装置的组合，并参照集装箱露天甲板上的堆装和系固方法进行系固。

③若经计算表明在集装箱层之间出现分离力，则应在该层设角锁紧装置，对其他位置可考虑使用双头定位锥。

④若经计算表明在集装箱层之间无分离力出现，则对于角锁紧装置可考虑全部由双头定位锥替代。

⑤撑柱与船体结构需牢固连接，若有可能，撑柱与船体结构的连接方式应适合不同高度的集装箱堆装。

⑥单压撑柱与船体结构的连接可为固定式、铰接式和可拆式三种。对该处的船体结构应作必要的加强，安装单压撑柱时，应使其紧靠集装箱的角件，并保持最小间隙。

⑦为了传递横向载荷，相邻集装箱堆之间的连接构件的位置和强度均应与撑柱或单压撑柱的位置和强度一致。

⑧如有必要，对支持撑柱和单压撑柱的船体结构应作加强。

2. 有箱格导轨装置

①箱格导轨装置不应和船体结构形成整体结构，设计时应使其不受船体主应力影响。

②箱格导轨装置应为坚固结构，设计时应能使其将船舶运动时产生的集装箱负荷传递到船体结构，并能承受由集装箱装卸时产生的负荷以及阻止集装箱移动。

③箱格导轨装置一般应由钢板和型钢构成，并应将导轨从内底延伸到导箱构件的下缘，对箱格导轨的上端应作有效的支撑。

④在箱格导轨之间，要设立横撑材，其间距应按作用在导轨上的载荷而定，但一般不超过 5 m，并尽可能将其布置在集装箱角的同一水平面上。在舱的全宽内对横撑材至少应设有 2 个支撑点，以防止纵向移动，但如横向撑材在纵向的最大位移不超过 20 mm，则可仅设 1 个支撑点。

⑤在箱格导轨和横向撑材之间的连接处，应有足够的抗扭转强度。

⑥在箱格导轨上应设置适当间距的中间肋板。

⑦当由结构受力计算表明需要安装纵向拉杆时，其间距和位移同④的要求。

⑧如位于货舱两边和两端的导轨与纵横舱壁相连接，则该舱壁要作局部加强，以承受附加负荷。

⑨每个集装箱与导轨之间的横向间隙之和应不超过 25 mm，纵向间隙之和应不超过 40 mm，应注意箱格导轨的安装精度，以确保对集装箱的顺利吊装。

⑩引导集装箱进入箱格导轨的导箱构件应是坚固设备，一般应将其安装在导轨的顶部。

8.3.4 20 ft 与 40 ft 集装箱的混合堆装

①在用于装载 40 ft 集装箱的箱格导轨装置的处所，可以配备装 20 ft 集装箱的临时中间箱格导轨设施，其结构应适用于对这两种规格集装箱的装载。

②在用于装载 40 ft 集装箱的箱格导轨装置的处所全长范围的 1/2 处，可以考虑对 20 ft 集装箱进行支撑。

③当用于装载 40 ft 集装箱的箱格导轨装置的处所中间处的 20 ft 集装箱，不用支撑时应按下述要求堆装集装箱：

a. 在最多 5 层 20 ft 集装箱上堆装 40 ft 集装箱；

b. 在 20 ft 集装箱上应堆装至少一层 40 ft 集装箱，可以是空箱；

c. 20 ft 集装箱在用于装载 40 ft 集装箱的箱格导轨装置的处所全长范围的 1/2 处所受的力，应不超过 CCS 的规定。

④在 20 ft 集装箱层与层之间及 20 ft 集装箱与舱底之间，应安装堆锥以防止横向滑移。

⑤如用前后拉压元件将 2 个 20 ft 集装箱前后连接相当于 1 个 40 ft 集装箱时，则在 20 ft 集装箱堆上不需堆装 40 ft 集装箱，20 ft 集装箱堆重一般不应超过 120 t。

第 9 章　FLNG 新型平台

9.1　FLNG 综述

9.1.1　FLNG 技术发展的背景

近年来,随着陆上油气资源的日渐枯竭,世界各国开始将目光转向海洋,特别是深海油气资源的开发与利用。在 20 世纪八九十年代,随着美国、英国等海洋强国对墨西哥湾、巴西湾、北海等深水区域不断勘探开发,世界开始重点关注深海油气资源。由于石油开发过程中,伴随开采出的天然气不易储存,故其曾一度作为石油开发的附属产物而直接导向火炬塔燃烧处理。

然而,随着当今世界对资源的不断重视以及人们对环境保护的强烈要求,天然气作为一种热值高、排放少、价格低的清洁能源开始备受关注,而深水天然气田的开发技术也随之成为世界海洋工程领域的研究热点问题之一。海洋蕴藏有大量天然气,如果能够实现海上天然气的开采与运输,则不仅可以大大降低人类社会发展对石油的依赖,还可以进一步降低石油等不洁能源带来的环境问题(9－1)。

图 9－1　石油燃烧浓烟滚滚

在传统的海上天然气开发模式中(图 9－2),开采出的天然气需要在海洋平台上进行脱水、脱硫、脱酸等净化处理,然后通过海底管道将其运输至最近的陆上天然气处理工厂或海上液化站,对运输来的天然气进行进一步处理后,降温冷却至 －162 ℃而液化为液体,再通过相应的运输工具(LNG 运输车或 LNG 运输船等)运输到终端。

但无论是从海洋平台运输到最近的陆上天然气处理工厂,还是到最近的离岸液化处理站,都需要铺设漫长的海底管道以完成天然气的运输,管道设计、铺设施工等的技术难度与

(a)

(b)

(c)

图 9－2　传统的海上天然气开采

(a)建设中的海上液化站　(b)液化天然气运输船 LNGC　(c)海底油气运输管道

经济成本将随着水深的增加而大幅增加，这大大提高了深海天然气的开采成本，使得大量气田沦为边际气田（即从经济效益上衡量，处于可获利开发与获利少可不开发边界的气田，往往需通过采用先进技术与装备等措施，才能开发）而无法得到开采。

为了实现边际气田的开采价值，降低深海天然气的开采成本，进一步改变人类社会发展对石油等不洁能源的依赖,研究人员尝试改变传统海上天然气的开采思路,从原本的"开采—运输—处理—运输"模式转变为"开采—处理—运输"模式,减少不必要的运输过程,从而降低海上天然气的开采成本。FLNG这一新型装置就是在这样的背景下应运而生的。

FLNG,即Floating Liquefied Natural Gas System,也被称为LNG-FPSO,是一种集海上天然气的生产、液化、储存与卸载功能为一体的新型浮式天然气开发平台,具有开采灵活、可独立开发、可重复利用等特点,如图9-3所示。FLNG概念的提出,克服了传统的海上天然气开采模式的不足,避免了在深水海域铺设管道所面临的技术难题,降低了深海天然气的开采成本,为深海天然气田的开发提供了新的思路。作为一种经济、高效的深海天然气开采模式,FLNG技术具有广阔的应用前景。

图9-3 FLNG概念图

我国拥有广阔的海域和漫长的海岸线,海洋国土面积约470万平方千米,海洋资源异常丰富,如图9-4所示。1966年,联合国对包括钓鱼岛列岛在内的我国东部海底资源进行了勘察,并指出"东海大陆架可能是世界上最丰富的油田之一,钓鱼岛附近水域可以成为第二个中东"。南海海域更是石油宝库,中国对南海勘探的海域面积仅有16万平方千米,发现的石油储量达52.2亿吨,南海油气资源可开发价值超过20万亿元人民币。而有资料显示,仅在南海的曾母盆地、沙巴盆地、万安盆地的石油总储量就将近200亿吨,是世界上尚待开发的大型油藏。经初步估计,整个南海的石油地质储量在230亿至300亿吨,约占中国总资源量的1/3,属于世界四大海洋油气聚集中心之一,有"第二个波斯湾"之称。大量勘探成果还表明,我国南海也蕴藏着丰富的油气资源,是以天然气为主、油气兼备的大型含油气区。

由此可见,FLNG技术不仅对世界能源的开采具有重大意义,对我国的发展更是发挥着举足轻重的作用。成功掌握FLNG技术,能够使我国在南海等深海油气区域具有自主开发能力,大力推动我国的经济发展。因此,国务院从"十一五"开始就专门针对FLNG技术设立国家科技重大专项课题,工信部、发改委及财政部的中长期科技发展规则中也均将FLNG装备列为重点优先发展技术,提出自主掌握深海资源开发装备核心技术的战略目标。

9.1.2 FLNG技术发展的历史

FLNG的概念已经提出了40余年,近年来FLNG技术更是取得了突飞猛进的发展。据不完全统计,目前世界上已有2艘FLNG的主体完成建设,更多的FLNG设计与建设项目也在进行。据著名的英国能源咨询公司Douglas-Westwood预测,2013—2019年全球在FLNG项目上的投资将达到474亿美元,其中超过280亿美元投资于FLNG的液化装置,191亿美

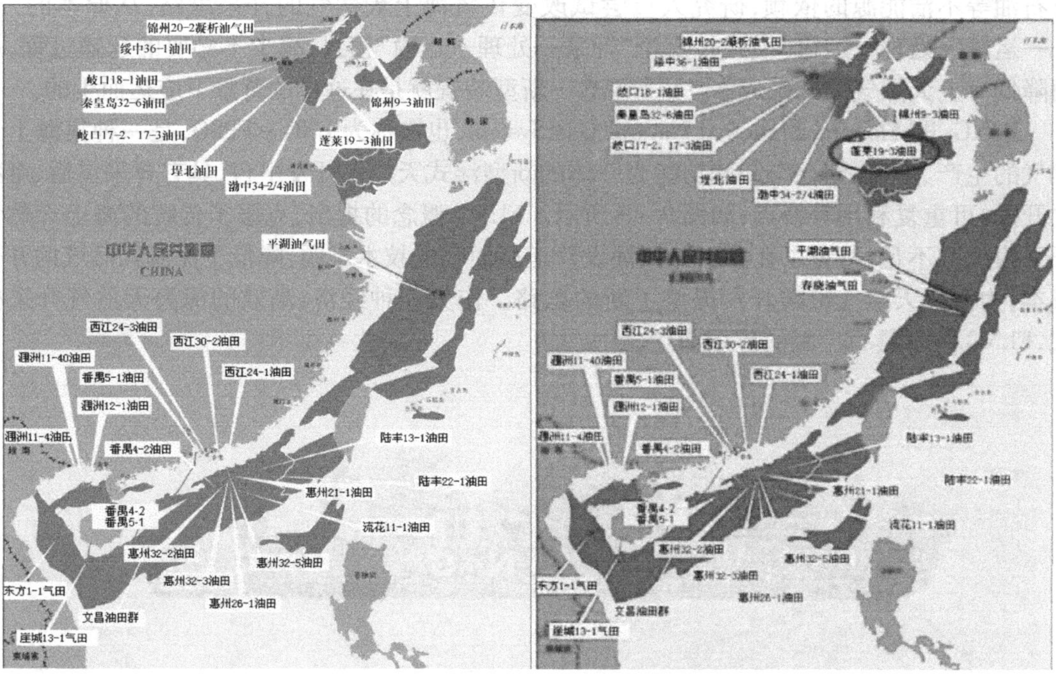

(a) (b)

图 9-4　我国海上油气资源丰富

(a)中国海上石油资源分布　(b)中国海上天然气资源分布

元将投向 LNG 终端。

2011 年 5 月，荷兰皇家壳牌公司(Shell)投资 30.26 亿美元，与法国 Technip、韩国三星重工合作设计了世界上第一艘 FLNG。该 FLNG 长 488 m、宽 74 m、高 110 m，净排水量 200 000 t，满载排水量达 600 000 t(世界上最大的航母“里根号”的满载排水量才 97 000 t)。该 FLNG 的目标气田为距西澳大利亚州 200 km 的前奏曲气田(Prelude gas field)，因此也称为 Prelude-FLNG，如图 9-5 所示。它每年将生产大约 360 万吨液化天然气、130 万吨浓缩油和 40 万吨液化石油气(LPG)，部署在 Prelude 油田工作大约 25 年。该 FLNG 的主体已于 2013 年 12 月正式下水，目前正在进行上部模块的建造与安装。该 FLNG 是目前世界上第一艘也是最大的一艘 FLNG。

另一艘已经下水的 FLNG 是 Caribbean FLNG，如图 9-6 所示。该 FLNG 属于比利时天然气公司 Exmar，由惠生海洋工程有限公司(Wison Offshore)设计，北京华福工程有限公司负责该 FLNG 的工艺生产设计。该 FLNG 长 144m、宽 32m，为非自航型驳船。该 FLNG 于 2013 年 11 月在中国南通下水，上部模块还在建造，预计可能成为世界上首艘投入运营的 FLNG，其目标气田位于哥伦比亚海岸，预计液化气年产量可达 50 万吨。

除上述两艘 FLNG 之外，国际上还有多项 FLNG 项目在研，包括马来西亚石油公司于 2011 年 2 月委托法国德西尼布公司与大宇造船和船舶工程公司的 FLNG、马来西亚的 Petronas 项目、埃克森美孚的 Scarborough 项目、Woodside 石油公司的 Browse 开发项目、Inpedx 公司的印度尼西亚 Abadi 项目等。

图 9-5　落日余晖下的 Prelude 号 FLNG

图 9-6　Caribbean FLNG 下水

9.1.3　FLNG 的优点与适用范围

FLNG 是集天然气的海上处理、液化、储存、装卸及外输为一体的新型海上气田开发系统。使用 FLNG 对海上天然气进行开发时，首先将天然气通过输送管道由海底井口运输到 FLNG 处理端，通过 FLNG 上安装的液化装置对天然气进行处理液化，然后将液化后的天然气通过外输系统卸载到 LNGC（LNG Carrier，即 LNG 运输船）上，通过 LNGC 将液化后的天然气运输到离岸浮式储气再气化装置（LNG FSRU，即 LNG Floating Storage and Regasification Unit），将液化天然气重新气化后，通过陆上管道或其他装置运输到陆上终端，供岸上使用。

与传统的天然气开采方式相比，FLNG 具有以下优点。

①模块化，便于早日投产：生产工艺部分实现模块化，使各工艺模块可择优在全球范围内进行设计建造，然后再进行总体安装，以缩短建造安装周期，加快气田的开发速度。

②可动化,便于重复使用:当完成对目标气田的开采后,可用拖船或自行航行(部分FLNG设计为具有自航功能)到近似气田重复使用,以降低近似气田的开采成本。

③投资低,资金回收快:根据有关人员经济测算,在符合FLNG应用的条件下,其与相同规模的陆上LNG工厂相比,投资可减少20%,建设安装周期可缩短25%。

综合FLNG的上述优点,可以总结出FLNG的适用范围如下。

①适合深水气田开发:FLNG可以与海底采气系统、LNGC构成一个完整的开采、处理、液化、储存、卸载和运输系统,实现深水气田的高速、高质、高效开发。

②适合边际气田开发:FLNG投资低、资金回收快,且可重复使用;通过特殊设计还可以与导管架平台、自升式平台等组合使用,大大提高了FLNG的使用价值,降低了目标气田的开采成本,从而使边际气田成为可开采气田。

③适合气田早期生产(Early Production,指在发现可开采气田之后,在开采方案未准备好或开采设施未建成之前,利用FLNG使局部气田投入生产,尽早获得经济效益的开采方式):由于FLNG既可与导管架井口平台组合,也可与自升式或浮式钻采平台组合成为完整的海上采气、液化、油气处理和LNG储存、卸载系统,因而无论是深水、浅水,还是近海均可应用它进行气田早期生产。

9.2 FLNG的主要构成与关键技术

典型的FLNG系统由上部甲板模块、平台主体、系泊系统以及外输系统四部分组成,如图9-7所示。

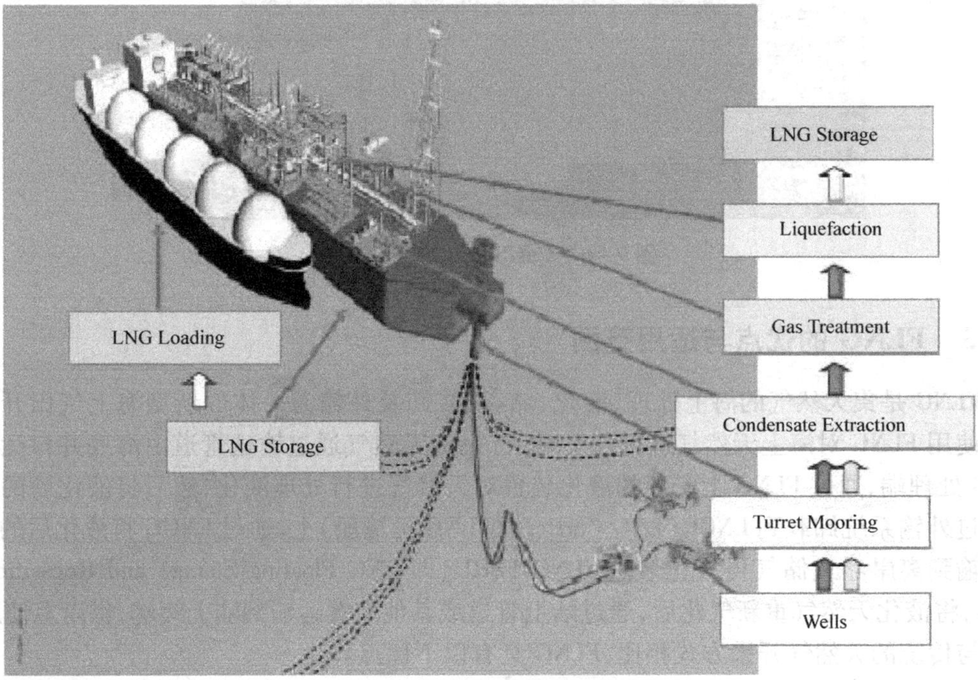

图9-7 FLNG的主要构成

9.2.1　上部甲板模块

上部甲板的模块主要包括三大类，即生产用工艺模块、生活用品生活区以及运输用直升机平台等。生活区是平台工作人员生活和休息的区域，一般根据实际设计与作业海况，设计在船艏或船艉（相对于转塔式）；直升机平台供作业人员使用。

FLNG技术的核心是对天然气的预处理与液化，因此工艺模块是FLNG上部甲板模块，甚至是整个FLNG的核心。虽然与陆上天然气工厂的功能类似，但FLNG生产模块的作业环境恶劣、工艺设备处于不停运动中，且工艺区面积极其有限，因此其工艺要求与陆上天然气工厂截然不同。由于海况条件的特殊性，海上浮式装置对整个工艺流程提出了如下要求：

①流程简单，设备紧凑，占地面积少；

②流程对进料天然气的适应性强，热效率高；

③安全可靠，受到船体晃动的影响较小；

④能够迅速开停机。

此外，还包括操作灵活、易于维护、费用少等标准。

FLNG工艺模块的设备可划分为三大功能，即原料气的预处理、冷料的处理以及天然气的液化。

天然气生产用工艺模块的核心技术思想是通过低温冷料与高温天然气换热，冷料吸热气化后进入冷料处理模块，脱冷后液化重新提供整个工艺模块的冷量；天然气释放自身热量，在较高压力下液化为液体进入液化天然气储罐储存。这一处理思想要求原料气的纯度要达到一定要求，不然释放热量后会有高凝结点气体首先液化甚至冻结，从而堵塞整个工艺管路。因此，原料气在进行降温前需要进行初步处理，脱除原料气中的二氧化碳、硫化氢、水、重烃、汞及芳香烃等杂质。此外，为减少LNG的蒸发损失，还应控制原料气中氮气、氦气等惰性气体的含量。

目前，陆上天然气预处理技术已较为成熟，但受到海上作业环境的限制，FLNG生产工艺对预处理技术提出了更高的要求，不仅要求净化装置要灵活适应各类气田的原料气组分与特性，考虑到平台甲板面积有限，还需要具有流程简单、布置紧凑、占用空间小、安全可靠等特点。FLNG的预处理流程大致如图9－8所示。原料气首先通过过滤使气体中混杂的液体、固体与原料气分离，随后经脱酸、脱水、脱汞、脱苯及脱重烃等工艺处理后，进入天然气液化单元。

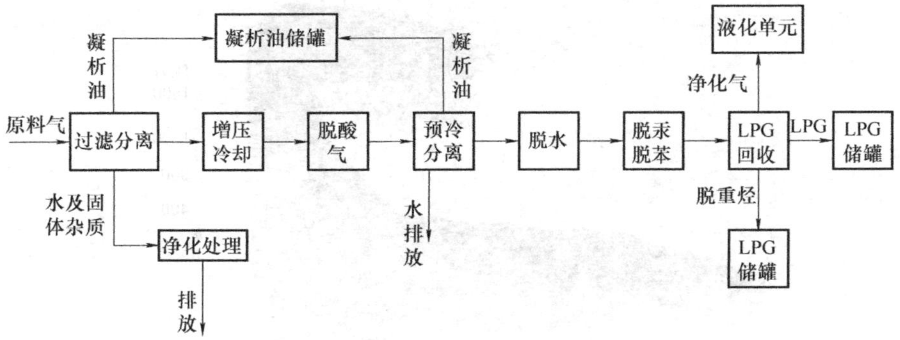

图9－8　FLNG的预处理流程

液化工艺的选择是海上液化天然气生产的核心，对浮式液化装置能否正常、合理运行起到关键作用。液化设备的投资也是整个 FLNG 装置总投资中占比最高的，并且会对整套装置的液化能力产生很大的影响。目前，国外主要应用于浮式装置的液化工艺是氮膨胀（Nitrogen Expander）工艺和混合制冷剂（Mixed Refrigerant）工艺。氮膨胀工艺使用氮气作为制冷剂，该制冷剂储存方便安全，流程简洁，结构紧凑，布局灵活，但功耗较大，经济性略差。混合制冷剂工艺效率高、功耗小，但对混合制冷剂组分变化比较敏感，可以通过合理设计和布置，使其能够适应海上特殊的环境。

表 9 - 1 为国外已公布的 FLNG 处理工艺。

表 9 - 1　国外已公布的 FLNG 处理工艺

设计方	时间	工艺
Costain、David Brown、Vosper Thorneycroft 造船厂	20 世纪 80 年代	带机械制冷的氮膨胀循环
福斯特惠勒	20 世纪 80 年代	单膨胀机
Costain	20 世纪 90 年代	双膨胀机
Merlin Production	2002 年	双膨胀机
Lummus Global	2005 年	双膨胀机

9.2.2　平台主体

FLNG 的平台主体通常设计为船形，以提供足够的储存空间。FLNG 上最重要的是用于储存低温 LNG 的天然气液舱。由于液化天然气是以低温常压的方式进行储存，且液化天然气本身并不稳定，极易气化，因此对储舱提出了很高的要求，如较灵敏的温控系统、极好的保温性能、较高的抗晃荡能力等。

通过 FLNG 上部的液化工艺模块，天然气会降温到 - 163 ℃并液化以储存在液化天然气储舱中。但液化天然气并不稳定，对温度与压力较为敏感，在 FLNG 平台作业过程中由于平台自身的运动响应或外部热量的传入，均会造成部分液化天然气气化，进而导致储舱内部压力升高而造成安全隐患，因此 FLNG 液舱的设计也是 FLNG 的核心技术之一。

如何避免液化天然气在液舱中发生剧烈晃荡是 FLNG 液舱设计的重点。当液舱内部载有液货时，在液货表面就存在着一个自由表面，该表面会随液舱而晃动，液舱的加速度也会导致液面的晃动，这一晃动会由外部运动提供能量而引发液货剧烈的运动，从而对液舱内部造成冲击破坏，如图 9 - 9 所示。对于不稳定的液化天然气，这一晃荡还会造成大量液体气化，在很短的时间内使液舱内压急剧升高，可能导致液舱泄漏失效甚至爆炸。

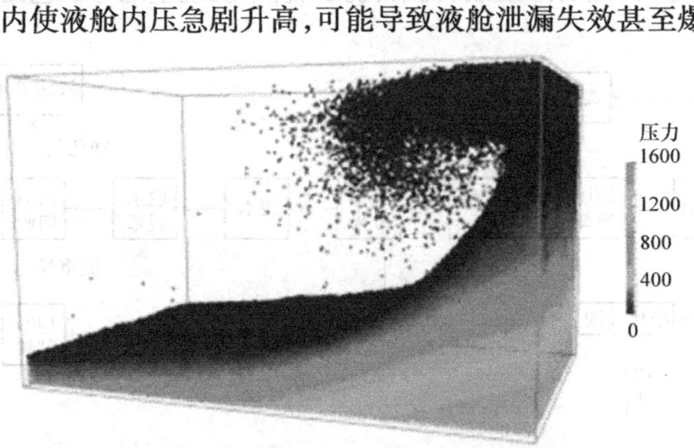

图 9 - 9　液舱晃荡引起的流体运动响应

晃荡是一种复杂的液体流动现象，非线性和随机性非常强。这种非线性来自于自由液面的大幅度运动、湿边界的变化以及流固耦合等因素的影响，其理论分析至今仍很不完善，在航天、船舶等领域都是热门的研究课题。

目前，FLNG 液舱的设计建造技术与 LNG 船类似，比较常见的液舱形式主要有三种类型：GTT（薄膜）型、SPB（棱柱形）型和 MOSS（球）型，如图 9－10 所示。

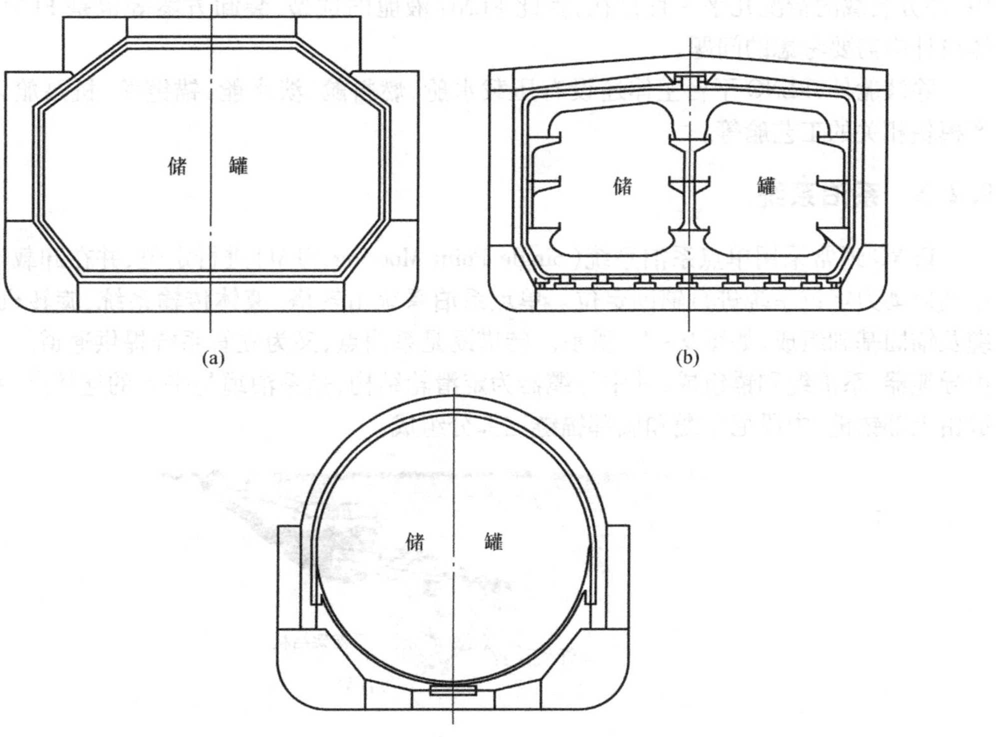

(a)　(b)　(c)

图 9－10　不同类型的 FLNG 液舱

（a）GTT 型液舱　（b）SPB 型液舱　（c）MOSS 型液舱

GTT 型液舱由法国 GTT 公司设计，其液舱横截面为八边形，如图 9－10（a）所示。该液舱属于非自撑式结构，液舱壁固定于船体内壳，由船体提供所需刚度和稳性。GTT 型液舱由两层相同材料的金属薄膜和两层分别独立的隔热层组成。

GTT 型液舱是目前应用最广泛的液舱形式，技术较为成熟。但由于其液舱体积较大，舱内又没有阻晃设施，部分装载时会发生比较严重的晃荡问题，因此在相关规范中都对薄膜型液舱的装载率进行了明确的规定。

SPB 型液舱由日本石川岛播磨重工公司研发设计，其形状整体呈棱柱形，如图 9－10（b）所示。SPB 型液舱属于自撑式结构，主要包括支撑结构、主次屏障及隔热层。其液舱内部四周设有防晃隔板，中部设有中线隔舱，极大地缓解了晃荡问题。

SPB 型液舱的安全性能非常出色，维护也比较方便，没有液货装载率的限制，但建造成本高，目前应用此种液舱的 LNG 船相对较少。

MOSS 型液舱由挪威 Moss Rosenberg 公司在 20 世纪 70 年代设计研制，而由挪威的 Moss

Maritime 公司掌握。该液舱形状为球体,如图 9-10(c)所示。

MOSS 型液舱的设计寿命最长可达 100 年。由于其形状为球形,因此晃荡问题较轻微,也没有液位限制。但 MOSS 型液舱的设计使得其重心较高、受风面积较大,对平台稳性和船舶航行会造成一定的不利影响。

由于 FLNG 需要长期在海上作业,恶劣海况时有发生,且液舱装载率时刻处于动态变化中,部分装载的情况几乎一直存在,因此 FLNG 液舱的选型、装卸方案等也是 FLNG 平台主体设计中需要考虑的问题。

除液舱外,FLNG 平台主体还设有压载水舱、燃料舱、淡水舱、锚链舱、机泵舱以及与生产模块相关的工艺舱等。

9.2.3 系泊系统

FLNG 通常采用单点系泊系统(Single Point Mooring,SPM)进行定位,并在卸载作业过程中辅以动力定位系统进行辅助定位。单点系泊系统由转塔、液体传输系统、旋转机构、系泊缆及锚固基础组成,如图 9-11 所示。转塔既是系泊点,又为立管系统提供通道。系泊系统由导缆器、系泊缆和锚组成,其中导缆器为定滑轮结构,是系泊缆与平台的连接点;系泊缆一般由上部锚链、中段尼龙缆和底部锚链三部分组成。

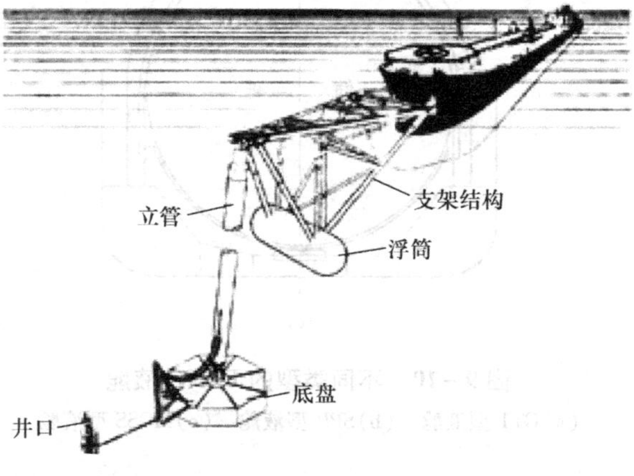

图 9-11 常见的单点系泊系统

FLNG 的单点系泊系统是影响 FLNG 安全生产和生存的关键技术之一。单点系泊系统可以使船体在环境载荷作用下自由转动,使其始终承受较小的环境载荷,以规避恶劣的海洋环境对船体带来的负面影响,这就是风标效应的作用。按照转塔位置的不同,FLNG 通常有内转塔(图 9-12(a))和外转塔(图 9-12(b))两种不同形式的设计。内转塔因其自身的安装位置,较外转塔具有更多的空间用来布置管汇和相关的设备,同时可以使自身得到更好的安全保证,因此多数 FLNG 选用内转塔式单点系泊方案。

单点系泊系统有如下主要特点:

①单点系泊装置是一种弹性系统,它对外力有复原的反应,有吸收、消耗能量的性能;

②单点系泊系统具有可 360°旋转的系泊转台,被系泊的海洋结构物可以绕系泊中心,根据风、浪、流的方向转动,以保证结构物始终处于顺风顺流的位置;

③相比于固定式系泊系统,单点系泊可重复使用,其主要部件如浮筒、桩腿、输油软管和

(a)

(b)

图9-12 两种单点系泊方式

(a)内转塔式单点系泊 (b)外转塔式单点系泊

流体旋转头等可进行改造,从而移动至其他水域重复使用。

9.2.4 外输系统

当FLNG上的液化天然气储量达到预计存储上限时,就需要通过LNG运输船对液化天然气进行运输,此时需要通过外输系统将FLNG平台上的液化天然气输送到LNG运输船上。外输作业就是通过系泊线将FLNG和LNG运输船进行连接并限制两者间的相对运动,使两者间的相对运动局限在一定范围内,然后通过卸货摇臂上的输油管将液化天然气输送到LNG运输船货舱中,从而完成卸货作业。与常规FPSO的外输方式类似,目前FLNG的外输主要有两种方式,即旁靠外输和串靠外输。

旁靠外输(side-by-side mooring)也称为并联外输,即FLNG的一舷与LNG运输船的一舷靠泊在一起,通过护舷(fenders)和系泊线将两船体固定在一起,如图9-13所示。旁靠外输适用于船型较为一致、干舷高度差别不大的船体。

图9-13 旁靠外输示意图

旁靠外输过程中两船体间距极小,外输所需管路直接在两船舷侧上方实现连接,因此管路长度较短,且不直接与海水接触(图9-14),从而可以有效降低海水对管路的腐蚀作用,同时避免海冰对外输管路的破坏。但是由于船体距离非常近(一般间距的大小就是护舷直径的大小)使得两船间的水动力作用会对两船产生较明显的动力影响,因此对外输海况气候要求较高,且需要装备护舷,以防止船体发生碰撞。

图 9-14　旁靠外输的管路

串靠外输(stern-to-bow mooring 或 tandem)也称为串联系泊,即 FLNG 的艉部与 LNG 运输船的艏部通过系泊线连接起来,如图 9-15 所示。如前所述,当 FLNG 采用单点系泊方式时,会由于风标效应时刻处于迎风状态,此时船艏固定、船艉自由,因此需要将其与 LNG 运输船艏进行连接。

图 9-15　串靠外输示意图

与旁靠外输不同,串靠外输可以承受较为恶劣的海况,而且对于船型相差较大的船体也相对适用(这对于采用其他主体形式,如八角形 FLNG 等尤为重要)。串靠系泊时两船体间距较远,而水动力作用随距离的增加而减弱,因此串靠系泊时水动力影响相对较小。但相对而言,串靠外输需要长距离的外输管路与相应的管路操作设备。特别地,对于液化天然气的外输,由于其极不稳定,因此如何保证长距离外输中外输管道内的液态天然气保持状态稳定也面临着新的挑战。另外,进行串靠外输作业时,由于风标效应 FLNG 会带动 LNG 运输船以系泊点为圆心运动,因此外输需要很大的操作回转半径,要防止其他船只进入作业区域内。

在外输转运过程中,可能会由于船体间运动范围过大,外输摇臂管路出现破裂,导致液化天然气泄漏,从而引发火灾;也可能会由于两船体系泊线强度不足而断裂,使船体发生碰撞损伤,造成严重的安全事故,危及生命财产安全。因此,在外输过程中需要重点关注的是要保证两船的稳定性,这将会影响到外输作业能否顺利进行,甚至是整个 FLNG 系统的安全性问题。

第 10 章　FDPSO 新型平台

10.1　传统海上油气开发钻井平台

10.1.1　钻井船

钻井船是常规的海上油气钻采装置，与其他钻井平台相比，其具有可自航、甲板面积大等优势。与此同时，由于钻井船可由油轮改造，因此初期投资较低，适用于油田的早期开发与边际开发。但由于钻井船的吃水面积较大，因此水动力性能不佳，极易受到恶劣环境的影响，而钻井作业对船体的运动又有较高的限制，因此其对作业天气窗的要求较高，通常还配有动力定位装置以辅助作业。

目前，国际上的钻井船处于供不应求的状态。据不完全统计，当前拥有最多钻井船的是美国 Transocean 公司，其名下有超过 22 艘钻井船，占世界总钻井船数量的 20% 以上；有大量钻井船处于建造中，其中韩国和巴西是主要的建造基地，中国也有建造钻井船的技术，其中由大连中远船务于 2015 年建造完成的“大连开拓者”号（图 10－1）是目前世界上最大的深水钻井船，该船总长 291.25 m、垂线间长 275 m、型宽 50 m、型深 27 m、最大高度 132 m 、设计吃水 19.5 m，设计吃水下的排水量为 24 万吨，该船配有最先进的 DP3 动力定位系统，可以在水深 3 050 m 海域进行钻井作业，钻井深度可达 12 000 m。“大连开拓者”号的建成标志着我国打破了韩国等造船强国对钻井船市场在国际上的垄断局面，同时为我国在相关领域的研究、设计和建造积累了宝贵的经验。

图 10－1　世界上最大钻井船“大连开拓者”号

10.1.2 张力腿平台

张力腿平台(Tension Leg Platform,TLP)是一种垂直系泊的半顺应半刚性平台,其原理是通过上部结构产生大于结构自重的浮力(即产生剩余浮力),并使之成为张力腿筋键上的预张力,从而保证张力腿筋键时刻处于张紧状态。这些预张力使张力腿在垂向内保持刚性,保证平台在平面外的运动(横摇、纵摇、垂荡)较小,宏观上表现出刚性;而张力腿在平面内的柔性,使平台在平面内的运动(纵荡、横荡、艏摇)则顺应外界载荷的变化,宏观上表现出顺应性。这种特性帮助 TLP 在受到较大的环境载荷时可以通过自身惯性力来恢复平衡,使得 TLP 在总体上具有更好的水动力特性。同时,通过对张力腿系泊系统的预张力和平台本体浮力的控制,可以保证 TLP 的平面内运动固有频率低于波浪频率,而平面外运动固有频率高于波浪频率,避免平台发生共振。这一优秀的运动性能使得 TLP 成为深海开发的主要装备之一。

张力腿平台一般用作生产平台,通过增加钻井设备也可以实现钻井功能,但一般不具备储存功能,因此需要与其他油船配合作业。据不完全统计,目前世界在建和在役的 TLP 超过 20 座。按照总体结构,可以将它们分为第一代 TLP 和第二代 TLP,如图 10-2 所示。第一代 TLP 也称为传统 TLP,其结构包括海底地基、张力腿筋键、立管系统、平台主体及上部模块。第二代 TLP 对第一代 TLP 的结构进行了优化,使其更适应深海环境,并降低了建造成本。第二代 TLP 可分为三大系列,包括 ABB 公司设计的延伸式 TLP、Atlantia 公司设计的 SeaStar 系列和 MODEC 公司设计的 MOSES 系列。

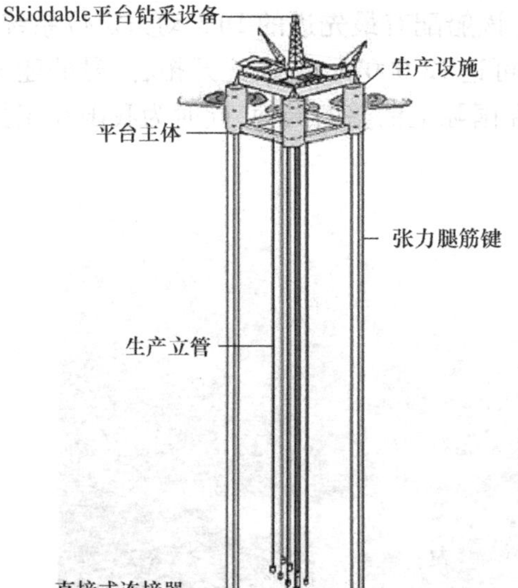

图 10-2 两种典型的 TLP

(a)第一代 TLP (b)第二代 TLP

按照采油树安装位置的不同，可以将它们分为干树平台和湿树平台。

干树平台(Dry Trees Platform)的采油树位于平台上，并通过生产立管与海底井口连接，通过在TLP上安装相应的钻井装置，即可实现钻井、完井等功能，降低了对其他工程作业船的需求，从而提高了钻井作业的经济效益。此外，由于钻井设备、采油树等均布置在甲板上，因此便于维修、易于管理。目前，干树平台已应用在Morpeth、Allegheny 和Typhoon等地。

湿树平台(Wet Trees Platform)的采油树位于海底，平台上则配有全套生产处理装置，并通过输油软管和钢制悬链线立管(Steel Catenary Riser,SCR)与井口连接。由于湿树平台的采油树位于水下，降低了平台甲板的载重，因此可以适当减小平台浮体体积，从而节省建造成本，目前已应用到世界很多海上石油产地。

需要指出的是，世界上现有的张力腿平台大多是所处海域的中心平台，有的张力腿平台除了在平台上体安装有干树系统，能够自行进行探采和控井工作之外，同时还通过柔性输油管和SCR与附近油田的海底采油系统或其他卫星平台相连，作为其石油处理和输出的中心。在此情况下，这些张力腿平台自身就结合了干树和湿树两种系统。

10.1.3 半潜式钻井平台

半潜式钻井平台(Semi - submersible Platform)是在坐底式钻井平台的基础上演变而来。半潜式钻井平台一般包括位于水下位置的浮体(也称为下体、浮箱)、支撑、立柱、平台主体及上层模块等结构。其中，浮体负责提供主要浮力，独立浮箱间通过横向支撑、斜向支撑等结构连接，布置于水线面以下，以减少波浪载荷对平台主体的影响。平台主体与浮体通过立柱连接，因此水线面较小；立柱间距一般较大，以充分保证平台主体的稳性，因此半潜式钻井平台也称为立柱稳定式钻井平台。

半潜式钻井平台最早是由美国的Blue Water公司于1962年设计提出的，在经过了几代优化后，其作业水深已从最初的200 m发展到现在的3 000 m以上，能保证在世界大部分海域的作业能力，并成为当前深海开发的主要装备之一。此外，由于其优秀的水动力特性，半潜式钻井平台还可用于海底管道的铺设和海上工程作业等。

值得一提的是，近年来我国在半潜式钻井平台的设计和建造上取得了突飞猛进的发展。特别是作为我国国家科技重大专项标志性装备之一的，我国首座自主设计、建造的第六代深水半潜式钻井平台“海洋石油981”号(图10 - 3)的胜利建成，更是标志着我国在半潜式钻井平台领域已跨入世界先进行列。

海洋石油981深水半潜式钻井平台，简称“海洋石油981”，于2008年4月28日开工建造，是中国首座自主设计、建造的第六代深水半潜式钻井平台，由中国海洋石油总公司全额投资建造，整合了全球一流的设计理念和一流的装备，是世界上首次按照南海恶劣海况设计的，能抵御200年一遇台风的钻井平台。该平台长114 m、宽89 m，自重30 670 t，能承重12.5万吨，可起降西科斯基S - 92直升机，最大作业水深3 000 m，最大钻井深度可达10 000 m，具备钻井、完井、修井等功能；选用DP3动力定位系统，1 500 m水深内锚泊定位，入级CCS(中国船级社)和ABS(美国船级社)双船级。整个项目按照中国海洋石油总公司的需求和设计理念引领完成，由中海油研究总院牵头、中国船舶工业集团公司第七〇八研究所设计、上海外高桥造船有限公司承建，并集中了中国国内诸多海洋工程领域研究优势单位的力量，耗资60亿元，中海油拥有该船型自主知识产权。“海洋石油981”对于中国进军深海海洋工程装备开发、提升深水作业能力、实现国家能源战略、维护国家权益等具有重要的战略意义。

(a)

(b)

图 10-3 举世瞩目的“海洋石油 981”号

(a)概念图 (b)实体图

10.1.4 Spar 平台

Spar 平台,即单柱式平台,它是一种典型的顺应式平台,多用于深水海域,自 20 世纪 80 年代被提出用于深海作业以来,广泛应用于钻探、生产、海上原油处理、石油储藏和装卸等各种工作,被研究人员视为下一代深水平台的发展方向。

Spar 平台一般由平台上体、平台主体、系泊系统和立管系统组成。与其他平台最大的区别在于,其主体是一个巨大的圆柱体,主体上部一般为封闭结构,在实现储存功能的同时,为平台提供浮力;下部作为压载舱,以降低平台重心,使平台的重心位于浮心以下,因此可以充分保证平台自身的稳定性;立管系统位于 Spar 内部,与外部隔绝,充分保护了立管系统。

Spar 平台刚出现时是作为辅助系统,例如浮标、海上科研站、海上通信中转站以及海上装卸和储藏中心等结构物。直到 1987 年,Edward E. Horton 设计了一种专用于深海钻探和采油工作的 Spar 平台,其结构形式特别适合于深水作业环境,被公认为现代 Spar 生产平台的鼻祖。1996 年,Oryx 能源公司委托 J. Ray McDermott 公司在美国墨西哥湾水深 588 m 的 Neptune 油田成功建造安装了世界上第一座立柱式生产平台 Neptune Spar(图 10-4),标志着 Spar 平台开始正式应用于海上油气生产领域。

经过多年的发展,Spar 平台从其结构上可以分为三类,即经典式 Spar(Class Spar)、桁架式 Spar(Truss Spar)和集束式 Spar(Cell Spar),如图 10-5 所示。Neptune Spar 属于经典式 Spar,其特点是主体结构为大直径圆柱体、体型巨大、建造成本较高,因此很快被桁架式 Spar 取代。桁架式 Spar 用开放式结构代替了经典式 Spar 的封闭式结构,并在空间桁架中

图 10－4　世界上第一座用于海上石油工程的 Spar 平台 Neptune Spar

加设了垂荡板，在减少平台自重、降低建造难度与成本的同时，使平台的垂荡固有频率远离波浪频率，减少了波浪对平台的影响，优化了平台的水动力性能。而集束式 Spar 则是在桁架式 Spar 的基础上，将大直径圆柱分解为多个小直径圆柱，在保持桁架式 Spar 优秀水动力性能的同时，进一步降低了建造难度与成本。

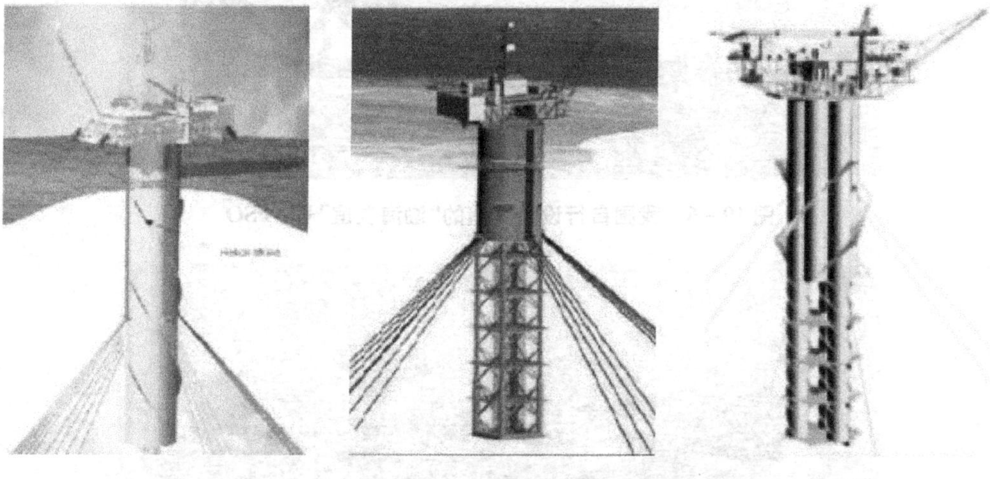

(a)　(b)　(c)

图 10－5　三种 Spar 形式

(a)经典式 Spar　(b)桁架式 Spar　(c)集束式 Spar

10.1.5　FPSO

FPSO(Floating Production Storage and Offloading system，即浮式生产储卸油系统)是一种船型的海上浮式平台，它具有生产、储存、装卸载等功能，与穿梭油轮、水下生产系统配合即可完成对油田的开发。FPSO 可以新建，也可以在旧油轮的基础上进行改建，这一特点使得 FPSO 在实现强大功能的同时大幅降低了建造成本，目前世界上约一半的 FPSO 都是由旧油轮改造而成。FPSO 的概念最早由 Shell 公司于 1977 年提出，目前全世界在役的 FPSO 已经超过 200 艘，此外还有大量 FPSO 在建。可以说，FPSO 成为了目前深海油气开发的主流方向。

FPSO 与常规意义的船舶最大的不同，在于它需要长期在固定位置作业，因此它对系泊系统的要求较高。此外，部分系泊设备还承担着油气输送通道的任务，是 FPSO 研发的主要难点之一。目前，FPSO 采用的系泊方式有单点式系泊、多点式系泊和动力定位系泊等。单点式系泊在第 9 章已做介绍，不再赘述；多点式系泊可使 FPSO 始终固定于一个方向，适用于风浪载荷方向较为固定的海域；动力定位系泊使用成本较高，一般配合常规系泊系统一起使用。

我国于 1986 年第一次使用 FPSO“南海希望”号，该 FPSO 由法国道达尔公司设计，由旧油轮改造而成。1989 年，我国又自行设计建造了“渤海友谊”号 FPSO（图 10－6），该 FPSO 由中国船舶工业集团公司第七〇八研究所设计、上海沪东船厂建造，实现了我国 FPSO 自主设计、建造零的突破。我国目前最大的 FPSO 是由中海外高桥船厂建造的“海洋石油 117”（图 10－7），该 FPSO 约长 323 m、宽 63 m，储油能力达 200 万桶，日处理能力 19 万桶，是我国承建的最大吨位的海洋工程项目。

图 10－6　我国自行设计建造的“渤海友谊”号 FPSO

图 10－7　我国最大海工项目“海洋石油 117”

10.2 两种经典的深海油气开发模式与FDPSO的诞生

10.2.1 “美国模式”和“巴西模式”

作为世界上最早应用深水油气田开发技术的海域,美国的墨西哥湾和巴西的坎波斯盆地海域在多年的开发中,逐渐形成了一套适用于当地海域环境的深水油气田开发模式,即“美国模式”和“巴西模式”。

美国墨西哥湾,由于其距离大陆架较近,因此美国采用海底管道作为主要的开采方式,而放弃了大量使用FPSO等海上平台,从而形成了“浮式钻井平台—水下井口—水下生产系统—海底管道”的深海油气田开发模式。

而巴西坎波斯盆地海域,由于油气资源分布距离陆地较远,从经济性的角度考虑,采用上述的“美国模式”则需要极为漫长的海底管道,这将导致开发成本大幅提高。因此,在巴西形成了“浮式钻井平台—水下井口—水下生产系统—FPSO”的开发模式。

通过对比上述“美国模式”和“巴西模式”不难发现,“美国模式”属于半海半陆型开发,多采用干式采油树,并通过海底管道将油气资源运输到陆上工厂;而“巴西模式”则属于全海型开发,多采用FPSO实现油气资源从海上到陆上的运输。

10.2.2 “南海模式”

我国深水油气田开发技术发展较晚,但也使我国在开发中能够充分借鉴世界优秀的开发模式与开发经验。结合我国南海海域自身特点,相关学者提出了专属于我国南海海域的深水油气田开发模式,即“浮式钻井平台—水下井口—FPSO—穿梭油轮”的所谓“南海模式”。

“南海模式”充分考虑了我国南海海域的特殊环境。由于南海海况恶劣、海底底质松软不平,而且我国目前在铺管船的研发上还有所不足,无法建立完备成熟的海底管网系统,因此并没有参考“美国模式”中以管道为主的策略;此外,考虑到目前我国FPSO建造进展顺利,尤其是研发建造了“海洋石油981”,FPSO建造处于世界先进行列,因此“南海模式”的核心是半潜式FPSO,并辅以穿梭油轮以完成海上油气资源的运输。

10.2.3 FDPSO技术的发展历史

无论是“美国模式”和“巴西模式”,还是我国的“南海模式”,它们都有一个共同的特征,就是整个开发系统中需要至少两个以上的大型海上装备(即浮式钻井平台和FPSO)。这就导致无论选用哪种开发模式,其前期投资格外巨大、建造周期较长,且两种装备之一会存在较长时间的作业等待期,因此严重影响了目标油气田开发的经济效益。如果能够将这两种海上装备结合在一起,就能大幅降低停工期,并降低目标油气田的前期投资。基于这一思路,FDPSO的概念逐渐为世界所关注。

所谓FDPSO,即Floating Drilling Production Storage and Offloading system,浮式钻井生产储卸装置。该装置的核心特点是同时具备了浮式钻井平台和FPSO的主要功能,能够同时进行钻井、生产、储存、外输等多项作业。FDPSO的概念是20世纪90年代提出的,并在随后成为海洋工程界的研究热点,目前已经有大量的研究设计成果,并已经成功建造了多座

FDPSO。

世界上成功建成的第一艘FDPSO是由挪威的Prosafe和美国的MWA(Murphy West Africa)合作建造的Azurite号FDPSO,如图10-8所示。该FDPSO由VLCC(Very Large Crude Carrier)改造,重新对甲板进行了设计布置,并增加了月池钻井模块。Azurite号FDPSO于2009年1月在新加坡Keppel造船厂完成改造,并开赴距刚果80海里的Murphy's Mer Profonde Sud Azurite海域目标油气田开始服役。

图10-8 Azurite号FDPSO

由于西非海域的气候相对温和,作业工程平台长期受到西南向风浪,因此Azurite号FDPSO并没有采用具有风标效应的单点式系泊,而是选用了更为成熟的多点系泊技术。由于钻井过程对平台的位移量有较为严格的限制要求,一旦位移量过大就有可能造成钻井结构的变形破坏,因此该套系泊技术设计为4组共计12条系泊线,并能够保证其位移量限制在水深的2%以内;一旦由于恶劣海况或其他因素导致平台位移量过大时,钻井立管可以自动切断停止作业,以保证钻井作业的安全。

世界上建成的第二艘FDPSO是由挪威Sevan Marine公司设计、南通中远船务建造的SEVAN DRILLER(希望1号),如图10-9所示。SEVAN DRILLER平台于2009年底建成,是当时世界上的首座圆筒形超深水海洋钻探储油平台。该平台总高135 m,直径84 m,设计水深12 500英尺,钻井深度40 000英尺,通过8台推进器进行定位,并配置全球最先进的DP3动态定位系统和系泊系统,可以适应英国北海-20 ℃的恶劣海况,平台甲板可变载荷15 000 t,拥有15万桶原油的存储能力。该平台生活楼可容纳150人居住,居住舱室达到45 dB超静音标准,生活设施堪比五星级酒店。

挪威的Aker公司于2000年的OTC(Offshore Technology Conference)上提出了半潜式FDPSO的设计成果Oil Box。该平台由1个下浮体、4个中央立柱、1个中央主体和上部模块组成,其中下浮体内部设有压载舱和液货舱,中央立柱和中央主体负责提供浮力,上部模块用于钻井、生产和提供生活区。该平台的优势在于主浮体宽度在30 m左右,因此可以采用浮拖法通过驳船完成上部模块的安装;同时又由于其具有半潜式平台的结构特征,因此水动力性能优异。

国内在FDPSO的研究上也有所进展。上海交通大学海洋工程国家重点实验室的杨建

图10-9 SEVAN DRILLER

民教授团队提出了多立柱圆筒形半潜式FDPSO的概念。该平台的浮体结构由6个相同直径的立柱和1个圆柱形主沉箱构成,内部设计有压载舱和液货舱。这样既具有半潜式平台优秀的水动力特性,又具有圆筒形平台不受波浪方向影响的特点。此外,多柱形浮体结构水线面较小,因此升沉运动响应也较小,并且可以采用成熟的液压补偿方式进行补偿控制。

还有些公司提出了对FDPSO的改进设计思路。Novellent Offshore LLC公司和SBM Offshore公司先后提出了带有钻井功能的隐形立管浮箱(Sheltered Riser Vessel,SRV)的理念,并称之为FDPSO-SRV。该SRV由位于上部的浮箱和与之相连的立管组成,浮箱提供浮力以保证立管的张力。SRV独立于FDPSO,位于月池底部,因此受到的环境冲击较小,能够有效补偿平台运动响应,以保证钻井作业的顺利进行。

此外,SBM公司还提出了可用干式采油树的FDPSO,该平台的核心技术是借鉴了TLP理念而设计的张力腿甲板(Tension Leg Deck,TLD),该TLD位于月池内,并配有防喷器(Blow Out Preventer,BOP)和干式井口采集单元等设备,已完成钻井、修井、完井等作业。

10.3 FDPSO的关键技术

10.3.1 FDPSO钻采系统的升沉补偿

FDPSO在海上的运动响应有6个自由度,其中垂直方向的升沉运动会造成钻杆柱的上下运动,从而导致钻压的变化,严重时甚至造成钻头脱落,对钻采系统影响很大。目前,工程上解决升沉运动的方法有两种:一种是在钻井柱下方的钻铤位置增加可伸缩的钻杆,另一种是在钻井部件中增加升沉补偿装置。

伸缩钻杆有两层管,其中外管固定,内管可做轴向运动。当FDPSO发生升沉运动时,位于伸缩钻杆上的钻柱做轴向运动,而钻头则不受影响。这种套管形式的原理简单,但无法控制钻井压力,钻杆承受载荷复杂,并导致钻井操作困难。

对钻杆柱的补偿方式主要有伸缩钻杆升沉补偿、游车大钩升沉补偿、天车升沉补偿、快绳升沉补偿和绞车升沉补偿等几种形式。目前,深水钻井作业的补偿技术主要控制在国外公司手中,处于市场的垄断地位。

除了钻杆柱外,还需要对 FDPSO 的立管系统进行升沉补偿。立管用来完成海底井口与上部生产模块的过渡,一旦由于平台的升沉导致立管发生屈曲变形甚至破坏,就会造成石油的泄漏,从而引发环境污染,因此必须通过补偿装置保证立管时刻处于承受轴向张力的状态。

在 FDPSO 的钻采系统中,月池也发挥着举足轻重的作用。月池一般贯通船体,用以将钻井立管深入海底,这在保证 FDPSO 钻井功能的同时,也带来了月池的水动力响应控制问题。目前,改善月池水动力性能的方式主要是利用月池内液体的振荡和增加振动抑制装置。

月池多布置于平台中部,沿垂向贯穿平台主体,并与平台下部海水连通。当海面较为平静时,月池内液面与海面保持一致;而当海面有较大的风浪时,平台的晃动会导致月池内海水的晃荡。这一晃荡可分解为垂向的活塞振动和横向的晃荡振动,这两种振动的频率与月池的形状、尺寸、吃水等有关。当这两种振动频率与激振频率接近时,就会发生共振从而危及平台和钻井作业。

对于 FDPSO 而言,月池的功能之一就是保护钻井系统不受外部恶劣风浪的影响,从而保证钻井工作的顺利进行,然而上述月池的水动力响应反而会造成钻采系统的破坏。因此,目前月池的结构形式、几何尺寸等的合理设计是目前海工领域研究人员的研究热点之一。此外,在月池内部流体发生运动时,如何通过特殊结构将流体的动能转化为可以储存或利用的电能(如针对月池内流体的活塞运动,通过增设特殊活塞驱动发电设备,或针对月池内流体的晃荡,通过增加转子以实现发电等),从而更合理地利用月池的结构特征,也是目前各国的研究重点之一。

10.3.2 FDPSO 的立管系统

立管系统是 FDPSO 另一个十分重要的组成部分,简单来讲,可以将其按照功能分为钻井立管和采油立管,其中钻井立管用于控制钻头进行钻井,并将钻屑、泥浆等运输到平台上;而采油立管则是专门用于将海底油气运输到平台上。

前面已经提到,FDPSO 的钻采补偿装置在保证钻采系统安全作业的同时,也解决了立管的垂向张力问题,但在平台作业期间,立管还会受到来自风、浪、流等的水平向载荷,从而发生横向变形,进而引起立管疲劳和立管间的碰撞,因此还需要对立管水平向的运动加以控制。

立管受水平向的载荷会发生顺流激振和横流激振,其中顺流激振是指振动方向与载荷流动方向相同,主要由波浪、海流引发;而横流激振是指振动方向与载荷流动方向垂直,主要由旋涡脱离造成的涡激振动引发。此外,当流体绕过立管时,会在立管尾部两侧形成交替脱落的旋涡,形成“卡门涡街”。旋涡的脱落会在立管两侧产生周期性的作用力,使立管同时发生顺流振动和横流振动。而当振动频率与立管的固有频率接近时,就会发生频率锁定现象,此时立管振动加剧,从而容易导致立管发生疲劳破坏。由于这一物理问题属于典型的流固耦合问题,力学机理极为复杂,目前无论是经验公式、振子模型,还是 CFD 方法,其预测结果与实验结果间还存在着较大误差,因此至今为止仍是海工领域研究的重点问题之一。

10.3.3　FDPSO 的系泊系统

如前所述,钻井作业对定位有较高的要求,因此 FDPSO 的系泊定位系统也是 FDPSO 研究的重点问题之一。海洋工程结构的系泊方式主要有锚泊系泊和动力定位两种。

锚泊系泊可以分为单点系泊和多点系泊。单点系泊已在 FLNG 章节中论述,这里不再赘述。多点系泊通过若干组布置在平台外围的锚泊线,通过锚机调整各根锚泊线的张力,使平台处于稳定状态。通常多点系泊的系泊点是对称设计的,但在特殊海域会根据实际海况载荷设计为不对称结构,使 FPSO 主动规避外界强烈载荷的冲击。

动力定位是一种通过自动系统控制推进器保证平台保持在计划位置的方式。与传统的锚泊定位方式不同,动力定位最大的特点在于其不受水深的影响,同时依靠自动控制系统,其推进装置能够最快地对外界载荷的变化进行调整,保证平台时刻处于最优位置。但动力定位系统能耗巨大,建造成本也比较高,因此应用还不广泛。上面章节中提到的"SEVAN DRILLER"和我国的"海洋石油 981"就是采用的最先进的 DP3 动力定位系统。动力定位系统作业示意图如图 10-10 所示。

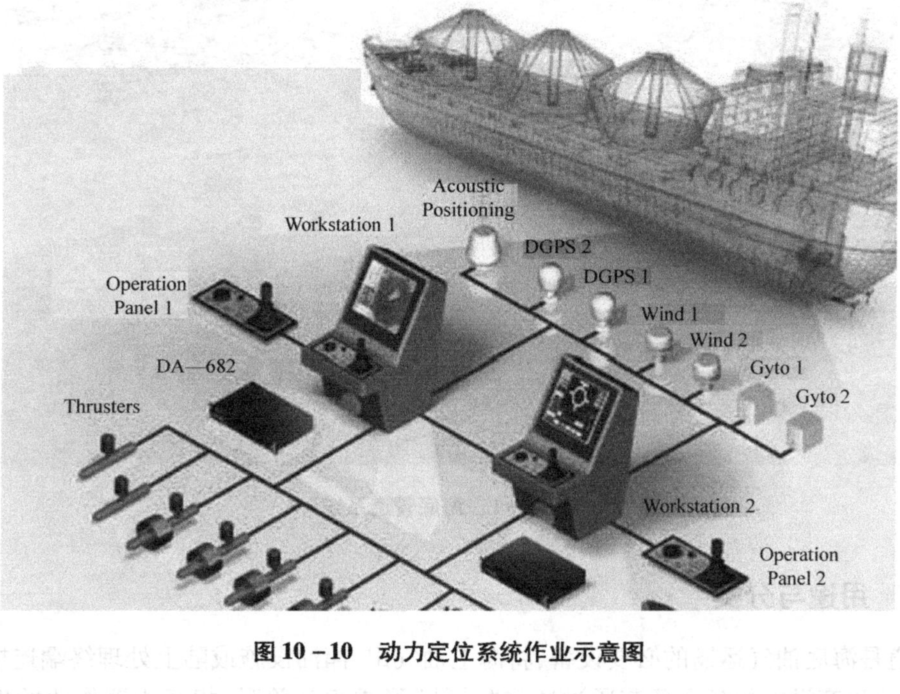

图 10-10　动力定位系统作业示意图

第11章　海底管道

11.1 概述

11.1.1　定义

完整的海洋油气开发过程,包括勘探、开发、输送和储油等几个阶段。水下油气输送系统包括海底管道、立管、跨接管、管汇中心、管道终端等,是海洋油气开发中必不可少的重大装备。作为其主体的海底管道系统,是指用于输送石油、天然气或水等介质的海底管道工程设施的所有组成部分,包括平管、支撑构件、管道附件、防腐系统、配重层、泄漏检测系统、报警系统、应急关闭装置等,如图11-1所示。

图11-1　海底管道系统

11.1.2　用途与分类

管道是海底油气运输的必要设备,将海上油气田、储油设施或陆上处理终端连接成为整体,使海上生产设施的各个环节通过这些“动脉”形成相互关联、相互协调作业的生产操作系统。管道结构系统相对封闭、固定,不需要定期的装卸,能量利用与输送的效率很高,而且基本不会对航道产生影响,是海洋油气行业的理想输送方式,具有连续、快捷、安全、经济的特点。

海底管道按照运行位置与功能可分为油气田内部管道和外输管道两类,按照输送介质可分为输油管道、输气管道、输水管道、油气混输管道、油水混输管道以及油气水混输管道等。其中,油气田内部管道通常用于输送油气田开发过程中产出的流体,包括油、气、水或其混合物,生产所需的燃料气,用于注水的海水、地下水或处理合格的生产水;外输管道通常距离较长,一般连接海上处理平台或陆上终端,用于输送经过初步处理后的原油和天然气。

海底管道的工程结构形式大体上可分为单层管加配重层、双层保温管、单层保温管加配重层等三类,如图 11－2 所示。

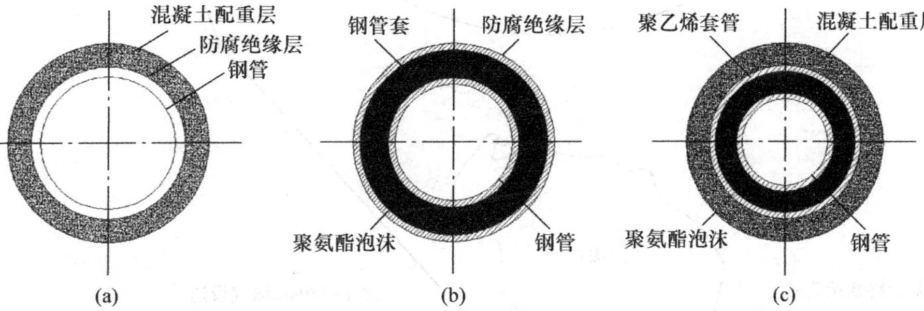

图 11－2 海底管道的工程结构形式

(a)单层管加配重层 (b)双层保温管 (c)单层保温管加配重层

11.1.3 工程应用情况

世界上第一条海底管道是 Brown & Root 公司于 1954 年在美国墨西哥湾铺设的。目前,海底管道已被广泛应用于全世界的海洋油气开发。仅在墨西哥湾,海底管道总长度即已接近甚至超过 40 000 km。我国从 1985 年开始建成第一条海底管道,至今已建成将近 3 000 km,其中七成以上是单层管结构,其余为双层管结构以及少许的软管。2012 年完工的南海—荔湾输气管道工程项目,开创了我国 1 480 m 作业水深的管道工程纪录,代表着目前我国海底管道的最高应用水平。

海底管道在海洋油气开采工程总投资中占有相当大的比重,尤其是深海开发中油气田远离陆地,输送系统的投资比重会更高。在实际工程中,海底管道系统常作为优选方案,直接将油气从井口输送至处理终端,例如墨西哥湾 Canyon Express 气田水深为 2 225 m,管线长达 100 km。图 11－3 给出了我国某气田开发的海底管道系统示意图,其至香港的输气管线长达 780 km。该项目的投产,极大地提升了海南省、广东省以及香港特别行政区清洁能源的供应能力。由此可知,海底管道系统在海洋油气开发乃至整个国民经济中,都扮演着越发重要的角色。

海底管道等油气输送系统面临极端的环境和复杂的地质条件,极易发生结构失效,甚至引发泄漏事故,造成巨额的经济损失和灾难性的环境污染。若输送系统结构破裂的位置处于海洋平台附近,溢出的油气有可能发生意外引燃,进而对上部平台造成更为严重的影响。即使像欧美等发达国家在墨西哥湾、西非、巴西等深水区域建设的油气田,重大工程事故也时有发生。表 11－1 列举了近些年部分水下油气输送工程的事故案例。这些惨痛事故表明,深水海底管道工程仍是人类尚未完全掌握的科学技术领域。在 2013 年 3 月于天津大学召开的“深海油气采输技术与安全国际学术研讨会”上,负责美国墨西哥湾“深水地平线”事故处理的越洋钻探公司首席工程师张少哲博士(美籍华人)曾明确指出,“越是欧美发达国

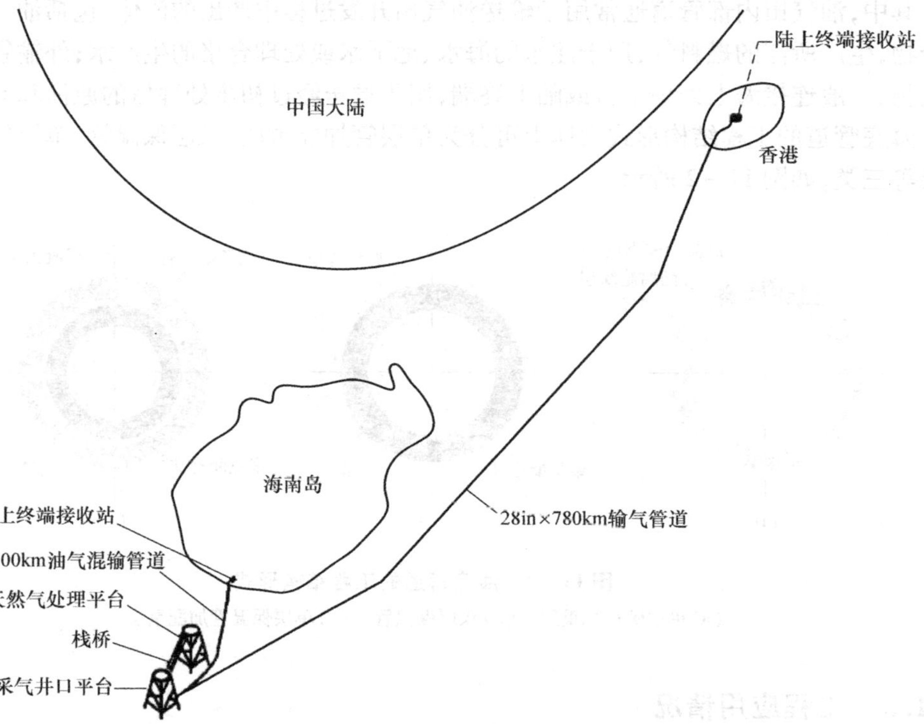

图 11－3　我国某气田的海底管道系统示意图

家，越是更加注重风险的预防与控制；美国也是边研究深海边开发油气资源，每增加 10 m 水深对人类来说都是巨大的挑战”。

表 11－1　部分水下油气输送工程事故案例

年份	事故名称/地点	原　因	后　果
2010	英国 BP 公司墨西哥湾“深水地平线”	水下结构内部泄漏，可燃气体蔓延至水上引发爆炸，平台烧毁	损失 400 亿美元，11 人遇难
2007	厄瓜多尔海域	输油管道破损造成石油泄漏	污染带长 1 km、宽 400 m
2006	美国阿拉斯加普拉德霍湾	水下管道破裂	超过 20 万加仑的原油泄漏
2006	英国拉德霍贝油田	水下管道老化，出现严重的腐蚀现象	每天的原油供应量减少 40 万桶
2005	印度 Mumbai High North	一艘船与 Mumbai High North 平台发生碰撞，引起水下立管断裂并引发大火，平台烧毁	财产损失 1.95 亿美元，22 人伤亡
2004	FPSO Jotun A	距 Jotun A 10 km 的水下外输管道破裂	直接维修费达 0.25 亿美元
2001	巴西 P36 半潜平台	原油和天然气通过损耗泵回流，导致水下管汇结构压强增大，引发爆炸	直接损失 5 亿美元，死亡 11 人

因此，海底管道系统，特别是深水海底管道系统，仍然有运行安全基础理论的瓶颈问题亟待研究。相关问题的探索将为深海油气开发工程提供理论支撑，进而满足人类社会对能

源的重大需求。

11.2 主体结构

11.2.1 行业规范

海底管道的设计通常按照国际通用规范进行。早在1976年,挪威船级社(DNV)就颁布了海底管道设计规范。随着近年来深海油气开发战略对海底管道的重大需求,众多更为完善的标准及规范应运而生。针对海洋油气管道,常用的设计标准和规范如表11-2所示。

表11-2 海洋油气管道常用设计标准和规范

序号	规范名称	所属机构
1	《海底管道系统规范》1981年(根据1996年版需要做了修订)	DNV
2	《海底管道与立管设计、制造与安装指南》	N. P. D
3	《海底管道指南说明》	能源部
4	《英国管道标准规范》	BS 8010
5	《管道安全规范》	IP 6
6	《钢管和管道系统内部腐蚀控制推荐惯例》	NACE
7	B31.4《液态石油运输管道系统》	ANSI
8	B31.8《天然气输送与分配管道系统》	ANSI
9	R. P. 1111-《海上油气管道设计、施工、运营与维护》	API
10	RP 14E-《海上生产平台管道系统设计与安装》	API
11	《管道规范》	API 5L& 5LC
12	《天然气运输与分配管道系统指南》1080	ASME
13	Z 183-《石油管道运输系统》	CSA
14	Z 184-《天然气管道系统》	CSA
15	《海底管道规范》	SAA
16	《天然气管道规范》	SAA
17	《第2部分:水下和海上应用挠性管系统》(代替API RP 17B)	ISO 13628
18	《石油与天然气行业用管道运输系统》	ISO 13623

以上标准从设计原理上可以分为两类,即常规的许用应力设计方法和基于极限状态的可靠性设计(荷载抗力系数法)。

在早期,管道设计或规范以根据材料额定最小屈服强度计算得到的许用应力为依据,并考虑安全系数,作为管道运营过程中所允许承受的最大应力,一般设计表达式为

$$[\sigma] = \frac{\sigma_s}{n_s} \tag{11-1}$$

式中:σ_s 为管道材料的屈服极限;n_s 为对应的安全系数,一般为0.7~0.9。

许用应力设计应用简便,是工程结构中的一种传统设计方法。1976年发布的第一版DNV海管规范以及1981年对其规范的修改版均以该方法为依据。但是随着近年来油气资

源的勘探开发向深水领域发展，许用应力仅能由单一的安全系数确定的局限性愈加明显。该方法已不能对处于复杂深海环境下的海底管道进行有效的设计指导。

在这种情况下，海底管道设计引入了基于可靠性的极限状态设计法(LDS)，该方法以风险评价和概率方法为依据，管道设计理念发生了根本性变化。1996 年的 DNV'96 规范，是由挪威船级社正式发布的、世界上第一次将极限状态考虑在海管设计中的设计标准。目前，在世界上应用最广泛的极限状态设计标准是挪威船级社在 2000 年发布的、对 DNV'96 进行修订后的 DNV - OS - F101。

基于极限状态的可靠性设计(荷载抗力系数法)的主要特点是将影响结构可靠性的基本变量看作是随机变量，经过分析各随机变量的不确定因素，运用概率统计原理总结出各随机变量的概率模型和统计参数，用量化的结构可靠度指标将结构的可靠程度明确表示出来。极限状态分类如下。

①工作极限状态(SLS)：如果超过会导致管道不能正常运行的状态，包括椭圆化、棘轮效应、累计塑性变形和由于管道覆层重量损失引起的破坏。

②最大极限状态(ULS)：如果超过会危及管道完整性的状态，包括爆裂、局部屈曲、整体屈曲、不稳定破裂和塑性破坏。

③疲劳极限状态(FLS)：计算由环境载荷、运行条件、VIV、浮式装置运动等引起的累计循环载荷。

④意外极限状态(ALS)：由意外载荷引起，如渔船拖网板撞击、坠落物体等。

通常，极限状态可以表示为指定的失效公式：

$$L_d \leqslant R_d \tag{11-2}$$

式中：L_d 是设计载荷作用；R_d 是结构设计抵抗力。

11.2.2 设计分析

1. 材料选择

海底管道的主体结构主要用于承受静水压力等环境载荷的作用，一般均采用钢质材料，分为碳钢管和双相管两种。碳钢管的应用标准通常遵循 API 5L Line Pipe Spec 的规定，等级从 B 级至 X52、X60、X65、X70 或更高等级；双相不锈钢管(Duplex & Super Duplex Stainless Steel Pipe)或复合管(Clad Pipe)是在钢材中加入一定程度(13%、22% 或 25%)的铬(Cr)等其他元素，可以同时起到良好的抗腐蚀效果，适用于酸性环境，其单价一般为碳钢管的 5 ~8 倍。

材料选择时应考虑的因素包括以下方面：

①结构强度满足要求，该项为首要考虑因素；

②耐腐蚀效果满足要求，是除结构强度外最重要的因素；

③重量能够满足铺设、安装的要求；

④焊接性能好；

⑤成本在可接受的合理范围之内。

海底管道钢材的成本随等级的提高而增加，但同时设计壁厚可相对减小，使重量降低，有利于铺设。相比于低等级钢材，高强度钢的焊接性能较差，因此使用率较低。近年来，随着制管水平的提高，高等级钢管的成本不断降低，已有大量工程应用X70级钢线管，并且壁厚可达40 mm。在此基础上，已出现X80级钢材在海底管道工程上的应用。

为了追求更高的输送效率，尤其对于长距离管道，宜采用直径更大的管道或更高的运行压力，但制造工艺等因素限制了管道壁厚不能过大，因此势必要采用更高等级的钢材。从设计的角度考虑，相比于低等级钢材，应用高等级钢材的制造成本总体较低，是行业发展的必然趋势。

由于材料等级直接决定着工程成本，并且会对海底管道系统的寿命产生显著影响，因此运营商通常也需要参与其最终选择。

2. 壁厚计算

在钢管材质确定之后，计算海底管道壁厚时应考虑下列因素：

①由管道输送内压力和海水水深造成的外部压力引起的组合应力，该应力是海底管道进行壁厚计算时的基本载荷，主要指管壁的环向应力；

②由海上铺管施工作业和海床地形起伏引起的管道在垂直方向和水平方向的弯曲应力；

③在深水区域进行铺管作业时，管道下水由张力器所引起的纵向应力；

④由于管道铺设时内部没有压力，外部静水压力可能造成管道截面屈曲变形；

⑤腐蚀裕量（取决于环境和产出流体的腐蚀性以及检验方法）的考虑，运营过程中计算阻力时不必考虑腐蚀裕量，但安装阶段需要考虑。

具体分述如下。

（1）内压限制

首先，要考虑操作内压所引起的管道环向应力对管道壁厚的限制。按照DNV'96中的相关规范，环向拉应力σ_h应满足：

$$\sigma_h < \eta_s \cdot SMYS \tag{11-3}$$

$$\sigma_h < \eta_u \cdot SMTS \tag{11-4}$$

式中：$\sigma_h = \dfrac{(p_i - p_e)\cdot(D-t)}{2t}$（MPa），其中$p_i$和$p_e$分别为内部压力和外部压力（MPa），$D$为管道外径（mm），$t$为管道壁厚（mm）；$SMYS$为最小额定屈服强度（MPa）；$SMTS$为最小额定拉伸强度（MPa）；$\eta_s$、$\eta_u$为利用系数，一般取为0.64～0.96。

（2）外部静水压力限制

通过分析可看出，由于管道铺设在海底，确定海底管道壁厚的影响因素除了管道设计的内压力外，还需考虑管道所处外部海水环境的静水压力。在海底管道壁厚设计阶段，必须满足管道在实际工程的铺设过程中不发生局部屈曲。在挪威船级社规范DNV-RP-F101中，对在外部压力（p_c）下管道的局部压溃压力进行了如下规定：

$$[p_c(t) - p_{el}(t)]\cdot[p_c^2(t) - p_p^2(t)] = p_c(t)\cdot p_{el}(t)\cdot p_p(t)\cdot f_0\cdot\frac{D}{t} \tag{11-5}$$

式中：管道的弹性压溃压力 $p_{el}(t)=\dfrac{2E\left(\dfrac{t}{D}\right)^3}{1-\upsilon^2}$，其中 υ 为泊松比；管道的塑性压溃压力 $p_p(t)=2f_y\alpha_{fab}\dfrac{t}{D}$，其中 α_{fab} 为制作系数；极限状态标准设计中所用的特征材料强度值 $f_y=(SMYS-f_{y,temp})\alpha_u$，其中 $f_{y,temp}$ 为由于温度影响使屈服强度的减小值，α_u 为材料强度系数（在计算屈曲传播压力时取0.96），具体取值如表11－3所示；管道的椭圆度 $f_0=\dfrac{D_{max}-D_{min}}{D}$（$f_0\geqslant 0.5\%$）。

表11－3　制作系数取值表

管线	无缝合线	UO&TRB&ERW	UOE
α_{fab}	1.00	0.93	0.85

（3）屈曲传播压力限制

屈曲传播压力是能维持管道发生屈曲传播所需的最小压力，屈曲破坏（压溃）压力是管道从完整无损到屈曲破坏（压溃）所能经受的最大压力。一般来说，屈曲传播压力的大小只有压溃压力的1/8～1/4。换言之，只需要比屈曲破坏（压溃）压力小得多的压力，就可以使已经存在的管道局部屈曲缺陷沿管道长度方向快速传播，进而使得整个管道结构发生失效破坏，管道发生屈曲传播失效后如图11－4所示。因此，管道壁厚必须要满足海底管道在铺设及运营过程中不发生屈曲传播现象。管道的屈曲传播压力 p_{pr} 应满足：

$$p_{pr}>p_e \tag{11-6}$$

式中：$p_{pr}=26SMYS\left(\dfrac{t}{D}\right)^{2.5}$（MPa）。

图11－4　管道屈曲传播后变形示意图

（4）止屈器止屈压力限制

管道壁厚的增加可以有效提高管道的屈曲传播压力 p_{pr}。理论上，只要管道的壁厚达到一定的比例，管道即使发生局部屈曲，也不会发生屈曲传播。然而，海底管道的铺设还牵涉到成本问题，增加管道的壁厚不仅大大增加了材料的用量，还增加了铺设过程中悬跨段的重量，进而需对铺管船的张紧器进行升级，直接或间接增加了大量成本。因此，单凭增加管道壁厚来解决屈曲传播问题过于保守，在经济性上并不可行。

海底管道屈曲传播问题的解决还有一个更具经济性的方法，即将若干止屈器沿管道的长度方向相隔一定距离设置。止屈器是在管线上每隔一定距离进行局部刚度加强,并能防止屈曲沿管道轴向传播的装置。其形式一般是一个厚壁圆环,按照安装的方式不同可分为以下4种:扣入式止屈器(Slip - on Arrestor)、普通焊接式止屈器(Welded Arrestor)、整体式止屈器(Integral Arrestor)、缠绕式止屈器(Spiral Arrestor)。各止屈器形式如图11-5所示。

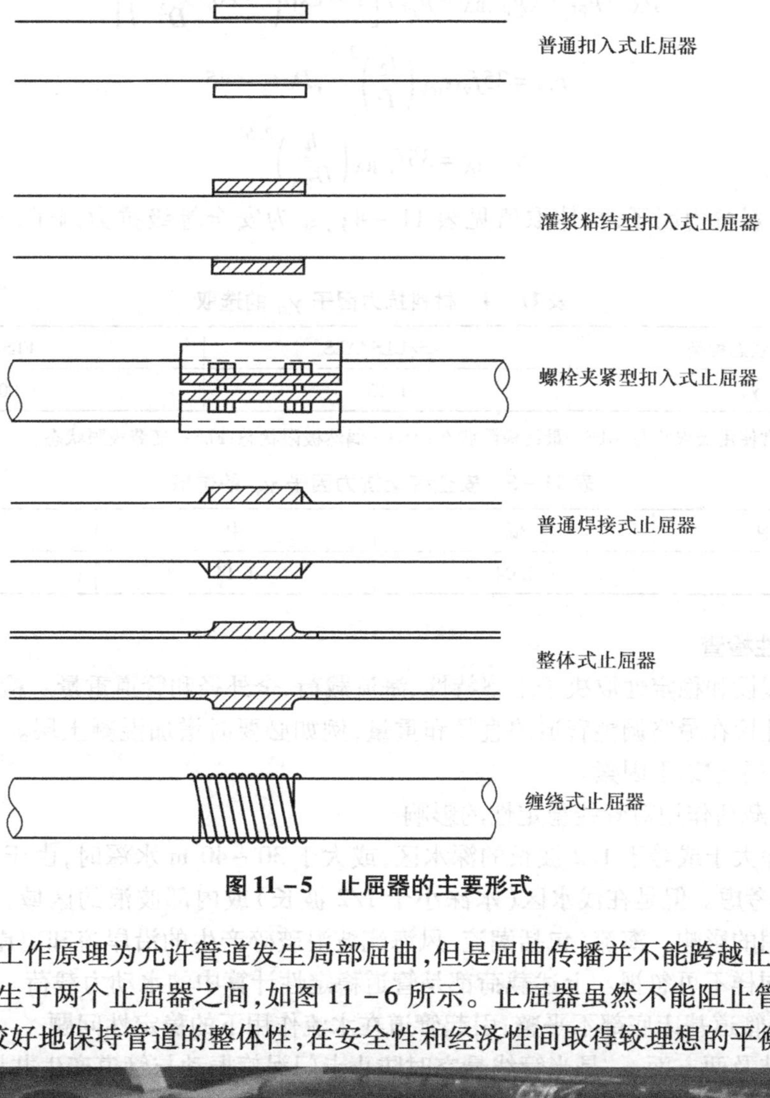

图11-5 止屈器的主要形式

止屈器的工作原理为允许管道发生局部屈曲,但是屈曲传播并不能跨越止屈器,从而使局部屈曲仅发生于两个止屈器之间,如图11-6所示。止屈器虽然不能阻止管道发生局部屈曲,但却能较好地保持管道的整体性,在安全性和经济性间取得较理想的平衡。

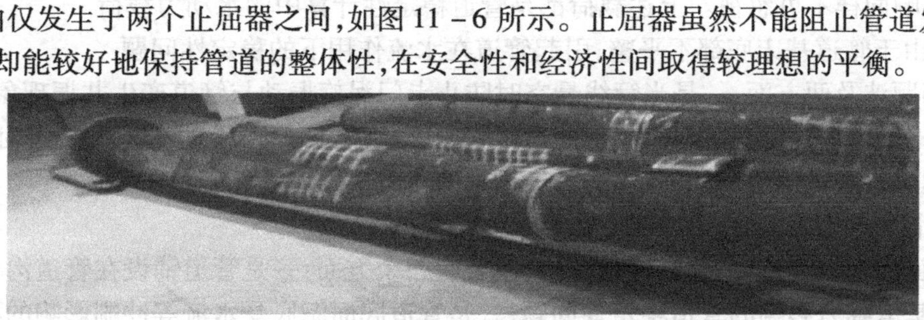

图11-6 带整体式止屈器的管道屈曲穿越示意图

在DNV - OS - F101规范中,规定整体式止屈器按下式设计:

$$p_e \leqslant \frac{p_X}{1.1\gamma_m\gamma_{SC}} \tag{11-7}$$

止屈器穿越压力 p_X 为

$$p_X = p_{pr} + (p_{pr,BA} - p_{pr})\left[1 - \exp\left(-20\frac{t_2 L_{BA}}{D^2}\right)\right] \tag{11-8}$$

$$p_{pr} = 35 f_y \alpha_{fab}\left(\frac{t_2}{D}\right)^{2.5}, D/t_2 < 45 \tag{11-9}$$

$$p_{pr,BA} = 35 f_{y,BA}\left(\frac{h}{D_{BA}}\right)^{2.5} \tag{11-10}$$

式中：γ_m 为材料抗力因子，具体取值见表 11－4；γ_{SC} 为安全等级抗力因子，具体取值见表 11－5。

表 11－4　材料抗力因子 γ_m 的选取

极限状态种类	SLS/ULS/ALS	FLS
γ_m	1.15	1.00

注：SLS—正常使用极限状态；ULS—最终极限状态；ALS—偶然极限状态；FLS—疲劳极限状态。

表 11－5　安全等级抗力因子 γ_{SC} 的选取

安全等级	低	中	高
γ_{SC}	1.04	1.14	1.26

3. 稳定性检查

管道的埋设和稳定性取决于土壤特性、海流载荷、全外径和管道重量。检查管道的水平和垂直稳定性旨在最终调整管道的直径和重量，例如必要时增加混凝土层。在管道稳定性分析过程中需考虑以下因素。

（1）海流载荷作用对管线稳定性的影响

对于水深大于或等于 1/2 波长的深水区，或大于 30～40 m 水深时，由于波浪作用力很小，一般不予考虑。但是在浅水区（水深小于 1/2 波长）或内部波浪的区域，则必须考虑波浪对管道作用的影响。海流（包括潮流、风海流波浪破碎产生的沿岸流和离岸流）对管道的作用及影响同样不可忽视。上述载荷都是管道稳定性计算中的水动力载荷。

（2）由于管道基床底部不平整，引起管道在水流作用下的稳定性问题

该问题涉及两方面：一是当管线悬空时防止卡门涡旋振动与管道产生共振现象，从而引起管道失稳；二是管道支墩地基基础的稳定问题，管道从凹凸不平的海床上通过时，将在管道中引起悬空和弯曲应力，导致管线产生过大的应力集中而损坏。

（3）管道地基稳定性引起的问题

管道底面地基对管道稳定性的影响，主要有三个方面：一是管道铺设在管道沟槽内或基床上，地基承载力影响的管道稳定性问题；二是管道底面海底受水流等冲刷影响的稳定性问题；三是管道地基基础受液化、震陷、泥流、滑动影响而产生的稳定性问题。

（4）管道浸入海底时的负浮力和浮力对管道稳定性的影响

对于海底管道在海床上的稳定性分析方法研究，可分为静态分析法和动态分析法两种。其中，静态分析法作为检验海底稳定性的初级检验方法，过程较为简单，但该方法对波浪－

管道 - 土壤联合作用分析不够，仅是用一个简单的摩擦系数来描述管道和土壤的相互作用。DNV'96 中对静态分析法进行了阐述：

$$\gamma(F_d - F_i) < \mu(W_{sub} - F_L) \tag{11-11}$$

式中：γ 为安全系数，一般大于 1.1；F_d 为单位长度流体受到的拖曳力（N/m）；F_i 为单位长度流体受到的惯性力（N/m）；μ 为横向土壤摩擦系数（由美国天然气协会研究所提供）；W_{sub} 为单位长度海底管道重量（N/m）；F_L 为单位长度流体受到的升力（N/m）。

而动态分析法是在静态分析法基础上，发展出的一种更为准确的分析方法。该方法将波浪作为周期性动力载荷作用在海底管道上，主要对波谱和与之相对应的时间序列、海底流速、管子的结构特性、水动力、土壤阻力和约束条件进行模拟，计算出管道的动力响应。但由于沿海底管道路由取得足够精确的环境和工程地质数据极为困难，之后又发展出动态分析方法。该方法是建立在动力分析结果归纳的基础上，将动态分析中次要的因素忽略，采用准静态分析公式形式分析的一种方法。

海底管道稳定性分析（图 11-7）的目的在于确定所需附加配重层的重量。当用于保持稳定性的混凝土层使管道重量过大而影响安全安装时，应采取其他保证稳定性的措施，比如通过开沟使管道避开海流的作用力，或是使用锚（堆石）等其他配重方法提供额外阻力。

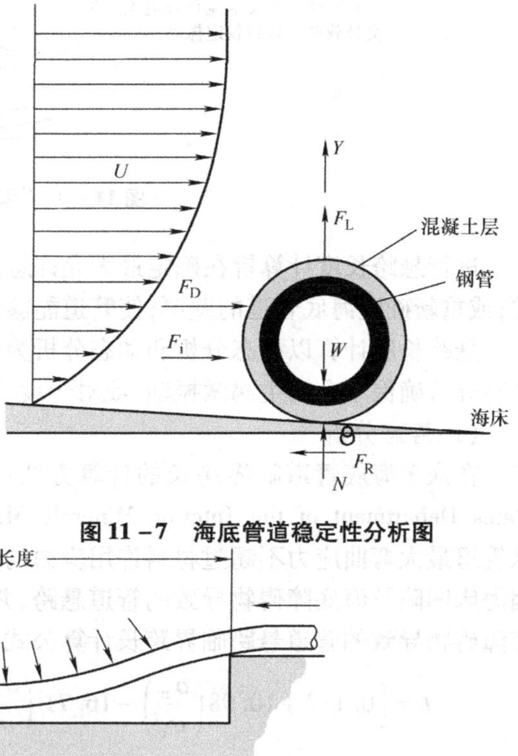

图 11-7 海底管道稳定性分析图

4. 悬跨长度计算

由于海洋环境条件比较复杂，在波浪、海流联合作用下以及管线自身变形等条件下会产生悬跨，即出现在海底管线上的与海床表面不直接接触的悬空段，如图 11-8 所示。

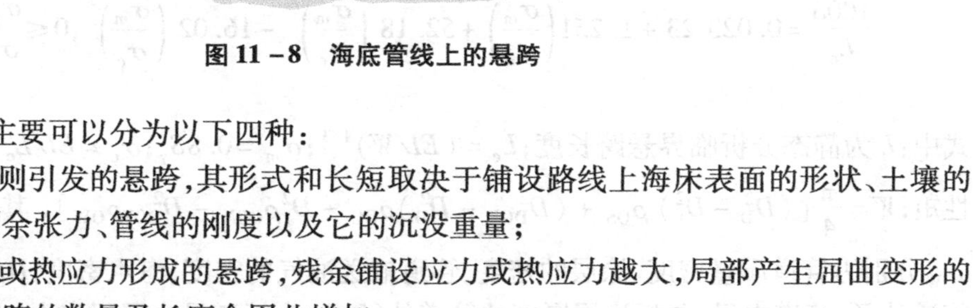

图 11-8 海底管线上的悬跨

悬跨的类型主要可以分为以下四种：

① 海床不规则引发的悬跨，其形式和长短取决于铺设路线上海床表面的形状、土壤的类型、管线内的剩余张力、管线的刚度以及它的沉没重量；

② 残余应力或热应力形成的悬跨，残余铺设应力或热应力越大，局部产生屈曲变形的可能性就越大，管跨的数量及长度会因此增加；

③ 海底冲刷所形成的悬跨，由于海流和波浪运动的不确定性，海床土壤的运动也呈现出较强的不确定性，悬跨出现的部位、长度以及结构形式均不断变化；

④ 其他形式的悬跨。

由于管道本身的重量及输送流体的质量，海底管道悬跨部分的长度可导致应力过大。另外，由于海流和波浪的共同作用，暴露于海水中的管道易产生"涡激振动"现象，如图11－9所示。当涡激振动频率达到管跨的各阶固有频率时，管跨将发生涡激共振；当涡激振动频率远离管跨的各阶固有频率时，管跨将发生微幅疲劳振动。管跨的涡激振动是决定海底管线的使用寿命、引发管跨段疲劳失效的主要因素之一，也是对管跨进行可靠性设计、评估工作所要解决的主要问题。

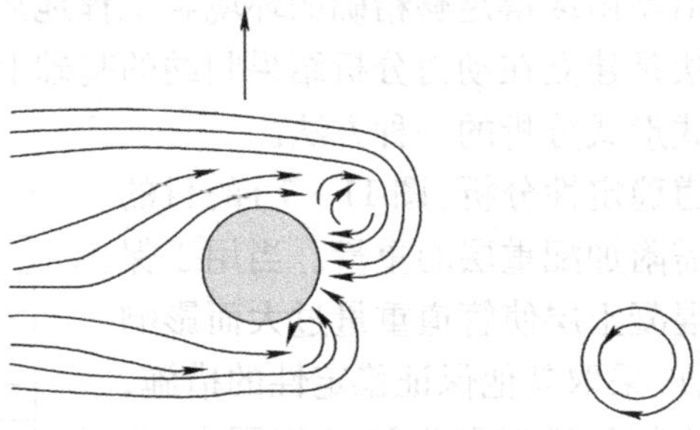

图11－9 "涡激振动"示意图

进行悬跨长度计算旨在确定最大允许悬跨长度，以确保不会发生与悬跨长度有关的问题；或重新确定海底管道的壁厚，使管道能够适应可能或已出现的不均匀支撑状况。

悬跨长度计算以静态分析和动态分析为依据。静态分析确保管道能够承受自身重量；动态分析确保不会产生涡激振动，或对于疲劳寿命来说涡激振动是可接受的。

（1）静态分析

在众多海底管道临界跨长的计算方法中，较有代表性的是1997年美国MMS（United States Department of the Interior Minerals Management Service）提出的CAM方法。该方法从管道最大弯曲应力不超过材料许用应力的角度出发，确定管跨临界长度。该方法适用于因海床凹陷及海底障碍物导致的管道悬跨，并忽略不计海流速度较小情况。海床凹陷与海底障碍物导致的管道悬跨临界跨长计算公式分别如下：

$$L=\left[0.112+10.98\left(\frac{\sigma_m}{\sigma_c}\right)-16.71\left(\frac{\sigma_m}{\sigma_c}\right)^2+10.11\left(\frac{\sigma_m}{\sigma_c}\right)^3\right]L_c,0\leqslant\frac{\sigma_m}{\sigma_c}\leqslant0.835 \tag{11－12}$$

$$\frac{100\delta}{L_c}=0.02323+1.251\left(\frac{\sigma_m}{\sigma_c}\right)+52.18\left(\frac{\sigma_m}{\sigma_c}\right)^2-16.02\left(\frac{\sigma_m}{\sigma_c}\right)^3,0\leqslant\frac{\sigma_m}{\sigma_c}\leqslant0.405 \tag{11－13}$$

式中：L为静态分析临界悬跨长度；$L_c=(EI/W)^{1/3}$；$\sigma_m=0.8S_y$；$\sigma_c=EI/L_c$，其中I为钢管惯性矩；$W=\frac{\pi}{4}[(D_D^2-D_t^2)\rho_{OS}+(D_{DOF}^2-D_D^2)\rho_{OC}+D_i^2\rho_{OCN}-D_{DOF}^2\rho_{OW}]$，其中$\rho_{OS}$、$\rho_{OC}$、$\rho_{OCN}$、$\rho_{OW}$分别为管道质量密度、涂层的密度、管道输送油气的密度、海水密度，D_D、D_i、D_{DOF}分别为管道外径、管道内径、包括涂层厚度的管道外径；S_y为管道最小屈服应力。

在计算海底障碍物导致管道悬跨的临界跨长时，首先通过式(11-13)得到允许最大升高δ，再根据CAM方法中总结的海底管道悬跨临界跨长计算表计算临界跨长。

(2)动态分析

美国MMS的CAM方法以避开管道可能发生横向涡激共振为原则，提出了以DNV 1981年及1997年指导性文件为依据的海底管道临界跨长确定性和可靠性的计算方法。

1)确定性悬跨管道临界跨长计算方法

根据DNV1981年及1991年指导性文件，横向涡激振动多发生在简化速度$v_r=3.0\sim5.0$区域内，临界跨长计算公式如下：

$$v_r=\frac{u}{f_nD}>3.0\sim5.0 \quad f_n\geqslant(0.7\sim1)f_s \tag{11-14}$$

式中：u为垂直于管道的流速；D为管道外径；f_n为利用单跨梁理论估算的管道固有频率，$f_n=\frac{C}{L^2}\sqrt{\frac{EI}{M}}$，当悬跨边界约束为铰支或刚性固定约束时，$C$值分别为1.54或3.50；$f_s$为涡放频率。

2)可靠性悬跨管道临界跨长计算方法

根据DNV1997年版管道悬跨评估指导性文件，在计算中考虑管道的安全等级以及周期变换、管道固有频率、最大流速的不确定性影响，以分项安全系数的方式对式(11-14)进行了修正。计算管道悬跨的可靠性临界跨长计算公式如下：

$$f_n\geqslant\frac{u}{v_{ronset}D}\gamma_T\psi_D\psi_R\psi_U$$

即

$$\frac{C}{L_2}\sqrt{\frac{EI}{M}}=\frac{u}{v_{ronset}D}\gamma_T\psi_D\psi_R\psi_U \tag{11-15}$$

式中：γ_T、ψ_D、ψ_R、ψ_U分别为相对管道的安全等级、周期变换、管道固有频率、最大流速的不确定性的分项系数，均可从指导性文件获得。

5. 管道热膨胀分析

海底管道输送的原油多具有高黏度、高凝固点及高含蜡的特点，必须在较高温度下输送。管道内介质温度高对其流动有利，但会增加管道结构的设计难度；反之，降低管道内介质温度，可使管道结构设计相对简单，但可能导致石蜡沉积及水合物的形成，或者难以满足停输检修所需的时间要求。随着海底管道长度和铺设深度的增加，高温高压海底管道普遍应用，由此引发的管道热膨胀问题就更加严峻。

约束条件下管道输送流体的温度与压力是最主要的引发轴向载荷原因，其中温度引起的管道轴向力既不允许也很难通过管道的轴向伸长来释放，而很可能通过管道整体失稳的形式加以释放。因此，在设计阶段对高温高压条件下海底管道承载能力的研究非常必要。

海底管道膨胀分析的目的是确定管道两端的最大膨胀距离以及管中相应的最大轴向载荷。这两方面对管道设计意义重大：

① 轴向载荷将决定管线运营过程中是否会发生整体屈曲现象，因此还需进行该方面的额外分析，将在下节进行相关介绍；

② 管端膨胀可确定连接四通(或其他装置)必须承载的膨胀情况。

管端膨胀是管道运行参数和约束的函数。管道可膨胀至“固定点”,超过此点管道将不再膨胀(因而被完全约束),如图 11-10 所示。可根据管道运行参数和约束来确定管端与此固定点之间的距离。约束越少,锚之间的距离越大,连接处的膨胀也就越大。

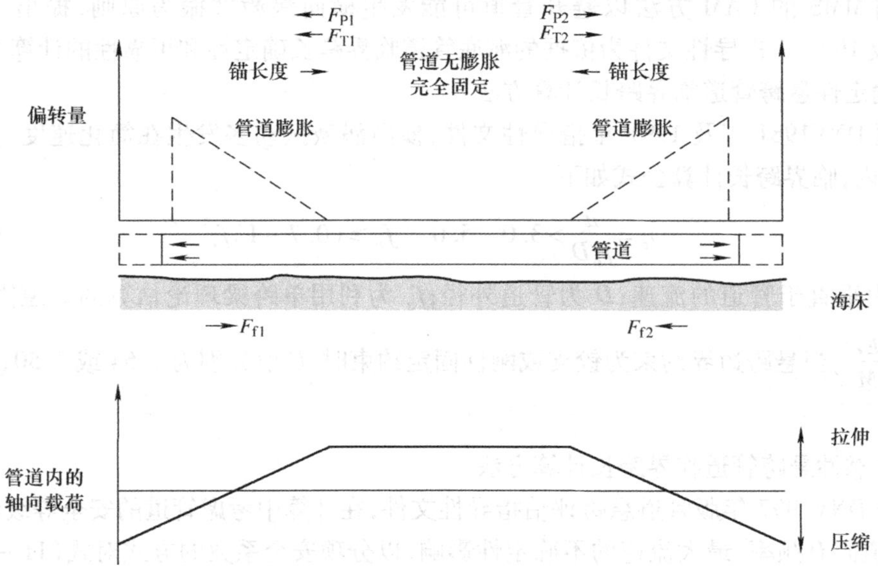

图 11-10　管道的热膨胀载荷示意图

图 11-10 中水平管线受到内外压力引起的作用力 F_P、温度效应引起的作用力 F_T、轴向摩擦力 F_f的共同作用。计算管线热膨胀的位移前,必须先求出管线的“锚固点”距端部的长度(即锚长度)。这里的“锚固点”不是指人为对管线施加的固定式抛锚点,而是指管线在受到多种力作用下,管线上膨胀位移为零且距端部最近的点,如图 11-11 所示。

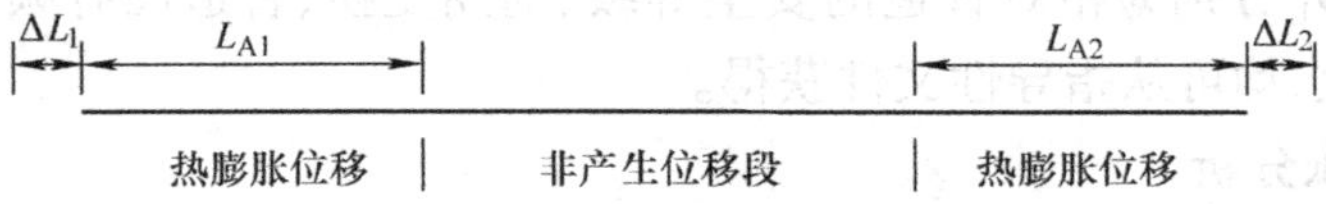

图 11-11　管道的热膨胀位移示意图

求得管线的“锚固点”长度后,可以根据以下两式得到管线两端的膨胀位移:

$$\Delta L_1 = \frac{1}{EA_s}\int_0^{L_{A1}} (F_{P1} + F_{T1} - F_{f1})\mathrm{d}x_1 \tag{11-16}$$

$$\Delta L_2 = \frac{1}{EA_s}\int_0^{L_{A2}} (F_{P2} + F_{T2} - F_{f2})\mathrm{d}x_2 \tag{11-17}$$

式中:L_{A1}、L_{A2}分别为管线两端的“锚固点”长度;ΔL_1、ΔL_2 分别为管线两端的热膨胀位移量。

6. 隆起屈曲

当管道内的有效压缩力增大至使管道产生侧向或竖向弯曲并因此降低了轴向载荷时(即处于更低的能态),管道就会发生整体屈曲。埋入海底管道在高温高压条件下作业时,由于土壤的轴向限制产生的压力载荷、海床缺陷或埋入深度不一致,使管道易于突然隆起,这种现象称为管道的隆起屈曲。隆起屈曲属于整体屈曲，当发生隆起屈曲时，管道会产生较大的弯矩以及较大的塑性变形，甚至可能进一步出现裂纹、疲劳、局部屈曲，它给管道运行带来了巨大的安全隐患。因此，DNV 规范明确要求在海洋管道设计时对这种情况需进行详细设计分析。

Palmer 等学者在 20 世纪 90 年代提出了一种半经验分析方法，以评估高温海底管线隆起屈曲行为。该方法将海床的初始缺陷简化成孤立的点支撑模型，并假定该模型为对称结构，基础为刚体，管线材料为线弹性。该方法典型的管线几何及受力模型如图 11－12 所示。对于埋设的海底管道，受到的载荷包括温度及压力效应产生的轴向力、自身重力、初始缺陷引起的垂向位移及上覆盖土对管道产生的向下抗力。

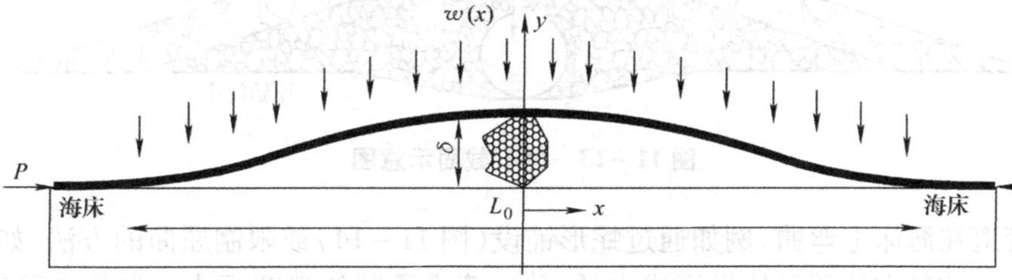

图 11－12 独立支撑模式的管线几何及受力模型

图 11－12 中，δ 为管沟初始缺陷高度，L_0为波长，P 为有效轴力，$w(x)$为管道的垂直向下载荷。Palmer 将管线等效成基本的梁单元，根据静态平衡方程得出微分方程：

$$w(x) = -E \times I \frac{d^4 y}{dx^4} - p \times \frac{d^2 y}{dx^2} \tag{11-18}$$

式中：$w(x)$为单位长度管道所需的向下载荷；E 为杨氏模量；I 为惯性矩；P 为有效轴力。

通过上述公式的解析解，得到半波长 L 与缺陷高度 δ 之间的关系式：

$$L = \left(\frac{72 \times \delta \times E \times I}{W_{sub}} \right)^{\frac{1}{4}} \tag{11-19}$$

式中：δ 为海床平面几何缺陷高度；W_{sub}为管道的水下重量。

该解析法的求解过程引入了两个无量纲参数 Φ_L 和 Φ_W，其中 Φ_L 为表征缺陷长度，Φ_W 为表征最大垂向向下载荷，相应的计算公式为

$$\Phi_L = L \times \left(\frac{P}{EI} \right)^{0.5} \tag{11-20}$$

式中：P 为管道的设计有效轴力；L 为半波长。

根据万有设计曲线，Φ_L和 Φ_W之间的关系为

$$\left. \begin{aligned} &\Phi_L < 4.49, \Phi_W = 0.0646 \\ &4.49 < \Phi_L < 8.06, \Phi_W = \frac{5.68}{\Phi_L^2} - \frac{88.35}{\Phi_L^4} \\ &\Phi_L > 8.06, \Phi_W = \frac{9.6}{\Phi_L^2} - \frac{343}{\Phi_L^4} \end{aligned} \right\} \tag{11-21}$$

因此，根据式（11－18）至式（11－21），可求解出抑制管道隆起屈曲所需的向下载荷 w：

$$w = \frac{\Phi_W \delta P^2}{EI} \tag{11-22}$$

防止隆起屈曲一般可采取以下两种方法。

①在管道上抛石，如图11－13所示。这会对管道施加更大的载荷，但可以防止其发生屈曲。但如果抛石未能提供足够的约束，管道还会发生隆起屈曲，依旧可能导致海底管道失效。

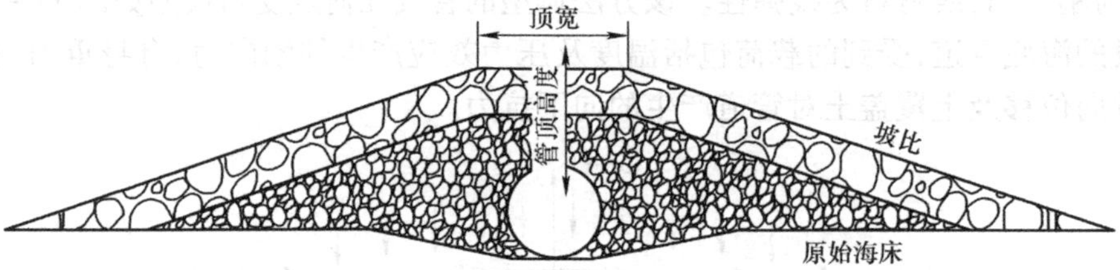

图11－13　抛石截面示意图

②使管道在海床上弯曲，例如通过蛇形铺设（图11－14）或限制屈曲的方法，如支墩、分布式浮力等。这种方法明显比抛石成本低，并且管道承载的载荷更小。但管道可能会由此发生塑性变形，因而分析必须基于极限状态设计。目前，该种方法应用较广泛，并且可以结合抛石使用，首先蛇形铺设管道，然后在需要的位置进行抛石，这样能够降低管道发生隆起屈曲的可能性。

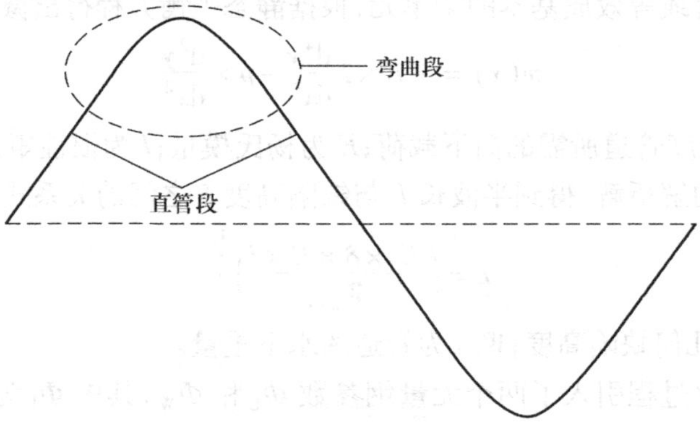

图11－14　蛇形铺管形状示意图

11.2.3　制造工艺

钢管分为无缝管和直缝焊管两种形式，如图11－15所示。顾名思义，无缝管是用圆钢直接制作而成的一种整体圆形钢管，由钢坯直接拉拔或穿孔而制成。无缝管具有中空截面，大量用作输送流体的管道，如输送石油、天然气、煤气、水及某些固体物料的管道等。直缝焊管则是用热轧或冷轧钢板制成钢管并在焊接设备上进行直缝焊接得到。焊接钢管生产工艺简单、生产效率高、品种规格多，但一般强度低于无缝管。

(a)

(b)

图11－15

(a)无缝管　(b)直缝焊管

1. 无缝管

无缝钢管的生产工艺可以分为热轧与冷拔两种，如图11－16所示。热轧管是通过坯锻、穿孔、轧制、整形等工艺制作而成，一般大口径、厚壁无缝管采用这种形式；冷拔管是用管坯进行冷拔成型，材料强度相对较低，内、外表面光滑，一般小口径、薄壁无缝管采用这种形式。

无缝钢管经热轧、冷却后，经常会出现纵向弯曲和横截面不圆度偏差，轧后矫直是消除或减小此类问题的最佳方法。其原理是通过复杂的较大压弯和压扁弹塑性变形，使得钢管产生几乎相同的弹性变形恢复能力，从而使原始曲率不同的钢管在较大弹塑性弯曲后得到各处一致的曲率。然而，矫直会在钢管内产生较大的残余应力，使得钢管的抗拉、抗压、抗挤压、抗疲劳、抗腐蚀等性能降低。因此，在工程应用之前，必须对无缝管的残余应力水平及其分布进行较细致地探测与评估。

目前，海底管道系统中应用的无缝管直径通常在1～18 in，其壁厚公差约为±12.5%，材料级别以API 5L X70为主，其低温（－40 ℃）冲击韧性良好。

2. 直缝焊管

直缝焊管工艺一般包括以下几种形式。

①ERW，又称为“电阻焊直缝焊管”，主要分为ERW交流焊钢管和ERW直流焊钢管两种形式，按照频率的不同又分为低频焊、中频焊、超中频焊和高频焊。高频焊主要用于薄壁钢管或普通壁厚钢管的生产，又分为接触焊和感应焊两种工艺形式。应用于海底管道系统中的ERW管直径一般在6～18 in，壁厚在5～18 mm，而公差在－8%～＋5%，可以很好地控制初始椭圆度缺陷，并且可以在低于－20 ℃的情况下保证材料韧性。

② UOE，生产线采用Uing－Oing成型工艺，成型后的钢管采用五条三丝内焊设备、四条三丝外焊设备，焊接后可根据不同要求，采用机械扩径或水压扩径，提高尺寸精度，清除内应力。海洋工程中应用的UOE管直径能够达到16 in以上，壁厚误差可控制在±1 mm以内，初始椭圆度缺陷较小，并且可以在低于－20 ℃的情况下保证材料韧性。

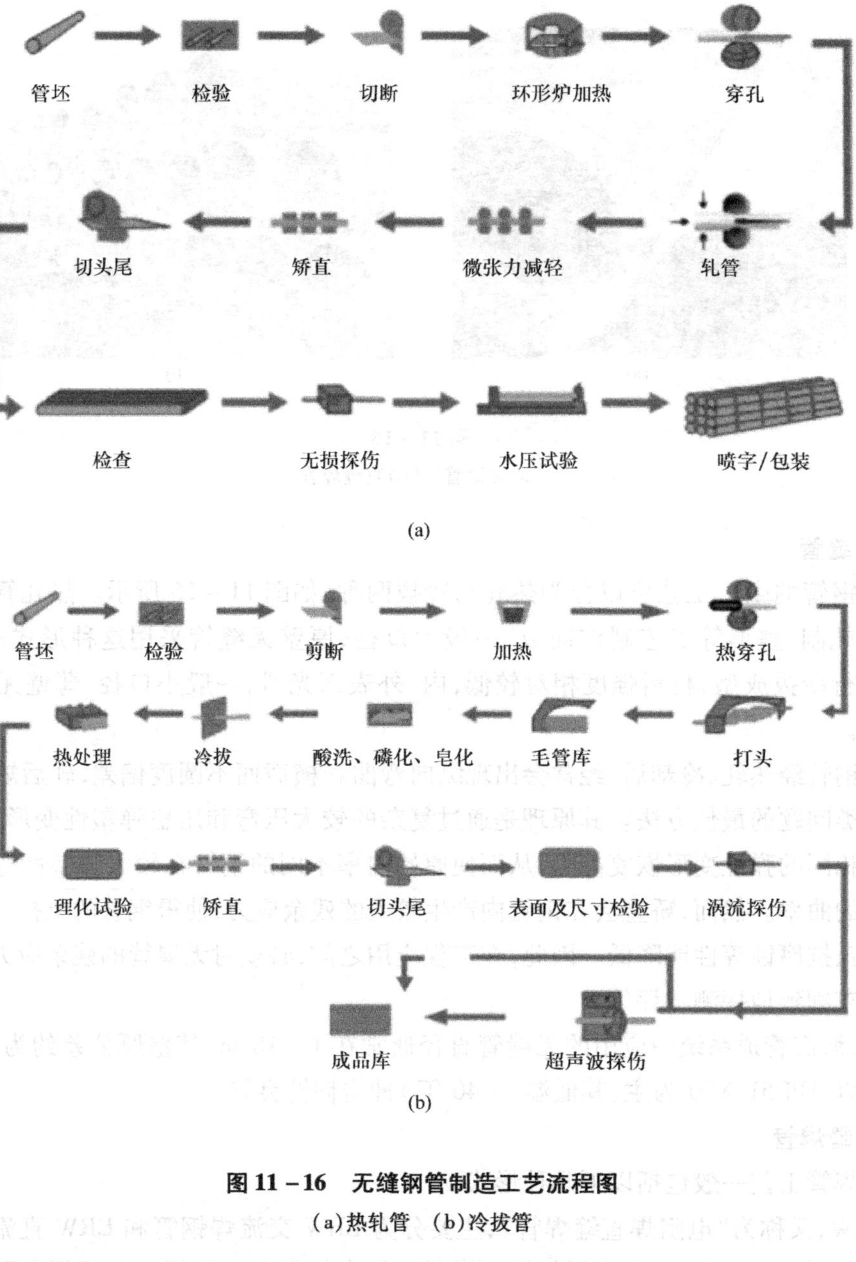

图 11－16　无缝钢管制造工艺流程图

(a)热轧管　(b)冷拔管

③ JCOE,又称为“直缝双面埋弧焊管”,生产线采用芯轴旋转连续 J－C－O 成型工艺,速度快,质量高,成型应力分布均匀,管体形状规则。其特点是产品规格范围大,变换规格快而简单,可实现生产范围内任何尺寸的产品生产。目前,该种工艺的管道在海底管道系统中的应用还较少。

无论采用上述何种工艺,制成的直缝焊管内部均会存在一定形式的残余应力,如表 11－6所示。

表 11－6　不同直缝焊管工艺下的残余应力

制管工艺	工序	内层应变变化	外层应变变化	变形表现类型	平均变形量	示意图	应力变化
UOE	预弯和 U 成型	压缩	拉伸	弯曲	$t/(2D)$	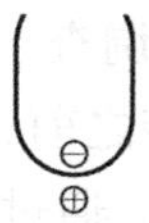	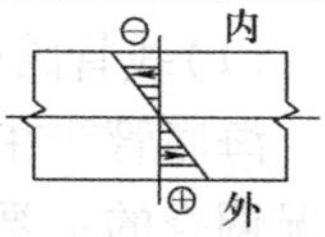
	O 成型	压缩＋压缩	拉伸＋压缩	弯曲＋压缩	弯曲：$t/(2D)$ 压缩： 0.2%～0.5%	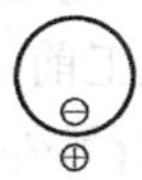	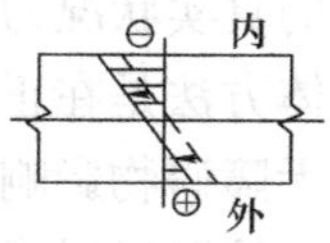
	扩径	拉伸	拉伸	拉伸	0.3%～1.5%	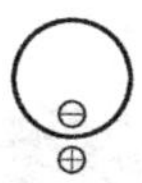	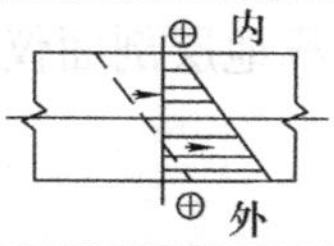
JCOE	JCO 成型	压缩	拉伸	弯曲	$t/(2D)$	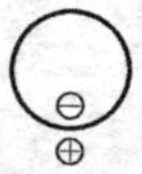	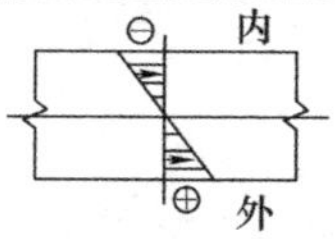
	扩径	拉伸	拉伸	拉伸	0.3%～1.5%	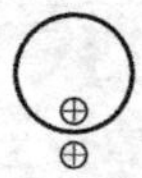	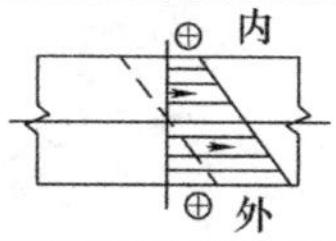
ERW	成型	压缩＋压缩	拉伸＋压缩	弯曲＋压缩	弯曲：$t/(2D)$ 压缩： 0.4%～0.8%	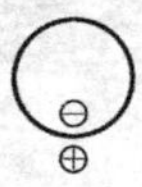	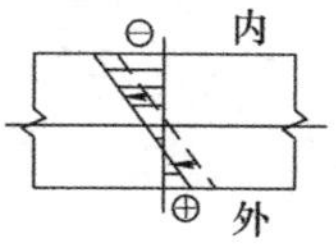
	定径	压缩	压缩	压缩	0.4%～0.8%	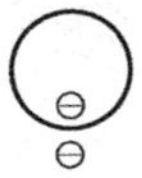	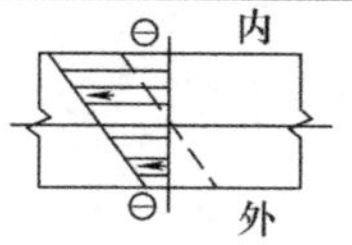
试样压平后	UOE	拉伸	压缩	弯曲	$t/(2D)$	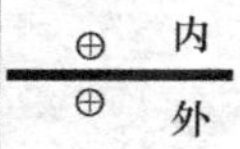	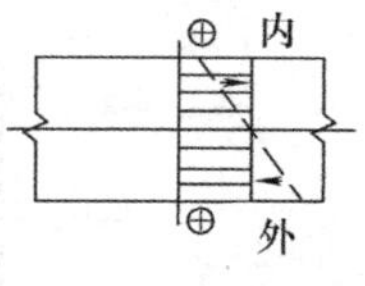
	JCOE	拉伸	压缩	弯曲	$t/(2D)$	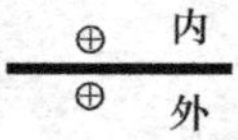	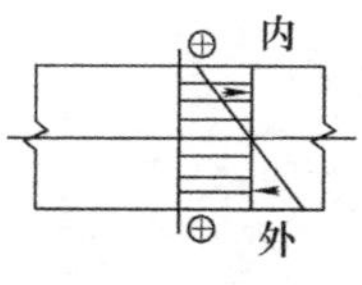
	ERW	拉伸	压缩	弯曲	$t/(2D)$	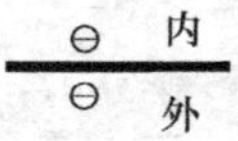	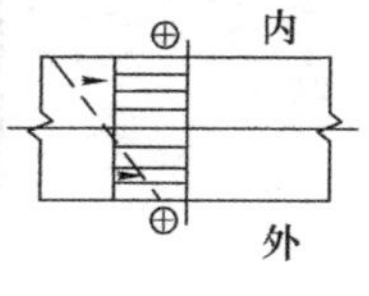

11.2.4 铺设

1. 安装过程

(1)线管路由预调查

海底管线在安装之前,首先要进行管线路由的预调查。海底管道路由调查是海底管道状况调查的主要内容,通过路由调查可以了解管道的埋深、冲刷及管跨等情况,掌握管道运行的真实状况,并对管道维护决策提供支持,从而规避运行风险,提高管道运营的安全性。具体方法是在正式施工前一个月对施工现场海底作进一步调查,调查管线路由和作业区域有无障碍物影响施工;另外还需测量水深,对比海床有无变化,调查方法示意如图 11 - 17 所示。该阶段通常采用的设备有支持船(图 11 - 18 所示)、旁侧声呐、单波束测深仪、高分辨率浅地层剖面仪等。

图 11 - 17 海底管道路由调查示意图

图 11 - 18 深水工程勘察船

(2)管线装船

在管线路由预调查之后,对管线、海管施工附件及其他材料进行装船处理,如图11－19所示。采用的主要设备有大型驳船、码头吊或浮吊、管线运输平板车等。

图11－19　管线装船

(3)平管铺设

海底管道铺设作业通常包括起始铺设、正常铺设、终止铺设三种。

①起始铺设:首先在导管架上连接起始缆或抛起始锚,将起始缆与管线起始端连接,随后将管道焊接接长,同时向前绞船使管线起始端着泥。管线在托管架上的状态如图11－20(a)所示。

②正常铺设:沿管线路由铺设海管,具体工序为海管接点组对、焊接、检验、接点防腐处理、浇灌玛蹄脂(单层水泥配重管),如图11－20(b)至(d)所示。

③终止铺设:在管线终止端焊接终止铺设封头,完成张紧器与A/R绞车的张力转换后进行终止铺设,直到管线终止端着泥,如图11－20(e)所示。深水管线终止铺设时,管线终止端一般采用BEACON进行水下定位。

该阶段所采用的主要设备包括铺管船、驳船、对管器(外对管卡子或内对管器)、焊接设备、无损探伤检测设备(RT、AUT等)、GPRS定位设备、三用拖轮、ROV等。

(4)海底管道安装

在管道安装阶段,所采用的铺设方法主要包括以下三种。

①铺管船法:目前国际上使用最多的管道铺设方法。该方法适用于长距离管道远离岸边的铺管作业,而且经济指标良好。我国目前海底管道大多是采用铺管船法铺设的。铺管船法具有抗风浪能力强、适应性广泛、机动灵活和作业效率较高等优点。根据管道在水中形状可分为S型铺管法和J型铺管法。

②卷管船法:广泛应用于北海和墨西哥湾,是安装长度较短的小直径管道的经济铺设工具。该方法铺管效率高,由于铺管所需的工作人员大量减少,同时铺管时发生意外的可能性也大幅降低,因此铺管费用也大幅降低。

③拖曳式铺管法:有些情况下可采用拖管法安装管道,长管段在岸上制造,然后由合适的船舶(拖船)在海床上或水中进行拖带。对于较短的管道和将几根管道绑扎在一起的管

图 11-20　平管铺设阶段示意图

(a)管线在托管架上状态　(b)平管接点焊接　(c)平管接点无损伤检验

(d)平管接点防腐处理　(e)平管终止铺设

束,这种技术具有优势,可将较为困难的制造工序置于岸上进行。拖带管道的设计过程取决于所需的安装类型。如采用底拖法时控制管道的底部重量非常重要,既要减小拖带力,同时又要有足够的重量以保持稳性。因而可能需要进行较大程度的重量优化,如对管道壁厚公差的控制要比管道铺设更为严格。

2. 主要的铺管方法

(1)S 型铺管法

S 型铺管法是在相对较浅的水中安装海底管道的传统方法。在铺管过程中,托管架和海床之间的管段呈拉长的"S"形,如图 11-21 所示。其中,"拐点"和托管架之间的管段称为"上弯"段,而"拐点"和海床之间的管段称为"下弯"段。当管道移动通过铺管驳船尾部时由托管架提供支撑，托管架为类似于桁架并安装滚轮的环形结构。S型铺设安装中使用托管架的目的是对上弯段管道的挠度进行控制。托管架的曲率半径与最大弯曲应力相对应。为避免在最后一个滚轮处产生过大弯矩，必须在位置最低的两个或三个滚轮前方将管道平稳地抬离托管架。对于使用S型铺设法的大型传统系泊铺管驳船，根据锚索长度与水深比约为5:1推算，其实际水深限制大致为1 000 ft。

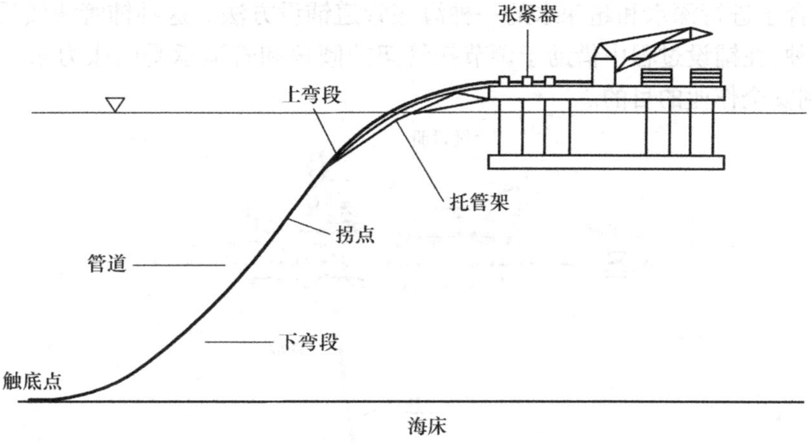

图11-21 S型铺设法铺管

一般而言，S型铺管船的安装设备主要包括定位系统、锚机系统、张紧器、托管架、弃管/回收绞车、管道起重机、传送滚轮、焊接站、坡口机、焊接装配设备、监测站以及防腐设备等。

随着油气开发转向深水及超深水领域，S型铺管船也在持续改进。第一代S型铺管船为适用于浅水、沼泽和内陆水域的平地驳船；第二代也是驳船，但增加了带有4~14个系泊点的系泊系统；第三代为半潜式铺管船，其系泊系统可用于定位；第四代则采用了最新动力定位技术，可对船舶位置进行精确控制。因其具有较高的操纵性和强大的动力系统，故其优点包括启动时间短、可高速弃管和回收管、水深没有限制以及对原油生产系统运行繁忙地区的良好适应性等。S型铺管船的详细比较和发展过程如表11-7所示。

表11-7 四代S型铺管船的发展过程

S型铺管船	类型	主要性能	铺管能力	优点	缺点
第一代	由弃用军舰改装	稳性较差，只能承受约1 m高的波浪	工作水深小于30 m，管道直径最大10 in	廉价	铺管速度慢且工作环境差
第二代	驳船	稳性一般，可承受的波浪高度为1.5~3 m	工作水深约100 m，管道直径最大18 in	结构简单，易于改造，开始使用托管架	与第一代相比，铺管速度无改进
第三代	半潜式铺管船	稳性良好，可在波浪高度大于5 m的情况下工作	工作水深小于500 m，管道直径最大30 in	稳性良好，使用张紧器，管道直径更大	自身无动力，需要拖船并且速度有限
第四代	动力定位	稳性极佳，可承受的最大波浪高度为10 m	工作水深小于2 750 m，管道直径最大60 in	动力性能良好，具有灵活性，铺管速度较快	昂贵，维护成本较高

(2)J 型铺管法

随着水深的增加,传统 S 型铺管船的悬浮管道长度增加,这将导致施加到作业船的张力随之增大。此外,所需的托管架长度增加,其形状变得更加复杂。在这一背景下,J 型铺管法应运而生。称其为 J 型铺设的原因是在安装过程中,管线以近似垂直的形态离开铺管船,沿垂弯段向下,直至铺入海底,整体管道构型类似于"J"形,如图 11－22 所示。J 型铺管船是目前最适合于进行深水和超深水的一种海底管道铺设方法。这种铺管法实质上是张力铺管法中的一种,在铺设过程中借助于调节托管架的倾角和管道承受的张力来改善管道的受力状态,达到安全作业的目的。

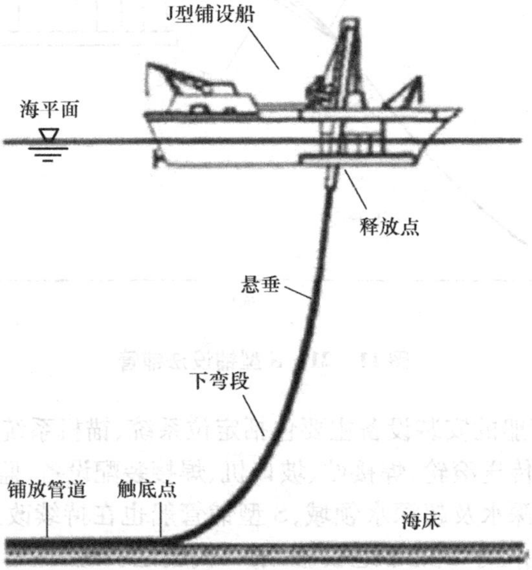

图 11－22　J 型铺设法铺管

到目前为止,J 型铺设法主要有两种形式:一种是钻井船 J 型铺设法,另一种是侧滑式 J 型铺设法。钻井船 J 型铺设法是利用钻井船上原有井架和管道输送装置,将已在岸上加工好的管段接近垂直地下放到海里,如图 11－23(a)所示。侧滑式 J 型铺设法是利用一个几乎垂直的吊式滑道进行管线下放,如图 11－23(b)所示。

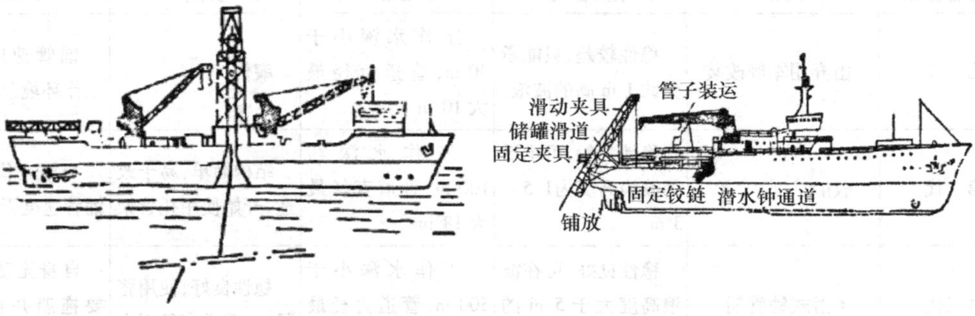

图 11－23　J 型铺设方法

(a)钻井船 J 型铺设法　(b)侧滑式 J 型铺设法

相比于 S 型铺管法,J 型铺管法具有以下优点:

①管道与海床的接触点和铺管船距离更短,因而便于铺管船的动力定位;

②对铺管船提供的水平动力要求大大降低;

③由于没有S型铺管法中的上弯段,从而消除了管道的残余应力,并降低了水平拉力,同时还消除了S型铺管法特有的长而脆弱的托管架;

④管道铺设完成后,其应力比S型铺设法的小很多。

(3)卷管式铺管法

卷管式铺设法是20世纪末出现的一种新型铺管方法。这种方法是将管道在陆地预制场地上接长,然后卷在专用滚筒上,再送到海上进行铺设施工的方法。由于每个滚筒上的管道可以连续地进行铺设,卷管式铺管法一次可以铺设几千米甚至数十千米的管道,有效地提高了铺管的效率。卷管式铺管法的主要铺管设备包括盘卷滚筒、矫直装置及铺管船等,典型的卷管式铺管法如图11-24所示。

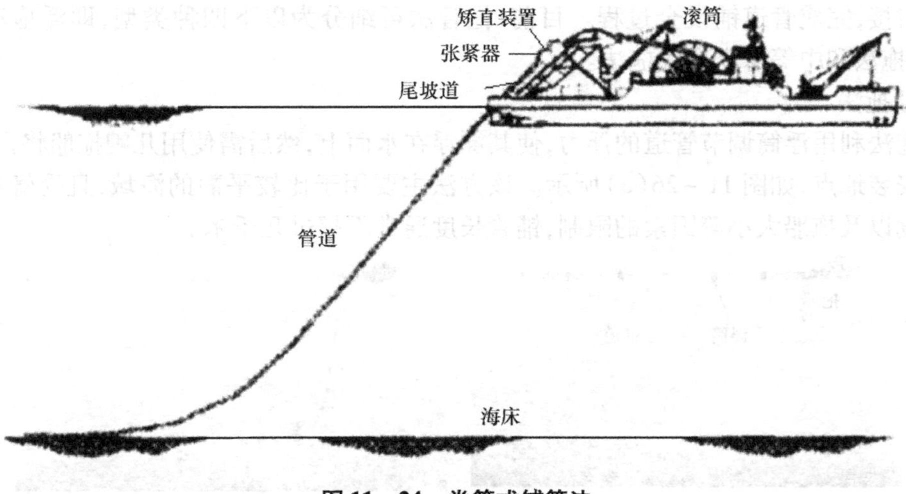

图11-24 卷管式铺管法

目前,根据卷筒在铺管船上的放置方式,卷管式铺管法可分为水平式(Carousel lay)和垂直式(Reel lay)两种。水平式卷管船的卷筒卧式放置,如图11-25(a)所示;垂直式卷管船的卷筒立式放置,如图11-25(b)所示。

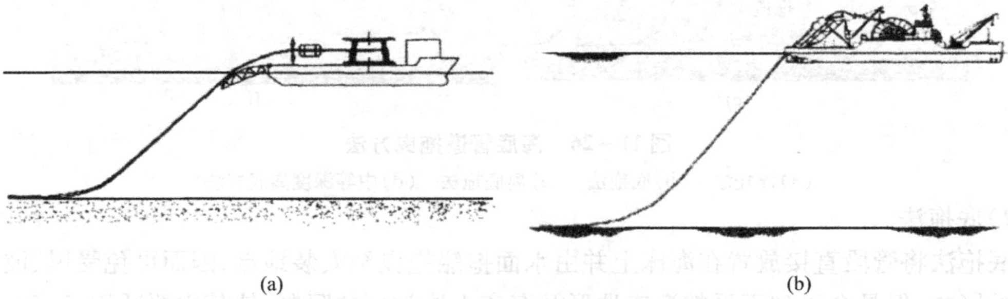

图11-25 卷管式铺管法两种形式

(a)水平式 (b)垂直式

总的来说,卷管式铺管法具有以下优点:

①99.5%的焊接工作可以在陆地可控环境中完成,然后连续地缠绕在浮式装置上,直到完成或达到最大容量;

②比 S 型铺设方法更易控制,张力大幅降低;

③海上铺设时间短、效率高、成本低;

④每段管道可连续铺设,作业风险小。

但卷管式铺管法的应用也具有一定的局限性。由于管线的缠绕和拉直可能引起塑性变形,因此卷管式铺管法对管线的损伤较大,必须经过大量的计算来确保管线的塑性应变和椭圆变形以满足规范要求。另外,卷管式铺管法的铺管长度和直径均受到卷筒尺寸的限制,铺管长度需遵循卷筒的可缠绕管线长度,卷筒直径则需满足弯曲应变和椭圆变形的要求。

(4)拖曳式铺管法

在近海浅水区铺设海底管道时,通常采用拖曳式铺管法。该方法中管道一般在陆上组装场地或在浅水避风水域中的铺管船上组装成规定长度,然后用起吊装置将管道吊到发送轨道上,再绑上浮筒和托管头,用拖船将管道拖下水,按预定航线将管道就位、下沉,最后将各管道对接,完成管道铺设全过程。目前,拖管法可细分为以下四种类型,即浮拖法、底拖法、离底拖法和中等深度离底拖法。

1)浮拖法

浮拖法利用浮筒调节管道的浮力,使其漂浮在水面上,然后需使用几艘拖船将预制管道拖曳至安装地点,如图 11－26(a)所示。该方法主要用于比较平静的海域,且受管道尺寸、海流速度以及拖船大小等因素的限制,铺管长度通常不超过几千米。

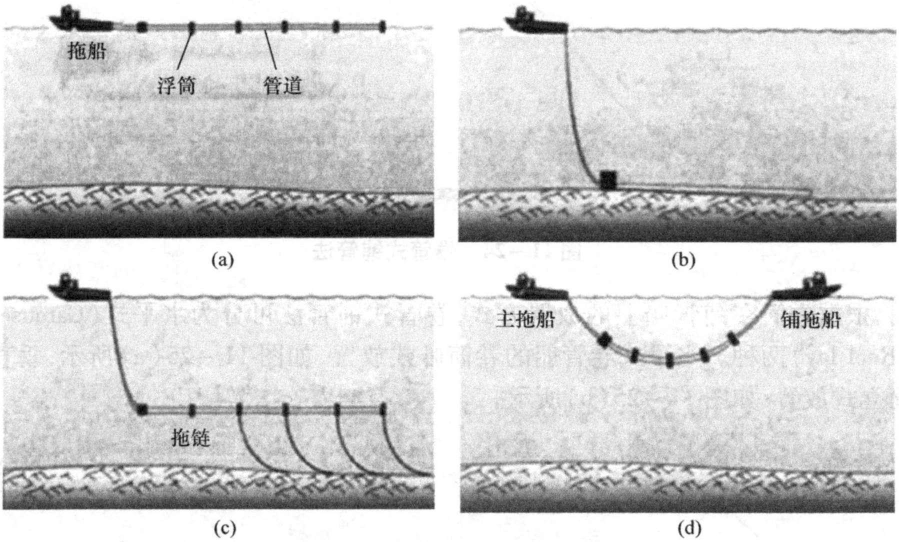

图 11－26　海底管道拖曳方法

(a)浮托法　(b)底拖法　(c)离底拖法　(d)中等深度离底拖法

2)底拖法

底拖法将管段直接放置在海床上并由水面拖船拖曳至安装地点,因而可免受风、波浪和海流的影响,但是会受到不平整海床地形及海床土壤类型的限制,使其主要适用于相对平坦的海床,如图 11－26(b)所示。

3)离底拖法

离底拖法利用浮筒和拖链将管道悬挂于海床上方一定高度处,并由水面拖船在前方进行拖曳,这样不仅能减少波浪的影响,而且避开了所有海底障碍物,如图 11－26(c)所示。

鉴于此,尽管这种方法的安装程序较为复杂,但仍然应用广泛。

4)中等深度离底拖法

中等深度离底拖法与离底拖法类似,其将管段置于一定深度进行拖曳,如图11-26(d)所示。这种拖管法几乎不受水面风和波浪的影响,管道拖曳非常安全。

拖曳式铺管法较之以上方法具有很大的优越性,主要表现在:

① 托管期间无须过于考虑管子的规格,操作控制相对容易和安全可靠;

② 在铺设期间能够避免遭受过于剧烈的弯曲而破坏;

③ 在拖管的全过程中,管道应力可以维持在较低的安全水平。

拖曳式铺管法只适用于离岸较近的浅水海域,应用具有一定的局限性,很难用于深海油气资源的开发。

11.3 配套设备

11.3.1 工艺设施

1. 输油管道

(1)输油泵机组

输油泵机组由主泵、原动机以及相应的连接装置或变速装置组成。

主泵一般选用往复泵和离心泵。往复泵宜用于流量较小、压力较高且黏度较大的液体输送;离心泵宜用于大排量、低黏度的液体输送,其可输送液体的黏度存在着极限值。对于输送更高黏度原油的管道,平台上一般还需要配备螺杆泵,以便于停输后的再启动。

输油泵的驱动方式是根据整个海上油田的电站选型决定的。常用的原动机类型包括电动机、往复式内燃机或燃气透平。电力充足的地区应首先选用电动机;而在缺电情况下,往复式内燃机一般用于输出功率不大的输油泵驱动;燃气透平则一般配置于输出功率大且转速较高的机组。

(2)储油设施

储油设施是海上油田生产的重要组成部分,目前常见的有以下两种类型:其一为浮式生产储油轮(FPSO),详见第10章;其二为平台储油罐,如图11-27所示。

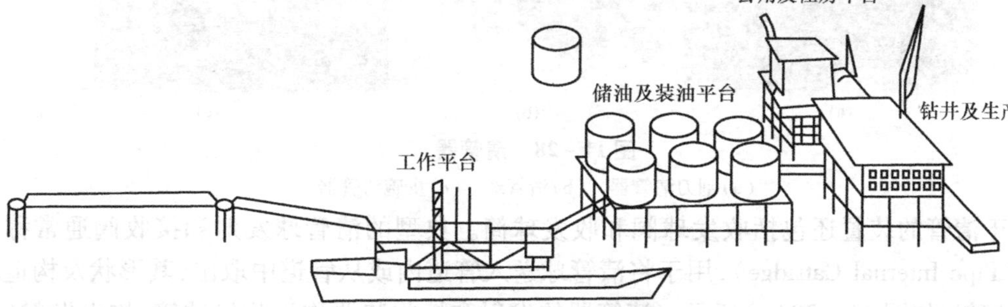

图11-27 平台储油罐

平台储油罐是在固定式钢结构物上建造的金属储油罐,一般建在浅水区。其结构及其附件与陆上储罐基本相同,大多采用钢制立式圆筒形式,连接方式可采用螺栓或焊接。由于该种储油方式储存量小、造价高、限制条件多,因此一般很少采用,我国只在早期的埕北油田工程中有所应用,其罐区原油储量为 12 000 m^3。

(3)加热设备

海上油田的生产加热设备主要有加热炉、电加热器和废热回收装置等三类。

加热炉分为直接加热和间接加热两种形式。前者采用直接的火焰加热炉中的盘管,不经过中间介质的传热,常用于需要加热量较大的情况,但会占用较大的平台空间,一般情况下不会优先选用。后者是通过火管加热中间介质(水、甘醇、热油或可溶性盐等,主要由生产工艺所要求的温度决定),然后通过中间介质加热盘管中的工艺流体,一般用于加热负荷较小、出口温度不高于 260 ℃的情况。与直接加热相比,间接加热更为安全可靠,且操作方便。

对于加热负荷更小的情况,采用电加热器比加热炉更有优势。电加热器依靠改变输入加热单元的电功率来调节加热量,且设备体积较小、控制简单、便于操作。

废热回收装置用于需要大量工艺热负荷,同时又有大量废热可以利用的情况。典型的废热来源于燃气轮机的排出气。燃气轮机一般仅能够将所消耗能量的 12% ~20% 转化为轴功率;增设废热回收装置后,轮机系统的总热效率可提升至 60%,大大节省了操作费用。另外,废热回收装置发生火灾危害的风险远低于加热炉,故安全性更高。

(4)清管设施

清管作业通常有两个目的:其一为在新建的海底管道投产前清理管道内的焊渣、杂质,同时确定管道的变形度;其二为在海底管道运行过程中,用于提高管道的输送效率、减少管道内部的腐蚀以及分隔不同的油品,保证输送介质的纯度。

清管器按照结构形式可分为机械清管器、软质清管器和清管球等三类。对于投产初期或者用于清除管道内的沉积物或结构物,应选择清管刷式的机械清管器,如图 11 -28(a)所示的刮刀清管器;用于清除管道内液体或分隔管道内输送流体,应选用隔离和驱替作用的清管器或清管球,如图 11 -28(b)所示;用于清除含硫石油和天然气、液化石油气以及其他炼制成的碳氢化合物产品,应选用带有刮管环或锥形皮碗的清管器,如图 11 -28(c)所示。

(a) (b) (c)

图 11 -28 清管器

(a)刮刀清管器 (b)清管球 (c)皮碗清管器

用于清管的装置还包括收发球阀和收发球筒。典型的清管球发射和接收阀通常称为 PIC 阀(Pipe Internal Catridge),用于将清管球送入管道内或从管道中取出,其形状及构造均与球阀相似,如图 11 -29(a)所示。清管器的发射和接收装置称为收发球筒,均由发射(或接收)部分、传送装置及信号探头装置组成。图 11 -29(b)给出了清管器发射装置的示意图,接收装置与之类似。

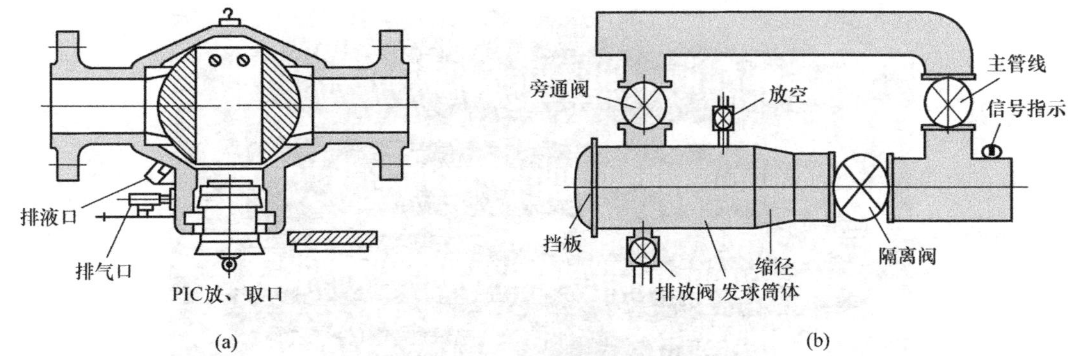

图11-29　收发装置示意图

(a)PIC阀　(b)清管器收发装置

(5)装船设施

海上终端储存的原油最终要通过穿梭油轮(Shuttle Tanker)进行运输。穿梭油轮必须在海上稳定系泊,才能保证装油作业的正常进行。按照穿梭油轮的不同靠泊方式可分为5种装卸油方式,包括靠泊平台码头提油、两船并联靠泊提油、两船串联靠泊提油、多点系泊提油和单点系泊提油。

海上靠泊平台一般仅适用于浅水区域,装油码头主要由一个工作平台、两个系船柱和两个侧锚船柱组成,通过栈桥连接。随着水深及油轮吨位的增加,码头的造价将显著提高。

其他的靠泊方式见第10章相关内容。

2. 输气管道

(1)压缩机

压缩机站是输气管道的能量供给系统,与其共同组成一个统一的水力系统。常用的压缩机类型分为往复式和离心式,按级数分为单级和多级,按驱动形式分为活塞式燃气发动机驱动、燃气轮机驱动和电动机驱动。

往复式压缩机的排量较小、排出压力稳定、压比高(每一级压比为3:1~4:1)、效率高(一般可达95%),但结构较复杂,安装和维护的成本较高,适用于升压高、输送量较小的情况,如压力低、输送能力在$(50\sim800)\times10^4\ m^3/d$的管道首站以及地下贮气库等设施。

离心式压缩机适用于吸气量为$(14\sim5\ 660)\ m^3/min$(吸入状态下的体积流量)的工况,每一级最高压力受出口温度(205~232 ℃)的限制。为了提高压比,离心式压缩机需制作成多级叶轮,最多可达6~8级,每一级压比在1.1~1.5。其排量大、结构简单、操作与维修均比往复式压缩机简便,但效率较低(一般只能达到75%~78%),低流量时可能发生喘振现象,且高效区的工作范围较窄。

输气管道压缩机在选型时,应考虑以下原则:压缩机的排量、工作压力和压比应满足生产需要,并保留一定的发展余地;工作可靠,操作灵活,调节方便,可调范围大;设备耐用、寿命长,机组单位功率造价低,能耗小,来源方便;便于维护,易于实现自动控制。

(2)空气冷却器

在输气管道工程中,空气冷却器(空冷器)常被用于冷却经压缩机压缩后升温的天然气,使之达到适宜管输的温度。其主要形式为翅片管,如图11-30所示。翅片管又分为L型绕翅片管、LL型缠绕翅片管、KLM型翅片管和镶嵌型翅片管等4种类型。

空冷器的主要优点有:空气作为冷却源可免费使用,辅助费用低;厂址不受水源限制,干

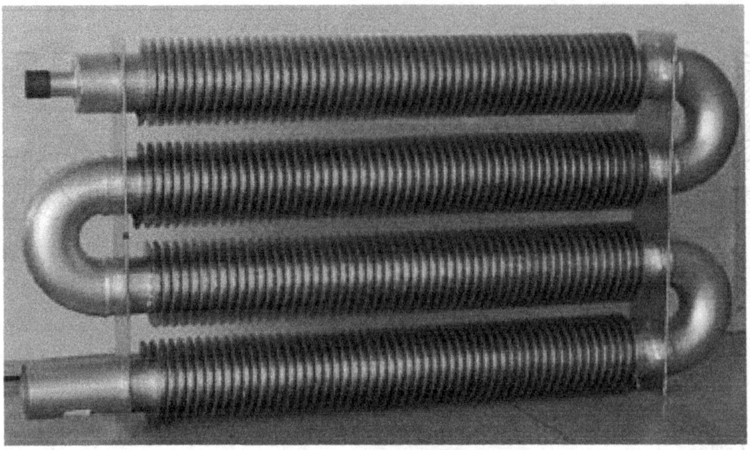

图 11－30 翅片管

旱地带或枯水期也可使用；腐蚀性低，不存在结垢问题；空冷器压降小，仅为 100～200 Pa；维护费用小。

空冷器的主要缺点有：空气比热小，冷却效果取决于空气的干球温度，不能将液体冷却到比干球温度低的温度；空气侧膜传热系数小，传热面积大；受气候条件影响大，较为敏感；占地面积相对较大，布置限制多；需要特殊的翅片管。

如果热流温度需冷却到 38 ℃以下，则不宜采用空冷。管内热流操作压力越高，需要冷却的介质温度越高，则采用空冷比水冷越经济。但当热流温度高于 200 ℃时，则应采用换热器。此外，热流冷却后的温度和设计气温最佳温差值为 20～25 ℃，至少要求大于 15 ℃，否则不经济；而在空气温度高、供水困难的情况下，可将冷却后的热流温度和设计气温差降为 10 ℃。

(3)清管器和清管工艺

输气管道的输送效率和使用寿命很大程度上取决于管道内壁的清洁状况。对气质和管道有害的物质——凝析油、水（游离水和饱和水蒸气）、硫分、机械杂质等，进入输气管道后会引起管道内壁的腐蚀，增大管壁粗糙度；大量水和腐蚀产物的聚积，还会导致局部堵塞或缩小管道的流通截面。此外，施工过程中，难免会有一些焊渣、泥土、石块等遗留在管内。管线水试压后，单纯利用管线高差开口排水很难达到排净的目的。因此，清管是管道施工和生产管理的重要工艺措施。

输气管道清管的基本目的、清管器的基本分类以及清管器的收发装置均与输油管道类似，不再赘述。当前，脱硫、脱水等气体净化技术已经能够使管内气体达到相当高的纯净度，输气管道的气质要求也愈发严格，管道积水和内壁腐蚀问题已经得到了基本解决。在输气管道上，清管器及其相关技术除了原来清除管内积水和杂物的基本作用外，还与其他仪器相配合增加了许多新用途，包括定径，测径、测厚和检漏，灌注和输送试压水，置换管内介质，涂敷管道内壁缓蚀剂和环氧树脂涂层等。

(4)干线切断阀

为了便于进行维修或减少放空损失，限制事故危害后果，陆上输气干线上一般每隔一定距离设置一个管道切断阀。海底输气管线埋设在海床一定深度的土壤中或铺设在海床上，不会像陆上输气管道那样可能和重要设施（如铁路干线、城镇和工厂）发生关系，即使必须穿越航道也会采取深埋的措施;同时,海底环境也比较复杂,不适宜干线切断阀的操作。因此,通常情况下,海底输气管道不考虑设置干线切断阀,但会在管道进出口(平台或陆上终端)设 ESD 阀,用于事故保护。

ESD(Electro - Static Discharge)意为“静电释放”。ESD 阀要求在失去电力后,阀门可以快速的关断,即事故紧急切断阀。目前,工程上使用的 ESD 阀大多可由数字控制器进行控制,图 11 - 31 所示为艾默生公司的费希尔 DVC6000 数字控制阀。

图 11 - 31 费希尔 DVC6000 数字控制阀

(5)天然气计量设备

天然气计量的对象是流动物质,其流动状态直接影响着测量的准确性。为了便于统一计量,我国规定的环境状态标准为 101.325 kPa(一个标准大气压)和 20 ℃。由于天然气的状态、组分会发生变化,不同物理、化学性质的流体对测量仪表的要求也不尽相同。目前,国外制造的流量计量仪表不下数十种之多,每一种的方法及其仪器特定的使用对象与适用范围都不尽相同。总体上讲,天然气的测量方法按照原理可分为体积流量测量、质量流量测量和能量流量测量三种,按照方式又可分为直接测量和间接测量两种。

目前,我国工程界采用的最主要的方法为体积流量测量。由于天然气的可压缩性,测量结果会受到温度、压力变化的较大影响。方式上主要采用间接测量手段,即通过测量流体相关参量及参数间的关系式计算出体积流量,如孔板流量计、涡轮流量计等。这类方法的主要不足之处为测量精度较低,通常都需要进行补偿修正。

间接质量测量法在工程界的应用也比较广泛,通常有差压计和密度计的组合、涡轮流量计与密度计的组合以及差压计和涡轮机的组合等几种形式。图 11 - 32 给出了差压计和密度计组合的质量流量计的示意图,由于密度计的结构特性和元件限制,目前还没有一种适合于我国天然气工业的、高可靠性的密度计。

能量流量测量方法正在逐步得到应用,其准确性和经济性具有显著优势。这一技术应用的关键在于必须监测天然气中的组分变化,才能获得可靠的能量流量数值。目前,国外广泛采用在线气体色谱仪进行组分分析,进而计算单位体积流量的热值。在我国,该仪器尚不能自主制造,严重依赖进口,并且缺乏应用实践的系统经验。

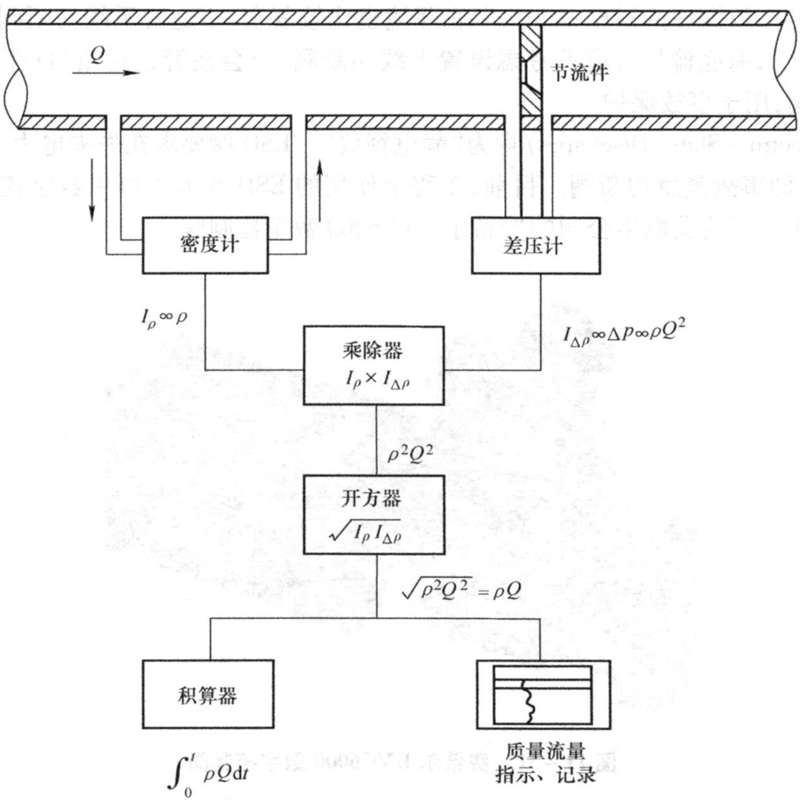

图 11－32　差压计和密度计组合的质量流量计

3. 多相流混输管道

(1)混输泵

多相流混输技术的应用使海上边际油田、沙漠油田及小储量卫星油田等的经济开发成为可能。混输泵的应用意味着增压泵站代替造价昂贵的海上平台,在一定的水深条件下大幅度降低开发成本。按照使用场合不同,混输泵可分为水上混输泵和水下混输泵;按照工作原理不同,又可分为旋转动力式混输泵和容积式混输泵,前者包括螺旋轴流式混输泵、离心泵等,后者包括双螺杆泵、隔膜泵、线性活塞泵、对转式湿式压缩机等。

螺旋轴流式混输泵由法国石油研究院发明并获得专利,是著名的“海神计划”的研究成果,也称海神泵。海神泵的基本工作原理是通过叶轮的旋转运动使多相混合介质获得能量,其典型结构如图 11－33(a)所示。海神泵目前在市场上的应用已比较广泛。

双螺杆式混输泵最早由德国 Bornemann 公司生产,从 1992 年开始在国际市场销售,至今已有近百余台在世界上各大油气田应用。其转子由两根互不接触的螺杆组成,通过经硬化处理的直齿圆柱同步齿轮传递扭矩,如图 11－33(b)所示。双螺杆式混输泵也已进入了相对成熟的工业应用阶段。

此外,混输泵还有以下几种形式:线性活塞泵,由 Mobil 公司根据油井中往复活塞泵的原理设计,由直流电机驱动;隔膜式混输泵,在隔膜式压缩机的基础上改进而成,通过附在活塞上的非金属柔性隔膜的往复运动,在吸、排气阀的两侧产生压差,实现多相输送;射流式混输泵,基本工作原理是将石油流中的砂浆、气与油水混合物分离,然后用单螺杆泵输送油水,使之获得高压后再作为射流流体与砂浆、气等重新混合进行输送。

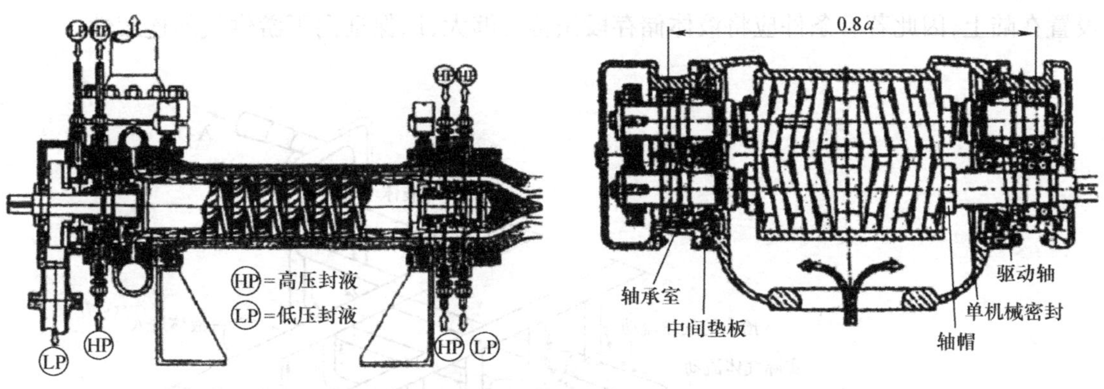

(a) (b)

图 11-33 混输泵

(a)海神泵 (b)双螺杆式混输泵

(2)段塞流捕集器

油、气混输或油、气、水三相混输是经济地开发海洋石油的重要手段,但混输管道中常常产生段塞流。液体段塞可视为一长段液体,并携带有很多较小的气泡,液体段和气泡交替流动通过全管线。

段塞流沿管线移动时,液体段长度趋向于增加。如果管线足够长,液体的段塞可能达到几百米甚至更长。为了适应段塞流,常在管线的出口处安装大型分离器(一般情况下为两相分离器),通常称为段塞流捕集器(slug catcher)。段塞流捕集器是处理系统中的第一单元,其尺寸、性能是否合适,对于平台和终端设备的正常运转是极其重要的。

段塞流捕集器的形式基本上可分为两类:容器式和多管式。容器式段塞流捕集器通常设在海上平台处,主要针对短距离海底管道或泡沫成为主要问题的油流。图 11-34 给出了容器式段塞流捕集分离器的基本结构,这种分离器的基本功能是从液相中除去自由气体,并向其他设备提供相对平衡的液体。

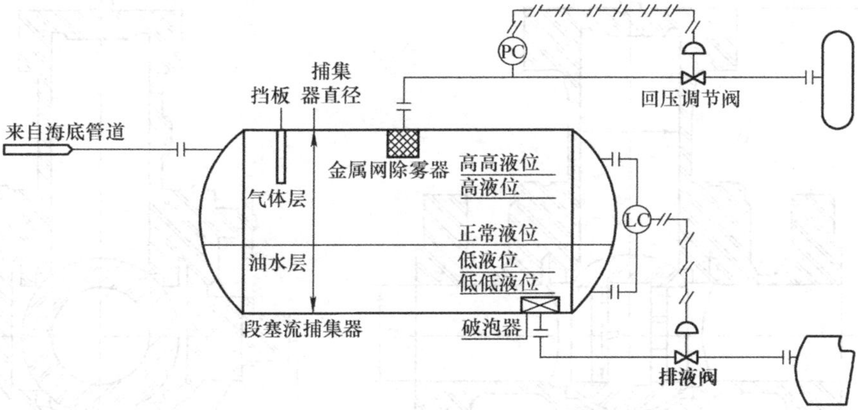

图 11-34 容器式段塞流捕集分离器

多段式段塞流捕集器多应用于接收气体和凝析液的终端,主要考虑的问题是要能够处理最大的段塞流量。多段式段塞流捕集器通常由多根大直径长管组成,如图 11-35 所示。其前部是分离段,用于气液分离;后部是带有倾角的液体储存段,用于接收和储存从管道流来的较大的液体段塞流,同时将储存的气体供给下游设备。由于多段式段塞流捕集器通常设置在陆上，因此若有条件应将液体储存段做得足够大，以保证向下游供气的连续性。

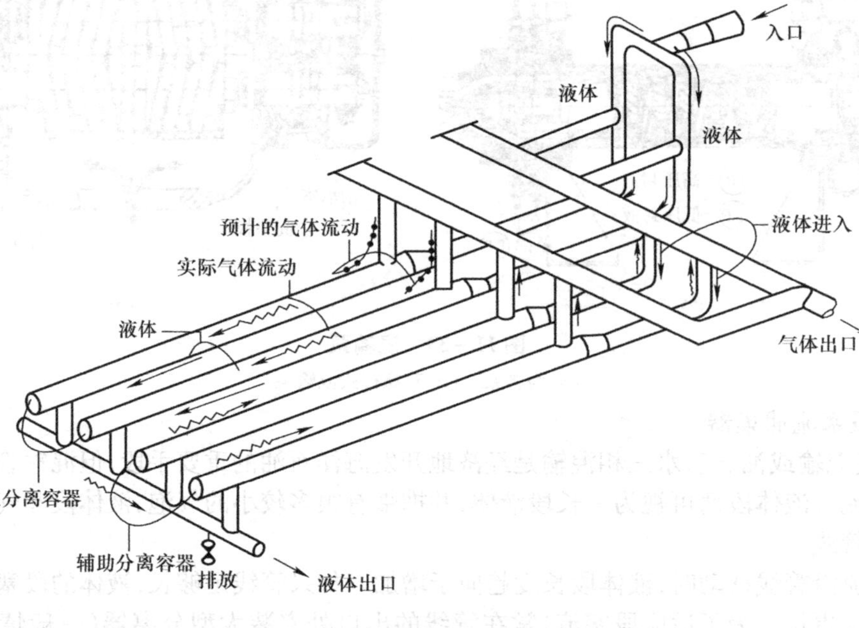

图 11－35　多段式段塞流捕集器

4. 输水管道

输水管道在设计上也需要清管设备清除焊渣、锈蚀物或污垢等杂物。早期用于输水管道清管的设备同样应用于输油、输气管道上的清管球或清管器，但这类设备体积大、占地面积大。20 世纪 90 年代后期开始，在工程上清管阀（图 11－36）开始逐步取代清管器，使得安装与操作更加简便。

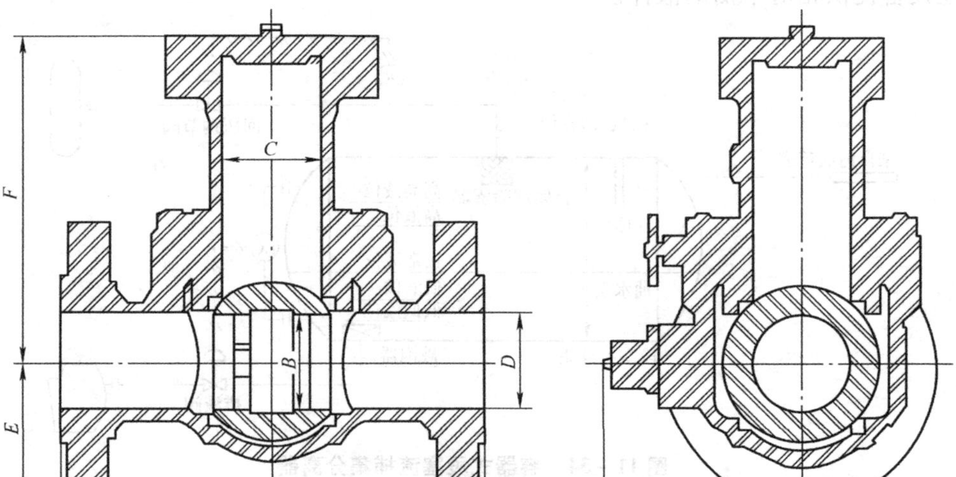

图 11－36　清管阀

11.3.2 防腐措施

1. 内防腐

(1)概述

统计资料表明,内腐蚀是引起海底管道失效的最主要因素之一。由于输送介质包括天然气、原油、地层水及其混合物,部分管道还输送缓蚀剂、乙二醇等其他物质,因此管线、容器等各种设施会发生多种形式的内腐蚀,主要包括二氧化碳(CO_2)腐蚀和硫化氢(H_2S)腐蚀,其中以 CO_2腐蚀最为常见,且尚未得到有效解决。

(2)防护方法

根据管道内腐蚀的特点,海底管道的防护措施一般有以下几种:碳钢中加入缓蚀剂,并采取相应的腐蚀监测措施;采用某种方法,脱出腐蚀介质中的 CO_2、H_2S 或 H_2O;采用耐腐蚀材料,如高合金材料;采用内衬,包括高合金内衬和内防腐涂层;定期进行清管;定期对海底管道进行检验,如采用智能清管器等。

目前,对于 CO_2含量较高的油气田,常采用平台脱水后输送的方案;对于 CO_2含量较低的油气田,常采用碳钢加缓蚀剂的措施。这两种技术已比较成熟,尤其是后者,成本也比较低廉。但是对于 CO_2含量较高的油气田,海底管道如果采用经济的耐腐蚀材料,如低合金材料,则可以大大降低工程造价和操作费用,某些经济效益较差的边际油气田由此可能具备了开发价值。

(3)检测、监测方法

海底管道内腐蚀的检测、监测主要有两种方法:一种为在平台上部配备腐蚀监测装置或腐蚀挂片和俯视探头,通过检测流体的腐蚀性来评估海底管道的内腐蚀情况;另一种为使用智能清管器,但检测费用较高,同时存在一定的风险。前者是目前最常用的方法。

2. 外防腐涂层

(1)概述

如果把管道系统分为立管和海底管道两部分,则二者的腐蚀环境略有差异。立管外腐蚀环境为大气和海水,特点类似于导管架,可划分为大气区、飞溅区、潮差区和全浸区;海底管道的腐蚀环境为海底沉积物和(或)海水,通常采用外防腐涂层与阴极保护相联合的防腐蚀措施。

由于海底管道的设计寿命通常较长,且在役期间一般不考虑维修,因此其对外防腐涂层有着严格的要求,有专业的涂料生产厂家和专用的涂敷设备。选择海底管道外防腐涂层时,需要考虑环境因素(全浸区、飞溅区或大气区)、铺设方式、所处海域的水深、操作条件和温度、设计寿命、结构形式、阴极保护形式、造价等。综合考虑上述因素,目前海底管道常用的涂层主要有两种:一种为熔结环氧 + 黏结层 + 聚乙烯,也称三层 PE 外防腐涂层,一般用于双层保温海底管道与单层不保温海底管道;另一种为熔结环氧粉末,也称 FBE,一般用于单层保温海底管道。含有涂层的单、双层保温海底管道的典型结构如图 11 - 37 所示。其他可用的涂层材料还包括沥青、煤焦油磁漆和挤出热塑性聚乙烯和聚丙烯(PP)等。

(2)三层 PE 外防腐涂层

三层 PE 外防腐涂层是目前国际上广泛使用的管道外防腐涂层,主要特点为防腐性能好、吸水率低、机械强度高。其涂层厚度应根据具体设计要求确定,一般情况下可参考如下

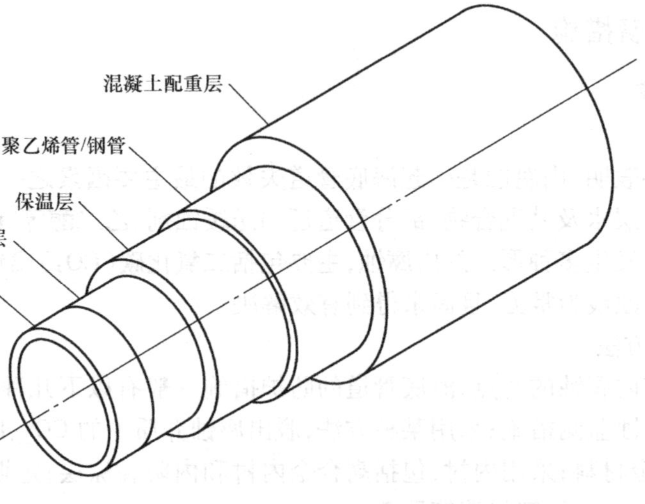

图 11－37　单、双层保温海底管道的典型结构

尺寸：熔结环氧层 50 μm，黏结层 50 μm，聚乙烯层 2.7 mm。熔结环氧粉末、胶黏剂和聚乙烯混合料压制片的性能要求均有相应的标准，涂层的拉伸强度、剥离强度等整体性能需要由具有相关资质的检验单位承担。

进行防腐涂敷之前必须对钢管进行表面处理。钢管喷砂一般在自动喷砂设备内进行，喷砂处理前钢管表面必须清洁，不容许有油、脂、盐、灰尘等任何污染物。处理后的钢管表面应符合 SSPC－SP10 的要求。

涂层的涂敷应在专用的生产线上实施，涂层材料的使用条件应严格满足生产厂家的要求。开工前要编制涂敷程序，并得到业主的认可。涂敷程序主要为钢管检查、表面处理、表面处理的检验、钢管预热、涂环氧、涂敷胶黏剂、涂敷聚乙烯、冷却、针孔检验、外观等其他检验。钢管两端约 100 mm 范围不涂敷涂层。

涂层现场检查的内容主要包括涂层厚度、针孔和表观检查，其他性能指标的检查需取样在实验室进行。具体检查的内容与频次应满足设计规格书或业主的相关要求。

(3)熔结环氧粉末涂层(FBE)

熔结环氧粉末涂层是近年发展起来的新型外防腐涂层，具有施工简便、无污染、抗弯曲和抗冲击性能好、耐腐蚀性能好等优点，目前多用于单层保温海底管道，一般要求厚度为 0.4～0.5 mm。

熔结环氧粉末涂层的表面处理、涂敷和检验要求基本与三层 PE 外防腐涂层一致，其涂敷过程的主要程序为表面处理、表面处理的检验、钢管预热、涂敷环氧、冷却、针孔检验、外观等其他检验。

(4)立管外防腐涂层

立管所处的腐蚀环境更加不利，对外防腐涂层要求具有的性能更高，包括：良好的耐冲击和耐磨等力学性能，如冰的冲击和磨损；良好的耐老化性能；良好的防腐性能；良好的耐阴极剥离性能。

在全浸区和大气区，可采用三层 PE 外防腐涂层。在飞溅区，如果在冬季无冰的海域，也可采用三层 PE 外防腐涂层或氯丁橡胶等；如果冬季有冰，可以考虑采用专用的热缩带

(套)或氯丁橡胶等。

(5)管道接点和弯管外防腐涂层

管道接点和弯管由于不能在生产线涂敷涂层,一般使用热缩带(套)。施工前,应进行外观检验和针孔检验,并满足下列要求:热缩带(套)无开裂、起泡等缺陷;热缩带(套)表面光滑,底胶层无夹杂物。施工后,同样应进行外观检验和针孔检验,并满足下列要求:热缩带(套)边缘与管道黏结紧密;热缩带搭接片在任何方向上的滑移不超过10 mm;热缩带(套)与原有涂层的搭接宽度不小于50 mm;对热缩带(套)进行100%针孔检验,无针孔缺陷。在某些情况下,也可以考虑增加环氧底漆,保护效果会更理想。

3. 阴极保护设计

(1)概述

进行海底管道阴极保护设计时,需要满足整个设计寿命期间平均保护电流的需求和后期保护电流的需求。设计所需的环境条件资料主要包括水深、海泥电阻率、溶解氧、海泥温度、海水盐度、硫酸盐还原菌含量等。

阴极保护可采用外加电流和牺牲阳极两种方法,二者的原理相同,都是使海底管道(阴极)极化到一定程度,以达到保护的目的。由于牺牲阳极保护法技术成熟、性能可靠、简单易行、对其他设施没有干扰,且造价可接受,因此目前绝大多数海底管道都采用牺牲阳极保护法。

(2)保护电流

保护电流I_c可按下式计算:

$$I_c = A_c f_c i_c \tag{11-23}$$

式中:A_c为保护面积;f_c为涂层破损率;i_c为裸钢电流保护密度。

涂层破损率取决于设计寿命、环境条件、涂层情况、管道结构、铺设情况、介质输送温度等。在海底管道投入运行初期,涂层破损率很小,所需保护电流密度也很小;随着使用时间的延长,涂层破损的可能性逐渐增大,所需保护电流密度也随之增大。

保护电流密度是指单位被保护面积的保护电流,是重要的设计参数。保护电流密度通常指平均电流密度和末期电流密度,用于计算阴极保护系统使用期间不同阶段所需的保护电流,主要决定阳极的数量和大小。

涂层破损率及保护电流密度的计算方法与相关参数的取值见DNV-RP-F103规范的推荐。

(3)保护电位

通常,对碳钢和低合金钢,保护电位为-0.80 V(相对Ag/AgCl[海水]);在缺氧的环境中,保护电位为-0.90 V(相对Ag/AgCl[海水])。保护电位为-0.80 V(相对Ag/AgCl[海水])时,相对其他参比电极的数值如下:饱和铜-硫酸铜,≤-0.85 V;锌或高纯锌,≤+0.25 V;饱和甘汞,≤-0.78 V;Ag/AgCl[海水],≤-0.76 V。

(4)牺牲阳极

理想的牺牲阳极应具备如下条件:具有合适的阴极电势,以便供给足够的保护电流,并使阴极迅速极化;具有稳定的电势,在使用期间不能发生钝化;在工作中,阳极的极化效应小;电化学当量高;电化学效率高,腐蚀均匀,腐蚀产物颗粒小,而且容易脱落;腐蚀产物对环境无污染或污染小;材料来源广,易于铸造,价格便宜。

对海底管道而言,铝合金、锌合金和镁合金均可作为牺牲阳极材料,而铝合金最为常用。铝合金有多个系列,其中铝-锌-铟系合金的应用最为广泛。材料选定后,主要考虑因素即为阳极的电流效率和工作电位。电流效率指阳极实际电容量与理论电容量的比值,数值越大越好。同时,要求阳极腐蚀产物容易脱落,表面腐蚀均匀。表 11-8 给出了某制造商的阳极材料化学组成实验数据,可供参考。

表 11-8　阳极材料化学组成实验数据

元素	Zn	In	Si	Fe	Cu	Al
化学组成(%,质量分数)	3.0~7.0	0.015~0.035	0.10~0.15	≤0.13	≤0.01	余量

海底管道通常采用手镯式阳极结构,如图 11-38 所示。

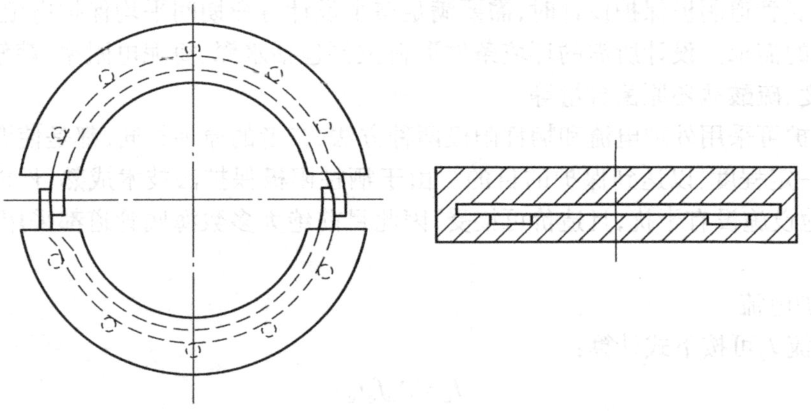

图 11-38　手镯式阳极结构示意图

(5)电阻率

电阻率通常采用实测数据,由业主提供。

第 12 章　海 洋 立 管

12.1　概述

12.1.1　定义

海洋立管是指连接浮式结构上的生产或钻井设备与海底管道、水下设施的管道，简称为立管。立管在功能上包括永久作业的生产、外输、输入、注入立管，也包括临时作业的钻、修、完井立管。对于钻、修、完井立管，也称钻、修、完井隔水管。

12.1.2　用途与分类

海洋立管可以分为钢悬链线式立管、顶部张紧式立管、柔性立管和混合立管。

钢悬链线式立管是指以悬链线形状连接至浮式装置的钢质立管，可看作海底管道的延长段，如图 12–1 所示。钢悬链线式立管可用于生产、外输、输入和注入用途。

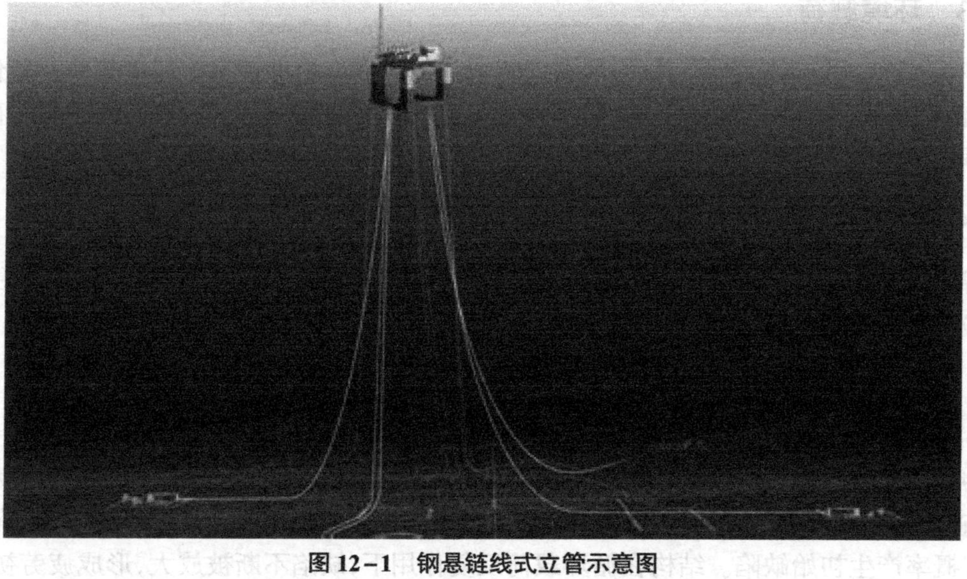

图 12–1　钢悬链线式立管示意图

顶部张紧式立管指由顶部张力支撑而保持垂直或近似垂直的立管，立管和浮体可在垂直方向上发生相对运动并约束水平方向的相对运动。顶部张紧式立管可用于生产、外输、输入、注入、钻井、修井和完井，主要应用于半潜式平台、张力腿平台和单柱式平台等干式采油树浮式生产系统。

挠性立管系统一般包括自 I 型管至海底与海底管道管道终端（Pipeline End Tenmination，PLET）、管道终端歧管（Pipeline End Manifold，PLEM）连接器之间的所有部件，如挠性管管体、端部配件、弯曲限制器、弯曲加强器、喇叭口、浮力模块、水下浮筒及其筋键/基础、阴极保护、监测系统等。

混合立管系统按照形式一般可分为自由站立式混合立管、混合立管塔、浮力支撑系统混合立管、混合悬链线立管等类型。每种类型的混合立管系统具有不同的组成部件。

12.2 海洋立管载荷

海洋立管所受载荷可分为压力载荷、功能载荷、环境载荷和偶然载荷。

12.2.1 压力载荷

压力载荷一般包括内压、外部静水压力及水位变化。基于立管设计压力的参考点，根据实际位置与参考点之间的高度差计算特定立管截面的局部内压。

12.2.2 功能载荷

功能载荷为由系统自身物理属性的载荷和系统操作产生的载荷，不包括环境载荷或偶然载荷。功能载荷一般包括：①立管、涂层、海生物、阳极、浮力模块、介质、附属部件等重量和浮力；②立管顶部的名义张力；③安装产生的残余载荷；④连接器上的预应力；⑤温度载荷；⑥海底的管土作用；⑦安装载荷；⑧管内通球等。

12.2.3 环境载荷

环境载荷是指直接或者间接施加在立管上的海洋环境中的载荷。环境载荷一般包括：①波浪载荷；②由于海水密度差异产生的内波载荷和其他效应；③海流载荷；④地震载荷；⑤冰载荷；⑥由风、波浪和流引起的浮体运动等。

12.2.4 偶然载荷

偶然载荷一般包括：①坠落物体的撞击载荷；②立管之间的碰撞载荷；③浮体系泊缆断裂；④浮体/浮筒舱室进水；⑤浮体动力定位失效；⑥张紧装置失效等。

12.3 海洋立管疲劳理论

海洋结构长期在复杂海况下工作，容易产生局部损伤，造成结构失效。在海洋结构中，疲劳破坏是一种常见的结构破坏形式，在焊接、卷管等加工阶段，由于加工工艺等不确定因素，有概率产生初始缺陷。结构在循环载荷反复作用下，缺陷不断被放大，形成疲劳初始裂纹。在载荷进一步作用下，裂纹会逐渐扩展，最终造成整个结构发生破坏。在油气采集、输送系统中，立管、海底管道结构长期承受风、浪、流以及输送油气的内压、外部深海水压等多种载荷，其中大部分载荷随时间不断变化，循环作用。在循环载荷下疲劳损伤逐渐累积，最终会造成结构断裂。深海立管在油气运输过程中起到至关重要的作用，一旦出现损坏，将产生巨大的损失，造成严重后果。

对于结构疲劳损伤的研究，目前采用的主要方法包括：通过线性累积损伤理论，采用

S–N 经验曲线直接计算疲劳寿命；或通过断裂力学方法进行裂纹扩展预测，从而分析裂纹扩展到一定长度时的循环次数，计算疲劳寿命。其中，在工程中最常用的方法为前者。

12.3.1　Miner 线性累积损伤准则

Miner 线性累积损伤准则是一种用于预测材料或结构在多次载荷循环加载下的疲劳损伤累积的方法。该准则基于假设：当多个载荷循环按照其发生的次数（循环次数）加权并累积时，结构的疲劳寿命与单个载荷循环的疲劳寿命之间存在线性关系，其基本原理如图 12–2 所示。可以看出，在循环载荷 S_1 的作用下，产生的损伤度为 D_1，在循环载荷 S_2 的作用下，产生的损伤度为 D_2，其总损伤即为 D_1 与 D_2 之和，即各个应力水平作用下产生损伤的线性累加。

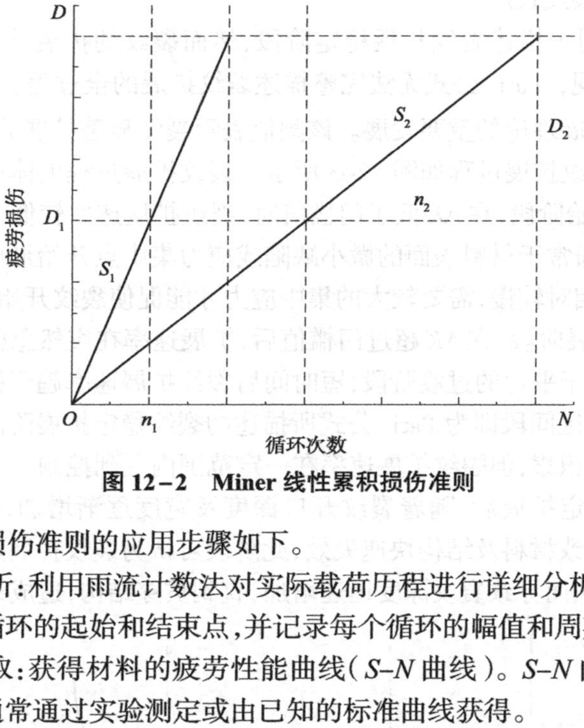

图 12–2　Miner 线性累积损伤准则

Miner 线性累积损伤准则的应用步骤如下。

（1）载荷历程分析：利用雨流计数法对实际载荷历程进行详细分析，包括检测载荷的峰值和谷值，标识载荷循环的起始和结束点，并记录每个循环的幅值和周期。

（2）S–N 曲线获取：获得材料的疲劳性能曲线（S–N 曲线）。S–N 曲线描述了不同载荷水平下的循环寿命，通常通过实验测定或由已知的标准曲线获得。

（3）累积损伤计算：根据 Miner 线性累积损伤准则的计算结果，得到结构在考虑载荷下的循环总数。

（4）疲劳寿命判断：将累积损伤与材料的 S–N 曲线进行比较，以判断结构的疲劳寿命。一般认为如果累积损伤小于 1，表明结构仍在安全寿命范围内，反之则需要考虑疲劳失效的可能性。根据计算得到的累积损伤度 D，可以进而计算疲劳寿命

$$T_\mathrm{f} = \frac{1}{D} \cdot T_\mathrm{d}$$

式中：T_f 为实际疲劳寿命；T_d 为设计寿命。

Miner 线性累积损伤准则的优势在于简单易用，适用于复杂的载荷历程，无须考虑载荷的先后作用顺序。然而，它也有一些局限性，如忽略了载荷循环之间的相互作用、且采用线性累积损伤方法的计算结果往往与实际试验结果有较大偏差，因此需要准确预测结构疲劳

全过程,从而更精准地预测疲劳寿命。

12.3.2 疲劳裂纹扩展理论

在实际工程应用中,长期受到交变载荷的材料常常会出现裂纹,裂纹的扩展是结构失效的关键机制。由此,通过研究裂纹扩展过程预测疲劳损伤的结果往往更加精确。疲劳裂纹扩展理论的核心原理在于交变载荷引起的应力循环导致裂纹尖端应力集中,进而使得裂纹逐渐扩展。这一过程的关键物理量是裂纹尖端的应力强度因子,它反映了裂纹尖端应力集中的程度。裂纹扩展的基本数学模型即为 Paris 公式。其中,应力强度因子(ΔK)可以由等效应力概念简单表示为

$$\Delta K = \sigma\sqrt{\pi a}$$

式中:σ为应力;a 为裂纹长度。

Paris 公式主要用于描述裂纹扩展稳定阶段,然而裂纹的扩展并非随着应力强度因子ΔK的产生而立即出现,Paris 公式无法完整描述裂纹扩展的全过程。裂纹扩展门槛值ΔK_{th}的引入是疲劳裂纹扩展理论的重要发展。该阈值表示裂纹显著扩展的最小应力强度因子范围。引入门槛值的裂纹扩展过程如图 12–3 所示。裂纹扩展过程大体可分为以下三个阶段。

(1)裂纹扩展初始阶段:在ΔK低于门槛值时,裂纹扩展速率较低,可视为裂纹未发生明显扩展。在此阶段,通常于材料表面的微小缺陷或应力集中点开始形成裂纹,这一阶段裂纹长度较短,扩展速率相对较慢,需要较大的集中应力才能促使裂纹开始扩展。

(2)裂纹稳定扩展阶段:在ΔK超过门槛值后,扩展速率在突然急剧增加后迅速下降,形成增速缓慢且逐渐趋于平稳的过渡阶段,短时间后裂纹扩展速率趋于稳定,即裂纹扩展速率与ΔK呈线性关系,该区间段即为 Paris 公式所描述的裂纹稳定扩展阶段,在这一阶段中材料中的形变和损伤逐渐积累,但裂纹扩展速率在一定范围内受到控制。

(3)在长时间稳定扩展后,随着裂纹开口深度及宽度逐渐增加,裂纹扩展速率迅速增大,呈指数型增长,导致材料及结构快速失效,此阶段可认为裂纹扩展达到失稳状态,材料经历严重的局部破坏,从而导致裂纹深度迅速增加,直到贯穿结构,造成结构疲劳破坏。

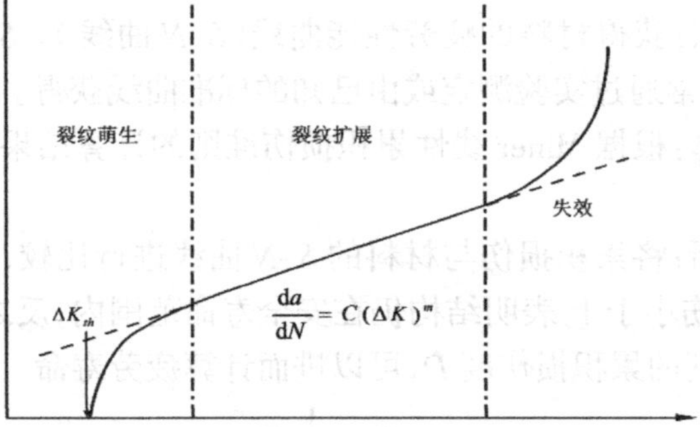

图 12–3 裂纹扩展过程示意曲线

裂纹扩展各阶段持续时间不同,萌生阶段和彻底失效阶段时间较短,裂纹扩展过程长时间处于稳定阶段。相应地,对于各个阶段裂纹的预测方法也不同。目前研究最多的是裂纹扩展稳定阶段,这也是本书重点关注的,其扩展速率决定了整个材料或结构的疲劳寿命。对

于这一阶段的理论研究颇为丰富，围绕 Paris 公式提出了大量针对不同材料、结构类型等不同情况下的修正公式。本书也将针对立管结构，提出裂纹扩展稳定阶段的修正公式。而对于其他两个阶段，目前尚缺少适合的理论公式，最准确的预测方法为通过材料及结构疲劳试验，结合超声探测、显微结构分析等方法探测裂纹扩展过程，或者通过数值模拟进行预测。理论公式的缺失一定程度上加大了预测初期和末期裂纹扩展过程的难度，但由于这两个阶段占裂纹扩展过程的比例非常小，因此目前的裂纹扩展研究，尤其是涉及大尺度结构的疲劳寿命研究，更多将研究重点放在裂纹扩展稳定阶段即可。

12.4 海洋立管疲劳理论

在理论研究的基础上，为确保海洋立管的安全可靠，还需在实际进行深海环境使用之前进行多次试验研究。在结构疲劳试验研究中，缩尺比试验和全尺寸试验各有优势。缩尺比试验具有较低的成本和较短的试验周期，适用于快速获取结构疲劳性能信息。但是缩尺比试验存在尺寸效应和比例失真的问题，无法完全复制实际结构的复杂应力和变形状态，尤其对于焊缝等局部缺陷，缩尺比试验无法对其进行准确研究，因而可能产生一定的不确定性。

相比之下，全尺寸试验采用几乎完全等同于真实情况的试件和加载方式，能够准确捕捉工程结构在复杂应力状态下的疲劳性能，提供了高可信度的数据。考虑到深海立管所处环境载荷的复杂性，为了能够准确预测立管焊缝结构的疲劳寿命和裂纹扩展过程，天津大学自主设计研发了一套大尺度多功能的试验压力舱装置，命名为全尺寸疲劳试验机，以进行海洋立管的全尺寸疲劳试验，如图 12–4 所示。

图 12–4 天津大学全尺寸疲劳试验机

天津大学根据目前在我国南海海域建设的深海立管管径、壁厚等尺寸需求，设计并建设该试验平台，平台包括反力架、加载系统、控制系统等组成部分。试验平台具有组合加载能力（轴力、弯曲、内压、扭矩循环加载），可复现南海最高等级台风和海况，再现立管生命全过程。参考美国共振疲劳机进行升级改造后，天津大学全尺寸疲劳试验机试验频率能达到

25~35 Hz。

12.4.1 反力架

根据已有立管试验体系及南海海域载荷加载需求，反力架需要能够承受最大 3 000 kN 的轴向拉/压载荷、200 kN·m 的扭矩和 1 300 kN·m 的弯矩。因此，在反力架的端部及中部弯矩加载点处，针对轴向力、扭矩和弯矩加载采用了加固设计，其余部分采用了桁架结构。反力框架的外部尺寸为 2.3 m× 2.3 m× 24 m（不包括加载执行机构），组合式框架结构采用水平安装方式。反力架的材料为 Q345 钢。其整体结构如图 12-5 所示。

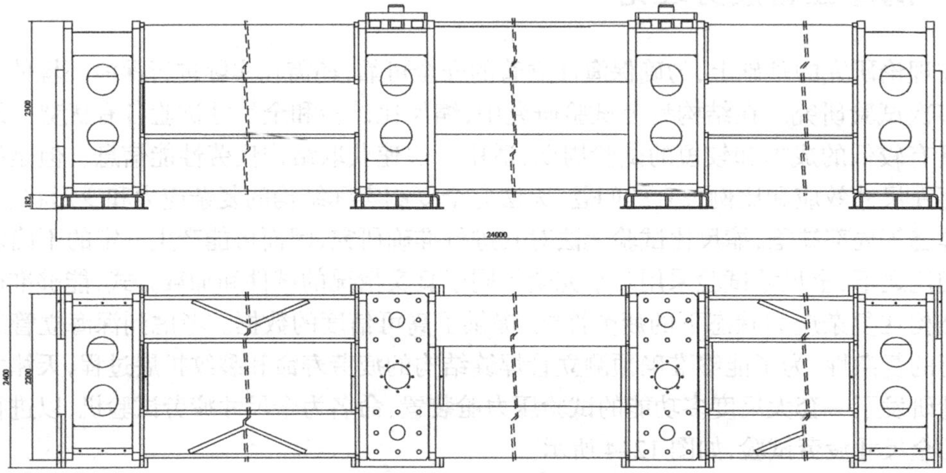

图 12-5　反力架整体结构示意图

反力框架由端面框架（即拉/压力和扭矩反力框架）、中框架组合结构（即弯矩反力框架）、加强筋组合结构和反力架基座组成，具体构成如图 12-6 所示。其中，端部框架和中部弯矩反力框架的厚度为 100 mm，加强筋组合结构的厚度为 50 mm。

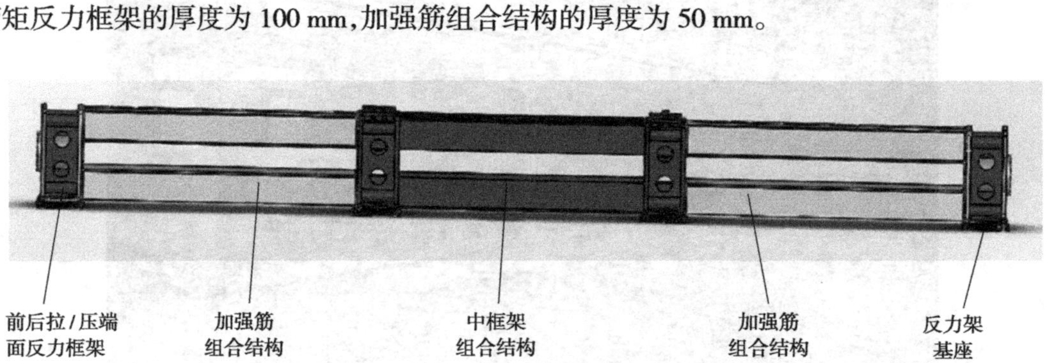

图 12-6　反力架构成示意图

12.4.2 内水压加载装置

内水压加载系统包括注排水模块、高压输送管道、加卸载模块、自动控制阀门、压力传感器和压力计、空气压缩机等组成，如图 12-7 所示。其中，注排水模块根据试验立管的容积进行计算，以满足在试验立管最大尺寸（外径为 0.609 6 m（24 in），管长为 21 m）的情况下，可以在 1 min 内完成 60 MPa 的水压加载,水压加载均采用自动智能控制。

进行施加内水压的疲劳试验时,立管试件一端固定在反力架平台上,另一端为自由端,可以自由延长,以确保内水压造成立管轴向变形不受限制。立管自由端由导向轴连接在轴力加载伺服油缸上,内水压加载时,轴力加载伺服油缸为自由卸载状态,以避免油缸限制立管轴向变形。在试验时,一般采用内水压加载的方法实现立管测点部分固定平均应力的加载,通常不用于循环应力加载。

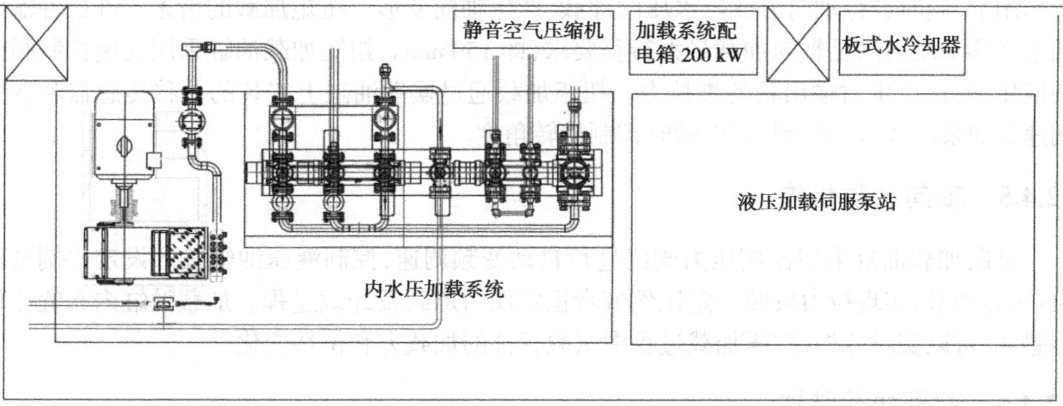

图 12-7　内水压加载系统

12.4.3　四点弯双向加载伺服系统

为了实现对立管试件的弯矩加载,设计制造垂直于试验管件的四点弯双向加载伺服系统,如图 12-8 所示。该系统加载装置安装于反力架的 1/3 和 2/3 处。加载轴末端是一个圆弧形法兰,法兰形状与立管外径圆弧形状抱合,可以固定住立管试件。弯矩加载伺服油缸垂直于试验样件,对称安装在反力架上。具体安装方法如下:下部弯矩加载装置预先安装在框架底部。在立管试样进行吊装之前,需要先将上部法兰旋转 90°,转为与反力架平行方向,以便将立管试样吊装放入反力架。然后,将上部法兰回转 90°,复位,并用螺栓拧紧,随后再将上侧弯矩加载轴安装放入上法兰中。

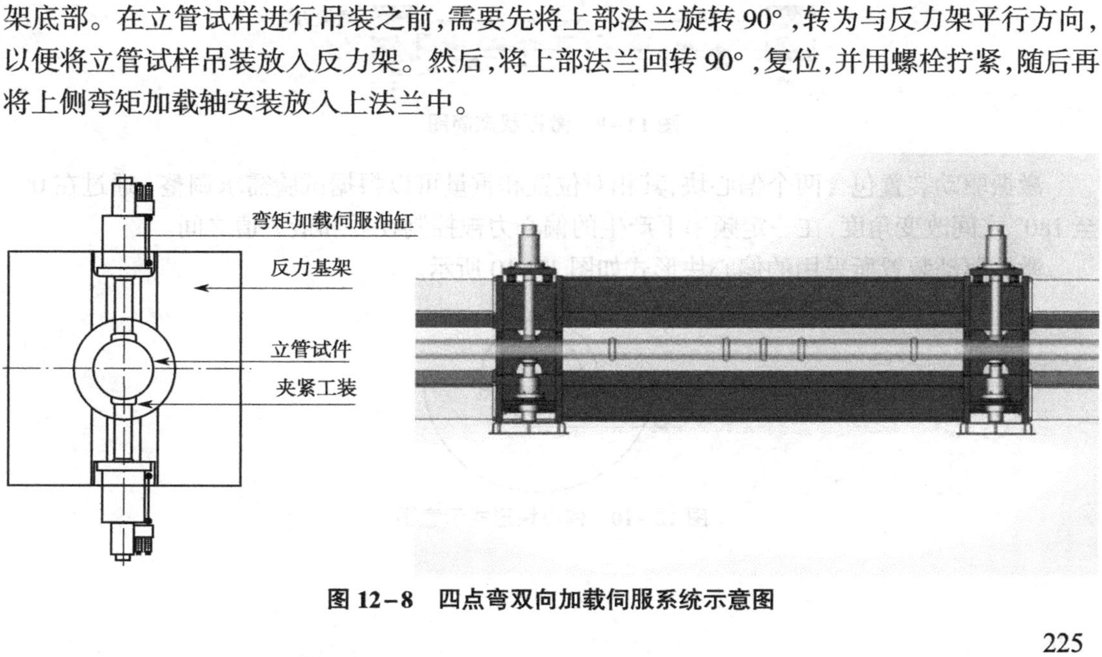

图 12-8　四点弯双向加载伺服系统示意图

12.4.4 扭矩加载机构

扭矩加载机构可以加载的最大双向扭矩为 200 kN · m,加载角度为 ±45°,控制误差为 ≤ ±2%,最大加载速度为 1°/s。在轴力加载油缸拉力活塞杆和测试试件之间的加载输出轴上安装一条齿条连接杆,通过扭矩油缸加载产生摆动作用,油缸内的齿轮将摆动力传导到加载输出轴,实现双向扭矩加载,从而模拟实际作业时产生的扭矩。随着水压和轴向拉/压力的改变,试件输出轴会变形伸缩。端部加载系统通过设计齿条连接形式,能够实现在扭矩加载作用下,同时进行轴向力或内水压的加载,产生轴向变形。扭矩加载的齿条允许试件输出轴水平移动距离满足轴向加载最大行程要求,即 150 mm。扭矩加载油缸采用比例控制阀控制液压油缸,产生对输出轴的推拉力。扭矩加载通过摆动油缸上安装的位移传感器和变频调速供油泵闭环自动控制,可以随时控制旋转角度。

12.4.5 轴向加载机构

轴向加载油缸采用比例压力阀门进行自动变频调速,控制液压油缸按照设定比例进行拉/压力调节,实现拉力按照一定比例或者恒定压力加载及卸载过程。加载油缸内布置位移传感器,可以实时监控拉/压加载过程中试验管件的加载力和位移变化。

12.4.6 激振加载装置

全尺寸疲劳试验机升级改造为共振式疲劳机后,时间成本和经济成本大幅降低。全尺寸疲劳试验机的变频电机带动万向联轴器,驱动激振驱动系统中的偏心块旋转,产生方向沿圆周旋转的偏心力,从而对管件施加一定频率的激振力,管件得到持续的交变应力。通对变频电机的转速进行调节,可改变偏心块和离心力的旋转频率。当偏心块转动接近于甚至等于试样系统自身的固有一阶弯曲频率时,试样系统就会在共振的作用下剧烈振动,产生疲劳损伤,实现加快试样系统疲劳试验的目的。激振状态如图 12-9 所示。

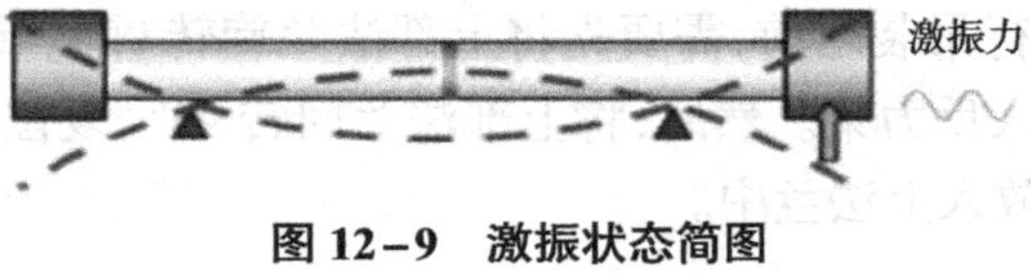

图 12-9 激振状态简图

激振驱动装置包含两个偏心块,其相对位置和重量可以根据试验需求调整。通过在 0° 至 180° 之间改变角度,在一定频率下产生的偏心力被控制在零和最大值之间。

激振驱动装置所采用的偏心块形式如图 12-10 所示。

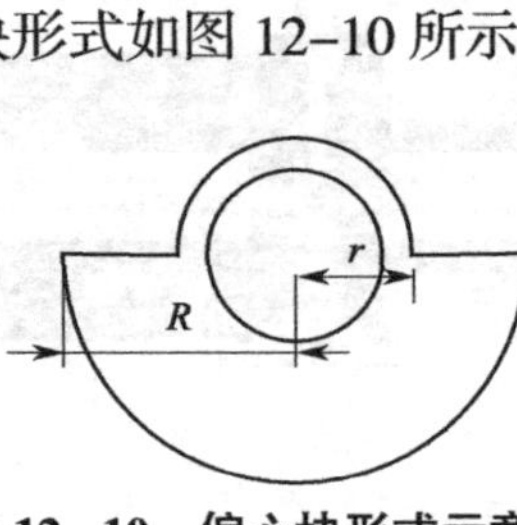

图 12-10 偏心块形式示意图

参 考 文 献

[1] 杨星. 船舶结构与设备[M]. 武汉:武汉理工大学出版社,2007.
[2] 金永兴,伍生春. 船舶结构与设备[M]. 北京:人民交通出版社,2004.
[3] 马家法,孙广. 船舶结构与设备[M]. 大连:大连海事大学出版社,2000.
[4] 葛云卿,朱国英,吴洪保. 船舶设备[M]. 哈尔滨:哈尔滨船舶工程学院出版社,1987.
[5] 富嘉坤. 船舶设备与系统[M]. 北京:人民交通出版社,1987.
[6] 王肇庚,龚昌奇. 运输船舶设备与系统[M]. 北京:人民交通出版社,2001.
[7] A.H. 戈劳维奇. 船舶设备:设计工作者手册[M]. 叶邦全,译. 北京:国防工业出版社,1976.
[8] 中国船舶工业集团公司,中国船舶重工集团公司,中国造船工程学会. 船舶设计实用手册:舾装分册 [M]. 北京:国防工业出版社,2013.
[9] 韩厚德,杨万枫. 船舶辅机[M]. 北京:人民交通出版社,2009.
[10] 梅琴生. 船用舵[M]. 北京:人民交通出版社,1981.
[11] ZHAO W H, YANG J M, HU Z Q, el al. Recent developments on the hydrodynamics of floating liquid nalural gas(FLNG)[J]. Ocean engineering,2011,38(14-15):1555-1567.
[12] WHITE J, LONGLEY H. FLNG technology shows promise for stranded gas fields[J]. Offshore,2009,69(11):78-79.
[13] 万玲,姚伯初,杜德莉,等. 南海油气的时空分布特征及其地球动力学背景[C]// 第六届世界华人地质科学研讨会和中国地质学会二零零五年学术年会论文摘要集,2005.
[14] SHEFFIELD J A. Offshore LNG production—how to make it happen[J]. Business briefing, LNG review,2005: 21-23.
[15] 朱刚,顾安忠. 用于边际气田开发的浮式液化天然气生产储卸装置[J]. 天然气工业,2000,20(4):83-85,10.
[16] MEEK H J, CARIOU H, SCHIER M. LNG FPSO development—bringing two industries together[J]. Offshore technology conference,2009(5):1-12.
[17] 王锦辉. 中国液化天然气(LNG)船建造现状浅析[J]. 江苏船舶,2004,21(4):8-9.
[18] 李健. 世界 LNG 船舶研究[J]. 中国石油大学胜利学院学报,2006,20(3):18-21.
[19] 陆志妹,范余明. 船舶液舱晃荡研究进展[J]. 上海造船,2010(2):14-16.
[20] 董艳秋. 深海采油平台波浪载荷及响应[M]. 天津:天津大学出版社,2005.
[21] 谢彬,张爱霞,段梦兰. 中国南海深水油气田开发工程模式及平台选型[J]. 石油学报,2007,28(1):115-118.
[22] 方华灿. 对我国深海油田开发工程中几个问题的浅见[J]. 中国海洋平台, 2006, 21(4):1-8.
[23] HOWARD H, HAMPSHIRE K, MOORE J, et al. First-ever FDPSO at work on Azurite field development[J]. Offshore,2009,69(11):56-65.
[24] HARRIS W, HOWARD H, HAMPSHIRE K, et al. FDPSOs: the new reality, and a game-changing approach to field development and early production systems [C]. Offshore

Technology Conference,2010.

[25] PASCOAL R,SOARES C G,FACOR G,et al. Hydrodynamic analysis and motions of the octoplus platform[C]. ASME,2004.

[26] WANVIK L，POLDERVAART L，MONG H. FPSO with turret based drilling system（FPDSO）: an approach to a cost-effective deepwater field development[C]. Offshore Technology Conference,1998.

[27] WEI Y，YANG J，CHEN G，et al. Experimental study on the hydrodynamic performance of FDPSO and SRV[J]. Ships and offshore structures，2012,7(4):1 – 13.

[28] HALKYARD J,CHOI G,PRISLIN I,et al. The "Box Spar" floating production,drilling,storage，and offloading vessel for the gulf of Mexico and Brazil[C]. Offshore Technology Conference,2000.

[29] 魏跃峰,杨建民,陈刚,等. 深海多立柱半潜浮式钻井生产储油轮概念设计研究[J]. 海洋工程,2011,29(1):1 – 8.

[30] 任克忍,沈大春,王定亚,等. 海洋钻井升沉补偿系统技术分析[J]. 石油机械，2009，37(9):125–128.

[31] BAI YONG，BAI QIANG. Subsea pipelines and risers[M]. Great Britain: Elsevier Science Ltd. ,2005: 401 – 408

[32] API. Design，construction，operation and maintenance of offshore hydrocarbon pipelines：API–RP–1111[S]. WSD: American Petroleum Institute. 1999.

[33] API. Recommended practice for design and installation of offshore production platform pipling system: API – RP – 14E[S]. WSD:American Petroleum Institute ,1991.

[34] API. Edition specification for line pipe：API – SPEC – 5L(44th)[S]. WSD: American Petroleum Institute,2004.

[35] DNV. Submarine pipelines systems: DNV – OS – F101[S]. Hgvik:Det Norske Veritas,2000.

[36] DNV. Free spanning pipelines: DNV – RP – F105[S]. Høvik:Det Norske Veritas,2006.

[37] DNV. Global buckling of submarine pipelines structural design due to high temperature and high pressure pipelines: DNV – RP – F110[S].Hevik:Det Norske Veritas,2007.

[38] GUIJT J. Upheaval buckling of offshore pipelines：overview and introduction[C]. Offshove Technology Conference,1990.

[39] JONES S A. Department of the interior,minerals management service：royalty relief for deepwater outer continental shelf oil and gas leases–conforming regulations to court decision[J]. GAO,1997.

[40] ISO. Petroleum and nal.ural gas induslries–Pipeline Transportation systems：ISO 13623[S]. Geneva: BS Institution,2009.

[41] ISO. Petroleum and natural gas industries–Design and operation of subsea production systems – Part 2：unbonded flexible pipe systems for subsea and marine applications：ISO 13628–2[S]. Geneva:BS Institution,2008.

[42] 白勇,白强. 海洋工程设计手册——海底管道分册[M]. 上海:上海交通大学出版社,2014.

[43] 董丽丽,徐慧,郭振邦.海底管道悬跨长度的计算[J].中国海上油气:工程,2003,15(6):16-18.
[44]《海洋石油工程设计指南》编委会.海洋石油工程海底管道设计[M].北京:石油工业出版社,2007.
[45] 何宁,徐崇崴,段梦兰,等.J型铺管法研究进展[J]. 石油矿场机械,2011,40(3):63-67.
[46] 侯静,魏伟荣,梁羽,等.深水海底管线抛石保护工程综述[J].新技术新工艺,2015(6):79-82.
[47] 黎剑峰,冯钊棠.直缝焊管制管工艺对钢管横向拉伸性能影响探讨[J].焊管,2006,29(5):25-29.
[48] 李成钢,张敬安,郑辉,等.渤海超期服役海底管道路由调查及悬跨状态评估[J].辽宁石油化工大学学报,2013,33(4):50-55.
[49] 刘羽霄,李昕,周晶.蛇形铺管形状对海底管道横向屈曲的影响[J].石油工程建设,2010,36(3):25-28.
[50] 余建星,李小龙,苗春生.深海水下结构设计及试验[M].天津:天津大学出版社,2015.
[51] 余志兵,陈海龙.海底管道在位强度分析[J].中国造船,2007(B11),48(增):591-598.